ACCESO GRATIS *a la Lectura en la Nube*

Para visualizar el libro electrónico en la nube de lectura envíe junto a su nombre y apellidos una fotografía del código de barras situado en la contraportada del libro y otra del ticket de compra a la dirección:

ebooktirant@tirant.com

En un máximo de 72 horas laborables le enviaremos el código de acceso con sus instrucciones.

La visualización del libro en **NUBE DE LECTURA** excluye los usos bibliotecarios y públicos que puedan poner el archivo electrónico a disposición de una comunidad de lectores. Se permite tan solo un uso individual y privado

EL DELITO DE FRAUDE DE PRESTACIONES DEL SISTEMA DE LA SEGURIDAD SOCIAL (ART. 307 TER CP)

Procedimiento de selección de originales, ver página web:
www.tirant.net/index.php/editorial/procedimiento-de-seleccion-de-originales

EL DELITO DE FRAUDE DE PRESTACIONES DEL SISTEMA DE LA SEGURIDAD SOCIAL (ART. 307 TER CP)

ADRIÁN VIEJO MAÑANES

tirant lo blanch
Valencia, 2024

En caso de erratas y actualizaciones, la Editorial Tirant lo Blanch publicará la pertinente corrección en la página web www.tirant.com.

Director de la Colección:
JOSÉ LUIS GONZÁLEZ CUSSAC
Catedrático de Derecho Penal
Universitat de València

© TIRANT LO BLANCH
EDITA: TIRANT LO BLANCH
C/ Artes Gráficas, 14 - 46010 - Valencia
TELFS.: 96/361 00 48 - 50
FAX: 96/369 41 51
Email:tlb@tirant.com
www.tirant.com
Librería virtual: www.tirant.es
DEPÓSITO LEGAL: V-2327-2024
ISBN: 978-84-1056-502-9
MAQUETA: Tink Factoría de Color

Si tiene alguna queja o sugerencia, envíenos un mail a: *atencioncliente@tirant.com*. En caso de no ser atendida su sugerencia, por favor, lea en *www.tirant.net/index.php/empresa/politicas-de-empresa* nuestro procedimiento de quejas.

Responsabilidad Social Corporativa: http://www.tirant.net/Docs/RSCTirant.pdf

A mis padres, Jaime y Laura (d.e.p.),
por enseñarme que el trabajo, el esfuerzo y el sacrificio
son el comienzo de todo éxito.

Índice

Abreviaturas y Siglas **13**

Prólogo **15**

Nota del autor **23**

Introducción **25**

Capítulo I. Cuestiones previas: la determinación del bien jurídico penalmente protegido en el delito de fraude en las prestaciones sociales **29**

1. Tesis minoritarias 31
   1.1. Inexistencia de bien jurídico 31
   1.2. La fe pública como bien jurídico protegido: delito falsario 31
   1.3. La consideración del delito como infracción del deber 32
2. Tesis mayoritarias 36
   2.1. Tesis funcionalista 36
   2.2. Teoría Patrimonialista. 46
3. Teoría ecléctica. Toma de postura 54
   3.1. El bien jurídico mediato o ratio legis del delito del artículo 307 ter CP 55
   3.2. El bien jurídico inmediato del artículo 307 ter CP 59

Capítulo II. Objeto del delito. Las prestaciones del sistema de la Seguridad Social **67**

1. Las prestaciones: elemento normativo, elemento descriptivo o norma penal en blanco 67
2. Tipos de prestaciones. Artículo 42.1 de la Ley General de la Seguridad Social 77
   2.1. Prestaciones económicas y en especie 81
   2.2. Prestaciones contributivas y no contributivas 83

2.3. Prestaciones con una función básica o complementaria 84
2.3.a. Servicios Sociales 85
2.3.b. Asistencia Social 90
3. Excurso: Diferencia entre subvención, ayuda y prestación 95

Capítulo III. Los sujetos del delito 105

1. El sujeto activo del delito 105
2. El sujeto pasivo del delito 115

Capítulo IV. La conducta típica. Acción y omisión 121

1. Obtener el disfrute de prestaciones del Sistema de la Seguridad Social 125
1.1. La expresión "para sí o para otro" 136
2. Prolongar indebidamente el disfrute de prestaciones . 138
2.1. El prolongar indebidamente el disfrute de prestaciones como delito permanente 145
2.2. El prolongar indebidamente el disfrute de prestaciones "para otro" 158
3. Facilitar a otros la obtención de la prestación 163
3.1. Problemas de delimitación en la conducta típica de "facilitación" 179
3.2. Distinción entre conductas de favorecimiento o facilitación al facilitador 191
3.3. Excurso: ¿Encuentra su previsión en el 307 ter CP la conducta facilitadora de prolongación indebida de prestaciones sociales? 198

Capítulo V. Los medios de comisión del delito: simulación, tergiversación y ocultación 205

1. El delito de fraude del disfrute de prestaciones sociales a la luz de la estructura típica del injusto de la estafa .. 206
1.1. La conducta engañosa como medio típico para la inducción a la Administración a la disposición patrimonial en favor del administrado 207
1.1.a. La idoneidad del engaño. Los deberes de autoprotección de la víctima 214
1.1.b. ¿Existe un deber de autotutela por parte de la Administración? 218
1.2. El error como causa de la disposición patrimonial 230

1.3. La disposición patrimonial de la Administración 234
2. Simulación o tergiversación de hechos 243
2.1. Simulación de hechos 244
2.2. Tergiversación de hechos 249
2.3. Simulaciones o tergiversaciones de hechos cometidas por particulares o por funcionarios públicos. Problemas concursales 253
2.4. Simulaciones o tergiversaciones de hechos insuficientes para causar un "perjuicio a la Administración" 272
3. Ocultación consciente de hechos de los que tiene el deber de informar 279
3.1. La omisión como "engaño" en el 307 ter CP. La ocultación consciente de hechos como concepto vinculado a un deber de veracidad 281
3.2. Contenido del deber de veracidad en el 307 ter CP 287
4. Excurso: La reiteración de las modalidades de engaño contenidas en el 307 ter CP 290

Capítulo VI. El perjuicio a la administración pública como resultado del delito 293

Capítulo VII. Tipicidad subjetiva 309

1. Sucinta noción de dolo 309
2. Exigencias del tipo subjetivo en el delito de fraude de prestaciones sociales 315
2.1. El significado del adjetivo "consciente" 316
2.2. Límites del conocimiento de los elementos del tipo objetivo 325
3. Excurso: El dolo y la cuantía en el tipo cualificado del 307 ter.2 CP 330

Bibliografía 337

Jurisprudencia 357

Abreviaturas y Siglas

AA.VV.:	Autores varios.
AAPP:	Audiencias Provinciales.
AEAT:	Agencia Estatal de Administración Tributaria.
Art.:	Artículo.
Arts.:	Artículos.
ATS:	Auto del Tribunal Supremo.
BOE:	Boletín Oficial del Estado.
Cap.:	Capítulo.
CE:	Constitución Española.
CC.AA.:	Comunidades Autónomas.
CGPJ:	Consejo General del Poder Judicial.
Coord.:	Coordinador.
CP:	Código Penal.
D.:	Don.
Dña.:	Doña.
Ed.:	Edición.
Ejm.:	Ejemplo.
Excmo.:	Excelentísimo.
Excma.:	Excelentísima.
FJ:	Fundamento Jurídico.
Ilmo.:	Ilustrísimo.
Ilma.:	Ilustrísima.
IMSERSO:	Instituto de Mayores y Servicios Sociales.
INSS:	Instituto de la Seguridad Social.
LISOS:	Ley sobre Infracciones y Sanciones en el Orden Social.
LGS:	Ley General de la Seguridad Social.
LO:	Ley Orgánica.
Núm.:	Número.
NStZ:	Neue Zeitschrift für Strafrecht.
Op. Cit.:	*Opere citato* (obra citada).

OM:	Orden Ministerial.
Pág.:	Página.
Págs.:	Páginas.
RAE:	Real Academia Española.
RGSt:	Entscheidungen des RG in Strafsachen
SAP:	Sentencia Audiencia Provincial.
SEPE:	Servicio Público de Empleo Estatal.
Sr.:	Señor.
Sra.:	Señora.
SSAP:	Sentencias de las Audiencias Provinciales.
STC:	Sentencia Tribunal Constitucional.
StGB:	Strafgesetzbuch.
STS:	Sentencia del Tribunal Supremo.
SSTS:	Sentencias del Tribunal Supremo.
SSTC:	Sentencias de Tribunal Constitucional.
TGSS:	Tesorería General de la Seguridad Social.
TJCE:	Tribunal de Justicia de las Comunidades Europeas.
TRLGSS:	Texto Refundido de la Ley General de la Seguridad Social.
TS:	Tribunal Supremo.
Vid.:	Véase.
Vol.:	Volumen.
V. gr.:	Verbigracia.
ZStW:	Zeitschrift für die gesame Strafrechtswissenschaft.

Prólogo

Constituye para nosotros motivo de hondo orgullo y alegría atender a la petición del Dr. Adrián Viejo Mañanes de prologar su primera monografía sobre el delito de fraude de prestaciones sociales del art. 307 ter del Código Penal. Obra que, con sus oportunas adaptaciones y ajustes, principalmente derivados de las comunes exigencias editoriales, constituye el núcleo de la investigación que conformó su excelente tesis doctoral, defendida el 19 de julio de 2023 en el Salón de Grados de la Facultad de Derecho de la Universidad Complutense de Madrid bajo nuestra dirección, y que mereció la máxima calificación de *sobresaliente cum laude* por unanimidad por el tribunal que la enjuició. Dicho tribunal estuvo conformado por los doctores y las doctoras: Dr. Félix María Pedreira González (presidente), Dra. Pilar Gómez Pavón (secretaria), Dr. Juan Carlos Ferré Olivé, Dra. Ana Isabel Pérez Cepeda y Dr. Martin Paul Waßmer (vocales). A ellos también queremos dedicar unas primeras palabras de agradecimiento, por sus expertas apreciaciones y observaciones, que sin duda han contribuido a mejorar la investigación que ahora se presenta al público en forma de monografía.

La primera ocasión en que el Dr. Viejo Mañanes se acercó al despacho del Dr. Bustos Rubio a plantear su intención de realizar una tesis doctoral abrió un tiempo de reflexión previa sobre la elección de la temática. El hecho de que no existiese hasta ese momento (y tampoco hasta ahora) un estudio monográfico que abordase con suficiente profundidad los elementos típicos de un delito tan complejo y técnico como el del art. 307 ter CP, sumado al hecho de que la principal línea de investigación del Dr. Bustos Rubio la constituía los delitos contra la Seguridad Social, hizo que el Dr. Viejo Mañanes terminase por asumir este tema como objeto de su investigación. Rápidamente se sumó al proyecto de dirección la Dra. Armendáriz León, quien también había trabajado sobre el tema. Pronto conformamos una pequeña organización (no-criminal) que se adentró en las profundidades de una normativa hasta cierto punto ajena a nuestra común labor investigadora, que nos llevó a empaparnos del régimen prestacional, social y asistencial de la Seguridad Social, no sólo desde el punto de vista teórico sino también práctico. Por ello queremos manifestar que nosotros, como directores de la tesis, también hemos aprendido mucho sobre la temática, y en particular sobre un delito, el del art. 307 ter CP, que aunque fácilmente intuíamos complejo se nos terminó revelando mucho más engorroso conforme avanzaba la investigación. Siendo el tema cuanto menos arriesgado, el Dr. Adrián Viejo lo afrontó con decisión y entusiasmo desde los primeros meses. Y terminó por sortear todos los obstáculos existentes, mediante el correcto empleo de las técnicas interpretativas que el Derecho ofrece, que le condujeron a patrocinar interesantes propuestas de *lege ferenda*, identificando espacios de mejora en el delito, y alcanzando conclusiones coherentes con la normativa extrapenal. Por tales motivos la presente obra no solo resulta *oportuna*, al cubrir un vacío analítico en la doctrina (por inexistencia de estudio monográfico de estas características, como decimos, y a salvo de las muy interesantes aportaciones realizadas, desde una perspectiva más general, desde la doctrina especializada y la jurisprudencia), sino que también es *necesaria*, pues supone un estudio coherente que aúna diferentes sectores del Ordenamiento jurídico, dando lugar a una interpretación de conjunto sobre un delito realmente complejo. Ambas características, oportunidad y necesidad, manifiestan a su vez el *valor* del trabajo que ahora se presenta al lector.

El resultado final es una obra que se estructura en siete capítulos.

En el primero de ellos el autor determina el bien jurídico penalmente protegido, adhiriéndose a una teoría ecléctica en virtud de la cual el interés protegido por el delito de fraude en las prestaciones del Sistema de la Seguridad Social se identifica mediatamente con el mecanismo de realización del gasto social de la Seguridad Social, *ex* artículo 41 CE, es decir, con la función que cumplen las prestaciones sociales, e inmediatamente, o en sentido técnico, se identifica dicho interés con el patrimonio de la Seguridad Social. Esta ligazón con el texto constitucional resulta a nuestro juicio imprescindible para legitimar el precepto.

Posteriormente el Dr. Viejo Mañanes identifica acertadamente el término "prestaciones del Sistema de la Seguridad Social" como un elemento normativo, desligándose de aquella doctrina que califica este injusto como una norma penal en blanco. El autor analiza en este capítulo los diferentes tipos de prestaciones sociales existentes a partir de un análisis del artículo 42.1 de la Ley General de Seguridad Social, y determina que el injusto no tutela completamente la acción protectora de la Seguridad Social, toda vez que una gran parte del nivel complementario (formado por la asistencia social y los servicios sociales) no puede reputarse como "prestaciones del Sistema de la Seguridad Social"; lo cual, en palabras del autor, no significa que la defraudación de servicios sociales y asistencia resulte atípica, reconduciendo estas defraudaciones al artículo 308 CP, bajo el término "ayudas públicas". Esta interpretación sirve como buen ejemplo de las bondades y oportunidades interpretativas y de aplicación práctica que ofrece la presente obra, pues hasta donde alcanzamos, el Dr. Adrián Viejo hila lo más fino posible en la exégesis del alcance del tipo penal en lo que al objeto del delito se refiere, resultando de este buen hacer interpretativo un correcto entendimiento y una mejora en la aplicación práctica de estos preceptos.

En un tercer capítulo el autor analiza los sujetos del delito y sostiene que nos encontramos ante un delito común, e identifica al sujeto pasivo con la Tesorería General de la Seguridad Social de acuerdo con lo dispuesto en el art. 104.1 de la Ley General de la Seguridad Social.

Seguidamente la obra llega al capítulo probablemente más significativo, consistente en el análisis de la conducta típica. El Dr. Viejo Mañanes estudia la correcta determinación y alcance de los diferentes verbos típicos (obtener, prolongar y facilitar). Uno de los aspectos más destacables, a nuestro juicio, de esta concreta parte de la investigación se identifica con la distinción que el autor realiza entre las conductas de *obtención* y *disfrute* como consecuencia de la necesidad típica de causar "un perjuicio a la Administración Pública". En cuanto a la modalidad delictiva de prolongación, sostiene que cabría reputar esta conducta típica como un delito permanente en tanto el comportamiento típico de *prolongación indebida* de prestaciones guarda cierta uniformidad, constituyéndose en una suerte de única realización típica, no pudiéndose apreciar la continuidad delictiva, contrariamente al entendimiento que se ha venido ofreciendo desde la jurisprudencia. Y aunque este es, con toda seguridad, uno de los puntos analíticos sobre el que más discutimos con el autor, debemos reconocer la solvencia de su análisis y lo atrevido (o mejor, lo valiente) de su propuesta de entendimiento, que se aparta de lo tradicionalmente sostenido por la mayor parte de la doctrina y de la jurisprudencia. Precisamente en aportaciones como esta se sostiene el valor de la presente investigación, que la hace merecer el calificativo de *auténtica tesis doctoral.* Para cerrar este capítulo, critica el Dr. Viejo Mañanes el uso de un verbo típico que propugna un concepto extensivo de autor pensado para la criminalidad organizada, como es *facilitar,* diseñado aquí sobre un delito socioeconómico, proponiendo de *lege ferenda* su supresión, incluyendo un párrafo que agrave la pena para determinadas conductas facilitadoras. También en este capítulo el autor realiza un encomiable esfuerzo en la elaboración de una clasificación que distinga entre conductas facilitadoras punibles a título de autor y aquellas otras punibles a título de complicidad.

El quinto capítulo versa sobre los medios de comisión del delito: simulación, tergiversación y ocultación. En este apartado el Dr. Viejo Mañanes traslada la estructura típica del injusto de estafa al fraude de prestaciones sociales donde constata la imposibilidad de aplicar a este delito, que tutela la vía del gasto de la Tesorería General de la Seguridad Social, la tesis de la *bilateralidad equilibrada*. Desecha igualmente el autor la posibilidad de que los engaños burdos sean suficientes para provocar error en la administración, y exige que el error recaiga sobre aquellos extremos relevantes que determinarían la concesión o denegación de la prestación solicitada, confirmando la distinción de un daño patrimonial diferente en función del tipo de prestación defraudada. Sistematiza, no sin esfuerzo, los más que complejos problemas concursales existentes entre la defraudación realizada por un particular o por un funcionario público. Por lo demás, confirma la existencia de una posición de garante del sujeto sobre la veracidad de la información proporcionada por *injerencia informativa*. Y, finalmente, propone de *lege ferenda* la modificación del art. 307 ter CP al objeto de que el mismo incluya la expresión "mediante cualquier forma de engaño", toda vez que simular, tergiversar y ocultar pueden resultar en algunos casos sinónimos.

En el sexto capítulo el Dr. Viejo Mañanes admite la necesidad de incorporar, también de *lege ferenda*, una cuantía mínima que separe la infracción administrativa del delito, y propone la supresión del subtipo atenuado previsto en el párrafo segundo del art. 307 ter.1 CP. Para ello, el autor, a partir del estudio e integración de varios informes gubernamentales donde se acredita la media mensual de las prestaciones contributivas, establece esa suma en el importe de diez mil euros. Importe que, independientemente de actuar como elemento objetivo del tipo o como condición objetiva de punibilidad, permitiría una correcta delimitación entre el ilícito penal y la falta administrativa, la no derogación *de facto* de la Ley de Infracciones y Sanciones en el Orden Social, y situar extramuros de la prosecución penal aquellas conductas de bagatela que, por su escasa trascendencia, no serían merecedoras de un reproche penal.

Finalmente, en el último de los capítulos el autor analiza la tipicidad subjetiva. Comienza determinando sucintamente cuál es su concepción de dolo y se pregunta si el adjetivo "consciente", presente en el art. 307 ter CP, no resulta reiterativo o si, lejos de ser irrelevante y superfluo, este elemento subjetivo evidencia de *lege lata* alguna referencia al dolo. El Dr. Viejo Mañanes sostiene que con la inclusión del vocablo *consciente* el legislador buscaba limitar de algún modo la punición de estos hechos. De ese modo, concluye el autor que únicamente resultarán punibles conductas dolosas directas, considerando la posibilidad de que aquellos hechos realizados con dolo eventual se reconduzcan para su punición a la vía administrativa. En este último de los apartados el autor concluye su obra postulando que la naturaleza jurídica de la cuantía típica existente en el tipo cualificado del art. 307 ter.2 CP es una condición objetiva de punibilidad.

Si bien la obra y su autor constituyen los objetos de atención propios de un prólogo, existe un tercer elemento mucho menos tratado, pero que nosotros no podemos eludir aprovechando la oportunidad que se nos brinda: el de la relación entre los prologuistas y el autor. Y es que conocer a Adrián, y sus dotes para la investigación, ha sido todo un descubrimiento para nosotros. Pero más allá de sus capacidades para el desarrollo de una excelente tesis doctoral como la que ahora ve la luz, es de destacar su calidad humana, su jovial manera de apreciar la vida y de vivirla, su generosidad y disposición, y sobre todo su entusiasmo, a veces arrollador, pero que en todo caso se contagia a quienes le rodeamos. Todo eso ha hecho que dirigir esta tesis haya sido un placer mayúsculo, que las tardes de discusión tras cada entrega y corrección hayan terminado siendo instantes de verdadero aprendizaje, momentos en los que el Derecho se disfruta, y donde las cosas se piensan de verdad. Instantes, en definitiva, que nos recuerdan el sentido de la Universidad y el motivo por el cuál somos académicos vocacionales. Por ello queremos agradecer al Dr. Adrián Viejo Mañanes que haya confiado en nosotros para acompañarle en sus primeros pasos en la carrera universitaria, que nos ha resultado tan gratificante. Y advertir que, a pesar de que el sistema ahonde en la necesidad de la cantidad frente a la calidad, la tesis doctoral supone una impronta que aboga por esto último, y por ello no debe olvidarse jamás.

Deseamos al autor el mayor de los éxitos en su carrera académica e investigadora, que no podía haber comenzado con mejor pie. E invitamos al lector a comprobar la veracidad de nuestras afirmaciones adentrándose en la atenta lectura de esta obra.

En Madrid, a 15 de noviembre de 2023,

DR. MIGUEL BUSTOS RUBIO
Profesor Titular de Derecho Penal
Universidad Internacional de La Rioja

DRA. CARMEN ARMENDÁRIZ LEÓN
Profesora Contratada Doctora de Derecho Penal
Universidad Complutense de Madrid

Nota del autor

La presente obra constituye, a modo resumido y con algunas modificaciones, la tesis doctoral que con el mismo título defendí en la Facultad de Derecho de la Universidad Complutense de Madrid el pasado 19 de julio de 2023, y que obtuvo la calificación de *sobresaliente "cum laude" por unanimidad*, además de la mención de Doctor Internacional y la proposición para Premio Extraordinario de Doctorado por parte del tribunal que la enjuició. Dicho tribunal estuvo compuesto por los profesores Dr. Don Félix María Pedreira González, Dr. Don Juan Carlos Ferré Olivé, Dra. Dª Ana Isabel Pérez Cepeda, Dr. Don Martin Paul Waßmer y Dra. Dª Pilar Gómez Pavón. A todos ellos quiero expresar mi más profundo y sincero agradecimiento por todas las observaciones, críticas y sugerencias realizadas en el acto de defensa, que he procurado tomar en consideración en la obra que ahora se publica.

Agradezco a la Universidad Complutense de Madrid por admitirme hace tres años en el programa de doctorado. Es un orgullo poder decir que soy Doctor Internacional en Derecho Penal por la Universidad Complutense de Madrid.

Quiero mostrar mi más sincero agradecimiento a mis maestros y directores de tesis, los profesores Dr. Don Miguel Bustos Rubio y Dra. Dª Carmen Armendáriz León, por su compromiso, atención, apoyo emocional y orientación durante el desarrollo de mi investigación, trascendiendo las meras labores de la tutela formal. Gracias por creer en mí desde el día en que nos conocimos, por brindarme la oportunidad de explorar mis intereses académicos y por alentarme siempre a superar mis límites. Gracias porque vuestro rigor académico y compromiso con la excelencia elevaron considerablemente la calidad de mi trabajo, permitiéndome alcanzar la máxima calificación. Espero poder disfrutar de muchas más tardes de largas discusiones y seguir aprendiendo de vosotros. Es un honor y un privilegio ser vuestro discípulo. Sois, sin duda, los mejores maestros que un doctorando pueda tener.

En el plano más personal, quisiera agradecer a mis amigos Javi, Sebas, Kike, a los "patosos" de mis amigos, a Titi y a mis "mellizas", Tole y Sito. Los amigos son la familia que uno elige, vosotros sois mi familia. Gracias por estar siempre a mi lado hasta cuando yo no estaba.

Gracias a toda mi familia, en especial a mi hermana, Marina, por enseñarme desde muy joven a perseguir sueños y a pelear para conseguirlos.

Gracias por supuesto a mis padres, Jaime y Laura (d.e.p.), los verdaderos artífices de este trabajo, por su incansable apoyo y fe ciega en mí. Vosotros, que nunca perdisteis la esperanza ni dudasteis de mi valía, representáis aquello que aspiro alcanzar algún día.

Y gracias de corazón a mi novia, Andrea, por su cariño, ayuda, comprensión y paciencia estos años, siempre dispuesta a ofrecerme un hombro donde descargar mis frustraciones, un abrazo reparador o una sonrisa cargada de energía y ánimo. Has sido indispensable estos años para la ejecución del hecho, eres *cooperadora necesaria* de esta obra.

Introducción

El presente trabajo aborda el estudio del tipo delictivo del fraude de prestaciones sociales, previsto y penado en el art. 307 ter CP. El referido precepto sanciona penalmente a *"quien obtenga, para sí o para otro, el disfrute de prestaciones del Sistema de la Seguridad Social, la prolongación indebida del mismo, o facilite a otros su obtención, por medio del error provocado mediante la simulación o tergiversación de hechos, o la ocultación consciente de hechos de los que tenía el deber de informar, causando con ello un perjuicio a la Administración Pública"*, castigándose tal comportamiento con la pena de prisión de seis meses a tres años de prisión en su tipo básico.

A pesar de que no se puede calificar a la figura del delito de fraude de prestaciones sociales como novedosa, no existe monografía alguna actualmente que trate en profundidad el injusto. Y es que como consecuencia del cambio de paradigma de las nuevas formas de defraudación a la vía del gasto de la Seguridad Social, el legislador promulgó la Ley Orgánica 7/2012, de 27 de diciembre, por la que se modificó el Código Penal en materia de transparencia y lucha contra el fraude fiscal y en la Seguridad Social, otorgando un tratamiento específico a estas conductas fraudulentas, creando *ex novo* una figura delictiva dirigida exclusivamente a la persecución de las nuevas tramas organizadas de fraude a la Seguridad Social.

Para el estudio de la referida figura y la comprobación de su compatibilidad con las exigencias de un Derecho Penal democrático, resultará necesario analizar el injusto de fraude de prestaciones sociales en contraste con los diferentes elementos de la Teoría Jurídica del Delito. Será indispensable, pues, un estudio en profundidad de los limitados pronunciamientos doctrinales y jurisprudenciales, que puedan arrojar alguna respuesta a las dudas que se nos planteen a lo largo de este trabajo y su ajuste en un Derecho Penal de garantías. Asimismo, la escasa información exegética existente acerca de este tipo delictivo obliga al análisis del mismo desde una perspectiva comparada con otras figuras afines, así como a proponer soluciones de *lege ferenda* ante interrogantes existentes sobre los que aún no se ha ocupado la doctrina o la jurisprudencia.

La principal justificación de este estudio radica en la limitación expuesta, quizás porque tradicionalmente la doctrina ha antepuesto el estudio de los delitos contra la Hacienda Pública sobre sus homólogos contra la Seguridad Social, limitándose a hacer afirmaciones generales en analogía a lo dispuesto para los delitos contra la Hacienda Pública. Además de ello, este trabajo resulta necesario para comprobar las implicaciones y consecuencias para el sistema de garantías y la calidad de nuestro Derecho Penal ante un delito que abarca diferentes sectores del Ordenamiento Jurídico. De hecho, debido a su afección a distintas parcelas del conocimiento, en ocasiones deberemos acudir a otras ramas del Derecho diferentes al Derecho Penal, como son el Derecho Constitucional o el Derecho Laboral y gracias a la realización de una estancia de investigación en la *Georg-August-Universität Göttingen* también hemos podido acceder a diferentes fuentes bibliográficas que han enriquecido el presente trabajo.

La presente obra se centra en analizar desde un punto de vista eminentemente dogmático, a la par de práctico, la tipicidad objetiva y subjetiva de la figura delictiva del fraude de prestaciones sociales.

Comienza esta obra con el estudio del bien jurídico protegido en el injusto objeto de esta tesis, donde se analizan las posturas mayoritarias formuladas por la doctrina respecto a esta figura delictiva, posicionándonos en favor de una de ellas.

Se realiza un análisis del objeto sobre el que recae la acción típica: las prestaciones del Sistema de la Seguridad Social, y se determina qué prestaciones sociales son abarcadas por el tenor de la norma, y cuáles han de situarse extramuros de su prosecución por el Derecho Penal.

Por supuesto se analizan los sujetos activo y pasivo del delito, determinando si es posible hablar de un delito común y concretando el portador del bien jurídico lesionado.

Como no podía ser de otro modo, se hace un especial hincapié en el estudio pormenorizado de las modalidades de defraudación previstas en el artículo 307 ter CP (obtener, prolongar y facilitar), proponiendo soluciones de *lege ferenda* a las disyuntivas que se presentan en cada uno de los diferentes verbos típicos, procurando realizar interpretaciones que superen las exigencias de los principios rectores del Derecho Penal, para el caso de que en alguno de ellos no acontezca de esa forma.

Por otro lado se aborda el estudio de los medios comisivos (simular, tergiversar y ocultar), de nuevo con la intención de otorgar oportunas respuestas de *lege ferenda* a los interrogantes que se planteen, valorando la posible reiteración de las formas de engaño previstas en el tipo penal.

Finalmente, resulta especialmente interesante el estudio del significado del adjetivo "consciente" incluido en el precepto por si, efectivamente, estamos ante un delito que sólo puede ser cometido por el autor con dolo directo o si, por el contrario, permite la comisión a título de dolo eventual.

Capítulo I
Cuestiones previas: la determinación del bien jurídico penalmente protegido en el delito de fraude en las prestaciones sociales

Con carácter previo a analizar en profundidad la figura delictiva del fraude de prestaciones sociales se hace ineludible un estudio que se dirija a dar respuesta al interrogante sobre cuál es el interés objeto de tutela del delito de fraude de prestaciones sociales (art. 307 ter del CP). Resulta de todo punto necesario ahondar en esta cuestión como paso precedente al estudio del injusto, toda vez que numerosas disyuntivas surgidas en relación a ésta dependen directamente de la posición que se mantenga en torno a la discusión sobre cuál es el bien jurídico protegido tutelado por el tipo penal.

Prima facie podría parecer que la discusión sobre el bien jurídico protegido en este delito discurrirá por los mismos derroteros que el debate existente en aquello que es objeto de protección en los delitos de estafa o en el delito de defraudación a la vía del ingreso de la Seguridad Social, previstos y penados en los artículos 248 y 307 del Código Penal, respectivamente. En cuanto el delito de estafa, porque antes de la creación del delito de fraude de prestaciones del Sistema de la Seguridad Social en el Código Penal, los tribunales[3] castigaban como delito de es-

---

[3] Valga por todas, la SAP de Cádiz (Sección 3ª) núm. 219/2011, de 8 de julio [*Tol 2221766*] (Ponente: Ilma. Sra. Rosa del Carmen Collazo Lugo).

tafa las conductas consistentes en recibir indebidamente prestaciones de la Seguridad Social; y, en relación con el delito de defraudación a la Seguridad Social, porque los artículos 307 y 307 ter se encuentran conectados, protegiendo al Sistema de la Seguridad por sus vías de ingreso y gasto, respectivamente. De ese modo en la actualidad se tutela el Sistema de la Seguridad Social en conjunto, como ente encargado de garantizar *"la asistencia y prestaciones sociales suficientes ante situaciones de necesidad, especialmente en caso de desempleo"*[4].

Comoquiera que la discusión del bien jurídico en los delitos contra la Hacienda Pública y la Seguridad Social no está resulta en la actualidad, sobrepasando los límites de esta monografía, en lo que sigue nos limitaremos a recoger de modo sistemático las distintas posturas existentes en la doctrina sobre esta cuestión posicionándonos en favor de una de ellas.

Puede afirmarse la existencia de dos posturas principales en torno a la cuestión de delimitación del bien jurídico protegido: las llamadas "tesis *funcionalistas*" (que entienden que el bien jurídico es la función que cumplen las prestaciones sociales) y las denominadas "tesis *patrimonialistas*" (que abogan por considerar que el interés del bien jurídico protegido es el patrimonio de la Tesorería General de la Seguridad Social). Empero, más allá de estas teorías, que como ya se ha manifestado son a día de hoy eminentemente mayoritarias, no puede pasarse por alto otras tesis que a pesar de haber cobrado fuerza en un principio hoy pueden considerarse como minoritarias.

---

4 Extracto recogido del artículo 41 de la Constitución española que expresa textualmente: *"Los poderes públicos mantendrán un régimen público de Seguridad Social para todos los ciudadanos que garantice la asistencia y prestaciones sociales suficientes ante situaciones de necesidad, especialmente en caso de desempleo. La asistencia y prestaciones complementarias serán libres"*.

1. TESIS MINORITARIAS

1.1. Inexistencia de bien jurídico

Para algún sector doctrinal los delitos contra la Hacienda Pública y la Seguridad Social en general constituyen delitos meramente formales o artificiales, carentes de toda significación jurídica, e imposibles de reprochar socialmente, pues con su perpetración se estarían lesionando intereses puramente administrativos. Teoría que hunde sus raíces en las ideas de GOLDSCHMIDT[5], quien defendía la existencia de un Derecho penal tradicional, ostentador de verdaderos bienes jurídicos, y un Derecho penal administrativo que tutelaba intereses de la administración; esta postura ya ha sido superada de manera casi unánime por la doctrina, pues resulta a todas luces inasumible en un Estado social y democrático de Derecho, donde uno de los principios básicos del Derecho Penal es el principio de exclusiva protección de bienes jurídicos o principio de ofensividad y donde el aforismo de "*nullum crimen sine iniuria*" es uno de los dogmas fundamentales de un Derecho Penal moderno[6].

1.2. La fe pública como bien jurídico protegido: delito falsario

Algún autor ha venido sosteniendo que el bien jurídico tutelado en los delitos contra la Hacienda Pública y la Seguridad Social en general es la fe pública, desde su consideración del tipo penal como un delito falsario[7]. Concebida

---

5 Sobre la tesis de GOLDMISCHT: BAJO FERNÁNDEZ, M. y BACIGALUPO SAGGESE, S.: "Limites entre infracciones y delitos fiscales" en *Justicia y Derecho Tributario. Libro homenaje al profesor Julio Banacloche Pérez* (Coords.: BANACLOCHE PALAO, C.; BANACLOCHE PALAO, J. y BANACLOCHE PALAO, B.), La Ley, Madrid, 2008, págs.: 170 y ss.

6 Explicando esta postura de la inexistencia del bien jurídico más profusamente, FERRÉ OLIVÉ, J.C.: *El delito contable*, Praxis, Barcelona, 1988, pág.: 42.

7 Para más en profundidad, CHAZARRA QUINTO, M.A.: *Delitos contra la Seguridad Social*, Tirant Lo Blanch, Valencia, 2002, pág.: 166.

esta tesis a partir de la reforma del Código Penal en 1977, donde se situaban los delitos contra la Hacienda Pública en el Título III, de las "falsedades", se fundamentaría esta posición doctrinal en que el acto ilícito nace con la presentación ante la Administración Pública de una falsedad documental como medio para lograr el fraude, por lo tanto se pone el acento en la obligación de colaboración del ciudadano con la Administración y en la verdad jurídica de los documentos presentados ante los entes públicos.

Para el caso que nos ocupa es cierto que para la obtención, disfrute o prolongación de prestaciones sociales el sujeto ha de presentar ante la Administración Social una documentación falsa o con un contenido inveraz provocando el error en la Administración en la concesión de la prestación —y que en el supuesto de no provocar ese error en la Administración podría constituir un delito en grado de tentativa—, mas el ánimo que mueve al sujeto no es cometer un delito de falsedad documental sino que obra con un ánimo defraudatorio al Sistema de la Seguridad Social, siendo efectivamente esas falsificaciones documentales el medio comisivo para lograrlo; no justificando por ello que el bien jurídico del tipo sea la fe pública.

1.3. La consideración del delito como infracción del deber[8]

La última de las denominadas teorías minoritarias en nuestro país es la defendida por algunos autores que con-

CHAZARRA QUINTO es de la opinión de que esta postura pudiera responder a la proscrita incardinación de los delitos contra la Hacienda Pública y la Seguridad Social en el Título III "de las falsedades" de la época anterior a la reforma del Código Penal de 1977, en concreto, el artículo 319 de aquel Código; artículo que, por otro lado, venía a castigar no la defraudación de la Hacienda Pública sino la falsa liquidación de impuestos.

8 Categoría formulada por primera vez por ROXIN, C. en 1963 en su obra *Täterschaft und Tatherrschaft* (Autoría y dominio del hecho) y que los define como: *"tipos penales en los cuales únicamente puede ser autor aquel que lesiona un deber especial extrapenal que existía ya con ante-*

sideran que los delitos contra la Hacienda Pública o la Seguridad Social deberían ser entendidos como delitos de desobediencia, una desobediencia del ciudadano para con el Sistema de la Seguridad Social o la Hacienda Pública, de tal forma que el individuo infringe su deber de lealtad con el Estado.

Ya autores en España como BACIGALUPO ZAPATER —en alusión al delito fiscal vigente hasta 1985— aseveraban que el bien jurídicamente protegido era *"la pretensión del Estado en contar con una colaboración leal de los ciudadanos en la determinación de los hechos imponibles"*[9], reiterando años más tarde que la norma que está detrás de este precepto es la del *"deber de cumplir con tus obligaciones fiscales"*[10]. Así pues, no se requeriría un efectivo daño al bien jurídico (desvalor del resultado), sino que se configuraría el delito en atención a un momento *ex ante* al del perjuicio por la simple

---

rioridad a la formulación del tipo", pág.: 354; EL MISMO, *Derecho Penal. Parte General. Tomo I. Fundamentos. La estructura de la Teoría del Delito* (traducido por LUZÓN PEÑA, D.M., DÍAZ Y GARCÍA CONLLEDO, M. y DE VICENTE REMESAL, J.), Civitas, Madrid, 2008, pág.: 338.
En sentido semejante, SÁNCHEZ-VERA GÓMEZ-TRELLES, J.: *Delito de infracción de deber y participación delictiva*, Marcial Pons, Madrid, 2002, págs.: 27 y ss. y 37 y ss.

9 BACIGALUPO ZAPATER, E.: "El delito fiscal en España" en *Revista de la Facultad de Derecho la Universidad Complutense*, núm. 56, 1979, pág.: 82.
En este sentido también RODRÍGUEZ MOURULLO, G.: *Presente y futuro del delito fiscal*, Civitas, Madrid, 1974, pág.: 33.
También antiguas resoluciones de la Sala Segunda del Tribunal Supremo (por ejemplo: Sentencia núm. 801/2008, de 26 de noviembre [*Tol 1413517*] (Ponente: Excmo. Sr. Diego Antonio Ramos Gancedo) y Sentencia núm. 31/2012, de 19 de enero [*Tol 2436612*] (Ponente: Excmo. Sr. Carlos Granados Pérez) se orientaban hacia esta tesis cuando afirmaban que en relación con el delito fiscal que *"la ocultación del hecho imponible o la minoración falsaria del mismo, constituye una conducta defraudatoria en tanto en cuanto implica una infracción de deber mediante una actuación de ocultación de la realidad en el que el deber se basa o se origina"*.

10 BACIGALUPO ZAPATER, E.: "La reforma del delito fiscal por la LO 7/2007" en *Diario La Ley*, núm. 34, semanal 37, 13 a 19 de mayo, 2013, pág.: 6.

infracción del deber (desvalor de la acción): la obligación de pagar el tributo.

Extrapolando esta tesis al 307 ter CP podríamos inferir que ese deber de lealtad nace en el individuo que ha de comportarse de tal forma que sea debido el disfrute de la prestación, esto es, sin mediar simulación, tergiversación u ocultación de hechos en la solicitud para la obtención, la prolongación o la facilitación de prestaciones del Sistema de la Seguridad Social. De otra forma, sería una actitud desleal para con el Sistema de la Seguridad Social y, por ende, con el Estado. Tesis que se aleja del principio de ofensividad o lesividad —*roxiniana*— de bienes jurídicos por el que aquí abogamos y se acerca más a una postura *jakobsiana* que entiende que el fundamento de los delitos de infracción de deber radica en un determinado deber extrapenal que sólo incumbe al autor[11].

Debemos ser críticos con esta postura, pues a nuestro modo de ver supone una conculcación de los **más elementales principios penales, como e**l de la responsabilidad por el hecho propio. Ese *deber de lealtad*, que llevado al extremo se encuadraría en tesis más cercana a la escuela de *Kiel*[12], supone criminalizar actitudes internas y un Derecho penal moderno no puede limitarse a perseguir conductas. Y ello por cuanto, como afirma FERRÉ OLIVÉ, en este tipo de delitos no se puede esperar un deber de lealtad dado que éste es un concepto ético, y no jurídico[13]. Y es que —continúa defiendo FERRÉ OLIVÉ— *"afirmar que este delito se construye en base a una infracción de deberes* [...] *no supone que el contenido del injusto se agote por la simple infracción del deber* [...] *sino que es imprescindible constatar la afección del bien ju-*

---

11 SÁNCHEZ-VERA GÓMEZ-TRELLES, *Delito de infracción de deber y participación delictiva, Op. Cit.*, pág.: 39.

12 Así lo defiende, FERRÉ OLIVÉ, *El delito contable, Op. Cit.*, págs.: 43 y 44.

13 FERRÉ OLIVÉ, J.C.: "El bien jurídico protegido en los delitos tributarios" en *Revista Penal*, núm. 33, 2014, pág.: 93.
Más en profundidad, MARTÍNEZ-BUJÁN PERÉZ, C.: *El delito fiscal*, Montecorvo, Madrid, 1982, págs.: 199 a 202.

rídico [...]. *De lo contrario se afectaría notablemente el principio de lesividad"*[14].

Efectivamente, ni en la legislación penal, ni en la legislación sectorial de la Seguridad Social o en la Constitución Española se exige un deber de lealtad a los ciudadanos para con el Sistema de la Seguridad Social. Muy al contrario, el supuesto de deber de lealtad es de la Administración —los poderes públicos— para con los ciudadanos al objeto de mantener un régimen público de prestaciones y de seguridad social para todos ellos (artículo 41 CE). La única obligación que recae sobre los ciudadanos es la de contribuir al sostenimiento de las cargas públicas (artículo 31 CE) en materia de Hacienda Pública pero sin que de ello se pueda extraer que existe un deber lealtad de los ciudadanos con el Sistema de la Seguridad Social, y mucho menos con el régimen de las prestaciones del Sistema de la Seguridad Social cuyo mantenimiento es obligación de los poderes públicos. Pero es que, a mayor abundamiento, extrapolando esta tesis al delito que nos ocupa tampoco tiene recorrido por cuanto el injusto de fraude de prestaciones exige un resultado lesivo, representado en el *"perjuicio a la Administración Pública"* que exige el tipo penal.

Por ende, y a modo general, estos delitos no pueden construirse sobre la base de la mera infracción de deber pues esta construcción es incompatible con un Derecho penal moderno que tiene por base, entre otras, el principio de lesividad, que otorga al delito la categoría de interés social y no pivota sobre la categoría de "deber".

---

14 FERRÉ OLIVÉ, "El bien jurídico protegido en los delitos tributarios", *Op. Cit.*, pág.: 98.
En este sentido, entre otros, OCTAVIO DE TOLEDO Y UBIETO que advierte que un deber de lealtad no puede ser objeto de protección penal, pues su incumplimiento no es más que el camino por el que se alcanza la afección al bien jurídico en OCTAVIO DE TOLEDO Y UBIETO, E.: *Los objetos de protección en los delitos contra las Haciendas Públicas*, Tirant Lo Blanch, Valencia, 2009, pág.: 83.

Habiendo ya enunciado las tesis minoritarias debemos centrarnos en las principales posiciones doctrinales al respecto: las tesis funcionalista y patrimonialista, que serán las que puedan ayudarnos a determinar correctamente el bien jurídico protegido del delito objeto de esta investigación.

2. TESIS MAYORITARIAS

2.1. Tesis funcionalista

Debemos situarnos en el contexto de que para los partidarios de las denominadas tesis funcionalistas el bien jurídico tutelado por el tipo penal es la función que realizan las prestaciones del Sistema de la Seguridad Social[15]. O dicho

---

15 Autores posicionados en favor de una tesis funcionalista en el 307 ter CP: CÁMARA ARROYO, S.: "Entre el Derecho Penal de clase y la expansión punitiva: el delito de obtención indebida de prestaciones (art. 307 ter C.P.)" en *Revista Penal*, núm. 41, 2018, pág.: 59; COCA VILA, I.: "Protección de las haciendas públicas y la seguridad social" en *Lecciones de Derecho Penal económico y de la empresa. Parte general y especial* (Director: SILVA SÁNCHEZ, J.M. y Coordinador: ROBLES PLANAS, R.), Atelier, Barcelona, 2020, pág.: 633; DE VICENTE MARTÍNEZ, R.: El nuevo delito de defraudación en las prestaciones del sistema de Seguridad Social en la reforma del Código Penal" en *Actualidad Jurídica Aranzadi*, 853/2012, pág.: 2; LA MISMA: *Derecho penal del trabajo. Los delitos contra los trabajadores y contra la Seguridad Social*, Tirant Lo Blanch, Valencia, 2020, pág.: 723; FERRÉ OLIVÉ, *Tratado de los delitos contra la Hacienda Pública y contra la Seguridad Social*, Tirant Lo Blanch, Valencia, 2018, pág.: 792; DOLZ LAGO, M.J.: "Los delitos contra la Seguridad Social: perspectivas jurisprudenciales" en *Diario La Ley*, núm. 9036, septiembre, 2017, pág.: 14; GÓMEZ PAVÓN, P.: "El delito de defraudación a la Seguridad Social (art. 307 CP)" en AA.VV. *Delitos de defraudación a la Seguridad Social y delitos contra los derechos de los trabajadores*, Bosch, Barcelona, 2015, pág.: 28; MORILLAS CUEVA, L.: "Capítulo 33. Delitos contra la Hacienda Pública y contra la Seguridad Social" en *Sistema de Derecho Penal. Parte Especial* (Director: MORILLAS CUEVA, L.), Dykinson, Madrid, 2016, pág.: 818; MUÑOZ CONDE, F.: *Derecho Penal. Parte Especial*, Tirant Lo Blanch, Valencia, 2019, pág.: 960; PAREDES RODRÍGUEZ, J.M.: "La reforma del delito contra la Seguridad Social operada por la Ley Orgánica 7/2012, de 27 de diciembre" en *Revista Doctrinal Aranzadi*,

por MARTÍNEZ-BUJÁN PÉREZ en relación con el delito fiscal, *"se suelen agrupar bajo este calificativo teorías que poseen la nota común de rechazar una configuración patrimonial del objeto jurídico y elaborar frente a ella una noción de bien jurídico diferente, conectada a las funciones que debe cumplir el tributo* [como decimos, en el caso que nos ocupa no hablamos de las funciones de los tributos sino de las funciones que cumplen las prestaciones del Sistema de la Seguridad Social] "[16].

Para alcanzar a comprender la posición funcionalista debemos comenzar partiendo de una premisa básica como es que el patrimonio privado, titularidad de un individuo, y el patrimonio de público[17] no poseen las mismas conno-

---

núm. 4, 2013, pág.: 6; TERRADILLOS BASOCO, J.M. / BOZÁ MARTÍNEZ, D.: *El derecho penal aplicable a las relaciones laborales*, Bomarzo, Albacete, 2017, pág.: 169.

En sentido semejante, que el bien jurídico habría de abarcar la realización del gasto público: PEREZ MANZANO, M. y MERCADER UGUINA, J.: "El delito de defraudación a la Seguridad Social" en *Comentarios a la Legislación Penal* (Director: COBO DEL ROSAL, M. y Coordinador: BAJO FERNÁNDEZ, M.), Tomo XVIII, Revista de Derecho Privado, Edersa, Madrid, 1997, pág.: 181.

16 MARTÍNEZ-BUJÁN PÉREZ, C.: *Derecho penal económico y de la empresa. Parte especial*, Tirant Lo Blanch, Valencia, 2015, pág.: 618.

El primer autor que ideó la tutela de la función tributaria o de los ingresos públicos fue PÉREZ ROYO, F.: *Los delitos y las infracciones en materia tributaria*, Instituto de Estudios Fiscales, Madrid, 1986, págs.: 56 y ss.

17 Esta distinción entre patrimonio público y privado ya la realizó AMELUNG, K. en *Rechtsgüterschutz und Schutz der Gesellschaft*, Frankfurt, 1972, págs.: 374 y ss., citado por GALLEGO SOLER, J. I.: *Responsabilidad penal y perjuicio patrimonial*, B de F, Montevideo, Buenos Aires, 2015, pág.: 67.

En este sentido TIEDEMENANN, K.: *"Der Subventiosnbetrug"* en *Zeitschrift für Strafrechtswissenschaft*, 1974, págs.: 911 y ss., citado por ASUA BATARRITA, A.: "El daño patrimonial en la estafa de prestaciones unilaterales (subvenciones, donaciones, gratificaciones). La teoría de la frustración del fin" en *Anuario de Derecho Penal y Ciencias Penales*, Tomo XLVI, 1993, pág.: 160, quien afirma que el concepto de patrimonio no puede ser el mismo cuando se refiere a un ente público que cuando se trata de una economía privada, debido a que el patrimonio público se caracteriza por su vinculación a fines que afectan al bien de la generalidad, fines que son fijados normativamente, ajustados a prescripciones presupuestarias según los planes taciones[18] ni están dirigidos a los mismos fines. Y es que el patrimonio individual ha de entenderse en un sentido estático[19], mientras que el patrimonio público es circulante y se encuentra subordinado a fines concretos[20], que no son otros que los de optimizar los medios financieros en beneficio de la colectividad, pues es el patrimonio del Estado el que centra sus esfuerzos en la consecución de unas finalidades supraindividuales, determinadas normativamente[21]. Concretamente, el patrimonio público ha de garantizar la efectiva consecución de los *Principios rectores de la política social y económica* —contenidos en el Capítulo III del Título I de la CE (artículos 39 y ss.)[22]—.

Así pues, la teoría funcionalista no implica rechazar *per se* una configuración patrimonial del objeto jurídico de protección, sino que promulga que el bien jurídico del patrimonio público en los delitos económicos ha de ser entendido desde una perspectiva dinámica, esto es, que busque la consecución de unos fines supraindividuales. De esta for-

---

de la Administración, y el patrimonio de un individuo no está obligado a fines particulares, únicamente está sujeto a los fines de esa persona.

18 Y ello pese a que ambos comparten idéntica estructura teleológica, su orientación a fines de aseguramiento: el patrimonio privado pretende garantizar el aseguramiento en el ámbito personal de su titular y el patrimonio público sirve para garantizar las finalidades que constitucional y legalmente se asignan a los poderes públicos: GALLEGO SOLER, *Responsabilidad penal y perjuicio patrimonial*, *Op. Cit.*, pág.: 68.

19 ASÚA BATARRITA, A.: "Estafa común y fraude de subvenciones: de la protección penal del patrimonio a la protección de la institución subvencional" en *Hacia un Derecho Penal Económico Europeo: LH-Tiedemann*, Madrid, 1995, pág.: 137.

20 TIEDEMANN, K.: *StGB- Leipziger Kommentar*, Berlín/New York, 2000, pág.: 13.

21 GALLEGO SOLER, *Responsabilidad penal y perjuicio patrimonial*, *Op. Cit.*, pág.: 67.

22 En esta línea SILVA SÁNCHEZ, J.M.: "Las inveracidades de los particulares ante el Derecho penal" en *Simulación y deberes de veracidad: Derecho civil y Derecho penal: dos estudios de dogmática jurídica* (SALVADOR CODERCH, P. y SILVA SÁNCHEZ, J.M.), Cuadernos Civitas, Madrid, 1999, págs.: 122 y ss.

ma, como bien ha identificado TIEDEMANN, los recursos económicos que forjan el patrimonio de la Administración son los que están abocados al gasto y distribución en un flujo circulatorio constante que no pretende la obtención de ganancias económicas sino la satisfacción del interés general, de acuerdo con los fines legalmente establecidos, los cuales se nutren de los ingresos de la población articulados a través de los tributos e impuestos; tributos, impuestos y cotizaciones que nutren tanto al patrimonio de la Seguridad Social como el de la Hacienda Pública[23].

Esa visión dinámica del patrimonio público resulta imprescindible para clarificar el concepto de bien jurídico tutelado en la tesis funcionalista y despejar cualquier duda que se nos presente. Y es que para esta tesis el fraude en las prestaciones sociales no ocasiona un mero daño económico o de contenido patrimonial a las arcas del Sistema de la Seguridad Social, sino que el daño se produce a las funciones propias que desarrollan las prestaciones sociales, que buscan la efectiva consecución de los fines propios de éstas al albur de lo dispuesto en el artículo 41 CE[24], lo que va más allá del mero patrimonio de la Seguridad Social. En este sentido se postula la Sentencia de la Audiencia Provincial de Asturias (Sección 3ª) núm. 44/2015, de 30 de enero [*Tol 4761051*] (Ponente: Ilmo. Sr. Javier Domínguez Begega) cuando argumenta que esta modalidad de fraude a la Seguridad Social *"afecta, en definitiva, a los valores solidarios del régimen público de la Seguridad Social que ha de garantizar la asistencia y prestaciones sociales seriamente coberturadas en el marco del sistema cuya consagración constitucional se halla en el*

---

23 TIEDEMANN, *Der Subventiosnbetrug*, *Op. Cit.*, págs.: 911 y 912, citado por ASUA BATARRITA, "El daño patrimonial en la estafa de prestaciones unilaterales", *Op. Cit.*, pág.: 160; EL MISMO, *Manual de Derecho penal económico. Parte General y especial*, Tirant Lo Blanch, Valencia, 2010, págs.: 266 y 267.

24 *"Los poderes públicos mantendrán un régimen público de Seguridad Social para todos los ciudadanos, que garantice la asistencia y prestaciones sociales suficientes ante situaciones de necesidad, especialmente en caso de desempleo. La asistencia y prestaciones complementarias serán libres".*

art. 41 C.E". Y es que en palabras de BUSTOS RUBIO: *"este precepto constitucional es una forma de garantía propia de un Estado social-prestacional como lo es España que impone a los poderes públicos la obligación de instaurar y proteger ciertos servicios que se consideran imprescindibles para el bienestar social"*[25].

Así pues, para esta tesis el patrimonio de la Seguridad Social[26] al ser de titularidad pública es circulante, esto es, recauda unos ingresos —en nuestro caso a través principalmente de las aportaciones progresivas del Estado y de las cotizaciones— que financian unos gastos públicos[27]: las prestaciones sociales. En efecto, observamos que el Sistema de la Seguridad Social se encuentra protegido por su vía de ingreso gracias al artículo 307 CP, mientras que el artículo 307 ter CP hace lo propio en su vertiente de gasto[28]. O dicho con otras palabras, la introducción en el Código Penal del 307 ter CP en el año 2012 consiguió colmar la laguna

---

25 BUSTOS RUBIO, M.: *La regularización en el delito de defraudación a la Seguridad Social,* Tirant Lo Blanch, Valencia, 2016, pág.: 56.

26 El cual no es más que *"una Hacienda Pública especializada"* para algunos autores, como por ejemplo: DE VICENTE MARTÍNEZ, R.: "La reforma de los delitos contra la Seguridad Social por la Ley Orgánica 7/2012" en *Anuario Derecho Penal y de la Empresa,* núm. 3, 2015, pág.: 207.

27 En cuanto a la separación de los tipos en función de si el bien jurídico afecta al sistema de ingresos o gastos, valgan por todos: FERRÉ OLIVÉ, *Tratado de los delitos contra la Hacienda* Pública, *Op. Cit.*, pág.: 129; MARTÍNEZ-BUJÁN PEREZ, *Derecho penal económico y de la empresa. Parte especial, Op. Cit.*, pág.: 620; QUERALT JIMÉNEZ, J.: *Derecho Penal español. Parte especial,* Tirant Lo Blanch, Valencia, 2015, págs.: 844.

28 A favor de esta tesis autores como BUSTOS RUBIO, "Luces y sombras del nuevo delito de fraude en las prestaciones del sistema de la Seguridad Social (art. 307 ter del Código Penal). Comentario a la Sentencia de la Audiencia Provincial de Granada 184/2013, de 8 de marzo" en *Revista de Trabajo y Seguridad Social,* núm. 380, 2014, págs.: 177 y ss.; CUGAT MAURI, M: "Delitos contra la Hacienda Pública y la Seguridad Social" en *Derecho penal español. Parte Especial II,* Tirant Lo Blanch, Valencia, 2011, pág.: 799; DE VICENTE MARTÍNEZ, "La reforma de los delitos contra la Seguridad Social por la Ley Orgánica 7/2012" *Op. Cit.*, pág.: 2; FERRÉ OLIVÉ, *Tratado de los delitos contra la Hacienda Pública, Op. Cit.*, págs.: 145 y 791; MUÑOZ CONDE, *Derecho Penal. Parte Especial,* Tirant Lo Blanch, Valencia, 2015, pág.: 919.

de punibilidad existente hasta entonces consistente en el supuesto en el que un sujeto obtenía indebidamente subsidios de desempleo cuya cuantía no alcanzaba el umbral mínimo del 308 CP, consiguiéndose así una tutela penal de la otra cara de la misma moneda, protegiéndose específicamente desde entonces tanto la vía de ingreso como la de gasto del patrimonio de la Seguridad Social.

Un partidario de que la inclusión de este tipo penal protege la vertiente del gasto de la Seguridad Social es MUÑOZ CONDE, quien se postula a favor de esta idea cuando afirma que *"originariamente en los delitos contra la Seguridad Social se protegía solo la función recaudatoria de la Tesorería de la Seguridad Social* (...) *ahora hay que distinguir en estos delitos los tipos que afectan a la recaudación (arts. 307 y 307 bis) de los que afectan al gasto (art. 307 ter)"*[29]. Próxima a esta línea argumental se encuentra también DE VICENTE MARTÍNEZ, quien adhiere a esta posición al sostener que *"proteger penalmente a la Seguridad Social en un sentido dinámico, como proceso de recaudación de ingresos y realización del gasto dado que la función principal que realiza la Seguridad Social se basa en la adquisición de recursos y su aplicación o gastos de los mismos para la realización de los cometidos económicos que le competen"*[30]. Parece que estos autores se sirven de las tesis de AMELUNG y de TIEDEMANN al considerar que el patrimonio público es circulante y que ha de estar dirigido a la consecución de unos fines colectivos para defender que el 307 ter CP protege la vía del gasto de la Seguridad Social; respecto a esta

---

29 MUÑOZ CONDE, F: *Derecho Penal. Parte especial*, Tirant Lo Blanch, Valencia, 2013, pág.: 981.

30 DE VICENTE MARTÍNEZ, "El nuevo delito de defraudación en las prestaciones del sistema de Seguridad Social en la reforma del Código Penal", *Op. Cit.*, pág.: 2; LA MISMA: *Los delitos contra la Seguridad Social en el Código Penal de la democracia*, Madrid, 1996, pág.: 32; LA MISMA: "Los delitos contra la Seguridad Social tras la reforma operada en el Código Penal por la Ley Orgánica 7/2012, de 27 de diciembre, en materia de transparencia y lucha contra el fraude fiscal y en la seguridad social" en *Crisis financiera y Derecho penal económico* (Coords.: DEMETRIO CRESPO, E. y MAROTO CALATAYUD, M.), B de F, Montevideo, 2014, pág.: 582.

cuestión, se objeta por algún sector patrimonialista que el concebir la actividad de gasto de la Administración como bien jurídico tutelado es inasumible dado que es una idea *"demasiado amplia e imprecisa, incapaz de cumplir las funciones que debe desempeñar la institución del bien jurídico"*[31]. Cierto es que se cuestionaría la legitimidad del bien jurídico tutelado del gasto público, pues resulta algo obtuso y falto de concreción, como si el Código Penal fuese un instrumento a fines meramente administrativos supliendo la función que le corresponde al Estado. No obstante, creemos que este sector confunde la función del gasto público de la Seguridad Social o de la Hacienda Pública con lo verdaderamente defendido por el sector funcionalista, que no es sino la función social inherente a las prestaciones sociales.

Dentro de estas tesis funcionalistas se encuentran autores como CÁMARA ARROYO quien ha fundamentado su postura con apoyo en un Derecho Penal de clase para afirmar que *"en definitiva lo que se desea es el mantenimiento del sistema de bienestar que afecta a la clase obrera, a los trabajadores fundamentalmente"*[32]. Somos críticos con la postura del autor cuando apunta a que el bien jurídico es el mantenimiento del sistema de bienestar. Varias razones fundamentan nuestra crítica; en primer lugar, parece que erróneamente identifica al bien jurídico con uno de los fines últimos de nuestro Estado social, esto es, el sostenimiento del Estado de bienestar. En cuyo caso, el mantenimiento del sistema de bienestar sería considerado bien jurídico mediato de protección mas no el bien jurídico identificable con el delito

---

31 MARTÍNEZ-BUJÁN PÉREZ, sobre el bien jurídico en el artículo 308 CP, *Derecho penal económico y de la empresa, Op. Cit.*, 2019, pág.: 739. Más en general, sobre la crítica del gasto público como bien jurídico protegido: OCTAVIO DE TOLEDO Y UBIETO, E.: "Los Objetos de Protección en los delitos contra las Hacienda Públicas" en *Delitos e infracciones contra la Hacienda Pública* (Director y Coord.: OCTAVIO DE TOLEDO Y UBIETO, E.), Tirant Lo Blanch, Valencia, 2009, págs.: 91 a 96.

32 CÁMARA ARROYO, "Entre el Derecho Penal de clase y la expansión punitiva: el delito de obtención indebida de prestaciones (art. 307 ter C.P.)" en *Revista Penal*, núm. 41, 2018, pág.: 60.

de fraude en las prestaciones sociales, toda vez ese Estado de bienestar no cumple con las funciones que le son propias a los bienes jurídicos, dado que difícilmente puede ser lesionado o siquiera puesto en peligro por la actuación de un individuo, pues de ese modo se conculcaría el principio de lesividad u ofensividad de bienes jurídicos, en tanto en cuanto el Derecho Penal sólo debe intervenir para tutelar los bienes jurídicos de los ataques más intolerables, y el sistema de bienestar es casi imposible que resulte lesionado o puesto en peligro por la actuación inocua de un individuo. Pero es que, a mayor abundamiento, tampoco se concreta en absoluto cuando se defiende que aquello que es objeto de tutela es el mantenimiento del sistema de bienestar, dado que el sistema de bienestar en un Estado social opera en múltiples ámbitos no solo en el campo de la Seguridad Social; ámbitos como sanidad, educación o vivienda dan forma al Estado de bienestar y éstos no están tutelados ni siquiera indirectamente por el fraude de prestaciones sociales.

Otro autor incluido en los planteamientos de naturaleza funcional es FERRÉ OLIVÉ, quien ha aportado otra visión respecto al bien jurídico protegido en este tipo penal al matizar que *"de forma mediata se afecta a la Seguridad Social como mecanismo de realización del gasto social. Y desde una perspectiva inmediata se tutelan las condiciones legalmente requeridas para la concesión o disfrute de las prestaciones sociales"*[33].

Pese a que compartimos la separación entre bien jurídico inmediato y mediato para clarificar el bien jurídico protegido en los delitos socioeconómicos, nos asaltan varias dudas sobre esta postura. Así, en primer lugar, y a modo general, (i) echamos en falta por el autor alusión alguna a la preponderante necesidad que exige el tipo penal de causar un perjuicio a la Administración Pública. Y es que entendemos necesaria una referencia a esa lesión a los efectos

---

33 FERRÉ OLIVÉ, *Tratado de los delitos contra la Hacienda Pública, Op. Cit.*, págs.: 143 y 792.

de determinar el bien jurídico pues es ese perjuicio sobre el que pivota el tipo penal: sin perjuicio no hay delito; (ii) nada que objetar respecto al bien jurídico mediato, pues puede ser perfectamente la finalidad objetiva de la norma, mas la fórmula utilizada para determinar el bien jurídico inmediato —*"las condiciones legalmente requeridas para la concesión o disfrute de las prestaciones sociales"*—, es una cláusula general que, de acuerdo a nuestro entendimiento, no termina de concretar el bien jurídico. Tanto es así que esas condiciones a las que se aluden quizás no posean siquiera los caracteres necesarios para ser consideradas bien jurídico, cuestionándose la legitimidad misma del delito, pues tal objeto jurídico no podría ser objeto de tutela penal; (iii) considerar como bien jurídico inmediato *"las condiciones legalmente requeridas para la concesión o disfrute de las prestaciones sociales"* es una posición no exenta de problemática, pues provocaría el abandono de posiciones funcionalistas para postularse más próximo a la tesis que apuntaba a la fe pública como bien jurídico, poseyendo el delito una naturaleza falsaria. La razón estriba en que si entendemos que el perjuicio para la Administración es la puesta en peligro de las condiciones legales para la concesión o disfrute de las prestaciones se adelanta la protección penal de la Seguridad Social a hechos que convertirían al injusto en un delito de mera actividad, pese a articularse como un delito de resultado en tanto en cuanto se consuma el injusto con la causación de *"un perjuicio para la Administración Pública"*; y, por último, (iv) la tutela de *"las condiciones legalmente requeridas para la concesión o disfrute de las prestaciones sociales"* ya está prevista en el Real Decreto Legislativo 5/2000, de 4 de agosto, por el que se aprueba el texto refundido de la Ley sobre Infracciones y Sanciones en el Orden Social (LISOS, en adelante). Sin entrar en este momento en el fondo de esta normativa dado que será objeto de análisis en un momento posterior, recoge el artículo 47.c en relación con el 23.c de la LISOS las sanciones para aquellos beneficiarios de prestaciones que faciliten, comuniquen o consignen datos falsos o inexactos para obtener o disfrutar indebidamente una prestación. Por ende, entendemos que no podrían reputarse como bien jurídico inmediato *"las condiciones legalmente requeridas para la concesión o disfrute de las prestaciones sociales"* en tanto en cuanto éstas ya encuentran su tutela en la legislación laboral.

Incluido también en la corriente funcionalista se encuentra COCA VILA, quien defiende que el tipo tutela *"el correcto funcionamiento del sistema de concesión de prestaciones sociales"*[34]. El problema de esta afirmación subyace cuando para lesionar efectivamente el bien jurídico determinado por el autor (el correcto funcionamiento del sistema de concesión de prestaciones sociales) necesitaríamos una conducta típica *ad infinitum* para poder acabar produciendo un efectivo menoscabo en el régimen de concesión de esas prestaciones, tal y como sostienen PÉREZ MANZANO y MERCADER UNGUINA[35], pues una conducta concreta no posee la lesividad suficiente para lesionar *per se* el bien jurídico del correcto funcionamiento del sistema de concesión de prestaciones sociales. Es por eso que los autores que abogan por una tesis funcionalista califican al delito de fraude de prestaciones sociales como un delito de peligro abstracto.

Pero es que, a mayor abundamiento, si se considera que el tipo protege únicamente el correcto funcionamiento del sistema de concesión de las prestaciones sociales entonces éste se podría poner en peligro no ya solo con la efectiva obtención, disfrute, prolongación o facilitación de prestaciones del Sistema de la Seguridad Social sino con la mera presentación de la documentación inveraz necesaria para la solicitud de la prestación, derivando entonces nuevamente en un delito falsario, pues sólo con esa presentación de documentación falsa o irreal ya se estaría afectando el correcto funcionamiento del sistema de concesión de prestaciones sociales, sin necesidad de exigirse un resultado le-

---

34 COCA VILA, "Protección de las haciendas públicas y la seguridad social", *Op. Cit.*, pág.: 633.

35 PEREZ MANZANO / MERCADER UGUINA, "El delito de defraudación a la Seguridad Social", *Op. Cit.*, pág.: 181.

sivo, de tal forma que la consumación del tipo se trasladaría a un momento anterior del *iter críminis*, no a la efectiva la lesión, ni siquiera a su puesta en peligro, sino que se incriminaría la tentativa a los efectos de la causación del delito, lo cual pensamos que redunda en una interpretación que puede superar los límites del principio de legalidad. Y ello por cuanto además el tipo exige como resultado material del delito la causación de *"un perjuicio a la Administración Pública"*, y la mera presentación de la documentación inveraz de solicitud de concesión de la prestación no causa todavía perjuicio alguno a la Administración sectorial de la Seguridad Social.

En definitiva, parece que el autor pudiera estar equiparando el medio de comisión delictiva con el propio objeto de protección y con el contenido material de lo injusto dado que la existencia de falsedades no pertenece al tipo de injusto.

Habida cuenta de cuanto antecede entendemos que esta posición funcionalista no abarca completamente —o no al menos de forma unitaria— el bien jurídico protegido dado que no termina de esclarecer específicamente cuál es el bien jurídico protegido en el artículo 307 ter CP, no resultando, por ende, asumible para delimitar el objeto de protección de la norma.

2.2. Teoría Patrimonialista.

Las tesis patrimonialistas giran en torno a la tutela del patrimonio del Estado como bien jurídico protegido. Para realizar su exégesis nos apoyaremos en autores que han defendido esta postura en relación con los delitos contra la Hacienda Pública del artículo 305 CP, el fraude de cotizaciones del 307 CP, el fraude de subvenciones del artículo 308, así como en el delito objeto de este trabajo.

Y es que si en la línea funcionalista aludíamos a la distinción que se debía realizar entre el patrimonio público y el privado y poníamos el foco en el cariz dinámico del patrimonio de la Administración, las tesis patrimonialistas se centran en el perjuicio o la afectación patrimonial a la Tesorería General de la Seguridad Social.

Sirva a modo introductorio lo manifestado por MARTÍNEZ-BUJÁN PÉREZ quien fundamenta esta línea patrimonialista en el evidente interés patrimonial de la Hacienda Pública[36], en tanto en cuanto la estructura de los delitos de defraudación —como pueda ser el delito contra la Hacienda Pública o contra la Seguridad Social— exigen la causación de un perjuicio patrimonial. Si bien concreta este autor, en relación con el delito del artículo 307 ter CP, que el bien jurídico se focaliza en *"el patrimonio de la Seguridad Social, sin necesidad de efectuar mayores precisiones* [el cual] *ha de resultar lesionado por el comportamiento del defraudador, puesto que exige la causación de un efectivo "perjuicio a la Administración Pública""*[37]. En consecuencia, tal y como afirma este

---

36 En alusión al delito de defraudación tributaria, MARTÍNEZ-BUJÁN PÉREZ, C.: *Derecho penal económico y de la empresa. Parte especial*, Tirant Lo Blanch, Valencia, 2015, pág.: 619.

37 MARTÍNEZ-BUJÁN PÉREZ, *Derecho penal económico y de la empresa, Op. Cit.*, 2015, pág.: 313.
En este sentido, entendiendo que lo tutelado en el artículo 307 ter CP es directamente el patrimonio de la Seguridad Social, autores como: ACALE SÁNCHEZ, M. / GONZÁLEZ AGUDELO, G.: "Delitos contra la Hacienda Pública y contra la Seguridad Social" en *Lecciones y materiales para el estudio del Derecho Penal* (Coord.: TERRADILLOS BASOCO, J.M.), Iustel, Madrid, 2016, pág.: 258; BOIX REIG, J. y GRIMA LIZANDRA, V.: "Lección XXVII: Delitos contra la Hacienda Pública y contra la Seguridad Social" en *Derecho Penal. Parte Especial*, Vol. II, Iustel, Madrid, 2020, pág.: 858; BUSTOS RUBIO, M. / GÓMEZ PAVÓN, P.: "La protección penal de la Seguridad Social en España: el bien jurídico protegido" en *Revista Penal México*, núm. 10, 2016, pág.: 23; EL MISMO: "El delito de fraude de prestaciones del sistema de la Seguridad Social (art. 307 ter CP)" en AA.VV. *Delitos de defraudación a la Seguridad Social y delitos contra los trabajadores*, Bosch, Barcelona, 2015, pág.: 184; CAMPOY GÓMEZ, R.: "La prolongación indebida del disfrute de prestaciones de la Seguridad Social. Art. 307 ter CP. Análisis Jurisprudencial. Impacto de la estrategia de mercado digital de la Unión Europea en la gestión de las prestaciones" en *Políticas públicas en defensa de la inclusión, la diversidad y el género* (Coords.: GUZMÁN ORDAZ, R. / GORJÓN BARRANCO, M. C.), Universidad de Salamanca, 2019, pág.: 333; DE LA MATA BARRANCO, N.J.: "Deli-

tos contra la hacienda Pública y la Seguridad Social" en *Derecho Penal Económico y de la empresa*, Dykinson, Madrid, 2018, pág.: 568; DÍAZ MORGADO, C.: "Delitos tributarios y contra la Seguridad Social" en *Manual de Derecho penal económico y de la empresa. Parte General y Parte especial*, Tomo I, Tirant Lo Blanch, Valencia, 2016, pág.: 473; LA MISMA: "Delitos tributarios y contra la Seguridad Social" en *Manual de Derecho penal económico y de la empresa. Parte General y Parte especial*, Tomo II, Tirant Lo Blanch, Valencia, 2020, pág.: 553; ESCOBAR JIMÉNEZ, R.: "Los delitos contra la Seguridad Social: fraude de cotizaciones y fraude de prestaciones (Arts. 307-307 ter CP)" en *Tratado de Derecho Penal Económico* (Director: CAMACHO VIZCAÍNO, A.), Tirant Lo Blanch, Valencia, 2019, pág.: 1721; GALÁN MUÑOZ, A.: "Delitos contra la Hacienda Pública y la Seguridad Social" en *Manual de Derecho Penal económico y de la empresa* (GALÁN MUÑOZ, A / NUÑEZ CASTAÑO, E.), Tirant Lo Blanch, Valencia, 2019, pág.: 271; MARTÍNEZ-BUJÁN PEREZ, *Derecho penal económico y de la empresa. Parte especial*, *Op. Cit.*, 2019, pág.: 738; MORALES PRATS, F.: "De los delitos contra la Hacienda Pública y contra la Seguridad Social" en *Comentarios a la Parte Especial del Derecho Penal* (Director: QUINTERO OLIVARES, G.), Aranzadi, Navarra, 2016, pág.: 1127; NIETO MARTÍN, A.: "Lección XIV. Delitos contra la Hacienda Pública y la Seguridad Social. Delitos de contrabando" en *Nociones fundamentales de Derecho Penal. Parte especial*, Vol. II, Tecnos, Madrid, 2015, pág.: 340; SUÁREZ ROBLEDANO, J.M.: "Transparencia en materia penal: comentario a la reciente reforma del Código Penal en materia de transparencia y lucha contra el fraude fiscal y en la Seguridad Social" en *Revista Española de Control Externo*, núm. 42, Vol. XIV, 2012, pág.: 191; ZÁRATE CONDE, A. y otros: *Derecho penal. Parte especial*, Ramón Areces, Madrid, 2016, pág.: 532.

Y más general, entendiendo que el delito de fraude a la Seguridad Social del **artículo 307** del CP tutela el Erario de la Tesorería de la Seguridad Social: BAJO FERNÁNDEZ, M. y BACIGALUPO SAGGESE, S.: *Derecho Penal económico*, Ramon Areces, Madrid, 2010, pág. 342; BRANDÁRIZ GARCÍA, J.A.: *El delito de defraudación a la Seguridad Social*, Tirant Lo Blanch, Valencia, 2000, págs.: 347 a 376; MORILLAS CUEVA, L.: "Lección 26: Delitos contra la Hacienda Pública y contra la Seguridad Social" en *Derecho penal español. Parte especial* (Coord.: COBO DEL ROSAL, M.), Dykinson, Madrid, 2005, pág.: 631; MARTÍNEZ LUCAS, J.A.: *El delito de defraudación a la Seguridad Social: régimen legal, criterios jurisprudenciales*, Editorial Práctica de Derecho, Sedaví (Valencia), 2002, págs.: 43 y ss.; SERRANO GÓMEZ, A. y otros: *Curso Derecho penal. Parte especial*, Dykinson, Madrid, 2019, pág.: 504; SUÁREZ-MIRA RODRÍGUEZ, C. y otros: "Delitos contra la Hacienda Pública y contra la Seguridad Social" en *Manual de Derecho penal. Parte especial*, Thomson Reuters, Cizur Menor (Navarra), 2018, págs.: 475 y 476.

este sector[38] los delitos contra la Hacienda Pública o contra la Seguridad Social afectan desde un prisma pecuniario al patrimonio del Estado, el cual se ve lesionado por los actos de los contribuyentes.

Incluida en esta tesis patrimonialista se posiciona un sector en favor de defender que no se protege únicamente al patrimonio de la Hacienda Pública, o de la Seguridad Social en nuestro caso, sino el patrimonio al mismo tiempo de aquellos entes relacionados con éstas. Por ejemplo, MARTÍNEZ LUCAS defiende que no es correcto hablar de "patrimonio de la Seguridad Social" como bien jurídico tutelado en el artículo 307 CP, toda vez que en el disfrute indebido de deducciones, el mayor número se financian a cargo de otros presupuestos (INEM, Ministerio de Trabajo, etc.) pero no del presupuesto de la Seguridad Social, por lo que tampoco es posible lesionar el patrimonio de la Seguridad Social[39]. Posición que ya fue defendida por BRANDARIZ GARCÍA quien afirmó respecto al art. 307 CP que el bien jurídico protegido es *"el patrimonio de la Seguridad y, de forma complementaria, los patrimonios del Fondo de Garantía Salarial y del INEM"*[40]. Trasladada esta idea al 307 ter CP, nos encontramos con que la Seguridad Social posee un sistema mixto de financiación, pues se nutre de (i) las aportaciones progresivas del Estado a cargo de los Presupuestos Generales; (ii) las cuotas de las personas obligadas; (iii) las cantidades recaudadas en concepto de recargos, sanciones u otras de naturaleza análoga; (iv) los frutos, rentas o intereses y cualquier otro producto de sus recursos patrimoniales; (v)

---

38 Ya desde tiempos pasados, MARTÍNEZ-BUJAN PEREZ, C.: "El bien jurídico protegido e el delito de defraudación tributaria" en *Estudios Penales y Criminológicos*, núm. XVIII, 1996, pág.: 173; BAJO FERNÁNDEZ y BACIGALUPO SAGESSE, *Derecho Penal económico, Op. Cit.*, pág.: 272 y ss.

39 MARTÍNEZ LUCAS, *El delito de defraudación a la Seguridad Social, Op. Cit.*, pág.: 44.

40 BRANDÁRIZ GARCÍA, *El delito de defraudación a la Seguridad Social, Op. Cit.*, pág.: 368.

y cualesquiera otros ingresos[41]. De ello se colige que el patrimonio de la Seguridad Social se nutre de varias fuentes de financiación que permiten en último lugar el abono de las prestaciones, de lo cual inferimos que el bien jurídico tutelado penalmente no sería el patrimonio de la Seguridad Social exclusivamente sino el de aquellos otros entes que tuvieran relación con ésta, como son los Presupuestos Generales del Estado, la Tesorería General de la Seguridad Social o el Servicio Empleo Público Estatal (SEPE). Nuestra posición nos lleva a considerar que todos estos organismos forman parte de un círculo de posibles sujetos pasivos, pero no constituyen el bien jurídico penal directamente tutelado.

GÓMEZ PAVÓN o BUSTOS RUBIO han fundamentado su postura patrimonialista en la más que plausible equivalencia del precepto con el delito de estafa. Estos autores defienden que *"se ha optado por configurar esta nueva modalidad de fraude como un auténtico delito patrimonial que por criterios de especialidad desplaza la aplicación de otros tipos penales, como la estafa"*[42]. La fundamentación de esta equiparación estriba en que el delito de fraude de prestaciones se construye

---

41 Artículo 109 del Texto Refundido de la Ley General de la Seguridad Social, Real Decreto legislativo 8/2015, de 30 de octubre.

42 BUSTOS RUBIO y GOMEZ PAVÓN, "La protección penal de la Seguridad Social en España: el bien jurídico protegido", *Op. Cit.*, pág.: 21.
Si bien BUSTOS RUBIO matiza en otra obra posterior que ese patrimonio *"se encuentra preordenado a la consecución de unos determinados objetivos, dirigidos en el caso de la Seguridad Social a cumplir con la función prestacional o asistencial encomendada constitucionalmente"* en BUSTOS RUBIO, M.: "La tipificación del fraude en las prestaciones del Sistema de la Seguridad Social: el nuevo artículo 307 ter del Código Penal" en *Revista Penal*, núm. 35, 2015, pág.: 31.
Autores que defienden también el paralelismo con la estafa como MUÑOZ CONDE, F.: *Derecho penal. Parte especial*, Tirant Lo Blanch, Valencia, 2017, págs.: 375 y ss.; MARTÍNEZ-BUJÁN PÉREZ, *Derecho penal económico y de la empresa, Op. Cit.*, 2019, pág.: 738) o SÁNCHEZ MELGAR, J.: "De los delitos contra la Hacienda Pública y contra la Seguridad Social" en *Código Penal. Comentarios y Jurisprudencia* (Coord.: SÁNCHEZ MELGAR, J.), Tomo II, Sepín, Madrid, 2016, pág.: 2219.

sobre el engaño, un engaño suficiente y relevante para producir un acto de disposición patrimonial en el tercero —en este caso, la Tesorería General de la Seguridad Social— que se puede ver lesionada a consecuencia de ese error generado[43]. Esta estructura triangular es prácticamente idéntica al delito de estafa, pues mediante engaño se consigue detraer para sí fondos públicos que el autor hace suyos, sancionándose la utilización del engaño para conseguir una disposición patrimonial que se produce en favor del individuo causando con ello un perjuicio a la Administración Pública.

Incluso la Sala Segunda del Tribunal Supremo en su Sentencia del Pleno de la Sala Segunda del Tribunal Supremo núm. 355/2020, de 26 de junio (Ponente: Excma. Sra. Doña Ana María Ferrer García) [*Tol 8001309*] ha venido a avalar el paralelismo entre el delito estafa y el fraude de prestaciones sociales, toda vez que *"su estructura es la propia de un delito de estafa, una estrategia engañosa dirigida a inducir a error a la Administración de la Seguridad Social, dando de esta manera lugar a un acto de desplazamiento patrimonial"*.

Otro razonamiento para fundamentar el evidente paralelismo entre el injusto de fraude de prestaciones y la estafa es evidenciar su idéntico marco penológico en los supues-

---

También resoluciones judiciales como la SAP Cádiz (Sección 3ª) núm. 219/2011, de 8 de julio [*Tol 2221766*] (Ponente: Ilmo. Sr. Miguel Ángel Ruíz Lazaga) o la STS núm. 42/2015, de 28 de enero [*Tol 4851998*] (Ponente: Excma. Sra. Ana María Ferrer García) realizan esta equivalencia entre el delito de estafa y el 307 ter CP.

43 Otros autores como SILVA SÁNCHEZ no apoyan esta comparación con el delito de estafa en delitos socioeconómicos homogéneos por cuanto en el tipo de la estafa existe una *"relativa igualdad"* entre los derechos y deberes de las partes, mientras que en los delitos contra la Hacienda Pública o la Seguridad Social esa igualdad desaparece, existiendo una superioridad de la Administración frente al Administrado (en SILVA SÁNCHEZ, *Simulación y deberes de veracidad, Op. Cit.*, pág.: 140). Tampoco FERRÉ OLIVÉ que sostiene, sobre el delito de defraudación tributaria, que las maniobras engañosas no se producen sobre el patrimonio ajeno, sino sobre el de uno mismo (FERRÉ OLIVÉ, *Tratado de los delitos contra la Hacienda Pública, Op. Cit.*, pág.: 120).

tos ordinarios. El artículo 249 CP castiga a los reos de estafa *"con la pena de prisión de seis meses a tres años"* y la modalidad básica del art. 307 ter CP impone también penas de prisión en abstracto de *"seis meses a tres años de prisión"* para aquellos que obtengan, disfruten, prolonguen o faciliten prestaciones de la Seguridad Social. Siendo ello así, parece indudable que el legislador, al incluir este precepto en el Código Penal, se decantó por equiparar las conductas de fraude de prestaciones a la conducta de la estafa otorgándoles análogos límites punitivos.

A mayor abundamiento, otro argumento en favor de la tesis patrimonialista es lo contenido en el Preámbulo de la Ley Orgánica 7/2012, de 27 de noviembre, que justificó la inclusión del artículo 307 ter CP en la conveniencia de conseguir *"un tratamiento penal diferenciado de la obtención fraudulenta de ayudas y subvenciones que ofrece una respuesta eficaz frente a los supuestos de fraude con grave quebranto para el patrimonio de la Seguridad Social"*. O lo que es igual, el legislador buscaba la protección del patrimonio de la Tesorería General de la Seguridad Social de cualquier conducta que pudiera lesionarlo desechando posturas funcionalistas.

En este sentido, el legislador incluyó en el tipo penal la exigencia de causar un efectivo *"perjuicio a la Administración Pública"*, concepto que derivaría en un delito de resultado. Y es que ese perjuicio a la Administración Pública, cuya naturaleza jurídica ya fuera condición objetiva de punibilidad o elemento del tipo, ahonda más si cabe en desechar posturas funcionalistas al requerir del autor una actuación que provoque una afectación al el patrimonio de la Seguridad Social para que sea constitutiva de delito, tal y como defiende MARTÍNEZ-BUJÁN PÉREZ[44]. De esta forma inferimos

---

44 MARTÍNEZ-BUJÁN PÉREZ, *Derecho penal económico y de la empresa*, *Op. Cit.*, 2019, pág.: 739.
El problema reside —problema que abordaremos en un momento posterior de la presente investigación pero ya dejamos consignado— en que, considerándose un delito de resultado no establece un sistema de cuantías como sus homólogos de la Hacienda Pública po-

que si se hubiera querido configurar el tipo como atentatorio de la función de la prestación la redacción del mismo no podría orbitar sobre la causación de un perjuicio a la Administración Pública. Perjuicio a la Administración Pública que, a nuestro entender, ha de ser evaluable económicamente, pues así se deduce del hecho de que la penalidad del tipo penal viene evaluada por la cuantía del perjuicio causado a la Tesorería General de la Seguridad Social.

De esta forma, encontramos (i) un primer subtipo previsto en el párrafo segundo del 307 ter.1 CP que prevé la modalidad atenuada para aquellas defraudaciones que *"no revistan especial gravedad"*, esto es, defraudaciones de hasta diez mil (10.000) euros, tal y como estableció el Pleno de la Sala Segunda del Tribunal Supremo en su Sentencia núm. 355/2020, de 26 de junio (Ponente: Excma. Sra. Doña Ana María Ferrer García) [*Tol 8001309*], que se enfrentarán a penas de multa del tanto al séxtuplo; (ii) un tipo básico para aquellas defraudaciones que no superen los cincuenta mil (50.000) euros con penas de prisión de seis (6) meses a tres (3) años (párrafo primero art. 307 ter.1 CP); (iii) y una modalidad agravada (art. 307 ter.2 CP) para fraude de prestaciones superiores a cincuenta mil (50.000) euros con penas de prisión de dos (2) a seis (6) años y multa del tanto al séxtuplo. O lo que es igual, al establecer el precepto diferentes marcos penológicos en función del importe defraudado a la Seguridad Social el tipo penal profundiza en favor de una posición patrimonialista, toda vez que a mayor cuantía defraudada mayor respuesta punitiva.

Finalmente, otro razonamiento que sustentaría la posición patrimonialista y entronca con lo anterior es la exis-

---

seen, sino que se deja al arbitrio de los Jueces y Tribunales la valoración de la gravedad del *"perjuicio a la Administración Pública"*, lo cual, pese a no quebrar el principio de legalidad, pues la norma delimita con precisión la conducta punible, la pena a imponer y los criterios que han de ser valorados para resolver en función de la gravedad de la infracción, puede no resultar del todo deseable dejar a voluntad de Jueces y Magistrados la potestad de su persecución.

tencia de una figura como es la exclusión del injusto penal contemplada en el artículo 307 ter.3 CP que exige como requisito positivo el reintegro del importe por valor de la prestación recibida más un interés legal del dinero aumentado en dos (2) puntos porcentuales, lo cual reafirma que únicamente de esta forma se compensa el desvalor del resultado, esto es, el perjuicio patrimonial ocasionado, configurándose así el tipo penal como un delito contra el patrimonio[45]. O lo que es igual, la inclusión por el legislador de la exención de responsabilidad criminal por reparación del daño opera con posterioridad al hecho delictivo exonerando retroactivamente de una punibilidad que ya había surgido y se incide en la significación para el legislador del patrimonio de la Tesorería General de la Seguridad Social, que deja de lado posturas funcionalistas para poner el foco en aquello que considera que ha de ser objeto de protección: el patrimonio de la Seguridad Social.

3. TEORÍA ECLÉCTICA. TOMA DE POSTURA

Como hemos visto la cuestión del bien jurídico en el delito de fraude de prestaciones del Sistema de la Seguridad Social ha sido, es y será objeto de debate por la doctrina. Y ello pese a que ambas posiciones compartan la idea de que la inclusión del artículo 307 ter CP en el año 2012 vino a colmar la laguna de tipificación especifica de aquellas conductas defraudatorias contra la Seguridad Social, las cuales hasta entonces unos tribunales reconducían —en su mayoría— para su punición al delito estafa y otros al fraude de subvenciones.

En cuanto a posicionarnos por una de las tesis mayoritarias expuestas, existen sólidos argumentos en ambos sentidos y puede ser que en cierto modo ambas posiciones sean

---

[45] En un sentido semejante, sobre el artículo 307 CP: BRANDÁRIZ GARCÍA, *El delito de defraudación a la Seguridad Social, Op. Cit.*, pág.: 363.

correctas. Por eso, a nuestro modo de ver, no creemos que debamos adoptar una posición desechando la contraria, sino que es posible complementar ambas tesis[46] dándose cabida a las dos, al existir en este delito dos niveles de bienes jurídicos. Partidario de esta ordenación es FERRÉ OLIVÉ, quien distingue un bien jurídico mediato y un objeto inmediato de protección. El primero, afirma, nos otorga el motivo de criminalización o *ratio legis*, aportando una legitimación a la intervención penal, por lo que se habla de una lesividad abstracta, requiriendo otro bien jurídico que lo precise y concrete, dado que éste no es operativo autónomamente. Este bien jurídico inmediato cumple una función indispensable porque es el instrumento necesario para constatar la lesividad concreta[47]. O expresado en palabras de MARTÍNEZ-BUJÁN PÉREZ, *"el bien jurídico mediato (…) se vincula al más amplio concepto de "ratio legis" o "finalidad objetiva de la norma" y que dicho sintéticamente, expresa las razones o motivos que conducen al legislador penal a criminalizar un determinado comportamiento"*, mientras que el bien jurídico inmediato refleja *"la institución del bien jurídico protegido en sentido estricto, en tanto que elemento básico de todo delito"*[48].

En consecuencia, comenzaremos dando contenido al bien jurídico mediato, aquel que justifica la intervención penal del delito objeto de esta tesis.

3.1. El bien jurídico mediato o ratio legis del delito del artículo 307 ter CP

Para materializar el bien jurídico mediato debemos comenzar por aquello que aludíamos en el momento de

---

46 Tal y como advertía CHAZARRA QUINTO para el delito del artículo 307 CP en CHAZARRA QUINTO, *Delitos contra la Seguridad Social, Op. Cit.*, pág.179.

47 FERRÉ OLIVÉ, *Tratado de los delitos contra la Hacienda Pública*, pág.: 125.

48 MARTÍNEZ-BUJÁN PÉREZ, *Derecho penal económico. Parte General, Op. Cit.*, pág.: 160.

estudiar la posición funcionalista del bien jurídico: el patrimonio público de un Estado social se adscribe a los fines para los que fue concebido; concretamente ha de respaldar la efectiva consecución de los *Principios rectores de la política social y económica* (Capítulo III, Título I) previstos en la Constitución (artículos 39 y ss.). Para lograrlo se ha de concebir a la Administración en un sentido dinámico, en un flujo circulatorio constante, capaz de recaudar ingresos para la realización de gastos destinados a la satisfacción del interés general. Esa visión dinámica del patrimonio permitía a DE VICENTE MARTÍNEZ, postular que el tipo penal pretende *"proteger penalmente a la Seguridad Social en un sentido dinámico, como proceso de recaudación de ingresos y realización del gasto dado que la función principal que realiza la Seguridad Social se basa en la adquisición de recursos y su aplicación o gastos de los mismos para la realización de los cometidos económicos que le competen"*[49].

Cierto es que, como objetan tesis patrimonialistas sobre este particular, reputar como bien jurídico inmediato la actividad del gasto es una idea *"demasiado amplia e imprecisa, incapaz de cumplir las funciones que debe desempeñar la institución del bien jurídico"*[50]. Esa falta de concreción provocaría instrumentalizar al Derecho Penal en una suerte de herramienta dirigida a fines meramente administrativos supliendo la función que le corresponde al Estado. Por eso no podemos compartir la concepción de que esa función del gasto sea

---

49 DE VICENTE MARTÍNEZ, "El nuevo delito de defraudación en las prestaciones del sistema de Seguridad Social en la reforma del Código Penal", *Op. Cit.*, pág.: 2; LA MISMA: *Los delitos contra la Seguridad Social en el Código Penal de la democracia, Op. Cit.*, pág.: 32; LA MISMA: "Los delitos contra la Seguridad Social tras la reforma operada en el Código Penal por la Ley Orgánica 7/2012, de 27 de diciembre", *Op. Cit.*, pág.: 582.

50 MARTÍNEZ-BUJÁN PÉREZ, *Derecho penal económico y de la empresa, Op. Cit.*, 2019, pág.: 739.
Más en general, sobre la crítica del gasto público como bien jurídico protegido: OCTAVIO DE TOLEDO Y UBIETO, "Los Objetos de Protección en los delitos contra las Hacienda Públicas", *Op. Cit.*, págs.: 91 a 96.

el bien jurídico inmediato. Empero, esa concepción de la Seguridad Social como mecanismo de realización del gasto social sí que puede ser válida a efectos del bien jurídico mediato o *ratio legis*, tal y como defiende FERRÉ OLIVÉ: *"el bien jurídico mediato posee una vocación claramente orientadora, verá limitada su importancia práctica, sirviendo como criterio auxiliar en la interpretación del sentido y límites del bien jurídico inmediato"*[51]. Esta visión de la Seguridad Social como mecanismo de gasto sí nos parece más acorde con la idea que defendemos de la existencia de un bien jurídico mediato en este delito dado que, sin ser operativo autónomamente, nos aporta la perspectiva para conocer el motivo de criminalización y a la vez nos resulta bastante preciso como elemento intérprete del bien jurídico inmediato.

Así pues, debemos desechar posturas como las de CÁMARA ARROYO, quien reputaba como bien jurídico *"el mantenimiento del sistema de bienestar que afecta a la clase obrera, a los trabajadores fundamentalmente"*[52], o la de COCA VILA: *"el correcto funcionamiento del sistema de concesión de prestaciones sociales"*[53]. La razón estriba en que, a nuestro modo de ver, ambas ideas, tanto el mantenimiento del sistema de bienestar como el sistema de concesión de prestaciones sociales, se conceptúan como bienes jurídicos inmediatos —con independencia de que resulta más que discutible que sean aptas por sí mismas de ser lesionadas o puestas en peligro sino es por la acumulación de conductas individuales que separadamente resultarían inocuas para el Sistema de la Seguridad Social, lo cual estos autores no señalan—. Pero es que, a mayor abundamiento, *el sistema de bienestar* es un concepto más que amplio, que abarca posturas que no solo afectan a las prestaciones del Sistema de la Seguridad So-

---

51 FERRÉ OLIVÉ, *Tratado de los delitos contra la Hacienda Pública, Op. Cit.*, pág.: 125.

52 CÁMARA ARROYO, "Entre el Derecho Penal de clase y la expansión punitiva: el delito de obtención indebida de prestaciones (art. 307 ter C.P.)", *Op. Cit.*, pág.: 60.

53 COCA VILA, "Protección de las haciendas públicas y la seguridad social", *Op. Cit.*, pág.: 633.

cial como ya hemos defendido en otro apartado de este capítulo, y el *sistema de concesión de prestaciones sociales*, pese a su mayor concreción, tampoco podría funcionar como bien jurídico inmediato en nuestro caso al no circunscribir completamente el mecanismo del gasto de la Seguridad Social al albur del artículo 41 de la Constitución Española al que aludíamos también en otro apartado. Y es que el *sistema de concesión de prestaciones* parece que focaliza su actuación en la actividad de la concesión de esas prestaciones y no en la realización de la vía del gasto, que era aquello que postulaba DE VICENTE MARTÍNEZ para entender el patrimonio de la Seguridad Social y que nosotros dábamos prioridad.

Esta protección de la vía del gasto como bien jurídico mediato posee su relevancia constitucional *ex* artículo 41 CE, pues *"este precepto constitucional es una forma de garantía propia de un Estado social-prestacional como lo es España que impone a los poderes públicos la obligación de instaurar y proteger ciertos servicios que se consideran imprescindibles para el bienestar social"*[54]. Así pues, la actividad socio-económica[55] de la Seguridad Social en su vertiente de gasto y el Estado Social reconocido por la Constitución están conectados al tipo penal en calidad de bien jurídico mediato.

Es lo que defiende FERRÉ OLIVÉ quien, encuadrándose en una postura funcionalista, defiende que *"de forma mediata se afecta a la Seguridad Social como mecanismo de realiza-*

---

54 BUSTOS RUBIO, *La regularización en el delito de defraudación a la Seguridad Social, Op. Cit.*, pág.: 56.
También la Sala Segunda del Tribunal Supremo ha legitimado la intervención penal para sancionar aquellas conductas que defrauden a la Seguridad Social (Sentencia núm. 2052/2002, de 11 de diciembre [*Tol 4922011*] (Ponente: Excmo. Sr. José Antonio Martín Pallín), justificando su intervención en que lesiona *"gravemente el Estado social y los intereses generales, constituyendo además una conducta antisocial que, por razones de política criminal, sólo merece una pena cuando la conducta defraudada supera las barreras señaladas por el legislador"*.

55 Que la función socio-económica es el bien jurídico mediato, el cual se ve amenazado por la comisión de este hecho delictivo, ha sido defendida por MARTÍNEZ-BUJÁN PÉREZ, *"Derecho penal económico y de la empresa. Parte Especial"*, *Op. Cit.*, pág.: 715 y ss.

ción del gasto social. Y desde una perspectiva inmediata se tutelan las condiciones legalmente requeridas para la concesión o disfrute de las prestaciones sociales"[56]. Sin entrar ahora en el bien jurídico inmediato, la tesis defendida por FERRÉ OLIVÉ recogida *supra* tiene más recorrido en nuestra consideración, y nos adherimos a ella en cuanto al bien jurídico mediato se refiere, pues la separación que realiza permite abarcar por un lado la interpretación en el marco del orden público económico (bien jurídico mediato), y el verdadero bien susceptible de lesión o puesta en peligro. Además del hecho de que la consideración de la Seguridad Social como mecanismo de realización del gasto social como bien tutelado mediatamente cumple sobradamente la intervención penal y lo previsto en el artículo 41 de la Constitución Española y entiende, como también nosotros, la evidente visión dinámica que el patrimonio público ha de poseer, esto es, que ha de estar dirigido a la consecución de unos fines sociales.

No concebimos que la tesis funcionalista haya que descartarse de todo punto, sino que nos postulamos en el sentido de considerar que la tesis funcionalista pura no puede reputarse como un bien jurídico inmediato de protección penal, al no cumplir con la exigencia marcada en el tipo penal que alude a *"causando con ello un perjuicio a la Administración Pública"*, la cual reputamos que es la clave de bóveda de este precepto. En consecuencia, solo tendrían cabida estas tesis funcionalistas a modo de bien jurídico mediato.

3.2. El bien jurídico inmediato del artículo 307 ter CP

Habiendo determinado que el bien jurídico mediato en este delito es la Seguridad Social como mecanismo de realización del gasto social, procederemos a identificar con nitidez el bien jurídico inmediatamente protegido que sub-

56 FERRÉ OLIVÉ, *Tratado de los delitos contra la Hacienda* Pública, *Op. Cit.*, pág.: 792.

yace tras un comportamiento defraudatorio en la vía del gasto social del Sistema de la Seguridad Social (art. 307 ter CP), esto es, aquel susceptible de lesión o puesta en peligro. Para ello debemos partir de las palabras de MARTÍNEZ-BUJÁN PÉREZ anteriormente citadas que definen al bien jurídico inmediato como, *"aquel que se incorpora al tipo de injusto o tipo de acción de la infracción delictiva de que se trate, en el sentido que su vulneración por parte de la acción del sujeto activo se erige como un elemento implícito indispensable de la parte objetiva de cualquier tipo"*[57].

Así pues, a nuestro modo de ver el bien jurídico protegido de manera inmediata por el delito de defraudación del artículo 307 ter CP debe identificarse con el patrimonio de la Seguridad Social que operaría como objeto técnico de tutela desechando posiciones funcionalistas, pese a que la idea de carácter funcional-institucional resulta relevante. Varias son las razones que argumentan nuestra postura.

En primer lugar, para llegar a esa afirmación nos apoyamos en la definición otorgada *supra* por MARTÍNEZ-BUJÁN PEREZ, concretamente a la necesidad de que *"su vulneración por parte de la acción del sujeto activo se erige como un elemento implícito indispensable de la parte objetiva de cualquier tipo"*. Reparando en esa afirmación encontramos en el delito de fraude de prestaciones del Sistema de la Seguridad Social un elemento que ha de ser vulnerado por la acción del sujeto activo y que deviene en indispensable en la parte objetiva del tipo, y este no es otro que el causar *"un perjuicio a la Administración Pública"*. El bien jurídico protegido ha de ser lesionado por la acción del sujeto y el tipo penal exige la causación de un perjuicio a la Administración Pública.

Desde posiciones funcionalistas podría argüirse que ese perjuicio que reclama el tipo puede no ser evaluable económicamente, empero esta afirmación decae por su propio peso en el momento que el tipo penal gradúa su penalidad

---

[57] MARTÍNEZ-BUJÁN PÉREZ, *"Derecho penal económico. Parte General"*, *Op. Cit.*, 2016, pág.: 160.

en función de la cuantía del perjuicio causado al patrimonio de la Seguridad Social. A mayor abundamiento, el tipo penal no exige la causación de un perjuicio a las funciones que las prestaciones sociales están llamadas a cumplir en un Estado Social, o a la vía del gasto de la Seguridad Social, sino (entendemos) a un perjuicio evaluable económicamente. O lo que es igual, la actuación del sujeto activo ni lesiona ni pone en peligro directamente las funciones de las prestaciones sociales; en consecuencia, no se puede hablar de un bien jurídico inmediato de carácter funcionalista sino patrimonialista.

Se podría asimismo objetar desde posiciones funcionalistas que una acción típica jamás lesionaría el bien jurídico protegido[58]. Evidentemente que el patrimonio de la Seguridad Social es ingente y éste no se ve lesionado, ni siquiera puesto en peligro efectivo, por una única acción intrínsecamente lesiva por sí misma. No obstante, el prisma que debemos adoptar no es si la acción lesiona efectivamente el bien jurídico sino si la acción puede suponer una afectación suficiente al bien jurídico valorado en toda su magnitud y su extensión para ser perseguible por el Derecho Penal, pero siempre evitando comparar aquella con escalas que devienen incomparables por su muy diferente magnitud. Por eso no puede acogerse la tesis de que jamás una conducta lesionará el bien jurídico del patrimonio de la Seguridad Social, como tampoco una sola conducta pondría en peligro las funciones de las prestaciones sociales o la vía del gasto si estos fueran los bienes jurídicos que se considerasen como inmediatos. Eso es algo a todas luces evidente lo que debe discutirse es si la acción en sí misma es lesiva para el bien jurídico que pretende tutelar. Y la respuesta no puede ser más que afirmativa, en tanto en cuanto el tipo penal pretende, por un lado, evitar la generalización de conductas lesivas que sí terminaran lesionando gravemente el bien jurídico tutelado y, por otro, que toda conducta

---

58 En delitos contra la Hacienda Pública, FERRÉ OLIVÉ, *Tratado de los delitos contra la Hacienda Pública, Op. Cit.*, pág.: 131.

a partir de un cierto límite mínimo acabe suponiendo un perjuicio a la Administración Pública. O dicho en palabras de MENDOZA BUERGO, en relación con el delito fiscal: *"resulta claro que la evasión fiscal de un solo contribuyente no pone en peligro ni lesiona el Erario Público o la capacidad económica de la Hacienda Pública, pero no por ello deja de ser intrínsecamente lesiva por sí misma a partir de un cierto límite mínimo, establecido en virtud de principios como el de carácter fragmentario, última ratio, proporcionalidad e insignificancia"*[59].

Otro motivo para inclinarnos por las posiciones patrimonialistas —pero continuando con la necesidad de causar un perjuicio a la Administración Pública— es la construcción de este delito a ojos de la estafa. Ya analizamos que las figuras delictivas de la estafa y el delito de fraude de prestaciones sociales poseen la misma estructura triangular, a saber: un sujeto activo, el agente del engaño, produce un error en un sujeto pasivo, la Administración Pública —en este caso, la Tesorería General de la Seguridad Social— y a consecuencia de ese error provoca un acto de disposición patrimonial en el tercero a favor del agente del engaño. De hecho, existe un aumento de patrimonio en la esfera del sujeto del engaño y existen unos bienes que con anterioridad a producir el engaño no se encontraban en la esfera del sujeto activo, esto es, una disposición patrimonial que provoca la construcción de la estructura triangular que hemos expuesto. Pero es que, a mayor abundamiento, ambos tipos penales poseen un análogo marco penológico en su tipo básico, de seis (6) meses a tres (3) años, lo que evidencia que a ojos del legislador ambas conductas merecen una idéntica punición.

Sobre este particular se arguye desde posiciones funcionalistas que el riesgo en el art. 307 ter CP no lo crea el autor del engaño sino que existe una prestación unilateral

---

59 MENDOZA BUERGO, *Límites dogmáticos y político-criminales de los delitos de peligro abstracto, Op. Cit.*, págs.: 494 y 495.
Sobre los delitos acumulativos, más en profundidad: BUSTOS RUBIO, M.: *Delitos acumulativos,* Tirant Lo Blanch, Valencia, 2017.

sin contraprestación económica por parte del Sistema de la Seguridad Social encontrándonos en este supuesto ante una autolesión consciente del patrimonio propio que no podría ser encuadrada en los parámetros del engaño y la estafa, pues el patrimonio público dispone de sus bienes sin contraprestación para alcanzar fines públicos[60]. Es por eso que autores como ASÚA BATARRITA afirman que el ente público asume de antemano la merma económica para lograr objetivos públicos[61]. A este argumento podríamos darle respuesta en primer lugar afirmando que el patrimonio público asume una merma económica para lograr objetivos públicos pero ello no es óbice para descartar de todo punto el modelo de estafa. Evidentemente que la voluntad del Estado es lograr objetivos públicos y para ello acepta un detrimento en su patrimonio. No obstante cuando el Estado otorga una prestación a un individuo es porque el sujeto cumple unos condicionantes impuestos por el propio Estado que le hacen ser beneficiario de la prestación, luego no puede inferirse que porque el Estado asuma que se va a producir una merma económica en su patrimonio no va a ser objeto de un engaño por un individuo. El individuo puede engañar al Estado para ser receptor de una prestación cuando no le corresponde. Y es que pese a que el Estado no prevea una contraprestación económica eso no significa que la prestación sea una atribución gratuita o a fondo perdido, es decir, no devolutiva —como afirman estos autores—. Al contrario, la concesión de una prestación obedece al cumplimiento previo de unas premisas, luego

---

60 En este sentido, entre otros, ASUA BATARRITA, A.: "Estafa común y fraude de subvenciones: de la protección penal del patrimonio a la protección de la institución subvencional" en *Hacia un Derecho Penal Económico Europeo. "Jornadas en honor al profesor Klaus Tiedemann"*, BOE, Madrid, 1995, pág.: 129 y TERRADILLOS BASOCO, J.M.: "Defraudación de subvenciones públicas" en AA.VV. *Derecho penal, Hacienda y Administración Pública*, Fondo de Cultura Universitaria, Montevideo, pág.: 62.

61 ASUA BATARRITA, "Estafa común y fraude de subvenciones: de la protección penal del patrimonio a la protección de la institución subvencional", *Op. Cit.*, pág.: 129.

no es una disposición gratuita sino una retribución a cargo de los presupuestos públicos que tiene su fundamento en las cotizaciones aportadas al Estado[62]. O dicho con otras palabras, las prestaciones no son a título gratuito, no son una subvención, son un derecho con un contenido económico que tiene su fundamento en las cotizaciones previas que se han ido aportando por el individuo a las arcas del Estado.

En cualquier caso, al mismo tiempo que puede defenderse que este injusto penal tutela de forma inmediata el patrimonio y que el injusto penal se construye a partir del esqueleto de la estafa nos parece relevante el aporte que realizan las tesis funcionalistas de que el patrimonio público asume una merma económica para lograr objetivos públicos y que el bien jurídico se concreta en la Seguridad Social como mecanismo de realización de gasto social. A partir de aquí cobran particular relevancia las palabras de CHAZARRA QUINTO y de RODRÍGUEZ MOURULLO

---

62 Sobre este extremo, valga por todas la STS Sala Segunda núm. 42/2015, de 28 de enero [*Tol 4851998*] (Ponente: Excma. Sra. Ana María Ferrer García): " *La doctrina, a su vez, ha señalado como notas que la caracterizan tratarse de una atribución patrimonial gratuita o a fondo perdido, es decir, no devolutiva; su otorgante debe ser una persona o entidad de derecho público; mediante su concesión se asume parte de la carga financiera de otro ente o de un particular; el subvencionado jurídicamente debe tener respecto del otorgante la condición de tercero; y debe estar presidida por una finalidad de interés general, pero específica y determinada. Pues bien, atendido lo anterior, la pensión de jubilación no es encajable en dicho concepto, por muy flexible que sea su aplicación, si tenemos en cuenta que mediante aquélla se atiende a una retribución a la que en principio tiene derecho todo trabajador que ha cotizado el tiempo correspondiente durante su período de actividad laboral, luego no es una disposición gratuita sino una retribución a cargo de los presupuestos públicos que tiene su fundamento en las cotizaciones aportadas al Estado*".
Cuestión distinta sería el caso de las prestaciones no contributivas, que poseen una regulación diferente basada en un cariz de subsistencia y generalmente no exigen cotización o requisito previo. Estas prestaciones no contributivas sí que podrían considerarse como atribuciones del Estado sin contraprestación para para alcanzar fines públicos. Y en este caso, quizás, sí que estas conductas desplegadas podrían asemejarse no a un delito de estafa del artículo 248 CP sino a un delito de fraude de subvenciones del artículo 308 CP.

cuando mantienen que que los delitos socioeconómicos tutelan inmediatamente el patrimonio público —éstos aludían al patrimonio de la Seguridad Social y al de la Hacienda Pública, respectivamente— y de forma mediata la función de la cotización y del impuesto[63]. Por ese motivo rechazamos una postura patrimonialista pura dado que, como ya hacíamos hincapié, al albur de un Estado Social el patrimonio público ha de salvaguardar la efectiva consecución de los *Principios rectores de la política social y económica*, lo cual tiene su materialización en el artículo 41 de la Constitución Española, que exige a los poderes públicos mantener un régimen público de Seguridad Social para todos los ciudadanos con una asistencia y prestaciones sociales suficientes ante situaciones de necesidad, lo cual es la finalidad

---

63 Concretamente, CHAZARRA QUINTO afirma *"desde la perspectiva de los delitos contra la Seguridad Social se puede distinguir entre la tutela mediata de las funciones de las cotizaciones* [en nuestro caso las prestaciones] *y las más específica y directa necesidad de proteger el interés particular de salvaguarda del patrimonio de la Seguridad Social"* en *Delitos contra la Seguridad Social, Op. Cit.*, pág.: 179.
También en cuanto al 307 CP, MARTÍNEZ LUCAS quien afirma que este es un delito pluriofensivo, inmediatamente se tutela al erario público en sentido amplio y de forma mediata el orden público económico en *El delito de defraudación a la Seguridad* Social, *Op. Cit.*, pág.: 51 u OLLÉ SESÉ, M. para quien *"con la salvaguardia del patrimonio se cumple, a su vez, la doble función recaudatoria y protectora de la Seguridad Social"* en "Consumación, desistimiento y regularización en el delito de defraudación a la Seguridad Social" en *La Ley Penal*, núm. 144, mayo-junio, 2020, pág.: 3.
Más concretamente, respecto al 307 ter CP: GALLEGO SOLER, J.I. quien defiende que el bien jurídico protegido directamente es el patrimonio de la Seguridad Social y mediatamente las prestaciones de los ciudadanos en: "De los delitos contra la Hacienda Pública y contra la Seguridad Social" en *Comentarios al Código Penal. Reforma 1/2015 y LO 2/2015* (Directores: CORCOY BIDASOLO, M. y MIR PUIG, S.), Tirant Lo Blanch, Valencia, 2015, pág.: 1069.
Por otro lado, incluidos en esta posición ecléctica, pero desde la óptica del delito fiscal, RODRÍGUEZ MOURULLO, G.: "Algunas consideraciones sobre la reforma del delito fiscal" en *Jornadas sobre infracciones tributarias: aspectos administrativos y penales*, Centro de Publicaciones de Ministerio de Justicia, Madrid, 1988, pág.162 y BAJO FERNÁNDEZ y BACIGALUPO SAGGESE, *Derecho Penal económico, Op. Cit.*, pág.: 342.

objetiva de la norma o *ratio legis.* Ideas funcionalistas que nos permiten calificar a este injusto como un delito contra el orden socioeconómico; no obstante el injusto penal exige causar *"un perjuicio a la Administración Pública"* lo que nos conduce a afirmar y defender que el tipo se adecua como un tipo de lesión que se asienta sobre la lesión patrimonial efectiva al Erario Público. Esta necesaria lesión efectiva por una acción concreta inclina la balanza y nos posiciona en favor de una tesis ecléctica.

Habida cuenta de cuanto antecede, por las razones expuestas y desde nuestra asunción del principio de exclusiva protección de bienes jurídicos por el Derecho penal, los cuales han de estar presentes al menos indirectamente en la Constitución, el bien jurídico protegido por el delito de fraude en las prestaciones del Sistema de la Seguridad Social se determina mediatamente con el mecanismo de realización del gasto social de la Seguridad Social *ex* artículo 41 CE, es decir, la función que cumplen las prestaciones sociales, e inmediatamente, o en sentido técnico, el bien jurídico se identifica con el patrimonio de la Seguridad Social.

Capítulo II
Objeto del delito. Las prestaciones del sistema de la Seguridad Social

Analizado el bien jurídico protegido y habiendo determinado el mismo de acuerdo con nuestro entendimiento, procederemos a continuación a delimitar el objeto del delito de esta disertación las *"prestaciones del Sistema de la Seguridad Social"*. Así pues, colmaremos, al albur de la legislación del Derecho del Trabajo y de la Seguridad Social, el objeto típico sobre el que han de recaer las conductas típicas de obtención, prolongación o facilitación, mediante simulación o tergiversación, para al final determinar qué tipo de prestaciones son aquellas que se encuentran tuteladas penalmente.

1. LAS PRESTACIONES: ELEMENTO NORMATIVO, ELEMENTO DESCRIPTIVO O NORMA PENAL EN BLANCO[64]

Para alcanzar a definir el significado de las *prestaciones del Sistema de la Seguridad Social* es necesario desarrollar con carácter previo los conceptos normativo y descriptivo, cuya importancia para solventar problemas dogmáticos de

---

64 Término acuñado por BINDING K. quien, en 1872, en su obra *Die Normen und ihre Übertretun. Eine Untersuchung über die rechtmässige Handlung und die Arten des Delikts. Band I: Normen und Strafgesetze*, Leizpig, 1872, pág.: 74, recoge por primera vez el término de norma penal en blanco para aludir a aquellas normas penales promulgadas por el Reich que encontraban complemento el supuesto de hecho típico en normas de rango inferior de los Lander o municipios.

tipicidad, antijuricidad e incluso de dolo a los que nos enfrentaremos con posterioridad hace imprescindible que en este momento analicemos los citados elementos, así como la técnica legislativa de la ley penal en blanco, para poder reputar después al artículo 307 ter CP como una norma penal en blanco, o bien descartar esa posibilidad.

Desde esta perspectiva comenzamos subrayando que el tipo —como ente conceptual— contiene expresiones lingüísticas que procuran describir la acción típica de tal forma que sea entendible la conducta prohibida. En esa descripción del tipo nos encontramos con expresiones o juicios de valor en los que, para su entendimiento, se exige una compresión lógica o intelectual, mientras que otros simplemente implican una subjetivación o descripción de unos hechos.

Fue MAYER quien, a partir de la teoría del concepto clásico del delito desarrollada por BELING[65], avanza sobre ella y desecha la idea más defendida hasta el momento, de que el tipo es un elemento neutro sin juicios de valor. Y es que MAYER[66] defiende que en los tipos penales cohabitan elementos que no sólo contribuyen a la función descriptiva del tipo, sino que fundamentan la antijuricidad de los tipos penales: los elementos normativos. Estos elementos normativos —sigue MAYER— contienen una valoración que prejuzga la antijuricidad. Los elementos normativos *"son*

---

65 BELING, E. fue quien introdujo en la formación del concepto clásico del delito la categoría de tipicidad como categoría autónoma —*"Tatbestand"* en alemán— a la antijuricidad en su célebre obra *Die Lehre vom Verbrechen*, Tübingen, Verlag von Mohr (Paul Siebeck), 1906, § 4 y § 5, págs.: 20 a 42, defendiendo que el tipo es un elemento neutral de la ley penal, siendo puramente descriptivo y objetivo, sin juicio de valor alguno.

66 MAYER, M. E.: *Der Allgemeine Teil des Deutschen Strafrechts: Lehrburch*, Winter, Heidelberg, 1915, págs.: 182 a 185.
Otros como HERBERGER imputa su descubrimiento a EDUARD KOHLRAUSCH en 1904 en la obra: *Über desktiptive und normative Elemente im Vergeltungsbegriff des Strafrechts*, Halle, 1904. Vid. en SUAY HERNÁNDEZ, C.: "Los elementos normativos y el error" en *Anuario de Derecho Penal y Ciencias Penales*, 1991, núm. 44, pág.: 102.

auténticos elementos de la antijuricidad; pues una circunstancia que no denota, sino que fundamenta la antijuricidad, es decir, que no es ratio cognoscendi, sino ratio essendi, pertenece a la antijuricidad o es integrante de la misma"[67]. Ahora bien, pese a que en un primer momento MAYER situara a estos elementos normativos en el seno de la antijuricidad, lo cierto y verdad es que también defendió con posterioridad que esos elementos normativos son a su vez elementos del tipo, debido a que la ley los convierte en objeto del dolo; de esa forma "[estos elementos normativos] *son como una grapa con una de las puntas clavada en el tipo legal, y otra en la antijuricidad*"[68].

El hecho del descubrimiento de los elementos normativos del tipo se impuso rápidamente y autores como MEZGER defendieron que en ocasiones los elementos del tipo requerían de un juicio de valor complementario, que a su vez contenían elementos subjetivos y anímico-interiores que deberían ser valorados por parte del juez y perceptible por los sentidos sin que por ello se adentrara en el campo de la culpabilidad[69], en lo que se formuló como elementos descriptivos.

---

67 MAYER, *Der Allgemeine Teil des Deutschen Strafrechts, Op. Cit.*, págs.: 184 y 185.
Por lo demás, BELING entiende que la antijuricidad es negativa, esto es, contraria a Derecho, así que para BELING no es posible hablar de elementos normativos en los tipos penales (Vid. en SUAY HERNÁNDEZ, "Los elementos normativos y el error", *Op. Cit.*, pág.: 103).

68 MAYER, *Der Allgemeine Teil des Deutschen Strafrechts, Op. Cit.*, pág.: 182.

69 MEZGER, E.: "Die subjektiven Unrechtselemente" en *Der Gerichtssaal*, vol. 89, 1923, págs.: 209 a 312, citado por ROXIN, C.: *Derecho Penal. Parte General. Tomo I. Fundamentos. La estructura de la Teoría del Delito* (traducido por LUZÓN PEÑA, D.M., DÍAZ Y GARCÍA CONLLEDO, M. y DE VICENTE REMESAL, J.), Civitas, Madrid, 1997, pág.: 281.
Otros autores que comienzan a vislumbrar los elementos descriptivos: FISCHER, H.: *Die Rechtswidrigkeit mit besonderer Berücksichtigung des Privatrechts*, 1911, o HEGLER, A.: *Die Merkmale des Verbrechens*, 1915, págs.: 19 y ss., citados todos ellos por LÓPEZ BARJA DE QUIROGA, J.: *Derecho Penal. Parte General II. Introducción a la teoría jurídica del delito*, Marcial Pons, Madrid, Barcelona, 2002, pág.: 53.

Así pues la doctrina aceptó en su mayoría[70] la tesis de la existencia de elementos normativos, aquellos que aluden a otras normas, y descriptivos, aquellos que se aprehenden o entienden por los sentidos, todos ellos como elementos del tipo[71]. Posicionándonos del lado de aquellos que diferen-

---

[70] Y es que existe un sector de la doctrina que defienden la existencia únicamente de elementos normativos, y no descriptivos, como puedan ser: COBO DEL ROSAL, M. / VIVES ANTÓN, T.S.: *Derecho Penal. Parte General,* Tirant Lo Blanch, Valencia, 1999, pág.: 333; CUELLO CONTRERAS, J.: *El Derecho penal español. Parte General. Nociones introductorias. Teoría del delito,* Dykinson, Madrid, 2002, pág.: 559; ENGISCH, K.: "Die normativen Tatbestandselemente im Strafrecht" en *Festschrift für Edmund Mezger zum 70,* 1954, pág.: 147, citado por DÍAZ Y GARCÍA CONLLEDO, M.: *"El error sobre elementos normativos del tipo penal",* La Ley, Madrid, 2008, pág.: 48; JAKOBS, G.: *Derecho Penal parte general, fundamentos y teoría de la imputación* (traducido por CUELLO CONTRERAS, J. y SERRANO GONZÁLEZ DE MURILLO, J.L.) Marcial Pons, Madrid, 1997, *págs.*: 351 y ss.; JESCHECK, H.: *Tratado de Derecho penal. Parte general* (traducido y adiciones de Derecho Penal realizadas por MIR PUIG, S. y MUÑOZ CONDE, F.) Bosch, Barcelona, 1981, pág.: 365; LUZÓN PEÑA, D.M.: *Curso de Derecho Penal. Parte General,* Universitas, Madrid, 1996, pág.: 351; SCHLÜCHTER, E.: *Irrtum über normative Tatbestandsmerkmale im Strafrecht,* Tübingen, Mohr, 1983, pág.: 26; TIEDEMANN, K.: *Die Anfängerübung im Strafrecht,* Beck, Múnich, 1999, pág.: 118, citado por DÍAZ Y GARCÍA CONLLEDO, *El error sobre elementos normativos del tipo penal, Op. Cit.,* pág.: 48.

[71] Autores que se posicionan en favor de diferenciar entre los elementos normativos y descriptivos: BUSTOS RAMÍREZ, J.: "El tratamiento del error en la reforma de 1983: artículo 6 bis a" en *Anuario de Derecho Penal y Ciencias Penales,* Fascículo 3, 1985, pág.: 707; DIEZ RIPOLLÉS, J.L.: *Derecho Penal español. Parte General,* Tirant Lo Blanch, Valencia, 2016, pág.: 169; JIMÉNEZ DE ASÚA, L.: *Lecciones de Derecho Penal,* Editorial Pedagógica Iberoamericana, México, 1995, pág.: 169; LUZÓN PEÑA, D. M.: *Lecciones de Derecho penal. Parte General,* Tirant Lo Blanch, Valencia, 2016, pág.: 185; MEZGER, E.: *Vom Sinn der strafrechtichen Tatbestände,* 1926, págs.: 217 y 225, citado por DÍAZ Y GARCÍA CONLLEDO, *El error sobre elementos normativos del tipo penal, Op. Cit.,* pág.: 45; MUÑOZ CONDE, F. / GARCÍA ARÁN, M.: *Derecho Penal. Parte General,* Tirant Lo Blanch, Valencia, págs.: 239 y 240; QUINTERO OLIVARES, G.: *Parte General del Derecho Penal,* Thomson Reuters Aranzadi, Cizur Menor (Navarra), 2010, pág.: 318; RODRÍGUEZ DEVESA, J.M. / SERRANO GÓMEZ, A.: *Derecho Penal Español. Parte General,* Dykinson, Madrid, 1995, págs.: 416 y ss.; RODRÍGUEZ MOURULLO, G.: *Derecho penal. Parte General,* Civitas, Madrid, 1978,

cian los elementos del tipo de acuerdo con su relación con una norma o aquellos que son comprensibles por los sentidos, debemos otorgar una definición a éstos, a fin de poder descartar alguno de ellos en su relación con las prestaciones del Sistema de la Seguridad Social. Para ello acogemos la definición formulada por ENGISCH que define a los elementos normativos como *"aquellos que sólo pueden ser representados y pensados bajo el presupuesto lógico de una norma"*[72] y hacemos nuestra la definición que otorgara ROXIN para precisar a los elementos descriptivos, los cuales *"reproducen determinados datos o procesos corporales o anímicos y que son verificados de modo cognoscitivo por el Juez"*[73].

Con esas reformulaciones podemos aventurarnos a afirmar que el término *"prestaciones del Sistema de la Seguridad Social"* no es un elemento descriptivo, pues no es perceptible por los sentidos. Empero, sí que podemos defender que la alusión del 307 ter CP al concepto de "prestaciones"

---

págs.: 253 y ss.; RODRÍGUEZ RAMOS, L.: *Compendio de Derecho Penal. Parte General*, Dykinson, Madrid, 2010, pág.: 276 y ss.; ROXIN, *Derecho Penal. Parte General*, *Op. Cit.*, págs.: 305 y ss.; SUAY HERNÁNDEZ, "Los elementos normativos y el error", *Op. Cit.*, págs.: 115 y ss.

72 ENGISCH, *"Die normativen Tatbestandselemente im Strafrecht"*, *Op. Cit.*, pág.: 147, citado por DÍAZ Y GARCÍA CONLLEDO, *El error sobre elementos normativos del tipo penal*, *Op. Cit.*, pág.: 40.
Ejemplos de elementos normativos en nuestro Código Penal los podemos encontrar en los términos *cuentas anuales* o *tributo* de los artículos 290 CP y 305 CP, pues hay que acudir a la legislación mercantil (artículo 34 del Código de Comercio) y a la legislación tributaria (artículo 2.1 de la Ley General Tributaria) para conocer el significado de ambos términos, respectivamente.

73 ROXIN, *Derecho Penal. Parte General*, *Op. Cit.*, pág.: 305.
En el mismo sentido MIR PUIG cuando defiende que éstos *"expresan una realidad naturalística aprehensible por los sentidos"* en *Derecho Penal. Parte General*, Reppertor, Barcelona, 2015, pág.: 240.
Por otro lado, como bien apunta MUÑOZ CONDE estos elementos valorativos poseen un carácter más difuso y son de más difícil probatura, pues éstos se pueden deducir pero no observar en MUÑOZ CONDE y GARCIA ARÁN, *Derecho Penal. Parte General*, *Op. Cit.*, pág.: 268.
Ejemplos de elementos descriptivos pueden ser los conceptos de *sustancias nocivas* (artículo 359 CP) o *medios o instrumentos que pongan en peligro la vida o integridad de las personas* (artículo 154 CP).

es un elemento normativo-jurídico, en tanto en cuanto éste únicamente pretende dar sentido o dotar de contenido al elemento del tipo que deviene en objeto del delito, colmándose al albur de una norma jurídica; esto es: sólo bajo el presupuesto lógico de una norma extrapenal se le otorga sentido al citado concepto. Es por ello que lo consideramos un elemento normativo, pues debemos concebir a éstos bajo el presupuesto lógico de una norma y hemos de remitirnos a una legislación sectorial para dotar de contenido al elemento típico de las prestaciones.

Ahora bien, expuestas estas ideas debemos delimitar y distinguir los elementos normativos de las leyes penales en blanco para discernir si el artículo 307 ter CP es una ley penal en blanco, como puede ocurrir en otros ámbitos del derecho penal tributario y de la Seguridad Social. Y es que, como señala MUÑOZ CONDE, en ocasiones la figura del elemento normativo y la técnica de la ley penal en blanco presentan una frontera un tanto difusa[74].

Como decimos, no es pacífica la diferenciación entre elementos normativos jurídicos y la técnica de las leyes penales en blanco. De hecho, un sector doctrinal[75] —como TIEDEMANN o MUÑOZ CONDE— apuesta por defender que no es plausible identificar a los elementos normativos como leyes penales en blanco dado que en los elementos normativos existe una mera remisión que fija solamente el contenido de un elemento típico; mientras otra posición

---

[74] MUÑOZ CONDE y GARCÍA ARÁN, *Derecho Penal. Parte General*, 2015, *Op. Cit.*, pág.: 270.

[75] MUÑOZ CONDE y GARCÍA ARÁN, *Derecho Penal. Parte General*, 2019, *Op. Cit.*, pág.: 240; TIEDEMANN, K.: *Manual de Derecho Penal económico, Parte general y especial*, Tirant Lo Blanch, Valencia, 2010, págs.: 102 y 103; MORILLAS CUEVA, L.: *Sistema de Derecho Penal. Parte general*, Dykinson, Madrid, 2018, pág.: 60; QUINTERO OLIVARES, G.: "Delitos contra intereses generales o derechos sociales" en *Revista de la Facultad de Derecho de la Universidad Complutense*, núm. 6, Madrid, 1983, pág.: 320.

doctrinal[76] —encabezada por DOVAL PAÍS o MARTÍNEZ-BUJÁN PÉREZ— relativiza la idea de que los conceptos de las leyes penales en blanco y los elementos normativos sean diferentes, de tal modo que tomando como criterio una interpretación laxa o amplia de ambos conceptos reparan en la *cuasi* coincidencia entre ambos, de tal forma que todo elemento normativo se reputaría finalmente como ley penal en blanco.

En este sentido, siendo como somos partidarios de que resulta inexcusable poder y deber discernir entre ley penal en blanco y elementos normativos, nos posicionaremos en favor de aquel sector doctrinal que defiende tal postura y valoraremos los criterios ideados por la doctrina para diferenciar ambos conceptos, pues ello nos permitirá calificar sin ningún género de dudas el concepto de *"prestaciones del Sistema de la Seguridad Social"* como una ley penal en blanco o como un elemento normativo.

Primeramente puede acogerse un criterio de diferenciación acudiendo al carácter explícito o implícito de la remisión. De ese modo, si el injusto explícitamente remite a una norma extrapenal para conceptuar la idea típica, estaremos ante una norma penal en blanco; por el contrario, los elementos normativos serían aquellos en los que resultará necesario de acudir a una norma extrapenal para colmar el precepto sin que exista tal remisión expresa. Desde este punto de vista, sólo cabría hablar de remisión *stricto sensu* cuando el legislador penal lo hiciera de modo expreso en el injusto típico.

Alguna autora como GARCÍA ARÁN se posiciona en contra del uso exclusivo de ese criterio toda vez que éste

---

76 DOVAL PAÍS, A.: *Posibilidades y límites para la formulación en las normas penales. El caso de las leyes penales en blanco,* Tirant Lo Blanch, Valencia, 1999, págs.: 124 y ss.; MARTÍNEZ-BUJÁN PÉREZ, *Derecho Penal económico y de la empresa,* 2019, *Op. Cit.*, pág.: 249; FAKHOURI GÓMEZ, Y.: *Delimitación entre error de tipo y de prohibición, Las remisiones normativas: un caso problemático,* Civitas, Thomson Reuters, Navarra, 2009, págs.: 90 y ss.

sería un criterio meramente formal, sin que deba acudirse a ese principio para dibujar una nítida frontera entre la ley penal en blanco y los elementos normativos. Por consiguiente lo importante sería no si la remisión es explícita o no, sino la función que desempeña en la estructura del injusto descrito la norma extrapenal[77]; es decir, únicamente si la norma extrapenal acoge la mayor parte de la conducta típica estaríamos ante una ley penal en blanco. En este sentido autores como TIEDEMANN, quien también descarta el criterio de la remisión como determinante para diferenciar entre una ley penal en blanco y un elemento normativo, define a la ley penal en blanco como aquella que ha de ser completada por otra norma que es la que ejerce la amenaza penal[78]. También autores como WARDA, quien es considerado el primer autor en tratar en una monografía la técnica de las leyes penales en blanco, se postula a favor de este criterio al definir en sentido propio las leyes penales en blanco como *"aquellas leyes penales que relacionan su amenaza de pena con un comportamiento descrito típicamente de manera total o parcial por otras fuentes jurídicas"*[79]. Así pues, parece que esos autores acogen el concepto originario *bin-*

---

77 GARCÍA ARÁN, M.: "Remisiones normativas, leyes penales en blanco y estructura de la norma penal" en *Estudios Penales y Criminológicos*, núm. 16, 1992-1993, Servicio de Publicaciones de la Universidad de Santiago de Compostela, págs.: 68 y 69.

78 TIEDEMANN, K.: "Blankettstrafgesetz" en *Handwörterbuch des Wirtschafts-und Steuerstrafrechts*, (Editores: KREKELER, W. / TIEDEMANN, K. / ULSENHEIMER, K. / WEINMANN, G.), Heidelberg, 1990, pág.: 1, citado por GARCÍA ARÁN, "Remisiones normativas, leyes penales en blanco y estructura de la norma penal", *Op. Cit.*, pág.: 69.

79 WARDA, H.G.: *Die Abgrenzung von Tatbestands — und Verbotsirrtum bei Blankettstrafgesetzen*, Walter de Gruyter, Berlin, 1955, pág.: 5.
En igual sentido ROXIN quien las define como la *"remisión a otros preceptos en cuanto a los presupuestos de punibilidad se refiere"* en *Derecho Penal. Parte General*, *Op. Cit.*, pág.: 156. Y también MUÑOZ CONDE y GARCÍA ARÁN, *Derecho Penal. Parte General*, 2019, *Op. Cit.*, pág.: 237: *"la infracción de las normas que se contienen en otras ramas del Derecho"*.

digniano de que la ley penal en blanco es aquella ley inferior que acoge la conducta típica[80].

No obstante ello, no es absolutamente imprescindible que la remisión sea a una ley inferior en rango con base en una jerarquía normativa, como afirma BINDING, sino que ha de precisarse qué función cumple el elemento en cada uno de los distintos tipos penales, como postula CRAMER. De esa forma, de acuerdo con este autor, mientras un elemento normativo no remite a otra norma sino que *"invoca otras normas en la valoración de las características típicas"*, la ley penal en blanco remite estrictamente a otras disposiciones normativas para el establecimiento del hecho típico[81]. O dicho con otras palabras, mientras que un elemento normativo desempeña una función interpretativa, la ley penal en blanco determina, complementa o conforma el supuesto típico resultando de todo punto indiferente el rango de la norma de remisión.

Ya en España, autoras como GARCÍA ARÁN o GÓMEZ PAVÓN[82] se posicionan en favor de esta tesis: si la remisión a otra norma se produce en bloque[83] y la infracción de la normativa administrativa se convierte en un elemento típico, nos encontramos ante una ley penal en blanco, mientras que si la remisión es meramente interpretativa o si integra un elemento típico estamos ante un elemento normativo.

---

80 BINDING, K.: *Die Normen und ihre Übertretung*, Leipzig, 1916, pág.: 161, citado por GARCÍA ARÁN, "Remisiones normativas, leyes penales en blanco y estructura de la norma penal", *Op. Cit.*, pág.: 70.

81 CRAMER, P.: *Strafgesetzbuch Kommentar*, comentario al §15 StGB, Verlag Beck, Múnich, 2006, págs.: 254 y ss.

82 GARCÍA ARÁN, "Remisiones normativas, leyes penales en blanco y estructura de la norma penal", *Op. Cit.*, págs.: 70, 71 y 74.
GOMEZ PAVÓN, P.: "Cuestiones actuales del Derecho penal económico: el principio de legalidad y las remisiones normativas" en *Revista de Derecho Penal y Criminología*, núm. 1, 2000, pág.: 458.

83 La doctrina más especializada subdivide las remisiones en bloque entre totales y parciales, según la ley penal se limite a establecer la sanción, delegando la delimitación del ámbito de lo prohibido, o la remisión sea únicamente de algunos aspectos del tipo (GOMEZ PAVÓN, *Ibídem*, pág.: 458).

Trasladando esta posición doctrinal formulada por GARCÍA ARÁN y GÓMEZ PAVÓN a nuestro delito observamos que el artículo 307 ter CP no consigna una remisión explícita en bloque a una norma extrapenal —como pueda ocurrir por ejemplo en los artículos 320 CP o 325 CP—, como tampoco exige la infracción de una norma administrativa para entender consumado el delito. Muy al contrario, el injusto ya establece el hecho típico: obtener, prolongar o facilitar el disfrute de prestaciones, sin aludir a la normativa sectorial específica. Luego, manteniéndose en el Código Penal el supuesto típico, debemos colegir que sólo debemos interpretar el elemento típico de *"las prestaciones del Sistema de la Seguridad Social"*. Por ende, debemos acudir a la norma extrapenal para integrar o interpretar ese elemento típico, pero ello no significa que haya de reputarse al **307 ter CP** como una ley penal en blanco, siendo el concepto de *"prestaciones del Sistema de la Seguridad Social"* un elemento normativo.

Por el contrario, algunos autores como CÁMARA ARROYO defienden y reputan que el artículo 307 ter CP es una ley penal en blanco[84]. Entendemos que ha de desecharse esa teoría, toda vez la alusión a *"las prestaciones del Sistema de la Seguridad Social"*, y más concretamente el término *prestaciones,* (i) es un elemento que sólo puede ser colmado bajo el presupuesto lógico de norma jurídica extrapenal, (ii) determinando esa norma extrapenal de manera exacta el contenido de ese vocablo, (iii) pero sin que se produzca un reenvío normativo en bloque expreso y justificado, y (iv) manteniéndose en el Código Penal el núcleo de lo prohibido; por lo que no cabe reputar al artículo 307 ter CP como una ley penal en blanco[85].

---

[84] CÁMARA ARROYO, "Entre el Derecho Penal de clase y la expansión punitiva: el delito de obtención indebida de prestaciones (art. 307 ter C.P.)", *Op. Cit.*, pág.: 64, defiende que el art. 307 ter CP es una ley penal en blanco.

[85] A mayor abundamiento, hemos de recordar que Tribunal Constitucional ha señalado que la técnica de la ley penal en blanco es compatible con las garantías constitucionales de principio de legalidad y de taxatividad observando ciertas cautelas en su empleo por el le-

O dicho con otras palabras, resulta a todas luces evidente que el art. 307 ter CP no realiza una remisión en bloque expresa a una norma extrapenal para extraer de ésa el comportamiento típico allí contenido, sino que ya el Código Penal describe el hecho típico: la obtención, para sí o para otro, el disfrute, la prolongación o la facilitación de *"prestaciones del Sistema de la Seguridad Social"*. Simplemente, ha de representarse la figura de las prestaciones bajo el presupuesto lógico de una norma, sin que por ello se describa el hecho típico en esa norma extrapenal.

Habida cuenta de cuanto antecede, y defendiendo la postura de que la alusión a las *"prestaciones del Sistema de Seguridad Social"* constituye un elemento normativo, y no una ley penal en blanco, debemos colmar ese concepto de *"prestaciones del Sistema de Seguridad Social"* remitiéndonos a una norma extrapenal.

2. TIPOS DE PRESTACIONES. ARTÍCULO 42.1 DE LA LEY GENERAL DE LA SEGURIDAD SOCIAL

A modo introductorio de este apartado debemos comenzar señalando que no existe una definición legal de prestación[86]. Únicamente encontramos algo semejante

gislador penal: (i) la existencia de un reenvío normativo expreso y justificado en razón del bien jurídico protegido por la norma penal; (ii) que la Ley, además de señalar la pena, contenga el núcleo esencial de la prohibición; y (iii) que sea satisfecha la exigencia de certeza se dé la suficiente concreción para que la conducta calificada de delictiva quede suficientemente precisada con el complemento indispensable que de la norma a la que la ley penal se remite.

Valgan como ejemplo: SSTC núms. 127/1990, de 5 de julio, [*Tol 80398*] (Ponente: Don Fernando García-Mon y González Regueral); 118/1992, de 16 de septiembre, [*Tol 80728*] (Ponente: Don Luis López Guerra); y 62/1994, de 28 de febrero, [*Tol 82470*] (Ponente: Don José Gabaldón López), entre otras.

86 MARTÍN VALVERDE, A. / GARCÍA MURCIA, J.: *Tratado práctico de Derecho de la Seguridad Social. Volumen I*, Thomson Reuters Aranzadi, Cizur Menor (Navarra), 2013, pág.: 280.

a una definición en la Disposición Transitoria 1 del Real Decreto Legislativo 8/2015, de 30 de octubre, por el que se aprueba el texto refundido de la Ley General de la Seguridad Social que, con ocasión de regular los derechos derivados de legislaciones anteriores, recoge *"se entenderá por prestación causada aquella a la que tenga derecho el beneficiario por haberse producido las contingencias o situaciones objeto de protección y hallarse en posesión de todos los requisitos que condicionan su derecho, aunque aún no lo hubiera ejercitado"*. En el mismo sentido han sido definidas por la doctrina laboralista especializada en Derecho del trabajo y Seguridad Social: *"conjunto de medidas establecidas por el sistema para hacer frente a las situaciones de necesidad protegidas; enumeradas en el art. 42.1 LGSS"*[87], matizándose por el Tribunal Consti-

---

El diccionario de la RAE recoge que una prestación es, en su segunda acepción, *"la cosa o servicio exigido por una autoridad o convenido en un pacto"*, concretando en su quinta acepción que una prestación es toda *"prestación social"*, la cual a su vez es definida por el Diccionario como una *"prestación que la seguridad social u otras entidades otorgan en favor de sus beneficiarios, en dinero o especie, para atender sus necesidades"* (Definiciones obtenidas del Real Diccionario de la lengua española. Edición del Tricentenario. Actualización 2018. Obtenidas de la web: https://dle.rae.es/?id=U6q7XKf#IeBNKo9. Fecha de último acceso: 1 de noviembre de 2023).

87 GARCÍA ORTEGA, J.: "Acción protectora: las prestaciones y su régimen jurídico" en *Derecho de la Seguridad Social* (Directores: ROQUETA BUJ, R. y GARCÍA ORTEGA, J.), Tirant Lo Blanch, Valencia, 2017, pág.: 201.

Otras definiciones: GARCÍA ROMERO, B.: *"el conjunto de medidas técnicas o económicas que pone en funcionamiento el sistema de Seguridad Social para prevenir, reparar o superar los estados de necesidad derivados de la actualización de ciertas contingencias"* en *Lecciones de Seguridad Social*, Diego Marín, Murcia, 2017, pág.: 158.

MONEREO PÉREZ, J.L. y otros: *"el modo concreto en que quedan ordenadas las técnicas específicas de protección —prestaciones— previstas, por cada Régimen del Sistema de Seguridad Social, para atender las situaciones de necesidad social definidas previamente a favor de los incluidos en el Sistema —sujetos protegidos— y que deriva de una actualización de los riesgos o contingencias cubiertas o aseguradas —contingencias—"* en *Manual de la Seguridad Social*, Tecnos, Madrid, 2019, pág.: 191.

ÁLVAREZ ALCOLEA, M. y DEL VAL TENA, L.: *"conjunto de medidas técnicas o económicas que reconoce el sistema de la Seguridad Social para prevenir, reparar o superar determinadas situaciones de infortunio o esta-*

tucional que el destino para el que fueron concebidas era *"la reducción, remedio o eliminación de situaciones de necesidad"* (Sentencia Tribunal Constitucional —STC, en adelante— núm. 65/1987, de 21 de mayo [*Tol 79774*] (Ponente: Don Luis López Guerra).

Pues bien, habiendo calificado a las prestaciones como un concepto normativo, debiendo colmarse el concepto acudiendo a una norma extrapenal, debemos analizar sobre qué tipo de *"prestaciones del Sistema de la Seguridad Social"* recae la acción típica del artículo 307 ter CP.

Con el objeto de responder a esa cuestión, debemos hacernos eco de lo dispuesto en la normativa sectorial social. Concretamente en una Ley a la que aludíamos al comienzo de este apartado, de tal importancia para nuestro ordenamiento social y para el tema que aquí nos ocupa que no podríamos entender a las prestaciones y al Sistema de la Seguridad Social sin acudir al contenido de ésta. Nos estamos refiriendo al Real Decreto Legislativo 8/2015, de 30 de octubre, por el que se aprueba el texto refundido de la Ley General de la Seguridad Social (en adelante, TRLGSS).

En el Real Decreto encontramos varios artículos de especial relevancia en relación con la acción protectora de la Seguridad Social, la cual no deja de presentar una compleja y extensa ordenación jurídica. Así, encontramos un primer artículo 1 que consagra el derecho de los españoles a la Seguridad Social, conforme a lo dispuesto en el artículo 41 de la Constitución[88]. Sistema de la Seguridad Social que configura la acción protectora en sus modalidades contributiva y no

---

dos de necesidad derivados de la contingencia prevista" (GORELLI HERNÁNDEZ, J. / VÍLCHEZ PORRAS, M. / ÁLVAREZ ALCOLEA, M. / GUTIÉRREZ PÉREZ, M.: "La acción protectora del Sistema de la Seguridad Social: Contingencias y prestaciones" en *Lecciones de Seguridad Social*, Tecnos, Madrid, 2019, pág.: 88).

88 Precepto constitucional que reconoce tres niveles de protección: (i) el nivel contributivo, que aplica a aquellos individuos que cumplen los requisitos legalmente previstos de cotización ligados a su actividad profesional, (ii) un nivel no contributivo cuya característica es dotar de un sistema de carácter universal financiado por el Estado y

contributiva, fundamentándose éste en los principios de universalidad, unidad, solidaridad e igualdad (artículo 2); y de acuerdo con esa acción protectora bajo el paraguas de la universalidad, unidad y solidaridad se concreta en el artículo 42.1 TRLGSS, el cual desde una perspectiva legal contiene a modo de catálogo el alcance y la composición de la acción protectora de la Seguridad Social de las *"medidas establecidas por el sistema para hacer frente a las situaciones de necesidad protegidas"*, que afirmaba GARCÍA ORTEGA *supra*[89]. Así, encontramos:

> *a) La asistencia sanitaria en los casos de maternidad, de enfermedad común o profesional y de accidente, sea o no de trabajo.*
> *b) La recuperación profesional, cuya procedencia se aprecie en cualquiera de los casos que se mencionan en la letra anterior.*
> *c) Las prestaciones económicas en las situaciones de incapacidad temporal; nacimiento y cuidado de menor; riesgo durante el embarazo; riesgo durante la lactancia natural; ejercicio corresponsable del cuidado del lactante; cuidado de menores afectados por cáncer u otra enfermedad grave; incapacidad permanente contributiva e invalidez no contributiva; jubilación, en sus modalidades contributiva y no contributiva; desempleo, en sus niveles contributivo y asistencial; protección por cese de actividad; pensión de viudedad; prestación temporal de viudedad; pensión de orfandad; prestación de orfandad; pensión en favor de familiares; subsidio en favor de familiares; auxilio por defunción; indemnización en caso de muerte por accidente de trabajo o enfermedad profesional, así como las que se otorguen en las contingencias y situaciones especiales que reglamentariamente se determinen por real decreto, a propuesta del titular del Ministerio competente.*
> *d) Las prestaciones familiares de la Seguridad Social, en sus modalidades contributiva y no contributiva.*

(iii) un nivel complementario referido a la asistencia social y prestaciones complementarias.
Sobre un estudio más amplio de los distintos niveles de protección: MARTÍN VALVERDE y GARCÍA MURCIA, *Tratado práctico de Derecho de la Seguridad Social. Volumen I, Op. Cit.*, págs.: 277 y ss.

89 GARCÍA ORTEGA, "Acción protectora: las prestaciones y su régimen jurídico", *Op. Cit.*, pág.: 201.

> *e) Las prestaciones de servicios sociales que puedan establecerse en materia de formación y rehabilitación de personas con discapacidad y de asistencia a las personas mayores, así como en aquellas otras materias en que se considere conveniente.*

A fin de intentar clarificar este precepto, que aúna modalidades de todo tipo sin ninguna prelación de orden o concierto, debemos clasificar las prestaciones contenidas en ese artículo en tres grandes apartados, conforme lo realiza la doctrina[90], de tal forma que expliquemos ordenadamente las prestaciones en este contenidas.

2.1. Prestaciones económicas y en especie

Un primer apartado que ha de explorarse conforme a lo dispuesto en el precepto es aquél que divide las prestaciones en económicas y en especie.

Tanto las prestaciones económicas como en especie tienen cobijo en nuestro Sistema de la Seguridad Social, pese

---

90 Así pues, seguiremos la clasificación ofrecida por MONTOYA MELGAR, A.: *Curso de Seguridad Social*, Tecnos, Madrid, 2005, págs.: 274 y ss. para catalogar las prestaciones contenidas en ese artículo.
No obstante ello, autores como HERNÁNDEZ CARANDE elaboran otro catálogo de prestaciones, a saber: (i) asistencia sanitaria; (ii) incapacidad temporal (iii) nacimiento y cuidado de menor; (iv) corresponsabilidad en el cuidado del lactante; (v) riesgo durante el embarazo y riesgo durante la lactancia natural; (vi) cuidado de menores afectados por cáncer u otra enfermedad grave; (vii) incapacidad permanente; (viii) lesiones permanentes no incapacitantes; (ix) jubilación; (x) muerte y supervivencia; (xi) prestaciones por desempleo; (xii) prestación por cese de actividad de los trabajadores autónomos; (xiii) prestaciones familiares; (xiv) servicios sociales; (xv) prestaciones del seguro escolar; (xvi) prestaciones por actos terroristas; (xvii) violencia contra la mujer; (xviii) otras prestaciones (HERNÁNDEZ CARANDE, J.: "Delito de fraude en el disfrute de prestaciones de la Seguridad Social. Art. 307 ter CP", en *Delitos económicos y empresariales* (Coord.; LIÑÁN LAFUENTE, A.) Dykinson, Madrid, 2020, págs.: 515 a 522).

a que las segundas el artículo 42.1 TRLGSS no las especifique concretamente.

A modo general, debemos comenzar afirmando que las prestaciones económicas son las más características de la Seguridad Social, configurándose al albur de lo dispuesto en el Reglamento General de Prestaciones Económicas de la Seguridad Social, aprobado por el Decreto 3158/1966, de 23 de diciembre y del TRLGSS, que recogen los requisitos exigibles para causar derecho a las prestaciones detallando las condiciones particulares de cada una de esas prestaciones. Así pues, encontramos prestaciones económicas (i) por incapacidad temporal; (ii) por incapacidad permanente; (iii) jubilación; (iv) defunción, viudedad y orfandad; y (v) protección a la familia y desempleo.

Estas prestaciones económicas pueden clasificarse a su vez atendiendo al momento en que se abonan al beneficiario. Encontrándonos las que se perciben de una sola vez, de pago único (auxilio por defunción, indemnización por partos múltiples, etc.), y aquellas que se perciben periódicamente, prestaciones de tracto sucesivo, ya sean permanentes (prestaciones de jubilación) o temporales (prestación por desempleo).

Y estas prestaciones económicas se configuran como pensiones (por incapacidad permanente, viudedad u orfandad), subsidios (de incapacidad temporal o maternidad) o asignaciones (asignación económica por hijo a cargo)

En cuanto a las prestaciones en especie que tienen cobijo en la acción protectora de la Seguridad Social, no existe en nuestra legislación una clasificación con un listado de éstas. Simplemente podemos aclarar que engloban los servicios dirigidos a la asistencia sanitaria de las personas protegidas. Estos servicios de la asistencia sanitaria son de índole médico o farmacéutico, con independencia de que su función sea preventiva, curativa, rehabilitadora o recuperadora[91] (valga como ejemplo las prestaciones de prótesis y ortopedia).

---

91 MONTOYA MELGAR, *Curso de Seguridad Social, Op. Cit.*, pág.: 274.

Por lo demás, somos de la opinión de que tanto las prestaciones económicas como las prestaciones en especie se encuentran tuteladas por el tipo penal del 307 ter CP. La razón es que comoquiera que el artículo alude a *"prestaciones del Sistema de la Seguridad Social"*, sin realizar distinción alguna, es indiferente si consisten directamente en una partida económica (prestación económica) o si basta con que posea un carácter económico (prestación en especie) para ser objeto de protección. Inferimos que todas ellas son objeto de tutela por parte de la norma, pues allí donde la ley no ha querido hacer distinción tampoco el intérprete debe distinguir (al menos sin fundamento que lo haga necesario).

2.2. Prestaciones contributivas y no contributivas

Existe una segunda clasificación de prestaciones si se toman como parámetros los requisitos de acceso a éstas. De este modo encontramos prestaciones contributivas y no contributivas.

Unidas a la actividad protectora del Régimen General y de los Regímenes Especiales de la Seguridad Social se sitúan las prestaciones contributivas. Del artículo 2 y de los apartados c), d) y e) del artículo 42.1 TRLGSS, se desprende que nuestro sistema posee un tipo de prestación que se asienta sobre períodos mínimos de cotización del individuo que las va a percibir (art. 7.1 TRLGSS) mediante el ejercicio de una actividad profesional, denominadas prestaciones contributivas, las cuales cumplen una función de sustitución de rentas de activo, situándose en el ideal de cobertura en la plenitud de sustitución. Financiadas gracias a las cuotas de las personas obligadas, se incluyen como pensiones contributivas, en el régimen general, pensiones de (i) jubilación (ordinaria, anticipada, parcial, flexible y especial), (ii) incapacidad permanente (total, absoluta o gran invalidez) y (iii) fallecimiento (viudedad, orfandad y en favor de familiares).

Por su parte, las prestaciones no contributivas (art. 7.2 TRLGSS), reconocidas a aquellos ciudadanos que carezcan de recursos suficientes para la subsistencia, independientemente de su tiempo de cotización al Sistema de la Seguridad Social, van dirigidas a aquellos colectivos excluidos de la modalidad contributiva. De esa forma se busca la consecución de la universalidad de la acción protectora de la Seguridad Social, garantizando un mínimo de subsistencia para esas personas. Generalmente no se exige cotización o requisitos previos, financiándose a través de las aportaciones del Estado al Presupuesto de la Seguridad Social (artículo 109 TRLGSS). Contenidas en la modalidad de prestaciones no contributivas encontramos (i) invalidez; (ii) jubilación o vejez; e (iii) hijo a cargo.

Así pues, se distingue entre un sistema básico de prestaciones contributivas y otro residual de prestaciones no contributivas, teniendo ambos como carácter común su constancia en el Registro de Prestaciones Sociales Públicas gestionado por el Instituto Nacional de la Seguridad Social (artículos 66 y 72 TRLGSS). No obstante parece evidente que ambos están llamados a incluirse en el término *"prestaciones del Sistema de la Seguridad Social"* a las que hace referencia el tipo penal, toda vez que el tipo tampoco hace distinción en los requisitos de acceso a esas.

Más dificultad entraña el incardinar las prestaciones incluidas en la siguiente y última clasificación como *"prestaciones del Sistema de la Seguridad Social"* que recoge el tipo penal.

2.3. Prestaciones con una función básica o complementaria

Tradicionalmente se ha venido entendiendo por prestaciones básicas a las prestaciones contributivas y no contributivas de las que ya nos hemos hecho eco. Empero, frente a éstas se levanta un nivel asistencial complementario, un tercer nivel de protección que comprende los Servicios Sociales (previstos en el artículo 63 TRLGSS) y la Asistencia

Social (recogida en los artículos 64 y 65 TRLGSS), y cuyas *"diferencias entre ellas quedan difuminadas en la práctica"*[92], lo que va a generar mayores dudas interpretativas a la hora de discernir si podemos incluirlas como *"prestaciones del Sistema de la Seguridad Social"*, a efectos del artículo 307 ter CP.

2.3.a. Servicios Sociales

En el marco introductorio debemos comenzar manifestando que los beneficiarios de los servicios sociales, de acuerdo con lo dispuesto en el artículo 50 de la Constitución Española[93], son los ciudadanos de la tercera edad al objeto de garantizar únicamente su atención en problemas de salud, vivienda, cultura y ocio. No obstante, con el transcurso de los años esta materia de servicios sociales se ha visto ampliada y en la actualidad abarca, de acuerdo lo previsto en el artículo 42.1 e) TRLGSS, (i) la *"formación y rehabilitación de personas con discapacidad"*, (ii) la *"asistencia a personas mayores"* y (iii) *"otras materias en que se considere conveniente"*.

Ahora bien, con el fin de resolver la disyuntiva que se nos presenta debemos partir de la definición que otorga el legislador a los servicios sociales. Así, el art. 63 TRLGSS[94]

---

92 MARTÍN VALVERDE y GARCÍA MURCIA, *Tratado práctico de Derecho de la Seguridad Social. Volumen I, Op. Cit.*, pág.: 95.
En ese sentido también, DE VICENTE PACHÉS, F.: *Asistencia social y servicios sociales. Régimen de distribución de competencias*, Temas del Senado, Madrid, 2003, pág.: 149.

93 *"Los poderes públicos garantizarán, mediante pensiones adecuadas y periódicamente actualizadas, la suficiencia económica a los ciudadanos durante la tercera edad. Asimismo, y con independencia de las obligaciones familiares, promoverán su bienestar mediante un sistema de servicios sociales que atenderán sus problemas específicos de salud, vivienda, cultura y ocio"*.

94 *"Como complemento de las prestaciones correspondientes a las situaciones específicamente protegidas por la Seguridad Social, esta, con sujeción a lo dispuesto por el departamento ministerial que corresponda y en conexión con sus respectivos órganos y servicios, extenderá su acción a las prestaciones de servicios sociales, establecidas legal o reglamentariamente, de conformidad con lo previsto en el artículo 42.1.e)"*.

precisa que los servicios sociales son una suerte de *"complemento de las prestaciones correspondientes a las situaciones específicamente protegidas por la Seguridad Social"*, otorgándoles a estos complementos el propio legislador una naturaleza no contributiva *ex* artículo 109.3.b) 1ª TRLGSS[95], sin que, por tanto, se exija una cotización o requisito previo por parte del individuo.

Sin perjuicio de lo anteriormente expuesto, la doctrina ha establecido los que siguen como caracteres comunes a estos servicios sociales, a saber: (i) son complementos que se desarrollan en especie, nunca económicos, de ahí su denominación "servicios"; (ii) tienen como finalidad mejorar la calidad de vida y condiciones de los ciudadanos; (iii) atienden necesidades colectivas, nunca individuales como sí hacen las prestaciones económicas; y (iv) se encuentran enfocados a una generalidad o a unos grupos sociales determinados (tercera edad, migrantes, minorías étnicas, etc.)[96]; o dicho en palabras de GARCÉS FERRER: *"los servicios sociales constituyen uno de los sistemas públicos de bienestar dentro de un Estado social, que a través de la administración y la sociedad, tienen la finalidad de integrar y compensar a los ciudadanos y grupos desfavorecidos y de promocionar y universalizar el bienestar social"*[97].

El dilema de si estos servicios sociales pueden ser reputados como prestaciones del Sistema de la Seguridad Social a efectos del 307 ter CP continúa desde el momento

---

95 "*b) Tienen naturaleza no contributiva:*
1.ª Las prestaciones y servicios de asistencia sanitaria incluidos en la acción protectora de la Seguridad Social y los correspondientes a los servicios sociales, salvo que se deriven de accidentes de trabajo y enfermedades profesionales".

96 MARTÍN VALVERDE, A. y GARCÍA MURCIA, J.: *Tratado práctico de Derecho de la Seguridad Social. Volumen II*, Thomson Reuters Aranzadi, Cizur Menor (Navarra), 2013, págs.: 547.

97 GARCÉS FERRER, J.: "Ideas y administración de servicios sociales a través de la historia" en *Sistema político y administrativo de los servicios sociales* (Coord.: GARCÉS FERRER, J.), Tirant Lo Blanch, Valencia, 1996, págs.: 54 y 55.

que no existe legislación nacional alguna que atribuya las competencias en esta materia al Estado ni a la Seguridad Social de forma exclusiva y excluyente. Es por eso que han sido las Comunidades Autónomas quienes, realizando una laxa interpretación del artículo 149.3 CE[98], han asumido las competencias en materia de servicios sociales desarrollando legislaciones autonómicas *ad hoc*. Marco competencial que ha sido ampliado a las Corporaciones Locales y diputaciones por parte de las Comunidades Autónomas *ex* artículo 27.3.c de la Ley 7/1985, de 2 de abril, Reguladora de Bases del Régimen Local[99].

A mayor abundamiento, el régimen económico de los servicios sociales tampoco ayuda a esclarecer si éstos pueden ser reputados como prestaciones sociales a efectos penales, toda vez que los recursos con los que son financiados no proceden de la Tesorería General de la Seguridad Social, ni del propio Sistema de la Seguridad Social. Y es que comoquiera que han sido las Comunidades Autónomas las encargadas de la gestión, ordenación y regulación en esta materia debemos acudir a las legislaciones autonómicas para conocer su financiación.

---

98 "*Las materias no atribuidas expresamente al Estado por esta Constitución podrán corresponder a las Comunidades Autónomas, en virtud de sus respectivos Estatutos. La competencia sobre las materias que no se hayan asumido por los Estatutos de Autonomía corresponderá al Estado, cuyas normas prevalecerán, en caso de conflicto, sobre las de las Comunidades Autónomas en todo lo que no esté atribuido a la exclusiva competencia de éstas. El derecho estatal será, en todo caso, supletorio del derecho de las Comunidades Autónomas*".

99 "*Con el objeto de evitar duplicidades administrativas, mejorar la transparencia de los servicios públicos y el servicio a la ciudadanía y, en general, contribuir a los procesos de racionalización administrativa, generando un ahorro neto de recursos, la Administración del Estado y las de las Comunidades Autónomas podrán delegar, siguiendo criterios homogéneos, entre otras, las siguientes competencias:*
c) Prestación de los servicios sociales, promoción de la igualdad de oportunidades y la prevención de la violencia contra la mujer".

De esa forma observamos[100] que las fuentes de financiación de este de nivel de protección son heterogéneas, toda vez que los servicios sociales se financian con cargo

---

[100] Andalucía: art. 115 de la Ley 9/2016, de 27 de diciembre, de Servicios Sociales de Andalucía.
Aragón: art. 70 de la Ley 5/2009, de 30 de junio, de Servicios Sociales de Aragón.
Asturias: art. 46 de la Ley 1/2003, de 24 de febrero, de Servicios Sociales, modificada por la Ley 9/2015, de 20 de marzo, de primera modificación de la Ley 1/2003, de 24 de febrero, de Servicios Sociales.
Canarias: art. 52 de la Ley 16/2009, de 2 de mayo, de Servicios Sociales.
Cantabria: art. 47 de la Ley 2/2007, de 27 de marzo, de derechos y servicios sociales, actualizada a 1 de enero de 2019.
Castilla y León: art. 97 de la Ley 16/2010, de 20 de diciembre, de Servicios Sociales de Castilla y León, modificada por la Ley 5/2014, de 11 septiembre, de medidas para la reforma de la Administración de la Comunidad de Castilla y León.
Castilla-La Mancha: art. 62 de la Ley 14/2010, de 16 de diciembre, de Servicios Sociales de Castilla-La Mancha.
Cataluña: art. 59 de la Ley 12/2007, de 11 de octubre, de Servicios Sociales, modificada por la Ley 10/2011, 29 diciembre, de simplificación y mejora de la regulación normativa.
Comunidad Valenciana: art. 104.1. de la Ley 3/2019, de 18 de febrero, de la Generalitat, de Servicios Sociales Inclusivos de la Comunitat Valenciana.
Extremadura: art. 43 de la Ley 14/2015, de 9 de abril, de Servicios Sociales de Extremadura.
Galicia: art. 52 de la Ley 13/2008, de 3 de diciembre, de Servicios Sociales modificada por la Ley 8/2016, 8 julio.
Islas Baleares: art. 66 de la Ley 4/2009, de 11 de junio, de Servicios Sociales de la Illes Balears, modificada por la Ley 10/2013, 23 diciembre.
La Rioja: art. 42 de la Ley 7/2009, de 22 de diciembre, de Servicios Sociales.
Madrid: art. 51 de la Ley 11/2003, de 27 de marzo, de Servicios Sociales.
Murcia: art. 36 de la Ley 3/2003, de 10 de abril, del Sistema de Servicios Sociales modificada por la Ley 16/2015, 9 noviembre.
Navarra: art. 47 de la Ley Foral 15/2006, de 14 de diciembre, sobre Servicios Sociales.
País Vasco: art. 54 de la Ley 12/2008, de 5 de diciembre, de Servicios Sociales, modificada por la Ley 7/2012, de 23 de abril y Decreto 155/2001, de 30 de julio.

a (i) los presupuestos de la Comunidad Autónoma correspondiente, (ii) a los presupuestos de las entidades locales y las diputaciones provinciales de esa administración Autonómica, (iii) las aportaciones de los presupuestos generales del Estado y de la Unión Europea, en su caso[101], y (iv) de la financiación proveniente de la aportación voluntaria de las personas de físicas o jurídicas o sin ánimo de lucro de naturaleza privada a través de donaciones, herencias o legados. Sin hacer mención expresa al Sistema de la Seguridad Social en general ni a la Tesorería General de la Seguridad Social en particular como medio de financiación.

De esa nutrida vertiente de ingresos destinada a financiar esta materia se promueve una autonomía económica que nos conduce a defender que los servicios sociales se sitúan extramuros del Sistema de la Seguridad Social (mas incardinándose en la acción protectora de la Seguridad Social *ex* artículo 42.1 del TRLGSS). Y es que si éstos formaran parte del Sistema de la Seguridad Social qué menos que éste o su Tesorería formaran parte de esta amalgama de fuentes de financiación o que dependieran económicamente de ella de algún modo, lo cual no sucede en ningún caso, pues ninguna legislación autonómica contempla a cualquiera de estos entes públicos entre sus fuentes de financiación.

Habida cuenta de cuanto antecede estamos en disposición de afirmar que los servicios sociales no pueden ser considerados *"prestaciones del Sistema de la Seguridad Social"* como exige el tipo penal del 307 ter CP, por varios motivos: (i) no son prestaciones per se, sino servicios complementarios de las prestaciones básicas, tal y como determina el art. 63 TRLGSS; (ii) pese a situarse bajo el paraguas de la acción protectora de la Seguridad Social (artículo 42.1 del TRLGSS), integrándose

---

101 Y decimos mayoría en su caso dado que Asturias, Galicia, Madrid, Murcia y País Vasco no prevén en sus leyes autonómicas explícitamente las aportaciones de los presupuestos generales del Estado como fuente de financiación de la prestación de sus servicios sociales.

en el Estado social en el que nos encontramos, su gestión y desarrollo pertenece a las Comunidades Autónomas, Ayuntamientos y diputaciones provinciales (artículo 149.3 CE); y (iii) la legislación autonómica no prevé a la Tesorería General de la Seguridad Social entre sus diversas fuentes de financiación, luego difícilmente pueda verse afectado el Sistema de la Seguridad Social o su Tesorería por la defraudación de servicios sociales; o dicho en otras palabras, de acuerdo con el principio de legalidad y de taxatividad de la norma penal, todo aquello que no sean "prestaciones del Sistema de la Seguridad Social" no quedaría abarcado por la norma penal, lo que deriva en que toda conducta indebida de obtención, disfrute, prolongación o facilitación de "servicios sociales" por un individuo quede al margen del artículo 307 ter CP

A continuación nos disponemos a analizar si puede reputarse como prestación del Sistema de la Seguridad Social a efectos penales el otro pilar sobre el que se asienta el nivel complementario, la Asistencia Social.

2.3.b. Asistencia Social

La Asistencia Social hunde sus raíces en lo que históricamente se ha denominado la beneficencia. Era y es la última frontera de protección para aquellos colectivos o individuos más desfavorecidos en pro del interés general, de tal forma que el Estado materializa estos auxilios desarrollando ayudas económicas y sanitarias para esos colectivos sociales marginados.

El propio Tribunal Constitucional en varias resoluciones ha venido delimitando el concepto de Asistencia Social para finalmente afirmar que *"se trata de un mecanismo protector de situaciones de necesidad específicas, sentidas por grupos de población a los que no alcanza el sistema de Seguridad Social y que opera mediante técnicas distintas de las propias de ésta. Entre sus caracteres típicos se encuentran, de una parte, su sostenimiento al margen de toda obligación contributiva o previa colaboración económica de los destinatarios o beneficiarios, y, de otra, su dispensación por entes pú-*

blicos o por organismos dependientes de entes públicos, cualesquiera que éstos sean. De esta forma, la asistencia social vendría conformada como una técnica pública de protección, lo que la distingue de la clásica beneficencia, en la que históricamente halla sus raíces" (por todas, STC núm. 36/2012, de 15 de marzo [*Tol 2502660*] (Ponente: Doña Elisa Pérez Vera[102]).

Dicho lo cual, la Asistencia Social nos va a presentar la disyuntiva, como ocurría con los servicios sociales, de si resulta plausible incluirla en el sistema de prestaciones de la Seguridad Social del 307 ter CP o si, por el contrario, debemos encuadrarla extramuros de ésta.

Para poder dar respuesta a este interrogante debemos precisar que, como decíamos, el Estado ante situaciones de urgente necesidad otorga una cobertura asistencial sanitaria y económica distinta de las prestaciones no contributivas, aunque con el rasgo común de la no exigencia de cotización previa para su disfrute. Tanto la asistencia social sanitaria cubierta por la Seguridad Social como la económica se recogen en la otrora Orden de 1 de diciembre de 1976, por la que se da nueva redacción a la de 21 de abril de 1967 sobre Asistencia Social (en adelante, OM 1-12-1976). Orden que, junto al TRLGSS recoge las prestaciones sanitarias[103] y económicas[104] cubiertas

---

102 En este sentido también, STC núm. 239/2002, de 11 de diciembre [*Tol 224791*] (Ponente: Don Eugeni Gay Montalvo) o STC núm. 243/2012, de 17 de diciembre [*Tol 2727059*] (Ponente: Don Pablo Pérez Tremps).

103 Así, las prestaciones sanitarias incluyen se incluyen:
Tratamientos o intervenciones especiales de carácter excepcional, por un determinado facultativo o una institución (art. 5.b y b' de la OM 1-12-1976 y art. 65 TRLGSS).
Prestaciones sanitarias cuando se hayan agotado los plazos previstos para estas prestaciones. (art. 5.b y b' de la OM 1-12-1976).
En los demás casos que se precise asistencia sanitaria *"en términos que exceden de los reglamentariamente establecidos"*. (art. 5.b y c' de la OM 1-12-1976)
El internamiento hospitalario de enfermos mentales (art. 8 de la OM 1-12-1976).

104 En cuanto a las prestaciones económicas que pueden concederse en materia de asistencia social encontramos:

por el Sistema de la Seguridad Social. Estas prestaciones son discrecionales (art. 4 OM 1-12-1976) y se encuentran financiadas por fondos constituidos por las cotizaciones y las aportaciones estatales (art. 109.2 TRLGSS).

Dicho lo cual, nos preguntamos si existe una Asistencia Social fuera de la acción protectora del Sistema de la Seguridad Social y, por ende, extramuros del Sistema de la Seguridad Social. La razón de formularnos esta pregunta parte de una lectura del artículo 42.2 TRLGSS, en virtud del cual el legislador instaura una asistencia social "como complemento de las prestaciones". Este complemento, entendemos, es equiparable a un elemento externo. De hecho, por eso no está incluido en el precepto que regula la acción protectora de la Seguridad Social en el apartado anterior (artículo 42.1 TRLGSS).

Ahora bien, si reparamos al mismo tiempo en la situación o disposición normativa de los artículos referentes a la Asistencia Social (artículos 64 y 65 TRLGSS) podemos observar que estos se encuadran en la "Sección 6.ª Asistencia Social", sección que a su vez se encuadra en el "Capítulo IV. La Acción Protectora" de la TRLGSS.

¿Cómo debemos interpretar entonces que el artículo 42.1 TRLGSS deje fuera de la acción protectora de la Seguridad Social a la Asistencia Social, mientras que la situación de los artículos que desgranan la Asistencia Social (Sección 6ª TRLGSS) están clasificados dentro del Capítulo IV TRLGSS: "La Acción Protectora"? Pues tal y como la in-

---

Rotura fortuita de aparato de prótesis (art. 5.a y a' de la OM 1-12-1976 y art. 65 TRLGSS)

Por desempleo de quien no goza del derecho a una prestación o ha agotado los plazos de ésta (art. 265.1 b y 274 TRLGSS).

Incapacidad temporal por enfermedad común (art. 5.a y c' de la OM 1-12-1976) cuando el beneficiario no tiene derecho a la prestación básica

Por Incapacidad permanente cuando no ha causado derecho a la pensión o se le ha reconocido a tanto alzado (Disposición Transitoria Segunda de la OM 1-12-1976).

terpreta la doctrina[105]: determinando la existencia de una asistencia social incardinada en el Sistema de la Seguridad Social y otra ajena a ella.

La Asistencia Social encuadrada dentro del Sistema de la Seguridad Social es a la que hemos aludido *supra*. Pero extramuros del Sistema de la Seguridad Social encontramos otra asistencia social externa a ésta, la cual tiene su fundamento en el artículo 148.1.20 CE, precepto que determina que las Comunidades Autónomas podrán asumir competencias en materia de Asistencia Social. O lo que es igual, podemos discernir la existencia de una Asistencia Social promovida por el Estado que busca la cobertura de situaciones necesidad a través de los recursos públicos, de otra supletoria sufragada por las Comunidades Autónomas.

Esta asistencia social ajena a la Seguridad Social ha sido avalada incluso por la jurisprudencia constitucional: entre otras[106], Sentencia del Pleno del Tribunal Constitucional núm. 76/1986, de 9 de junio [*Tol 79622*] (Ponente: Don Miguel Rodríguez-Piñero Bravo-Ferrer):

> *De la legislación vigente se deduce la existencia de una asistencia social externa al sistema de Seguridad Social, y no integrada en él, a la que ha de entenderse hecha la remisión contenida en el art. 148.1.20 de la C.E. y, por tanto, competencia posible de las Comunidades Autónomas, y que en concreto el País Vasco ha asumido en virtud del art. 10.12 de su Estatuto. Esta asistencia social aparece como un mecanismo protector de situaciones de necesidad específicas, sentidas*

---

105 MARTÍN VALVERDE y GARCÍA MURCIA, *Tratado práctico de Derecho de la Seguridad Social. Volumen II, Op. Cit.*, págs.: 514 y ss.

106 Otras resoluciones en el mismo sentido: (i) STC, Sala Segunda, núm. 78/2014, de 28 de mayo [*Tol 4373202*] (Ponente: Don Enrique López López), (ii) la Sentencia del Pleno del TC núm. 239/2002, de 11 de diciembre [*Tol 224791*] (Ponente: Don Eugeni Gay Montalvo), (iii) la STC núm. 36/2012, de 15 de marzo [*Tol 2502660*] (Ponente: Doña Elisa Pérez Vera), (iv) STC núm. 243/2012, de 17 de diciembre [*Tol 2727059*] (Ponente: Don Pablo Pérez Tremp) o (v) STC núm. 146/1986, de 25 de noviembre [*Tol 79692*] (Ponente: Don Miguel Rodríguez-Piñero Bravo-Ferrer).

> *por grupos de población a los que no alcanza aquel sistema y que opera mediante técnicas distintas de las propias de la Seguridad Social.*

Así las cosas, colegimos una asistencia social fuera de la Seguridad Social, que actúa ante la insuficiencia o ausencia de la asistencia social incluida en el Sistema de la Seguridad Social, una suerte de mecanismo de cierre en términos de suplementariedad y complementariedad para aquellos individuos que no tengan cubiertas sus necesidades mínimas por la modalidad no contributiva; es decir: que aparece ante situaciones de necesidad específicas. De lo cual inferimos que existe un *numerus apertus* de materias que pueden ser abarcadas por las Comunidades Autónomas en materia de asistencia social (STC núm. 239/2002, de 11 de diciembre [*Tol 224791*] (Ponente: Don Eugeni Gay Montalvo). De ese modo, encontramos ayudas de Asistencia Social otorgadas por las Comunidades Autónomas para las víctimas de violencia de género, rentas de reinserción promovidas por las CC.AA., ayudas o beneficios para las familias numerosas, ayudas a jubilados, y un largo etcétera.

Habida cuenta de lo que antecede, estamos en posición de responder a la pregunta de si tanto la Asistencia Social incluida dentro de la acción protectora de la Seguridad Social como la promovida por las Comunidades Autónomas podrían ser consideradas un tipo de prestación del Sistema de la Seguridad Social, a efectos de integrar el objeto del delito en el artículo 307 ter CP.

El objeto del delito del artículo 307 ter CP son las *"prestaciones del Sistema de la Seguridad Social"*, y siguiendo como antes el principio de legalidad y de taxatividad de la norma penal, todas las prestaciones del Sistema de la Seguridad Social son merecedoras de protección al amparo de este precepto. Asimismo, la exclusividad de la competencia de la Seguridad Social es estatal, ex artículo 149.1.17 CE, de esa forma, existe una Asistencia Social incardinada en la Seguridad Social y, por ende, tutelada por la norma penal; empero, observamos de otro lado que eso no impide que coexista al mismo tiempo, pero subsidiariamente, una Asistencia Social al margen del Sistema de la Seguridad Social promovida y financiada por las Comunidades Autónomas (artículo 148.1.20 CE), tal y como también ha reconocido el Tribunal Constitucional. Es esa segunda Asistencia Social, la que se encuentra fuera del Sistema de la Seguridad Social, la que deducimos que no está incluida en *"las prestaciones del Sistema de la Seguridad Social"* del 307 ter CP.

Así pues, toda prestación asistencial promovida por las Comunidades Autónomas no puede ser reputada como prestación a efectos del artículo 307 ter CP. Esto nos conduce a defender que si existe una conducta de disfrute de beneficios de asistencia social otorgados por cualquier Comunidad Autónoma o Corporación Local no se encuentre tutelada por el meritado precepto a la luz de su actual redacción.

Habiendo determinado con claridad el elemento objetivo del delito, las prestaciones sociales, creemos oportuno realizar un breve excurso sobre la diferencia entre subvención, ayuda y prestación al objeto de realizar una interpretación lo más exhaustiva posible.

3. EXCURSO: DIFERENCIA ENTRE SUBVENCIÓN, AYUDA Y PRESTACIÓN

Al objeto de definir al completo el elemento normativo de las *"prestaciones del Sistema de la Seguridad Social"* resulta obligado delimitar el alcance de conceptos próximos como son subvención, ayuda y prestación.

Primeramente, la tutela penal de las subvenciones y ayudas se consagra en el artículo 308 del Código Penal, que prevé penas de prisión de uno a cinco años a aquellos que obtuvieran subvenciones y ayudas de las Administraciones Públicas, incluidas la Unión Europea, por valor superior a cien mil euros. La Ley 38/2003, de 17 de noviembre, General de Subvenciones (LGS, en adelante) define a las subvenciones públicas en su artículo 2.1 como *"toda disposición dineraria realizada por cualesquiera de los sujetos contemplados en el artículo 3 de esta ley, en favor de personas públicas o privadas, y que cumplan los siguientes requisitos"*: (i) que se realice sin contraprestación directa de los beneficiarios; (ii) que la entrega esté sujeta al cumplimiento de un determinado objetivo, la ejecución de un proyecto, la realización de una actividad, la adopción de un comportamiento singular, ya realizados o por desarrollar, o la concurrencia de una situación, debiendo el beneficiario cumplir las obligaciones materiales y formales que se hubieran establecido; y (iii) que el proyecto, la acción, conducta o situación financiada tenga por objeto el fomento de una actividad de utilidad pública o interés social o de promoción de una finalidad pública.

FERRÉ OLIVÉ ha definido a las subvenciones como *"subsidios que persiguen una finalidad concreta, normalmente de fomento de actividades económicas (industria, minería, agricultura, pesca, etc.)"*[107]. Es ahí precisamente donde radica la diferencia con las prestaciones; mientras que las prestaciones son un derecho que busca dar cobertura ante situaciones de necesidad del individuo, las subvenciones son subsidios que tratan de fomentar actividades económicas que por su especial importancia o relevancia han de ser estimuladas. Y es que mientras que el beneficiario de las prestaciones es el ciudadano, a quien el Estado garantiza unos mecanismos de cobertura de riesgos y atención ante situaciones de necesidad a través de la Seguridad Social, las subvenciones están dirigidas al desarrollo de actividades de utilidad pública

---

107 FERRÉ OLIVÉ, *Tratado de los delitos contra la Hacienda Pública, Op. Cit.*, pág.: 692.
Debemos hacer mención al concepto penal histórico de subvención realizado por la doctrina penalista según el cual desde un punto de vista estricto se define a la subvención desde antaño como una suerte de *"atribución patrimonial a fondo perdido, afectada por el fin por el que se otorga"* (por todos, MARTÍNEZ PÉREZ, C.: "El fraude de subvenciones" en *Comentarios a la legislación penal*, Tomo VII (Director: COBO DEL ROSAL, M. y Coord.: BAJO FERNÁNDEZ M.), Edersa, Madrid, 1986, pág.: 326).

que posean un interés social o promuevan una finalidad pública.

La regulación vigente de la LGS prevé en su artículo 2.4 la exclusión del concepto de subvención de: (i) toda prestación ya fuera contributiva o no contributiva del Sistema de la Seguridad Social; (ii) las pensiones asistenciales por ancianidad a favor de los españoles no residentes en España, en los términos establecidos en su normativa reguladora; (iii) las prestaciones asistenciales y los subsidios económicos a favor de españoles no residentes en España, así como las prestaciones a favor de los afectados por el virus de inmunodeficiencia humana y de los minusválidos; (iv) las prestaciones a favor de los afectados por el síndrome tóxico y las ayudas sociales a las personas con hemofilia u otras coagulopatías congénitas que hayan desarrollado la hepatitis C reguladas en la Ley 14/2002, de 5 de junio; (v) toda prestación derivada del sistema de clases pasivas del Estado, pensiones de guerra y otras pensiones y prestaciones por razón de actos de terrorismo; y (vi) todas y cada una de las prestaciones reconocidas por el Fondo de Garantía Salarial.

Pese a lo clarificador de ese precepto se dictaron numerosas resoluciones contradictorias que no diferenciaban entre subsidios sociales y subvenciones, situación que llevó a la Sala Segunda del Tribunal Supremo a adoptar un Acuerdo del Pleno no jurisdiccional, en fecha 15 de febrero de 2002, para determinar que *"El fraude en la percepción de las prestaciones por desempleo constituye una conducta penalmente típica en el art. 308 del CP"*. A pesar de que las prestaciones por desempleo no podían ser reputadas como "subvención", a ojos del Alto Tribunal estas conductas debían penarse y reconducirse al seno del artículo 308 CP. Finalmente, como ya se explicó líneas atrás, la reforma operada por la LO 7/2012, de 27 de diciembre, zanjó este debate tipificando expresamente la punición del fraude de prestaciones a la Seguridad Social. A partir de ese instante todo fraude de prestaciones del Sistema de la Seguridad Social, cualquiera que sea su modalidad, encuentra previsión en el artículo 307 ter CP.

Ya delimitado el concepto de subvención, más problemas observaremos al determinar el alcance del término "ayuda pública" y su diferenciación con la prestación.

El término "ayudas públicas" es un concepto proveniente del Derecho de la competencia y de difícil concreción en el Derecho penal. Incorporado al Código Penal por la LO 6/1995, de 28 de junio, con el fin de superar los problemas interpretativos que provocaba el concepto de subvención pública que restringía de algún modo el elemento normativo del tipo penal[108], se consideró una suerte de cajón de sastre, pues no poseía un significado jurídico preciso. Ahora bien, la vaguedad del término no puede significar que toda prestación procedente de la Administración Pública tenga carácter de ayuda pública como así interpretaba la otrora jurisprudencia[109]. Por ello, para lo que aquí nos interesa, debemos acotar el citado vocablo para lo cual nos apoyaremos en jurisprudencia de los Tribunales europeos.

Prima facie, debemos excluir de la noción de ayuda pública a efectos penológicos toda subvención *ex* artículo 2 LGS, todo beneficio fiscal, dado que encuentra acomodo en el art. 305.1 CP, así como toda deducción o prestación del Sistema de la Seguridad Social (artículo 307.1 y 307 ter CP). Luego debemos conocer los ámbitos en los que opera el concepto de ayuda pública a fin de distinguir entre los mismos.

ASÚA BATARRITA ha expuesto que el concepto de "ayuda" a efectos penales debe entender *"aquella que se sitúa fuera del campo de la reciprocidad económica, fuera de la lógica de las prestaciones mercantiles o expectativa usuales de criterio*

---

108 FERRÉ OLIVÉ, *Tratado de los delitos contra la Hacienda Pública, Op. Cit.*, pág.: 695.

109 Por ejemplo, STS Sala Segunda núm. 830/2003, de 9 de junio [*Tol 305477*] (Ponente: Excmo. Sr. Juan Saavedra Ruiz).

de mercado"[110]. Quiere ello decir que —prosigue esta autora— *"constituye una financiación extraordinaria ventajosa para el beneficiario en comparación con los términos de los que puede obtenerse en las relaciones jurídico-económicas del mercado"*[111].

Siguiendo esta tesis el propio Tribunal de Justicia de las Comunidades Europeas define a modo general la ayuda pública como *"cualquier ventaja económica (directa o indirecta) que proceda del Estado"* (por todas, Sentencia de la Sala Sexta del Tribunal de Justicia de las Comunidades Europeas, de 22 de noviembre de 2001. Caso Ferring SA contra Agence centrale des organismes de sécurité sociale (ACOSS) [*Tol 105721*] (Ponente: Sr. Claus Christian Gulmann). Esto no quiere decir que toda ventaja otorgada por el Estado sea susceptible de ser reputada como ayuda, sino que su diferencia de las subvenciones [o las prestaciones] radica en que *"el concepto de ayuda es más general que el de subvención, ya que comprende no sólo las prestaciones positivas, como las propias subvenciones, sino también las intervenciones que, bajo formas diversas, alivian las cargas que normalmente recaen sobre el presupuesto de una empresa y que, por ello, sin ser subvenciones en el sentido estricto del término, son de la misma naturaleza y tienen efectos idénticos"* (Sentencia de la Sala Primera del Tribunal de Justicia de las Comunidades Europeas, de 16 de julio de 2015. Caso BVVG Bodenverwertungs und verwaltungs GmbH contra Thomas Erbs y otros [*Tol 5204218*] (Ponente: Sr. Don Claus Christian Gulmann).

En suma, lo esencial es la existencia de una intervención estatal en forma de ventaja económica extraordinaria que no obedezca a un criterio ordenado para su concesión, siendo indiferente el origen del recurso o la forma en que se presente, de tal forma que el concepto engloba *"cualquier acto de poder público, mediante el cual se adscribe un recurso público a una determinada empresa, producción o región"*.

---

110 ASÚA BATARRITA, "El delito de fraude de subvenciones" en AA.VV. *Comentarios a la legislación penal*, Tomo XVIII, Edersa, Madrid, 1997, pág.: 260.

111 ASÚA BATARRITA, *Ibídem*, pág.: 260.

(Sentencia de la Sala Cuarta del Tribunal de Justicia de las Comunidades Europeas, de 7 de mayo de 1998. Caso Epifanio Viscido y otros contra Ente Poste Italiane [*Tol 103808*] (Ponente: Sr. John Loyola Murray).

De acuerdo con cuanto antecede observamos que es el carácter extraordinario inherente a la ayuda pública lo que la diferencia de la prestación contributiva. Y es que mientras las prestaciones contributivas son retribuciones a cargo de los presupuestos públicos cuyo fundamento radica en las cotizaciones aportadas al Estado, la ayuda pública es una disposición gratuita que aboga por otorgar una ventaja de forma extraordinaria, bajo un paraguas o marco discrecional, fuera de toda lógica, sin ser necesaria una cotización previa, y que persigue una finalidad pública[112].

Empero, observamos que en cierto modo las ayudas públicas y las prestaciones no contributivas podrían presentar caracteres comunes (como el hecho de que no precisen de una cotización previa y ambas estén previstas para situaciones extraordinarias). No obstante la distinción entre ambas reside en los marcos de actuación: mientras que las ayudas van dirigidas a ámbitos concretos como la ciencia y la investigación, el arte, la educación, las ayudas a víctimas de delitos, las becas, los avales del tesoro, los créditos públicos o el crédito oficial[113], las prestaciones no contributivas buscan la consecución de la universalidad de la acción protectora de la Seguridad Social, garantizando un mínimo de subsis-

---

112 TERRADILLOS BASOCO no es partidario de esta posición pues para él la diferencia entre los conceptos de subvención y ayuda pública es que las segundas no buscan la finalidad pública, que sin embargo estarían vinculadas a la concurrencia de otros requisitos existentes (en TERRADILLOS BASOCO, "Defraudación de subvenciones públicas", *Op. Cit.*, pág.: 60).
No compartimos tal postura. Y es que toda actuación estatal de los poderes públicos ha de estar encaminada siempre a la consecución de unos fines públicos y del interés general *ex* artículos 39 y ss. de la CE.

113 SÁNCHEZ LÓPEZ, V.: *El delito de fraude de subvenciones en el nuevo Código Penal*, Colex, Madrid, 1997, pág.: 108.

tencia para aquellos individuos excluidos de la modalidad contributiva; o dicho con otras palabras: las prestaciones no contributivas se focalizan en individuos excluidos de la modalidad contributiva, fundamentándose éstas en la universalidad de la acción protectora de la Seguridad Social, siendo las ayudas públicas recursos públicos extraordinarios dirigidos a personas jurídicas, regiones o producciones, y fuera del Sistema de la Seguridad Social.

Con todo, aún puede subsistir el interrogante sobre si el nivel complementario de la Seguridad Social (los servicios sociales y la asistencia social[114]) puede ser reputado como "subvención" o "ayuda pública" a efectos penales o si, por el contrario, no tienen prevista su tutela penal y, en consecuencia, conductas defraudatorias de servicios sociales y asistencia social resultan atípicas. Y ello por cuanto, tal y como aquí defendemos, si los servicios sociales y una parte importante de la asistencia social no están incluidos en la noción de "*prestaciones del Sistema de la Seguridad Social*" por los motivos ya expuestos, debemos analizar si pueden encuadrarse en el concepto penal de subvención o ayuda pública.

La respuesta, a nuestro juicio, es afirmativa. Varios motivos son los que apoyan esta respuesta.

En primer lugar debemos recordar que la ayuda pública posee una serie de caracteres, resumidos en los siguientes: (i) es un concepto más amplio que el de subvención o prestación, (ii) se sitúa fuera de la reciprocidad económica, (iii) posee un carácter extraordinario, y (iv) busca una finalidad pública. Caracteres que podrían ser perfectamente válidos para describir los conceptos de servicios sociales y asistencia social, tal y como hemos visto, toda vez que ambas materias (i) son complementos de las prestaciones sociales, (ii) son otorgadas de forma extraordinaria y (iii) buscan dar

---

114 Recordemos que existe una asistencia social extramuros del Sistema de la Seguridad Social y otra interna al propio sistema; aquí nos referimos a la primera de ellas.

cobertura a situaciones extraordinarias de necesidad a través de los recursos públicos, es decir, buscan una finalidad pública fuera de toda reciprocidad. Por ello, realizando un esfuerzo interpretativo podríamos llegar a concluir que de algún modo los servicios sociales y la asistencia social son una forma de ayuda pública, y podrían estar incluidas en el referido concepto y ser reconducidas estas conductas de fraude del tercer nivel de protección al ámbito del art. 308 CP.

Pero además, a mayor abundamiento, y más importante si cabe, debemos recordar que con anterioridad a la reforma operada por la LO 7/2012 algunas conductas defraudatorias de prestaciones ya se reconducían al artículo 308 CP. Ello quiere decir que si existen conductas de fraude de prestaciones que no pueden ser incorporadas al concepto de *"prestaciones del Sistema de* la Seguridad Social", éstas podrían continuar encontrándose abarcadas por el art. 308 CP, dado que como dijimos solo la obtención, el disfrute, la prolongación y la facilitación de "prestaciones del Sistema de la Seguridad Social" tienen cabida en el artículo 307 ter CP. No puede defenderse por tanto que exista un vacío legal de impunidad en el disfrute de servicios sociales y de la mayor parte de la asistencia social por parte de un individuo, pues estas conductas en todo caso son reconducibles al ámbito penal del artículo 308 CP.

Sin perjuicio de lo anterior, observamos un problema a la hora de encarrilar estas conductas defraudatorias de servicios sociales y asistencia social al artículo 308 CP. Y es que el citado precepto posee un elemento cuantitativo por valor de 100.000 euros.

Dejando de lado si consideramos a este elemento como un elemento del tipo o una condición objetiva de punibilidad, sí debemos hacer hincapié en que no existe paralelismo alguno a la hora de punibilizar conductas defraudatorias contra la acción protectora de la Seguridad Social. Por un lado, observamos que el tipo que tutela las prestaciones incardinadas en el Sistema de la Seguridad Social[115] no prevé cuantía mínima alguna, mas aquellas conductas defraudatorias reconducidas al delito de fraude de subvenciones y ayudas públicas[116] sí que lo prevé, y no menor precisamente. Es por ello que evidenciamos una desigualdad en la punición de hechos semejantes que debería ser remediada.

En consecuencia lo procedente sería que el legislador indague la fórmula para incluir a aquellos servicios sociales y aquella asistencia social que se sitúa extramuros del Sistema de la Seguridad Social en el artículo 307 ter CP, a fin de que no esté tutelada la acción protectora de la Seguridad Social en dos preceptos diferentes y no exista discriminación alguna entre hechos casi idénticos, por lo que de lege ferenda proponemos modificar el artículo 307 ter CP al objeto de que por aquél se tutele la acción protectora de la Seguridad Social, independientemente de si la prestación en cuestión se encuentra incluida o no en el Sistema de la Seguridad Social, incluyendo junto a las prestaciones también los servicios sociales y toda la Asistencia Social.

---

115 Recordemos que aquí incluimos a las prestaciones contributivas, no contributivas y a una parte testimonial de la Asistencia Social.

116 Esto es, los servicios sociales y la mayor parte de la asistencia social.

Capítulo III
Los sujetos del delito

Concluido el análisis del bien jurídico protegido y habiendo determinado el objeto del injusto, procederemos a continuación a delimitar aquellos sujetos que ejecutan la conducta típica[117] o son titulares del bien jurídico. Concretamente los individuos que realizan el tipo penal (sujeto activo), dilucidando también si éste resulta un *delito común* o un *delito especial*, y quien es titular del bien jurídico lesionado por el sujeto activo (sujeto pasivo). Cuestión que no es baladí, pues en función de la posición que se adopte respecto al sujeto activo se podrán solventar problemas acerca de la punición del *extraneus* como autor o partícipe en el delito.

1. EL SUJETO ACTIVO DEL DELITO

Iniciamos esta parte del trabajo por el sujeto activo otorgando una oportuna definición de éste, para lo cual acogemos la formulada por ANTOLISEI, quien lo define como el agente que realiza el ilícito penal[118]. Y agrega ROXIN que la mayoría de los casos de los delitos comu-

---

117 Somos conocedores de que el apartado que nos va a ocupar las siguientes páginas, el análisis de los sujetos activo y pasivo, frecuentemente encuentra su acomodo inmediatamente con posterioridad al estudio del bien jurídico si bien, debido a lo que vamos a proceder a tratar, y de las explicaciones que encontrará el lector en las siguientes líneas, consideramos conveniente estudiar primeramente los diferentes tipos de prestaciones existentes y la clasificación que se pueda realizar con el fin de que el lector pueda tener pleno conocimiento de lo que aquí se va a proceder a reflexionar.

118 ANTOLISEI, F.: *Manual de Derecho Penal* (traducido por DEL ROSAL, J. y TORIO, A.), Uthea, Buenos Aires, 1960, pág.: 132.

nes, aunque no necesariamente, comienzan con fórmulas impersonales como "quien o el que"[119].

a) Sobre este particular, en el caso que nos ocupa, el injusto inicia su redacción con el pronombre relativo *"Quien"*, equivalente, según el diccionario de la RAE, a *el que* o *la que*[120], luego *prima facie* el tipo penal no delimita expresamente el ámbito del sujeto activo, al no requerir condición alguna en el mismo, por lo que podríamos colegir que nos encontramos ante un *delito común*. O dicho con otras palabras, el injusto puede ser cometido a título de autoría por cualquier sujeto que esté en condiciones fácticas de defraudar prestaciones, independientemente de que sea o no el individuo que finalmente disfruta la prestación indebida.

Así lo ha reputado la doctrina más especializada que ha trabajado este injusto, independientemente de su posición respecto del bien jurídico. Tratadistas como CÁMARA ARROYO[121], COCA VILA[122], BUSTOS RUBIO[123], FERRÉ OLIVÉ[124], DE VICENTE MARTÍNEZ[125], MARTINEZ BUJÁN-PÉREZ[126] o

---

119 ROXIN, *Derecho Penal. Parte General*, Tomo I, *Op. Cit.*, pág.: 337. También lo apunta en España: MUÑOZ CONDE / GARCÍA ARÁN, *Derecho Penal. Parte General*, *Op. Cit.*, 2019, pág.: 243.

120 Primera acepción del diccionario de la RAE: https://dle.rae.es/quien (fecha de último acceso: 3 de diciembre de 2021).

121 CÁMARA ARROYO, "Entre el Derecho Penal de clase y la expansión punitiva: el delito de obtención indebida de prestaciones (art. 307 ter C.P.)", *Op. Cit.*, pág.: 63.

122 COCA VILA, "Protección de las haciendas públicas y la seguridad social", *Op. Cit.*, pág.: 634.

123 BUSTOS RUBIO, M.: "Tema Práctico XXII: Delitos contra la Seguridad Social (Arts. 307 y siguientes CP)", en *Temas prácticos para el estudio del Derecho penal económico* (Directores: ABADÍAS SELMA, A. / BUSTOS RUBIO, M.), Colex, Madrid, 2020, *pág.: 330.*

124 FERRÉ OLIVÉ, *Tratado de los delitos contra la Hacienda Púbica y contra la Seguridad Social*, *Op. Cit.*, pág.: 850.

125 VICENTE MARTÍNEZ, *Derecho penal del trabajo. Los delitos contra los trabajadores y contra la Seguridad Social*, *Op. Cit.*, pág.: 726.

126 MARTÍNEZ BUJÁN-PÉREZ, *Derecho Penal económico y de la empresa*, *Op. Cit.*, pág.: 736.

DE LA MATA BARRANCO[127] coinciden en el tratamiento de este injusto como *delito común*, sin entrar en demasía en los motivos que los llevan a determinar que este injusto posea naturaleza común; extremo que podría fundamentarse en varias razones:

Primeramente, en relación con la literalidad del tipo penal, que el injusto de comienzo con la fórmula genérica "*quien*" sería indicativo de la naturaleza común del delito de fraude de prestaciones. No obstante, si así fuera este criterio formal resolvería de forma sencilla el problema de clasificación de los tipos penales según el autor, mas un criterio estrictamente formal no resulta suficiente ni seguro para clasificar a un delito como común o especial[128]. La verdad es que el uso del pronombre relativo "quien" poco o nada dice de la naturaleza común o especial de un injusto en concreto, pues la delimitación del círculo de posibles autores puede realizarse vía configuración típica del precepto. Por consiguiente, de acuerdo con el principio de legalidad, la utilización de ese pronombre relativo no es en todo caso indicativa de la naturaleza común del delito.

Un segundo motivo provendría de una interpretación razonable que realizáramos del verbo típico "facilitar" en el 307 ter CP —del que hablaremos en profundidad en otro apartado posterior de este trabajo—. Y es que un somero análisis de ese verbo típico puede derivar en clasificar a este delito como un *delito común*, o al menos, parecería que admite que el autor del delito puede ser otro diferente al individuo beneficiario de la prestación indebida. Inclusión que, pese a que parece que podría fundamentarse en resolver la problemática de la imputación de responsabilidad al *extraneus*, comporta disyuntivas que analizaremos *a posteriori*. En este sentido, y a mayor

---

127 DE LA MATA BARRANCO, "Delitos contra la Hacienda Pública y la Seguridad Social", *Op. Cit.*, pág.: 573.

128 TORRES CADAVID, N.: "El delito de defraudación tributaria ¿un delito especial o un delito común" en *Revista Electrónica de Ciencia Penal y Criminología*, núm. 20-29, 2018, pág.: 8.

abundamiento, la inclusión de la expresión *"para sí o para otro"* permite que sean autores del delito no solo sujetos beneficiarios de la prestación sino también los terceros, en general empleados que faciliten la obtención de las prestaciones de forma fraudulenta, lo cual para DE VICENTE MARTÍNEZ es un motivo para argumentar que éste resulte una suerte de *delito común*[129].

Empero, estos argumentos no resultan del todo convincentes especialmente cuando nos encontramos ante defraudaciones de prestaciones contributivas.

b) Ya observamos en otro momento anterior de este trabajo (Cap. II, §. 2.2.) que, de acuerdo con lo dispuesto en los artículos 2 apartados c), d) y e) y 42.1 de la Ley General de la Seguridad Social, una forma de clasificar las prestaciones eran los parámetros de los requisitos de acceso a éstas. De ese modo encontrábamos en nuestro sistema de Seguridad Social prestaciones contributivas y no contributivas.

Recordemos que las prestaciones contributivas se asentaban sobre períodos mínimos de cotización del individuo que las va a percibir (art. 7.1 TRLGSS) mediante el ejercicio de una actividad profesional. Las prestaciones contributivas cumplen una función de sustitución de rentas de activo, situándose en el ideal de cobertura en la plenitud de sustitución. Financiadas gracias a las cuotas de las personas obligadas, se incluyen como pensiones contributivas, en el régimen general, pensiones de (i) jubilación (ordinaria, anticipada, parcial, flexible y especial), (ii) incapacidad permanente (total, absoluta o gran invalidez) y (iii) fallecimiento (viudedad, orfandad y en favor de familiares). O dicho en palabras del Ministerio de Inclusión, Seguridad Social y Migraciones: *"Son prestaciones económicas y de duración indefinida, aunque no siempre, cuya concesión está generalmente supeditada a una previa relación jurídica con la Seguridad*

---

129 VICENTE MARTÍNEZ, *Derecho penal del trabajo. Los delitos contra los trabajadores y contra la Seguridad Social*, *Op. Cit.*, pág.: 726.

Social (acreditar un período mínimo de cotización en determinados casos), siempre que se cumplan los demás requisitos exigidos"[130].

Por otro lado, las prestaciones no contributivas (art. 7.2 TRLGSS) reconocidas a aquellos ciudadanos que carecen de recursos suficientes para la subsistencia, independientemente de su tiempo de cotización al Sistema de la Seguridad Social, van dirigidas a aquellos colectivos excluidos de la modalidad contributiva. De esa forma se busca la consecución de la universalidad de la acción protectora de la Seguridad Social, garantizando un mínimo de subsistencia para esas personas. Generalmente no exigen cotización o requisito previo, financiándose a través de las aportaciones del Estado al Presupuesto de la Seguridad Social (artículo 109 TRLGSS). Contenidas en la modalidad de prestaciones no contributivas encontramos (i) invalidez; (ii) jubilación o vejez; e (iii) hijo a cargo. De nuevo, en palabras del Ministerio de Inclusión, Seguridad Social y Migraciones: *"Son prestaciones económicas que se reconocen a aquellos ciudadanos que, encontrándose en situación de necesidad protegible, carezcan de recursos suficientes para su subsistencia en los términos legalmente establecidos, aun cuando no hayan cotizado nunca o el tiempo suficiente para alcanzar las prestaciones del nivel contributivo"*[131].

Concluyendo, pese a su diferente forma de acceso a ambos sistemas —un primer sistema básico de prestaciones contributivas y otro residual de prestaciones no contributivas—, ambos están llamados a incluirse en el término *"prestaciones del Sistema de la Seguridad Social"* a las que hace referencia el tipo penal, toda vez que el injusto tampoco hace distinción en los requisitos de acceso a esas.

---

130 Definición obtenida de la web Ministerio de Inclusión, Seguridad Social, y Migraciones: https://www.seg-social.es/wps/portal/wss/internet/Pensionistas/Pensiones/33467?changeLanguage=es (fecha de último acceso: 1 de noviembre de 2023).

131 Definición obtenida de la web Ministerio de Inclusión, Seguridad Social, y Migraciones: https://www.seg-social.es/wps/portal/wss/internet/Pensionistas/Pensiones/33467?changeLanguage=es#35116 (fecha de último acceso: 1 de noviembre de 2023).

Observamos que la principal diferencia entre ambas es que la concesión de la prestación contributiva *"está generalmente supeditada a una previa relación jurídica con la Seguridad Social (acreditar un período mínimo de cotización en determinados casos), siempre que se cumplan los demás requisitos exigidos"*. Esa previa relación jurídica entre el beneficiario de la prestación social y la Seguridad Social, un período mínimo de cotización en determinados casos, puede significar el surgimiento de una novedosa polémica: que el sujeto pasivo de la cotización previa se convierte en sujeto activo del injusto, convirtiéndose este delito del art. 307 ter CP en una suerte de *delito especial*, al quedar limitado el círculo de posibles sujetos activos a aquellos que hayan cumplido con la exigencia previa de cotización a la Seguridad Social durante un período mínimo. Planteamiento que confrontaría frontalmente con lo manifestado unánimemente por la doctrina más especializada, que clasifica a este delito como un delito común, en todo caso.

Esta posición se fundamenta principalmente en que el sujeto activo que defraude prestaciones contributivas reúne ciertas cualidades o condiciones concretas, es decir, existe una relación jurídica preexistente entre la Seguridad Social y el autor del injusto, concretándose ésta en la cotización al Sistema de la Seguridad Social durante un período mínimo que genera un derecho: una prestación contributiva. El sujeto activo se corresponde con el sujeto pasivo cotizante a la Seguridad Social, quien abona los importes correspondientes a las cuotas sociales a las arcas del Sistema de la Seguridad Social, importes que le permiten generar en su caso el derecho a obtener una prestación contributiva. Es decir, aunque la posibilidad de ser beneficiario de una prestación contributiva es común a todos los ciudadanos, se han de valorar las circunstancias concretas de cada individuo para su concesión final; extremo que fundamentaría de algún modo su inclusión en la categoría de delito especial. Y es que jamás podrá obtener o prolongar indebidamente prestaciones contributivas aquel sujeto que nunca haya cotizado importe alguno a la Seguridad Social. De tal modo que sólo podrán ser autores aquellos que hayan generado un derecho previo a través de las cotizaciones necesarias. Esto a su vez nos trae a colación otra problemática: el delito especial con autor inidóneo[132].

Ahondando en esta polémica, el 307 ter CP se convertiría en un *delito especial* porque se requiere el cumplimiento de ciertas condiciones especiales: una mínima cotización durante un lapso temporal exigido por la norma. Empero, la defraudación de la prestación no contributiva —aquella que no exige cumplir con la obligación inherente a cotizar mínimamente para su concesión, sino que se otorga a aquellos ciudadanos que, encontrándose en situación de necesidad protegible, carezcan de recursos suficientes para su subsistencia en los términos legalmente establecidos, aun cuando no hayan cotizado nunca o el tiempo suficiente para alcanzar las prestaciones del nivel contributivo— se categorizaría como un *delito común*. La razón que estriba esta diferencia en la clasificación del injusto según los sujetos entre la prestación contributiva y no contributiva, como decimos, o que en un caso existe una obligación de cotizar previamente para obtener una prestación (*delito especial*), pues se exige una cualidad previa determinada para ostentar la posición de sujeto activo del injusto, y en el otro no (*delito común*).

Varias disyuntivas se plantean si adoptáramos esa posición:

(i) Podría alegársenos que comoquiera que hemos identificado el bien jurídico inmediato como el patrimonio de la Seguridad Social frente a la lesión de cualquiera que esté en condiciones fácticas de defraudar a la Seguridad Social, el delito podría ser cometido tanto por el sujeto que disfrute indebidamente de la prestación social como por el tercero que "facilita" a otro esa obtención o prolongación del

---

132 Para más en profundidad: GÓMEZ MARTÍN, V.: *Delito especial con autor inidóneo: ¿tentativa punible o delito putativo?*, Dykinson, Madrid, 2006.

referido disfrute, ampliando el posible número de sujetos activos *ad infinitum*, con la problemática que ello conlleva y que trataremos en un momento posterior de este trabajo.

(ii) Asimismo, podría fundamentarse que la redacción literal del precepto no permite extraer que nos encontramos ante un delito especial, pues no existe referencia explícita alguna a las condiciones necesarias personales del sujeto activo. El tipo se refiere a *quien* obtenga, prolongue o facilite, sin utilizar formas representativas de los delitos especiales, que exigen determinadas cualidades indispensables para los sujetos activos —véase el caso propio de los funcionarios o el obligado a llevar la contabilidad del delito contable del art. 290 CP—. Por consiguiente, si el injusto no diferencia no deberíamos nosotros discriminar.

(iii) Sobre ese particular, obtener, prolongar y facilitar son verbos típicos que no permiten sustentar la limitación de la autoría únicamente a quienes hayan disfrutado indebidamente de la prestación. O lo que es igual, estas conductas permiten la comisión del injusto por persona no cualificada diferente a la de la prestación contributiva.

(iv) Defender que la defraudación de prestaciones contributivas es un *delito especial* significa que la defraudación de prestaciones no contributivas constituye un *delito común.* Ello supondría clasificar a esta modalidad de fraude de prestaciones contributivas como un *delito especial impropio,* pues existe una correspondencia entre el *delito especial* y el *delito común,* del que no puede ser autor el sujeto no cualificado que realiza la acción: la defraudación de prestaciones no contributivas, aquellas que no poseen unas condiciones necesarias previas para acceder a aquéllas.

c) Una última posición sería una *postura intermedia o ecléctica.* Se fundamentaría en que el delito en su modalidad activa "simular" o "tergiversar" puede ser reputado como un *delito común,* pues puede ser cometido por cualquier persona, mientras que en su modalidad omisiva, "ocultar", sólo podrá ser sujeto activo aquel que previamente tenga un deber específico extrapenal de informar, calificándose, por consiguiente, como un *delito especial*. Esta teoría tiene su origen en el seno del delito contra la Hacienda Pública por parte de un sector doctrinal minoritario[133], según la cual en la modalidad omisiva los sujetos activos únicamente pueden ser aquellos a quienes incumbe un deber de información, mientras que en la modalidad activa se configuraría como un *delito común* toda vez que cualquier individuo podría ser sujeto activo.

Tras la exposición de los argumentos de las posibles posiciones al respecto de la calificación del tipo en función de los sujetos que realicen el injusto, nosotros colegimos que debemos inclinarnos en favor de que el 307 ter CP es un *delito común*, es decir, considerar que el tipo penal no delimita el ámbito de los posibles sujetos activos.

Como venimos advirtiendo, el principal escollo que debería salvarse para reputar a este injusto como un *delito común* es la cuestión relativa a la defraudación de prestaciones contributivas. Concretamente, el aspecto concerniente al acceso a aquéllas, que comienza con la generación de un derecho previo para con la Seguridad Social; es decir, se ha ingresado una mínima cotización durante el lapso temporal exigido por la norma, convirtiendo en su caso a este delito, o al menos ese tipo de defraudación en el ámbito de las prestaciones contributivas, en una suerte de *delito especial*. Y es que comoquiera que el acceso a las prestaciones contributivas requiere el cumplimiento de unos requisitos legales previos, no todo individuo puede ser sujeto activo del delito en este tipo de fraude.

No obstante ello, desde nuestra posición, al tratarse de un delito defraudatorio contra el Sistema de la Seguridad Social, la dinámica de la defraudación de prestaciones nos permite acreditar que no nos encontremos ante un *delito especial*. Y es que resulta indiferente si se ha generado un derecho previo para con la Seguridad Social o no. Cuando un

---

133 Por todos: PÉREZ ROYO, *Los delitos y las infracciones*, *Op. Cit.*, págs.: 81 y ss.

sujeto obtiene indebidamente el disfrute de una prestación contributiva puede no haber generado ese derecho previo (de hecho en ningún caso lo habrá generado porque de lo contrario la obtención será debida) luego cualquier sujeto puede obtener o prolongar indebidamente el disfrute de una prestación contributiva. Es ese acto de "obtención" o "prolongación" el que puede ser llevado a cabo por cualquier sujeto, lo que supone que tratemos a este injusto como un *delito común*.

Ya el propio legislador fundamentaba la finalidad de su inclusión en *"facilitar la persecución de las nuevas tramas organizadas de fraude contra la Seguridad Social que, mediante la creación de empresas ficticias, tienen por único fin la obtención de prestaciones del Sistema con la consiguiente agravación de la pena"* (LO 7/2012, de 27 de diciembre); es decir, sin generarse un derecho previo se obtiene o prolonga el disfrute de una prestación, independientemente de si es contributiva o no contributiva. He ahí donde radica la defraudación: el individuo obtiene o prolonga una prestación contributiva sin haber ingresado las cotizaciones previas que generarían el derecho a acceder a aquélla. Esa inducción al error a la Administración, eludiendo sus controles mediante unos procedimientos trufados por un engaño idóneo que produce el disfrute indebido de una prestación contributiva sin haber generado previamente el derecho, le produce una autolesión con el consiguiente perjuicio económico. De este modo, el foco ha de situarse en si la conducta defraudatoria desplegada por el individuo con el único fin de disfrutar indebidamente una prestación puede ser realizada por cualquier sujeto: respuesta que sólo puede ser afirmativa.

O dicho lo anterior en otras palabras, la situación típica que legitima el reconocimiento indebido de la prestación está al alcance de cualquier individuo, por lo que se trata de un *delito común*; solución que consideramos más adecuada.

2. EL SUJETO PASIVO DEL DELITO

Debemos comenzar recordando la definición que otorgaba ANTOLISEI al sujeto pasivo, definiéndolo como el titular o portador del interés cuya ofensa constituye la esencia del delito[134].

A partir de esa definición colegimos que el sujeto pasivo del delito es la Tesorería General de la Seguridad Social, ente titular único del patrimonio de la Seguridad Social, patrimonio que hemos identificado como bien jurídico inmediato del 307 ter CP, lo cual además encuentra su fundamento en el artículo 104.1 TRLGSS que consigna que *"La titularidad del patrimonio único de la Seguridad Social corresponde a la Tesorería General de la Seguridad Social"*.

Tesorería General de la Seguridad Social que abarca entre sus competencias *"La titularidad, gestión y administración de los bienes y derechos que constituyen el patrimonio único de la Seguridad Social, en la forma y condiciones que se establezcan por el Ministerio de Trabajo y Seguridad Social, sin perjuicio de las facultades que las Entidades de la Seguridad Social y las Mutuas Patronales de Accidentes de Trabajo tienen atribuidas, de acuerdo con lo establecido en el Real Decreto 255/1980, de 1 de febrero, y con las reservas de la disposición adicional primera del Real Decreto 1414/1981, de 3 de julio, y las atribuidas al Instituto Nacional de la Salud"* (art. 1.1. d) del Real Decreto 1314/1984, de 20 de junio, por el que se regula la estructura y competencias de la Tesorería General de la Seguridad Social).

No ha de confundirse el sujeto pasivo con la persona sobre la que recae la acción típica y la víctima del injusto. O dicho con otras palabras, no ha de equivocarse el titular o portador del interés cuya ofensa constituye la esencia del delito con quien sufre la acción defraudatoria. En nuestro caso, hemos colegido que el titular del bien jurídico y, por ende, el sujeto pasivo es la Tesorería General de la Seguridad Social, lo cual tiene su fundamento en el artículo 104.1

---

134 ANTOLISEI, *Manual de Derecho Penal, Op. Cit.*, pág.: 137.

del Real Decreto Legislativo 8/2015, de 30 de octubre, por el que se aprueba el texto refundido de la Ley General de la Seguridad Social. Ahora bien, esa Tesorería General de la Seguridad Social puede ser o no la persona jurídica sobre la que recae la acción típica. Y es que existen Administraciones Públicas que gestionan prestaciones del Sistema de la Seguridad Social que podrían calificarse como víctimas o personas jurídicas sobre las que recae físicamente la acción típica, pero que no son sujeto pasivo. Así, por ejemplo, otras víctimas del fraude a la Seguridad Social podrían ser: (i) el Servicio Público de Empleo Estatal (SEPE, en adelante) para el caso de un abono de una prestación por desempleo abonada por ese organismo público, (ii) la propia TGSS o (iii) el Instituto de Mayores y Servicios Sociales (IMSERSO, en lo sucesivo), por ejemplo. Pero el sujeto pasivo es la Tesorería General de la Seguridad Social. Tesorería General de la Seguridad Social que es titular de los bienes y derechos del patrimonio único de la Seguridad Social.

Por lo demás, si se quiere profundizar en los posibles perjudicados, el círculo se amplía. Los conceptos de sujeto pasivo y perjudicado tampoco tienen por qué coincidir, dado que no sólo abarcamos al titular del interés lesionado de modo esencial por el delito (sujeto pasivo), sino también a quienes soportan consecuencias perjudiciales más o menos directas[135]. Identificada la TGSS como sujeto pasivo, el perjudicado final puede reconocerse en el Estado, que es quien financia con base en los Presupuestos Generales del Estado a la Tesorería General de la Seguridad Social.

Doctrinalmente, no demasiados tratadistas han identificado el sujeto pasivo en el 307 ter CP, si bien DE VICENTE MARTÍNEZ ha apuntado que la titularidad recaería en la Seguridad Social, aunque la acción será sufrida por la Administración Pública que gestione la concreta prestación de que se trate[136]. Debemos matizar su postura.

---

135 MIR PUIG, *Derecho Penal. Parte General, Op. Cit.*, pág.: 229.

136 VICENTE MARTÍNEZ, *Derecho penal del trabajo. Los delitos contra los trabajadores y contra la Seguridad Social, Op. Cit.*, pág.: 726.

En puridad, la Seguridad Social como ente jurídico público con personalidad jurídica propia no existe; existe el Instituto Nacional de la Seguridad Social, la Secretaría de Estado de Seguridad Social y Pensiones o la Tesorería General de la Seguridad Social, pero no la Seguridad Social *per se*, pues ésta constituye un régimen que garantiza la asistencia y prestaciones sociales suficientes ante situaciones de necesidad (art. 41 CE). Es por ello que, desde una concepción funcionalista pura del injusto, como el caso de esta autora, el sujeto pasivo podría ser el régimen público de la Seguridad Social como garante de asistencia y prestaciones sociales, pero no simplemente la Seguridad Social como aludía esta tratadista. Por otro lado, sí somos partidarios de la distinción que realiza esta autora entre sujeto pasivo y persona jurídica sobre la que recae la acción típica, aludiendo a la Administración Pública que se trate. De ese modo, las Administraciones Públicas que gestionan las prestaciones serían en algún caso víctimas o personas jurídicas sobre los que recae físicamente la acción típica, pero no el sujeto pasivo *per se*, como ya hemos expuesto. Y es que, independientemente de adoptar una perspectiva patrimonialista, funcionalista o ecléctica, resulta conveniente diferenciar entre sujeto pasivo (la Tesorería General de la Seguridad Social) y la víctima del "engaño" o el fraude (la Administración Pública encargada de la gestión de la concreta prestación).

Otros autores funcionalistas respecto del bien jurídico como CÁMARA ARROYO o FERRÉ OLIVÉ se posicionan de forma similar en cuanto a este extremo. Concretamente, el primero de ellos defiende que *"el sujeto pasivo será la Administración Pública que gestione la prestación a la Seguridad Social objeto de defraudación: INSS, CC.AA., SEPE, FOGASA, TGSS, etc."*[137] y el segundo: *"el órgano de la Administración que ha concedido alguna de las prestaciones consagradas en el art.*

---

137 CÁMARA ARROYO, "Entre el Derecho Penal de clase y la expansión punitiva: el delito de obtención indebida de prestaciones (art. 307 ter C.P.)", *Op. Cit.*, pág.: 64.

42.1 LGSS o las previstas en otras leyes del Estado o la normativa pertinente de las Comunidades Autónomas"[138].

Pudiera parecer que estos autores aúnan las figuras del sujeto pasivo con las posibles personas jurídicas sobre las que recae la acción típica. Sin entrar en la idoneidad de cada uno de los entes públicos que estos autores identifican como posibles sujetos pasivos (pues más de uno poseería pequeñas disyuntivas que nos harían dudar sobre la idoneidad de ser tratados como tales y que abordaremos en otro momento posterior de este trabajo[139]) ya distinguíamos nosotros, como también DE VICENTE MARTÍNEZ, entre sujeto pasivo y entes con personalidad jurídica propia sobre los que recae la acción típica de "defraudar". Pues bien, sin querer retomar de nuevo esta discusión, debemos discrepar sobre la posibilidad de que existan tantos sujetos pasivos como órganos de la Administración encargados de la gestión de la prestación a la Seguridad Social objeto de defraudación, como aludían estos tratadistas. Y ello por cuanto, como defensores que son estos autores de la función que desarrolla la prestación social, cuyo fundamento radica en el art. 41 CE, no deberían considerar que el sujeto pasivo es el órgano de la Administración Pública encargado de la gestión de la prestación objeto de defraudación, pues este órgano no es el titular de la función que realiza la prestación social, sino que, siendo coherentes, debería ser el régimen público de la Seguridad Social como garante de asistencia de las prestaciones sociales. Ese régimen sería el titular o portador de la función que cumplen las prestaciones sociales y cuya ofensa constituye la esencia del delito para las tesis funcionalistas.

---

138 FERRÉ OLIVÉ, *Tratado de los delitos contra la Hacienda Púbica y contra la Seguridad Social, Op. Cit.*, pág.: 851.

139 Nos referimos a las Comunidades Autónomas como ente autónomo encargado de gestionar las prestaciones. Comunidades Autónomas que, como veremos en un apartado posterior, presentan problemas para determinar si podemos llegar a incluir las prestaciones que éstas gestionan dentro del Sistema de la Seguridad Social o si, por el contrario, han de encuadrarse fuera de aquél con todo lo que aquello conlleva.

Así las cosas, desde nuestra posición, la administración que gestione la prestación sería, en su caso, la persona jurídica sobre la que recae la acción típica o la víctima del delito, pero no el sujeto pasivo.

Por otro lado, algún autor patrimonialista como ESCOBAR JIMÉNEZ también apunta que el sujeto pasivo del delito es *"la Seguridad Social por ser el titular del interés jurídicamente protegido en este delito aunque la acción será sufrida por la administración pública que gestione la concreta prestación de que se trate del Sistema de la Seguridad Social"*[140]. Ahora bien, no puede ser que posicionándose en favor de una tesis patrimonialista pura del injusto se afirme que el sujeto pasivo es la Seguridad Social; en todo caso, insistimos, será el régimen de la Seguridad Social, pero esta sería la identificación para la tesis funcionalista, toda vez que para los patrimonialistas puros debería ser la Tesorería General de la Seguridad Social —titular del patrimonio único del régimen de la Seguridad Social— cuyo patrimonio se ve afectado por la acción desplegada por el sujeto.

Otro tratadista que se posiciona del lado de la tesis patrimonialista no estrictamente pura en este concreto injusto es BUSTOS RUBIO para quien el sujeto pasivo es la Tesorería General de la Seguridad Social, sin más precisiones[141]. Coincidimos plenamente con el referido autor, adhiriéndonos a su posición. Desde una posición patrimonialista del injusto lo racional sería postular que el sujeto pasivo titular del bien jurídico del patrimonio de la Seguridad Social es la Tesorería General de la Seguridad Social, lo cual encuentra su fundamento en el artículo 104.1 del Real Decreto Legislativo 8/2015, de 30 de octubre, por el que se aprueba el texto refundido de la Ley General de la Seguridad Social como ya hemos indicado *supra*.

---

140 ESCOBAR JIMÉNEZ, "Los delitos contra la Seguridad Social: fraude de cotizaciones y fraude de prestaciones", *Op. Cit.*, pág.: 1721.

141 BUSTOS RUBIO, "Tema Práctico XXII: Delitos contra la Seguridad Social (Arts. 307 y siguientes CP)", *Op. Cit.*, pág.: 330.

Capítulo IV
La conducta típica. Acción y omisión

Colmado el objeto típico de las *"prestaciones del Sistema de la Seguridad Social"*, así como determinado que el injusto es un delito común y que el sujeto pasivo es la TGSS, es el momento de profundizar en las conductas típicas que recaen sobre ese concepto, para lo cual analizaremos las modalidades típicas de defraudación previstas en el artículo 307 ter.1 CP. Modalidades típicas que, ya adelantamos, debido a la poco afortunada redacción del precepto por parte del legislador, traerán consigo numerosas problemáticas de interpretación a las que procuraremos dar oportuna respuesta de *lege ferenda*.

Debemos iniciar el presente apartado poniendo de manifiesto que no existe acuerdo en la doctrina sobre cuántas y cuáles son las modalidades delictivas que contiene el delito de fraude de prestaciones sociales. Cuestión ésta que puede resultar baladí pero seguramente a consecuencia de la farragosa y más que mejorable redacción del precepto los tratadistas que han analizado de algún modo este tipo penal no alcanzan un consenso sobre el número ni las modalidades de comisión, más allá de incluir al injusto en la categoría de los delitos tipo mixto alternativo como así hacen tratadistas como COCA VILA o DÍAZ MORGADO[142].

Así las cosas, en el ámbito de la doctrina encontramos autores que sostienen la existencia de tres modalidades típicas de defraudación de las prestaciones del Sistema de la Seguridad Social. Ejemplo de ello es COCA VILA, para

---

142 COCA VILA, "Protección de las haciendas públicas y la seguridad social", *Op. Cit.*, pág.: 634; DÍAZ MORGADO, "Delitos tributarios y contra la Seguridad Social", *Op. Cit.*, 2020, pág.: 554.

quien la obtención fraudulenta, la prolongación indebida del disfrute y la facilitación a otros de la obtención o prolongación fraudulenta[143] son las modalidades típicas. Otros como BUSTOS RUBIO[144] y FERRÉ OLIVÉ[145] consideran que las modalidades típicas que incorpora la figura delictiva son la obtención, la prolongación improcedente de la obtención y la facilitación a terceros de la adquisición de una prestación que por Ley no corresponde. Ajenos a estos tratadistas, encontramos a SANCHEZ MELGAR que sostiene la existencia de únicamente dos modalidades típicas en el 307 ter CP: la obtención y el disfrute[146]. Disienten de SANCHEZ MELGAR, MORALES PRATS[147] CÁMARA ARROYO[148] y DE VICENTE MARTINEZ[149] para quienes las

---

143 COCA VILA, "Protección de las haciendas públicas y la seguridad social", *Op. Cit.*, pág.: 634.

144 BUSTOS RUBIO, "La tipificación del fraude en las prestaciones sociales del sistema de la Seguridad Social: el nuevo artículo 307 ter del Código Penal" *Op. Cit.*, pág.: 8; EL MISMO: "El delito de fraude en las prestaciones del sistema de la Seguridad Social (art. 307 ter CP)", en GÓMEZ PAVÓN, P. /ARMENDÁRIZ LEÓN, C. / PEDREIRA GONZÁLEZ, F.M. y BUSTOS RUBIO, M.: *Delitos de defraudación a la Seguridad Social y delitos contra los derechos de los trabajadores*, Bosch, Barcelona, 2015, pág.: 188.

145 FERRÉ OLIVÉ, *Tratado de los delitos contra la Hacienda Pública y contra la Seguridad Social*, *Op. Cit.*, pág.: 845.

146 SÁNCHEZ MELGAR, J.: "De los delitos contra la Hacienda Pública y contra la Seguridad Social" en *Código Penal. Comentarios y Jurisprudencia*, (Coord.: SÁNCHEZ MELGAR, J.), Tomo II, Sepín, Madrid, 4ª edición, 2016, pág.: 2219.

147 MORALES PRATS, "De los delitos contra la Hacienda Pública y contra la Seguridad Social", *Op. Cit.*, pág.: 3 al afirmar que *"según el tenor del precepto, admite dos modalidades típicas: la que se verifica por primera vez y la prolongación indebida de en el disfrute de las mismas"*

148 CÁMARA ARROYO afirma *"las modalidades básicas de comisión son dos: la obtención indebida de las prestaciones; y la prolongación indebida de las que ya se vinieran legítimamente disfrutando cuando cesa la razón por la cual se conceden"* en "Entre el Derecho Penal de clase y la expansión punitiva: el delito de obtención indebida de prestaciones (art. 307 ter C.P.)", *Op. Cit.*, pág.: 66.

149 DE VICENTE MARTÍNEZ, *Derecho Penal del trabajo. Los delitos contra los trabajadores y contra la Seguridad Social*, *Op. Cit.*, pág.: 727.
Si bien es cierto que esta autora alude a conseguir y a prolongar como las conductas típicas posibles en esta figura delictiva.

dos únicas modalidades típicas que admite el 307 ter CP son la obtención y la prolongación.

Tampoco nuestros Tribunales han profundizado en numerosas resoluciones sobre este extremo. La única Sentencia que hace alusión a las modalidades comisivas incorporadas al 307 ter CP es la STS núm. 150/2020, de 18 de mayo [*Tol 7935541*] (Ponente: Excma. Sra. Carmen Lamela Díaz) que prevé que *"La conducta desplegada por el sujeto activo, según la dicción del tipo penal, debe ir dirigida a obtener, para sí mismo o para un tercero, el disfrute o prolongación de prestaciones del Sistema de la Seguridad Social"*[150]; no aludiéndose en ningún caso a la facilitación como modalidad típica.

Como se puede apreciar, la confusión generada por la —deficiente— redacción del precepto es innegable cuando se acude al contraste de la doctrina más autorizada y la jurisprudencia.

En vista de tal situación, y al objeto de poder analizar en profundidad las modalidades comisivas de defraudación durante las siguientes páginas, creemos necesario en primer lugar delimitar correctamente las modalidades típicas que contiene el 307 ter CP y los razonamientos que nos llevan a alcanzar tal conclusión.

A partir de una interpretación gramatical del precepto colegimos que existe una conducta típica inicial que es la obtención del disfrute y una posterior en el tiempo que es la prolongación indebida del disfrute obtenido previamente en el tiempo, de tal manera que hay dos modalidades típicas diferenciadas: la obtención y la prolongación. Ahora bien, también el tipo prevé la facilitación de la obtención del disfrute, luego podría decirse que, gramaticalmente hablando, existen tres modalidades típicas bien: (i) la obtención del disfrute, (ii) la prolongación de ese disfrute y (iii) la facilitación de la obtención.

---

150 En sentido semejante, aunque no idéntico, la STS núm. 146/2018, de 22 de marzo [*Tol 6554506*] (Ponente: Excmo. Sr. Manuel Marchena Gómez).

Y es que, a consecuencia de la defectuosa redacción de la norma, resultaría incongruente deducir que la obtención abarca tanto un primer disfrute como la prolongación de éste en vista de que esta prolongación implicaría extender en el tiempo algo que previamente ya ha sido obtenido. O dicho con otras palabras, no se puede prolongar indebidamente una prestación social sin que previamente se haya obtenido. De tal manera que la prolongación indebida del disfrute de prestaciones sociales es una conducta típica independiente de la obtención, sin que la obtención por sí misma pueda abarcar además del disfrute inicial la prolongación posterior.

Insistimos, nosotros dividimos la obtención indebida del disfrute, que afecta a un reconocimiento *ex novo* o inicial, frente a la prolongación del mismo, que no casa con el verbo típico obtener. Este argumento es debido a que la primera se produce en un instante primigenio y la prolongación en un momento posterior, por lo que, en consecuencia, comoquiera que la prolongación es siempre subsiguiente a una previa obtención, la obtención a la que se refiere el precepto no puede abarcar además la prolongación.

A fortiori, a partir de una interpretación sistemática del precepto de la ley sectorial para la prosecución de la obtención fraudulenta de prestaciones sociales indebidas, sobre el que nuestra figura delictiva nace y se apoya, podemos apreciar que el art. 26.1 de la LISOS[151] diferencia como conductas autónomas la obtención de prestaciones indebidas y la prolongación indebida de su disfrute. Si bien la referida normativa sectorial no hace referencia a la prolongación de la obtención, que sí incorpora la norma sustantiva

---

151 Cuyo texto reza como sigue: *"Actuar fraudulentamente con el fin de obtener prestaciones indebidas o superiores a las que correspondan, o prolongar indebidamente su disfrute mediante la aportación de datos o documentos falsos; la simulación de la relación laboral; y la omisión de declaraciones legalmente obligatorias u otros incumplimientos que puedan ocasionar percepciones fraudulentas".*

penal, no es menos cierto que desde el año 2000 la LISOS disgrega la obtención inicial de la prolongación secuencial, lo cual, con el fin de preservar la coherencia del Ordenamiento Jurídico, nos conduce a sostener que la obtención y la prolongación son modalidades típicas diferenciadas y, por ende, a rechazar de plano posiciones en las que el disfrute es una modalidad delictiva en el 307 ter CP y posturas que sólo admiten las modalidades típicas de la obtención y la facilitación.

Por consiguiente, partimos de un esquema tripartito en las modalidades de defraudación previstas en el 307 ter CP, a saber: (i) obtener indebidamente, para sí o para otro, el disfrute de prestaciones del Sistema de la Seguridad Social, (ii) prolongar indebidamente el disfrute de prestaciones del Sistema de la Seguridad Social y (iii) facilitar fraudulentamente a otros la obtención del disfrute de una prestación del Sistema de la Seguridad Social.

1. OBTENER EL DISFRUTE DE PRESTACIONES DEL SISTEMA DE LA SEGURIDAD SOCIAL

El tipo penal sanciona como conducta inicial fraudulenta a *"quien obtenga, para sí o para otro, el disfrute de prestaciones del Sistema de la Seguridad Social, la prolongación indebida del mismo, o facilite a otros su obtención* (...) *será castigado con la pena de seis meses a tres años de prisión"*. Por consiguiente, la primera modalidad típica es "obtener", para sí o para otro, el disfrute de prestaciones, siendo por ende el primero de los verbos típicos "obtener".

Gramaticalmente, "obtener" según el diccionario de la RAE es *"alcanzar, conseguir y lograr algo que se merece, solicita o pretende"*[152]. El vocablo "obtener" aparece en diversas ocasiones a lo largo de la parte especial del Código Penal,

---

[152] https://dle.rae.es/obtener (fecha de último acceso: 1 de noviembre de 2023).

pero centrándonos en el Título XIV *"De los delitos contra la Hacienda Pública y contra la Seguridad Social"* podemos advertir que aparece, por ejemplo, en artículos como el 305.1 CP que castiga con pena de prisión la obtención indebida de devoluciones de la Hacienda Pública estatal, autonómica, foral o local cuando el importe exceda de 120.000 euros, o el 306 CP que persigue conductas fraudulentas de obtención indebida de fondos de presupuestos de la Unión Europea en cuantía superior a 50.000 euros, y el 307 CP que sanciona la obtención indebida de devoluciones de las cuotas de la Seguridad Social por un importe superior a 50.000 euros.

Prima facie si realizamos un paralelismo entre los citados artículos y el 307 ter CP podemos observar como el resto de preceptos consignan la expresión obtener indebidamente, mientras que el artículo objeto de esta tesis alude exclusivamente a la obtención, para sí o para otro, del disfrute de prestaciones sociales, prescindiendo del vocablo "indebidamente". Resulta evidente que también en el 307 ter CP la obtención debe ser indebida, pues si fuese debida la conducta resultará atípica. Entendemos, pues, que a efectos prácticos resulta indiferente tal inclusión. De hecho, en este tipo penal lo indebido vendrá también determinado por los medios de comisión, a los que nos referiremos más adelante.

Esta modalidad típica de obtención de disfrute prestaciones sociales tiene su correspondencia con la legislación sectorial. Concretamente, con las infracciones administrativas muy graves previstas para (i) empresarios, entidades en formación, entidades que asuman la organización de las acciones de formación profesional para el empleo programada por las empresas, trabajadores por cuenta ajena y asimilados (artículo 23.1 apartados c y e[153] LISOS) y (ii)

---

[153] *"Son infracciones muy graves:*
c) Efectuar declaraciones, o facilitar, comunicar o consignar datos falsos o inexactos que den lugar a que las personas trabajadoras obtengan o disfruten indebidamente prestaciones, así como la connivencia con sus trabajadores/as o con las demás personas beneficia-

para trabajadores o asimilados, beneficiarios y solicitantes de prestaciones (artículo 26.3[154] de la LISOS).

Centrándonos ya en la obtención del disfrute de prestaciones sociales, se trata de una modalidad activa, pues la solicitud de reconocimiento de prestaciones sociales a las que presumiblemente se tiene derecho debe ser instada ante la Seguridad Social por el preceptor defraudador. Y es que la conducta mendaz de "obtener" requiere la existencia de una solicitud previa del percibo de prestaciones sociales, sin la cual no puede materializarse la obtención fraudulenta de la prestación, necesariamente suficiente para crear un error en la administración. De esa forma la creación *ex ante* de un riesgo jurídicamente desaprobado, como es la solicitud presentada por el beneficiario que contiene hechos o datos falaces que induce a error a la Administración, causa materialmente un resultado *ex post, "un perjuicio a la Administración Pública"*[155]. O dicho en palabras de DE VICENTE MARTÍNEZ: *"esta conducta requiere que el perceptor de la prestación no reúna los requisitos establecidos en la legislación laboral para causar derecho a ella y, a pesar de ello, obtenga la prestación mediante una conducta mendaz"*[156].

Nos encontramos, pues, ante una modalidad de delito donde autor y beneficiario coinciden y donde se eviden-

---

rias para la obtención de prestaciones indebidas o superiores a las que procedan en cada caso, o para eludir el cumplimiento de las obligaciones que a cualquiera de ellos corresponda en materia de prestaciones.

e) Incrementar indebidamente la base de cotización del trabajador de forma que provoque un aumento en las prestaciones que procedan, así como la simulación de la contratación laboral para la obtención indebida de prestaciones".

154 *"Son infracciones muy graves:*
La connivencia con el empresario para la obtención indebida de cualesquiera prestaciones de la Seguridad Social".

155 Sobre la teoría de la imputación objetiva, por todos: ROXIN, *Derecho Penal. Parte General. Tomo I, Op. Cit.*, págs.: 362 y ss.; MIR PUIG, *Derecho Penal. Parte General, Op. Cit.*, págs.: 259 y ss.

156 DE VICENTE MARTÍNEZ, *Derecho penal del trabajo. Los delitos contra los trabajadores y contra la Seguridad Social, Op. Cit.*, pág.: 731.

cia, como señalábamos ya en el estudio del bien jurídico, la afinidad y similitud en su estructura con el delito de estafa. Efectivamente, desde una perspectiva fáctica la "estafa" que sufre la Administración por la obtención fraudulenta de prestaciones sociales es palpable desde el momento que existe un engaño suficiente para producir un error en la Administración de la Seguridad Social, induciéndola a realizar un acto de disposición patrimonial que deriva en un perjuicio, existiendo una relación de causalidad entre el engaño y el perjuicio.

Así las cosas, prevé el precepto que este comportamiento activo puede realizarse por tres vías, que estudiaremos en profundidad en un momento posterior de este trabajo, pero que en este momento ya dejamos consignadas: *"por medio del error provocado mediante la simulación o tergiversación de hechos, o la ocultación consciente de hechos de los que tenía el deber de informar"*, que son aquellas que son susceptibles de crear un error suficiente en la Administración. Y es que pese a que el perceptor no reúne los requisitos establecidos en la legislación laboral para causar un derecho que le permita "obtener" una prestación su actuación es capaz o suficiente de inducir a error a la Administración Pública produciéndose un desplazamiento patrimonial y, por ende, un resultado lesivo para el bien jurídico. Esto es, en definitiva, el modo en que se desarrolla esta modalidad típica.

Finalmente *de lege lata* el legislador incluyó la expresión *"el disfrute de las prestaciones"*. Focalizándonos en este momento única y exclusivamente en ese disfrute, nos percatamos de un plausible problema interpretativo, pues el precepto podría interpretarse en dos sentidos, de acuerdo con su —deficiente— redacción. (i) Un primer sentido, donde entendamos que "obtener" y "disfrutar" se encuentren separados cronológicamente, de tal forma que el verbo típico "obtener" alude al momento en que la Seguridad Social o el ente público correspondiente reconoce al sujeto activo el derecho a la prestación solicitada, entendiéndose que se consumaría en ese momento el delito, y la alusión al disfrute podría prever otro significado, y (ii) un segundo, donde la obtención y el disfrute no permitan ser separados cronológicamente, realizándose al mismo tiempo, consumándose en esta modalidad del delito en el momento de su efectivo disfrute.

(i) Para alcanzar a comprender la primera tesis debemos partir de la idea de que obtención y disfrute son independientes una de otra, de tal forma que la obtención sería el reconocimiento a un individuo del derecho a la prestación por parte de la Administración correspondiente, siendo el disfrute el instante en el que se produce la puesta a disposición al sujeto activo de la cuantía de la prestación correspondiente.

Esta primera teoría en su día fue defendida por el CGPJ en su Informe al Anteproyecto de Ley Orgánica por la que se modifica la Ley Orgánica 10/1995, de 23 de noviembre, del Código Penal, donde justificaba que *"la acción típica es obtener tales prestaciones por medio del error provocado"*[157]. Es decir, de acuerdo con esta posición, la mera concesión u obtención de la prestación por parte del individuo ya es sancionable penalmente, sin aludir en ningún momento al disfrute de aquélla. Autores como SÁNCHEZ MELGAR, se posicionan en favor de esta teoría al afirmar que *"el delito se comete por quien (...) obtiene o disfruta de prestaciones o la prolongación de éstas, causando con ello un perjuicio a la Administración Pública"*[158]. Así pues, el uso de la conjunción disyuntiva "o" diferencia entre la obtención y el disfrute siendo ambas conductas punibles de forma absolutamente independiente.

---

157 Informe al Anteproyecto de Ley Orgánica por la que se modifica la Ley Orgánica 10/1995, de 23 de noviembre, del Código Penal, de 28 de junio de 2012, pág.: 63.

158 SÁNCHEZ MELGAR, *Código Penal. Comentarios y Jurisprudencia, Op. Cit.*, pág.: 2219.
En sentido semejante COCA VILA quien se postula en favor de que la obtención fraudulenta es una modalidad típica, sin aludir al disfrute de la prestación en "Protección de las haciendas públicas y la seguridad social", *Op. Cit.*, pág.: 634.

Desde esta posición el perjuicio a la Administración Pública, y por ende la consumación del injusto, se produce en el momento que se dicta la resolución administrativa que concede la prestación, esto es, desde que le es reconocido al sujeto activo el derecho a la prestación.

Esta postura entendemos que tiene difícil encuadre en el delito tal y como se encuentra redactado en la actualidad. El tipo penal exige como desvalor del resultado la causación de *"un perjuicio a la Administración Pública"*, y en nuestro estudio del bien jurídico constatábamos que ese perjuicio debía ser económico pues, entre otros motivos, las prestaciones son un derecho reconocido a un individuo con un evidente contenido económico, luego encontrándonos ante un delito de resultado dudamos qué concreto perjuicio para la Administración Pública produce la mera concesión de una prestación por parte de la Seguridad Social. Y es que cuando se le concede al individuo la prestación aún no se ha realizado la disposición patrimonial por parte de la Tesorería General de la Seguridad Social en favor del sujeto activo, que produciría el resultado necesario para la consumación, por lo que el perjuicio se producirá en el momento que se traslada del patrimonio de la Seguridad Social para integrarse en la esfera patrimonial de ese individuo.

Podría alegarse que la mera obtención de una prestación indebida causa un daño a la Administración Pública desde el momento que la Administración ha dejado de otorgar esa prestación a otro individuo que sí cumplía los requisitos legalmente establecidos y que pudo haberse beneficiado de ella, y el perjuicio de la Administración se identificaría en el hecho de que el Estado, como garante del mantenimiento de un régimen público de Seguridad Social (*ex* art. 41 CE), ha visto lesionado su objetivo de garantizar prestaciones sociales suficientes a todos los ciudadanos en situaciones de necesidad; fundamento que, entendemos, no puede tener acogida.

En primer lugar, que a un individuo le sea reconocida una prestación a la que no tiene derecho no significa que a otra persona se le esté negando tal derecho pues no existe un cupo limitado de prestaciones sociales, como sí podría ocurrir con subvenciones o ayudas públicas. Uno es preceptor de prestaciones sociales porque, o (i) cumple unos requisitos previos de cotización (prestaciones contributivas), o (ii) porque carece de recursos suficientes para la subsistencia (prestaciones no contributivas y asistencia social), luego no puede defenderse que la mera obtención indebida de un reconocimiento por un individuo suponga *per se* un perjuicio para la Administración Pública.

Otra disyuntiva que se nos presentaría al individualizar ambas conductas es que si el legislador hubiera apostado porque la mera obtención fuera el momento consumativo, ¿por qué incluir un momento posterior, como es el disfrute, como otra modalidad típica?, ¿existe disfrute de prestaciones sociales sin una previa obtención? Difícilmente. Quizás en el caso de que disfrutemos una prestación sin sernos reconocida por la Administración Pública por error del ente público, pero entonces bastaría con aludir a la indebida obtención resultando tautológica toda referencia al disfrute.

Finalmente, si entendemos que obtención y disfrute son situaciones independientes y que la obtención colma la plena realización de los elementos del tipo[159], la consumación se adelanta al estadio de la obtención pues es en ese momento donde se realizan todos los elementos del tipo, situándose el disfrute en la fase de agotamiento del delito. Pero esa interpretación sería contraria a lo dispuesto en la norma dado que si el delito exige un resultado típico, un perjuicio efectivo y real a la administración, y éste no se produce en tanto en cuanto no se ha producido el traslado patrimonial desde la esfera de la administración correspondiente hasta la esfera del sujeto activo, tal y como ya hemos

---

159 Por todos, MIR PUIG, *Derecho Penal. Parte General, Op. Cit.*, pág.: 364.

apuntado, la mera obtención (en el sentido del simple reconocimiento) por sí misma no causa perjuicio alguno a la Administración, luego no podemos inferir que el delito se consume con la mera obtención.

(ii) Por otro lado, existe una segunda posición donde se colegiría de la redacción del artículo que obtención y disfrute no pueden desligarse, causándose el perjuicio a la Administración Pública desde el momento en que se obtienen efectivamente, esto es, cuando se produce la percepción de la prestación indebida, siendo en ese momento cuando comienza el disfrute.

Así las cosas, esencial resulta determinar dónde se produce el instante consumativo, en esta primera modalidad, si en el momento en que al preceptor le es reconocida la prestación o bien cuando al sujeto activo le es abonado el importe de la prestación, que son los dos momentos en los que puede inferirse que existe una obtención y, por ende, un disfrute.

Desde nuestra concepción según la cual el tipo penal gira en torno a la causación de *"un perjuicio a la Administración Pública"*, pues ese es el núcleo que hemos utilizado para determinar el bien jurídico, reputándose, por ende, como un delito de resultado, inferimos que para la consumación del tipo es requisito necesario la producción de un resultado, esto es, un perjuicio. Y ello se materializa —según nuestra postura sobre el bien jurídico— al realizarse la disposición patrimonial en favor del individuo de forma efectiva, toda vez que es en ese momento cuando el importe económico de la prestación sale de la esfera de la Tesorería General de la Seguridad Social para trasladarse a la esfera del sujeto activo, comenzándose a disfrutar[160].

---

160 O dicho sobre la base de un presupuesto fáctico. Si el día 1 del mes 1 al sujeto activo le es reconocido el derecho a una prestación social, pero ésta no se le ingresa en su cuenta bancaria hasta el día 30 de ese mes, aunque haya obtenido el día 1 la prestación no estaría ocasionando un perjuicio a la Administración Pública hasta el día 30, que es cuando se integra en el patrimonio del sujeto activo el importe

Habida cuenta de cuanto antecede podemos colegir que la mera concesión de prestaciones es atípica o que, cuanto menos, no se consuma el delito por la mera obtención resultando admisible entonces su punición en grado de tentativa[161]. Y es que, de acuerdo con una interpretación restrictiva, la exigencia del disfrute de prestaciones deriva en que la obtención *per se* no es constitutiva de un delito consumado, dado que éstas no han sido aún disfrutadas. Es por ello que si entendemos, como así hacemos, que el precepto prevé "obtener" el disfrute y no así el mero reconocimiento a "obtener" prestaciones sociales, la conducta de obtención, es decir que nos sea reconocido el derecho, pospone el momento consumativo a un momento posterior, al disfrute, momento en el cual se manifiesta la acción protectora de la Seguridad Social.

En definitiva, desde un punto de vista de *lege lata*, podría defenderse que el injusto se formula del siguiente modo: el precepto pena conductas de obtención de disfrute de prestaciones sociales, luego cuando la Seguridad Social reconoce el derecho a la prestación pero aún no es disfrutada la conducta jamás podría ser considerada como consumada: estaríamos ante una forma imperfecta de ejecución. Ello permitiría acoger la tentativa, toda vez que no se ha producido el resultado del perjuicio patrimonial que exige el tipo penal[162]. Por ende, si atendemos a ese razonamiento sobre la existencia de dos momentos separados, la obtención y el disfrute, pueden existir en la casuística de nuestros Tribunales supuestos en los que exista obtención sin disfrute y,

---

defraudado, siendo en ese instante cuando la acción está consumada. Como puede colegirse, se hace posible la comisión de un delito de fraude de prestaciones sociales en grado de tentativa.

161 Art. 16.1 CP: *"Hay tentativa cuando cuando el sujeto da principio a la ejecución del delito directamente por hechos exteriores, practicando todos o parte de los actos que objetivamente deberían producir el resultado, y sin embargo éste no se produce por causas independientes de la voluntad del autor".*

162 Sobre este extremo: BUSTOS RUBIO, "Los delitos contra la Hacienda Pública y contra la Seguridad Social" en GÓMEZ PAVÓN, P. / BUSTO RUBIO, M. / PAVÓN HERRADÓN, D.: *Delitos económicos*, Bosch, Barcelona, 2019 pág.: 410.

por ende, el delito no se encontraría consumado; supuesto que debería punirse como decimos en grado de tentativa.

Por lo demás, desde la exigencia que prevé el delito de causar un resultado: *"un perjuicio a la Administración Pública"*, la tesis de que obtención y disfrute se producen en el momento en que se dicta la resolución administrativa no tendría cabida. Y ello por cuanto en el momento en que se dicta la referida resolución aún no se ha producido la traslación patrimonial a favor del sujeto activo.

No ocurre lo mismo cuando obtención y disfrute se trasladan al momento en que por la Administración se realiza el efectivo acto de disposición patrimonial al individuo. Y es que en ese momento se produce el perjuicio para la Administración Pública, toda vez que el elemento patrimonial ya ha salido de la esfera de la Seguridad Social para encuadrarse en la esfera del sujeto activo, comenzándose a disfrutar.

Argumento defendido por BUSTOS RUBIO, quien afirma que *"el precepto exige en esta modalidad el disfrute de dichas prestaciones, con lo que no hay duda de que el sujeto deberá haber comenzado a beneficiarse de la prestación obtenida. Ello implica que el delito no se consuma con el mero reconocimiento de la prestación por parte de la Seguridad Social, sino cuando el sujeto recibe la cuantía correspondiente a la prestación que se trate y la integra en su propio patrimonio (y por ello la disfruta)"*[163].

---

[163] BUSTOS RUBIO, "Tema Práctico XXII: Delitos contra la Seguridad Social (Arts. 307 y siguientes CP)", *Op. Cit.*, pág.: 328; EL MISMO, "Los delitos contra la Hacienda Pública y contra la Seguridad Social", *Op. Cit.*, pág.: 410; EL MISMO, "El delito de fraude en las prestaciones del sistema de la Seguridad Social (art. 307 ter CP)", *Op. Cit.*, pág.: 190.
En este sentido, otros autores que se posicionan en favor de exigir el disfrute de la prestación, no bastando con la mera obtención para la consumación del tipo penal: DE LA MATA BARRANCO, "Hacienda Pública y Seguridad Social", *Op. Cit.*, pág.: 573; ESCOBAR JIMÉNEZ, "Los delitos contra la Seguridad Social", *Op. Cit.*, págs.: 1722 y 1723.

De esa explicación de BUSTOS RUBIO debemos matizar que el precepto no exige en esta modalidad el disfrute de esas prestaciones, sino que el precepto exige el disfrute en todas sus modalidades delictivas[164]. Empero, sí nos posicionamos con el autor en la exigencia del disfrute como momento consumativo del delito dado que es en ese momento cuando se produce la plena realización del tipo en todos sus elementos.

Por otro lado, la Sala Segunda del Tribunal Supremo ha tenido ocasión de pronunciarse sobre el momento consumativo del fraude de prestaciones en su STS núm. 150/2020, de 18 de mayo [*Tol 7935541*] (Ponente: Excma. Sra. Carmen Lamela Díaz) aludiendo sobre este delito cuanto sigue: *"Nos encontramos pues ante un delito de resultado, en el que la consumación solo se produce cuando se realizan todos los elementos del tipo, incluidas las condiciones especiales del autor y el resultado (sentencias de este tribunal número 353/2007, de 7 de mayo; 77/2007, de 7 de febrero; 1010/2006, de 23 de octubre). Por ello la producción de un resultado es requisito necesario para la consumación"* (...) *siendo este por tanto el momento en que se produjo la consumación del delito al ser el momento en que logró el cobro de las prestaciones indebidas"*. O lo que es igual, la consumación se produce en el instante en que se provoca el resultado lesivo, y este no es otro momento que cuando el individuo consigue el abono indebido de la prestación.

En consecuencia, nos postulamos a favor de que obtención y disfrute no pueden ser individualizados y que el delito se consuma cuando las prestaciones sociales se disfrutan, es decir, que uno no es beneficiario de la acción protectora de la Seguridad Social sino desde cuando la Seguridad Social realiza la entrega efectiva del importe

164 Cierto es que la última modalidad delictiva hace referencia a *"facilitar a otros su obtención"* mas como desarrollaremos con posterioridad la obtención se refiere al disfrute de la prestación, pues carecería de todo sentido que en una modalidad delictiva se adelante la punición del tipo al mero reconocimiento al individuo por parte de la Administración Pública.

de la prestación económica de que se trate, que es cuando se "disfruta", luego no puede defenderse que la mera obtención constituya una modalidad típica *per se* porque cuando a un sujeto se le reconoce el derecho a la prestación aún no se ha producido resultado típico alguno, y por ende, tampoco es beneficiario de la acción protectora de la Seguridad Social.

1.1. *La expresión "para sí o para otro"*

La modalidad de obtención del disfrute puede realizarse *"para sí o para otro"*. Expresión que alude a que cualquier individuo pueda ser sujeto activo de la modalidad de obtención indebida: no sólo el sujeto que busca su propio y definitivo enriquecimiento personal a través de la obtención del disfrute indebido de una prestación social, sino también aquel que persigue que el acto apropiatorio de "obtener" sea para otro, de tal forma que esta segunda posibilidad abre la puerta a sancionar al beneficiario como coautor, partícipe o dejarlo impune, en función de su grado de intervención y de culpabilidad[165].

Comoquiera que esa manifestación "para sí o para otro" no encuentra cabida en ningún otro precepto del Código Penal, realizaremos un paralelismo con otra locución semejante prevista en otros preceptos del Código Penal como es *"para sí o para un tercero"*[166], la cual puede tener un significado muy semejante a la que nos ocupa.

Así las cosas, la expresión de *"para sí o para un tercero"*, define la jurisprudencia, señala conductas diferentes, que abarcarían tanto al sujeto que busca su propio y definitivo

---

165 Así lo expresa FERRÉ OLIVÉ en *Tratado de los delitos contra la Hacienda Pública y contra la Seguridad Social*, *Op. Cit.*, pág.: 845.

166 Expresión consignada, por ejemplo, en el delito de apropiación indebida del 253 CP, en el delito de corrupción en los negocios del 286 bis CP, el delito de adopción de acuerdos lesivos mediante mayorías ficticias del 292 CP o el delito de revelación de secretos del 418 CP, entre otros.

enriquecimiento personal como aquel que persigue que el beneficio antijurídico sea para otro (entre otras, STS núm. 1581/2003, de 28 de noviembre [*Tol 341471*] (Ponente: Excmo. Sr. Enrique Bacigalupo Zapater), de tal forma que mientras que en la primera conducta se trata de actos apropiativos para uno, en la segunda conducta de actos desleales se busca el enriquecimiento del tercero. O dicho con otras palabras, la tipicidad de la conducta de "obtener" fraudulentamente el disfrute de prestaciones sociales para otro no requiere el enriquecimiento propio sino que en último lugar el resultado ha de consistir en un perjuicio del sujeto pasivo, la TGSS.

Todo cuanto antecede fundamenta más si cabe nuestra posición al momento de categorizar este tipo penal como un delito patrimonial —cuyo bien jurídico protegido inmediato es el patrimonio de la Seguridad Social—. Y ello por cuanto si el enriquecimiento antijurídico para un tercero es patrimonial, el perjuicio efectivo que se ha de producir no puede ser sino del mismo modo patrimonial, luego necesariamente el objeto de obtención (la prestación) debe ser susceptible de estimación económica. Estimación económica que es la que a su vez se contabiliza como perjuicio económico efectivo para el sujeto pasivo, la TGSS. Desechando de nuevo la posibilidad de interpretar el *"perjuicio para la Administración Pública"* como una perturbación del sistema de gasto de la Seguridad Social, tal como defendían los partidarios de las tesis funcionalistas del bien jurídico en este delito.

En definitiva, no importa si el provecho o el beneficio que se persigue es para el agente delictivo o para un tercero; es antijurídica tal actuación en cualquier caso si tal solicitud se presenta mediante simulación, tergiversación u ocultación de hechos provocando un error en la Administración, causándole con ello un perjuicio, siendo ese perjuicio evaluable económicamente.

2. PROLONGAR INDEBIDAMENTE EL DISFRUTE DE PRESTACIONES[167]

Examinada en profundidad la primera de las modalidades típicas, procederemos a realizar un estudio análogo con la segunda modalidad típica, la prolongación. Por ello, nos centramos en este momento en la exégesis de la expresión prevista en el tipo penal concreta de *"la prolongación indebida del mismo"*.

La RAE define gramaticalmente el término "prolongar" en su primera acepción como *"alargar, dilatar o extender algo a lo largo"* y en su segunda acepción como *"hacer que dure algo más tiempo de lo regular"*[168]. Así pues, el tenor literal de esta modalidad típica lo que pena son conductas que alarguen, dilaten o extiendan algo más tiempo de lo regular.

Nada empece interpretar que esta modalidad delictiva puede realizarse activa u omisivamente, en tanto en cuanto si bien el comportamiento del sujeto que solicita la prolongación de una prestación tras haber desaparecido las condiciones que la justificaban constituiría un comportamiento activo, cuando ese mismo sujeto omite la desaparición de esas condiciones a la Administración para continuar percibiéndola, una vez ha decaído su derecho, resultaría un comportamiento omisivo.

---

167 Este apartado de la tesis se postuló para la III Edición del Premio Susana Huerta de Derecho Penal, organizado por el Departamento de Derecho Procesal y Derecho Penal de la Universidad. Trabajo que fue seleccionado como finalista, defendido oralmente en sesión pública y ante un Tribunal en fecha 25 de noviembre de 2021 (https://www.ucm.es/premiosusanahuerta/noticias/listado-de-finalistas—iii-premio-susana-huerta) (fecha de último acceso: 26 de noviembre de 2021).
Por otro lado, este apartado fue extractado y publicado por el que suscribe bajo el título "La prolongación indebida del disfrute de prestaciones sociales (307 ter CP): ¿un delito continuado o un delito permanente" en *Revista de Derecho Penal y Criminología*, núm. 28, 2022.

168 https://dle.rae.es/prolongar (fecha de último acceso: 3 de noviembre de 2023).

Como ocurría en la conducta de la obtención, el autor material del hecho y el beneficiario del disfrute de la prolongación ilícita pueden coincidir. No obstante, a diferencia de aquella otra modalidad, la prolongación no está prevista en ningún precepto del Título XIV[169], luego es imposible hacer un paralelismo con artículos de este Título. Empero, sí aparece esa conducta en la normativa sectorial, concretamente en el artículo 26.1 de la LISOS[170], precepto que consigna las infracciones muy graves llevadas a cabo por los trabajadores o asimilados, beneficiarios y solicitantes de prestaciones al *"actuar fraudulentamente con el fin de obtener prestaciones indebidas* (...) *o prolongar indebidamente su disfrute"*.

Por otro lado, el tipo penal prevé "*la prolongación indebida del mismo*", aludiendo —inferimos— al disfrute, pues el vocablo *"mismo"* únicamente puede hacer referencia al disfrute y no a la obtención ni a las prestaciones sociales. Y es que si hiciera alusión a la obtención, el precepto preverÍa la prolongación indebida de "la misma", y si ello ocurriera con las prestaciones sociales el artículo consignaría la prolongación indebida de "las mismas". En consecuencia, nos parece evidente que sea el disfrute lo indebidamente prolongado, y el núcleo del tipo penal y de esta modalidad delictiva.

BUSTOS RUBIO es de la opinión de que en esta modalidad delictiva el precepto castiga el *"prolongar una prestación previamente reconocida"*[171]. Debemos matizar esta afirmación. El precepto castiga la prolongación indebida del disfrute

---

169 No así en artículos 167.2 CP, 530 CP o 531 CP.

170 *"Son infracciones muy graves:*
Actuar fraudulentamente con el fin de obtener prestaciones indebidas o superiores a las que correspondan, o prolongar indebidamente su disfrute mediante la aportación de datos o documentos falsos; la simulación de la relación laboral; y la omisión de declaraciones legalmente obligatorias u otros incumplimientos que puedan ocasionar percepciones fraudulentas".

171 BUSTOS RUBIO, "Tema Práctico XXII: Delitos contra la Seguridad Social", *Op. Cit.*, pág.: 328; EL MISMO, "Los delitos contra la Hacienda Pública y contra la Seguridad Social", *Op. Cit.*, pág.: 411; EL

de la prestación previamente reconocida, no la prolongación de la prestación, y ello por cuanto si atendemos a la prolongación de la prestación podemos referirnos a su obtención o a su disfrute como analizábamos en un momento anterior de este trabajo. Por eso nos adherimos a la posición de FERRÉ OLIVÉ quien de algún modo matiza a BUSTOS RUBIO al determinar que *"la acción prohibida consiste en prolongar indebidamente, para sí o para un tercero el disfrute de prestaciones lícitamente obtenidas pero cuya duración haya finalizado"*[172].

Conclusión que también extraemos al realizar un paralelismo entre el 307 ter CP y el 26.1. de la LISOS, precepto que alude a *"prolongar indebidamente su disfrute"*. En consecuencia, aquello que resulta típico es la prolongación del disfrute de la prestación social, no la prolongación de la obtención de la prestación social; máxime cuando la mera obtención es, como ya consignábamos anteriormente, el reconocimiento por la Administración Pública del derecho al disfrute de la prestación, lo cual no deriva *per se* en la consumación del delito.

Por lo demás, el momento consumativo del delito en esta modalidad delictiva es aquel en el que se produce el disfrute de la prolongación indebida de la prestación social, esto es, el momento en que esa prestación transita desde la esfera patrimonial de la Administración Pública hasta la esfera patrimonial del sujeto activo. Prestación que, por otro lado, venía disfrutándose lícitamente pero que se prolonga indebidamente deparando en ilícito ese disfrute dilatado en el tiempo.

Más dificultades se nos presentan al confrontar esta modalidad delictiva de prolongación indebida de disfrute de

---

MISMO, "El delito de fraude en las prestaciones del sistema de la Seguridad Social (art. 307 ter CP)", *Op. Cit.*, pág.: 191.

172 FERRÉ OLIVÉ, *Tratado de los delitos contra la Hacienda Pública y contra la Seguridad Social*, *Op. Cit.*, pág.: 848.
En este sentido también autores como: SÁNCHEZ MELGAR, *Código Penal. Comentarios y Jurisprudencia*, *Op. Cit.*, pág.: 2219.

prestaciones sociales con la posibilidad de apreciación de la continuidad delictiva *ex* artículo 74.1 CP[173], especialmente cuando esa prolongación indebida de disfrute se mantiene en el tiempo prolongándose en diferentes ocasiones. La discusión en este momento se produce al valorar si varios actos de prolongación de disfrute de prestaciones sociales son abarcados por el tenor de la ley pudiéndose reputar como un único delito —un delito permanente— o si por el contrario la prolongación periódica en el tiempo del disfrute da lugar a diferentes acciones que pudieran derivar en su punición como delito continuado, tal y como sostiene la jurisprudencia de nuestros Tribunales[174]; conceptos que,

---

173 *"No obstante lo dispuesto en el artículo anterior, el que, en ejecución de un plan preconcebido o aprovechando idéntica ocasión, realice una pluralidad de acciones u omisiones que ofendan a uno o varios sujetos e infrinjan el mismo precepto penal o preceptos de igual o semejante naturaleza, será castigado como autor de un delito o falta continuados con la pena señalada para la infracción más grave, que se impondrá en su mitad superior, pudiendo llegar hasta la mitad inferior de la pena superior en grado".*
Sobre la continuación delictiva, valga por todos el Auto de la Sala Segunda del Tribunal Supremo núm. 766/2020, de 5 de noviembre [*Tol 8199502*] (Ponente: Excmo. Sr. Manuel Marchena Gómez): "*En consecuencia, la apreciación de la continuidad delictiva es correcta por conforme con las condiciones objetivas y subjetivas que nuestra jurisprudencia ha venido señalando para la aplicación del delito continuado, y que son los siguientes: a) debe tratarse de una pluralidad natural de hechos diferenciables entre sí imputados al acusado y que no hayan sido juzgados anteriormente; b) la existencia de un dolo unitario que equivale, desde el punto de vista subjetivo, a la unidad de designio o propósito del sujeto que se traduce en una culpabilidad homogénea que sirve de denominador común de las distintas infracciones; c) la unidad del precepto penal violado o bien de igual o semejante naturaleza; d) también desde el punto de vista objetivo la homogeneidad "del modus operandi" o que se trate de dinámicas comisivas semejantes; e) la identidad del sujeto activo, no siendo precisa la de los sujetos pasivos, elemento subjetivo; f) que las diversas infracciones se hayan desarrollado dentro de un razonable marco de aproximación en el espacio y en el tiempo; y g) que los bienes jurídicos atacados no sean eminentemente personales salvo la excepción contenida en el artículo 74.3 CP (SSTS, entre muchas, 1600/2000, 1068/2002, 298 y 760/2003, 523/2004, 882/2005, 749/2016*".

174 Cierto es que CAMPOY GÓMEZ en "La prolongación indebida del disfrute de prestaciones de la Seguridad Social. Art. 307 ter CP. Análisis Jurisprudencial. Impacto de la estrategia de mercado digital de la Unión Europea en la gestión de las prestaciones", *Op. Cit.*, págs.:

pese a lo que pudiera parecer a simple vista, pertenecen a la teoría del tipo y de los que se derivan unas consecuencias que afectan a la determinación de la pena.

Como decimos, sobre la posibilidad de apreciar la continuidad delictiva en el delito de fraude de prestaciones en su modalidad de prolongación indebida, ya se han pronunciado varias Audiencias Provinciales en varias resoluciones, y en una ocasión el Tribunal Supremo: (i) la SAP de Lleida (Sección Primera) núm. 94/2020, de 14 de mayo [*Tol 8057335*] (Ponente: Ilmo. Sr. Víctor Manuel García Navascués), (ii) la SAP de Córdoba (Sección Segunda) núm. 243/2018, de 11 de junio [*Tol 6828905*] (Ponente: Ilmo. Sr. José María Morillo-Velarde Pérez) y (iii) la STS núm. 42/2015, de 28 de enero [*Tol 4851998*] (Ponente: Excma. Sra. Ana María Ferrer García).

Primeramente, centrándonos en la referida SAP de Lleida, y prescindiendo de la SAP de Córdoba dado que fue dictada en conformidad, asienta la condena por delito continuado de fraude de prestaciones sociales por el que sigue por fundamento:

> *Nos encontramos además ante un delito continuado en los términos que requiere el artículo 74 del Código Penal, ya que, en ejecución de un plan preconcebido, estuvo percibiendo durante años la prestación pública con cargo al Sistema de la Seguridad Social, primero por incapacidad laboral temporal y después por incapacidad permanente absoluta; al respecto, dice la STS núm. 676/2019, de 23 de enero de 2020, que como acabamos de exponer condenó por unos hechos similares a los que nos ocupan pero por delito continuado de estafa, ya que aún no había entrado*

---

333 y 334, ha venido sosteniendo la admisibilidad de la continuidad delictiva en la modalidad de prolongación indebida pero no aporta justificación alguna más allá del razonamiento de que es así como ha dictaminado la Sala Segunda en su Sentencia núm. 42/2015, de 28 de enero [*Tol 4851998*] (Ponente: Excma. Sra. Ana María Ferrer García), por ello únicamente nos centraremos en dar la oportuna respuesta a lo resuelto por diferentes Audiencias Provinciales y por la Sala Segunda.

> *en vigor la reforma del Código Penal que introdujo el artículo 307 ter, dice que "la obtención permanente de la prestación obtenida fraudulentamente determina le existencia de un delito continuado de estafa al que resulta de aplicación la regla contenida en el artículo 74.2 CP, por lo que la pena se ha de fijar con arreglo al artículo 249 CP".*

Asimismo, la STS núm. 42/2015, de 28 de enero [*Tol 4851998*] (Ponente: Excma. Sra. Ana María Ferrer García) aprecia la continuidad delictiva por el siguiente motivo:

> *El artículo 307 ter sanciona en su modalidad básica a quien obtenga, para sí o para otro, el disfrute de prestaciones del Sistema de la Seguridad Social, la prolongación indebida del mismo, o facilite a otros su obtención, por medio del error provocado mediante la simulación o tergiversación de hechos, o la ocultación consciente de hechos de los que tenía el deber de informar, causando con ello un perjuicio a la Administración Pública.*
>
> *El comportamiento ahora enjuiciado encaja en la modalidad de prolongación del disfrute de prestaciones, por lo que el artículo 307 ter por su especialidad, desde su entrada en vigor desplaza a los artículos 248, 249 y 250 CP con arreglo a los cuales se venían calificando tales comportamientos. Tal sucesión normativa obliga a efectuar la correspondiente comparación a fin de determinar si la nueva tipicidad pudiera ser más favorable al recurrente, y, en su caso, retroactivamente aplicable.*
>
> *El artículo 307 ter castiga su modalidad básica con la pena de seis meses a tres años de prisión. También contempla un tipo atenuado, para el que prevé multa, cuando los hechos, a la vista del importe defraudado, de los medios empleados y de las circunstancias personales del autor, no revistan especial gravedad. Y otro agravado, para cuando, entre otros casos, el valor de las prestaciones defraudadas fuera superior a cincuenta mil euros.*
>
> *Tratándose, como se trata en este caso, de una defraudación articulada a través de pagos mensuales, que se mantuvieron durante años, no existe motivo alguno para sustraer este supuesto, de inequívoco carácter patrimonial, del régimen general que la jurisprudencia de esta Sala ha marcado, a partir del Acuerdo del Ple-*

> *no jurisdiccional de 30 de octubre de 2007*[175]*, para la determinación penológica cuando de delitos patrimoniales se trata.*
> *Así, en este caso sería aplicable la modalidad agravada, ya que la defraudación que se ha conformado a partir del cobro de las sucesivas mensualidades de la pensión, ha alcanzado la suma total de 51.569,10 euros, que lleva aparejada una pena de prisión de dos a seis años y multa del tanto al séxtuplo, penalidad mas gravosa para el recurrente que la correspondiente a la estafa agravada por la que viene condenado, por lo que la aplicación retroactiva queda descartada.*

Así pues, las citadas resoluciones se apoyan en apreciar la continuación delictiva por dos motivos, pero que poseen el mismo fundamento: (i) porque puede apreciarse la continuidad delictiva en el delito de estafa (SAP de Lleida (Sección Primera) núm. 94/2020, de 14 de mayo [*Tol 8057335*]) y (ii) porque el 307 ter CP posee un carácter patrimonial y no cabe sustraer de este supuesto la apreciación de la continuidad delictiva en el injusto típico determinándose la pena a partir del Acuerdo del Pleno no jurisdiccional de 30 de octubre de 2007 (STS núm. 42/2015, de 28 de enero [*Tol 4851998*]). No obstante, para poder determinar la posibilidad de apreciar la continuidad delictiva en la modalidad de prolongación indebida del delito de fraude de prestaciones sociales debemos realizar un estudio pormenorizado con arreglo al sentido del tipo legal; es decir, debemos focalizarnos en el concepto de unidad típica de acción, al objeto de poder afirmar si "*la obtención permanente de la prestación obtenida fraudulentamente determina*

---

175 Acuerdo del Pleno no jurisdiccional de la Sala Segunda, de 30 de octubre de 2007 [*Tol 2090058*]:
"*Asunto Único: Conclusión del primer punto de la anterior Sala General, de fecha 18 de julio de 2007, relativo a la unificación de criterios en torno a la penalidad del delito continuado de estafa y apropiación indebida.*
El delito continuado siempre se sanciona con la mitad superior de la pena.
Cuando se trata de delitos patrimoniales la pena básica no se determina en atención a la infracción más grave, sino al perjuicio total causado.
La Regla Primera, artículo 74.1 CP queda sin efecto cuando su aplicación fuera contraria a la prohibición de doble valoración".

le existencia de un delito continuado de estafa"[176], y no si es un delito patrimonial —que evidentemente lo es— o si el delito de estafa permite apreciar la continuidad delictiva —que lo permite—. O dicho con otras palabras, debemos trasladar la construcción del delito permanente a la modalidad delictiva de prolongación indebida al objeto de comprobar si estamos en condiciones de afirmar que esta modalidad típica puede reputarse como tal.

2.1. *El prolongar indebidamente el disfrute de prestaciones como delito permanente*

Todo comportamiento humano se compone de acciones y omisiones, y es misión del Derecho penal establecer criterios para disgregarlas como unidades de acción o pluralidad de acciones. La doctrina alemana ya trabajó hace años[177] en la búsqueda de criterios que determinasen *"si la conducta típica, ya sea conceptualmente, o al menos fáctica o típicamente, presupone varias acciones únicas"*[178], manejándose desde antaño varias teorías para admitir la unidad típica de acción. Desde las viejas reglas —ya abandonadas— donde se acudía a datos naturalísticos apoyándose en la continuidad de movimientos fisiológicos, hasta otras más actuales como es la concepción natural de la vida, esto es, valorar cuándo varios movimientos corporales constituyen una

---

176 SAP de Lleida (Sección Primera) núm. 94/2020, de 14 de mayo [*Tol 8057335*] (Ponente: Ilmo. Sr. Víctor Manuel García Navascués).
No obstante, en nuestro caso se trata de un delito continuado de fraude de prestaciones sociales.

177 Por ejemplo: GOLTDAMMER, T.: *Die Materialien zum Strafgesetzbuche für die Preußischen Staaten,* Tomo I, 1851, págs.: 447 y ss.; SCHASFFSTEIN, F.: *Die allgemeinen Lehren vom Verbrechen in ihrer Entwicklung durch die Wissenschaft des gemeinen Strafrechts,* 1930, págs.: 212 y ss., citados todos ellos por JESCHEK, H. y WEIGEND T.: *Tratado de Derecho Penal* (traducido por OLMEDO CARDENETE, M.), Comares, Granada, 2002, pág.: 764; HRUSCHKA, J.: *Strafrecht nach logisch-analytischer Methode. Systematich entwickelte Fälle zum Allgemeinen Teil,* W de G, Berlín, 1988, págs.: 2 a 64.

178 ROXIN, *Derecho Penal. Parte General. Tomo II, Op. Cit.*, pág.: 946.

sola acción, cuestión que quedaría confiada al punto de vista de la sociedad[179], o aquella —de más amplio consenso— que sostiene que el criterio para valorar como un hecho unitario en Derecho penal única y exclusivamente puede ser jurídico, es decir, bastará con la interpretación del tipo concreto para decidir la existencia de un único delito[180]: aquello que se ha denominado el criterio de la unidad típica de acción.

Sobre la unidad típica de acción, SÁNZ MORÁN declara que con esta denominación hay que referirse a *"aquellos supuestos en que la misma descripción típica lleva a la valoración delictiva de hechos que desde un punto de vista exclusivamente naturalístico pudieran parecer plurales"*[181]. También JESCHEK aclara sobre este extremo que *"la unidad de acción se deriva ya de la propia y simple realización del tipo"*[182]. Así pues, como decimos, la interpretación del tipo concreto dispondrá, en su caso, la unidad de acción.

---

179 Autores que acuden a este criterio: SCHMIDHÄUSER, E.: *Strafrecht: Allgemeiner Teil: Lehrbuch*, Tübingen, 1975, págs.: 724 y ss.; WARDA, H.: *Grundfragen der strafrechtlichen konkurrenzlehre*, JuS 1964, pág.: 83, citado por MIR PUIG, *Derecho Penal. Parte General*, *Op. Cit.*, pág.: 667; o ANTÓN ONECA, J.: *Derecho Penal. Parte general*, Tomo I, Gráfica Administrativa, Madrid, 1949, pág.: 455.

180 BACIGALUPO, E.: *Principios de Derecho Penal. Parte General*, Akal, Madrid, 1990, pág.: 280; GEERDS, F.: *Zur Lehre von der Konkurrenz im Strafrecht*, Hansischer Gildenverlag, Joachim Heitmann & Co., Hamburgo, 1961, págs.: 249 y ss.; JESCHEK, *Tratado de Derecho Penal*, *Op. Cit.*, pág.: 766; ROXIN, *Derecho Penal. Parte General. Tomo II*, *Op. Cit.*, págs.: 946 y 947.

181 SÁNZ MORAN, A.J.: *El concurso de delitos. Aspectos de política legislativa*, Universidad de Valladolid, Valladolid, 1986, pág.: 115.
En este sentido autores como BORJA JIMÉNEZ, E.: "La terminación del delito" en *Anuario de Derecho Penal y Ciencias Penales*, Tomo 48, núm. 1, 1995, pág.: 155.
En contraposición con el criterio de la unidad típica de acción emerge el criterio de la unidad natural de acción. De acuerdo con esta teoría habrá una única acción cuando el hecho se presenta objetivamente como plural pero, desde un punto de vista valorativo, resulta ser una única acción a los ojos del autor (BACIGALUPO, *Principios de Derecho Penal*, pág.: 279).

182 JESCHEK, *Tratado de Derecho Penal*, *Op. Cit.*, pág.: 766.

Son pacíficos en la doctrina los supuestos que se presentan como ejemplos de unidad típica de acción: (i) el delito de varios actos, aquel en el que puede fraccionarse el comportamiento típico en varios actos individuales[183], como por ejemplo el robo con violencia o intimidación, que requiere el apoderamiento de la cosa y una violencia o intimidación (242.1 CP); (ii) el delito permanente el cual, a modo introductorio, podríamos definirlo como aquel que *"supone el mantenimiento de una situación antijurídica de cierta duración por la voluntad del autor"*[184] (delito de detenciones ilegales del artículo 163 CP); (iii) la realización iterativa del tipo, véase las injurias realizadas por un sujeto en un breve espacio de tiempo; o (iv) la realización progresiva del tipo, esto es, cuando el sujeto consuma el delito pasando por fases anteriores ya punibles (ejm.: el homicida que termina por acabar con la vida del sujeto al tercer disparo).

Centrándonos en el caso que nos ocupa, la peculiar configuración y naturaleza del delito permanente ha ido evolucionando con el paso del tiempo, desde la otrora concepción tradicional en la que el delito permanente era opuesto al delito instantáneo, dado que el delito instantáneo se realiza y agota en un instante y el delito permanente tiende a la prolongación ininterrumpida, hasta posiciones más actuales. Así, DE TOLEDO Y UBIETO y HUERTA TOCILDO desecharon esta idea del momento consumativo poniendo el acento en otro elemento para ellos diferencial como era el mantenimiento en el tiempo de la afección al bien jurídico, al afirmar que el delito permanente supone *"una ofensa al bien jurídico en el tiempo —generando una especie*

---

183 Así lo entienden entre otros: JESCHEK, *Tratado de Derecho Penal, Op. Cit.*, pág.: 766 y MIR PUIG, *Derecho Penal. Parte General, Op. Cit.*, pág.: 669.

184 MIR PUIG, *Derecho Penal. Parte General, Op. Cit.*, pág.: 232. En sentido semejante otros autores: JESCHEK, *Tratado de Derecho Penal, Op. Cit.*, pág.: 766.; ROXIN, *Derecho Penal. Parte General. Tomo II, Op. Cit.*, pág.: 971.

de estado antijurídico— hasta tanto que el sujeto activo decide su cesación o se ve compelido a ella"[185].

De algún modo matizan esta idea COBO DEL ROSAL y VIVES ANTÓN al incorporar a esa necesidad de afección o puesta en peligro del bien jurídico la exigencia de una continuidad en la conducta típica realizada por el agente. Y es que para estos autores es necesario de algún modo aludir a la conducta del individuo, pues para clasificar un delito como permanente no basta con acudir a la naturaleza de su bien jurídico y analizar si éste admite una lesión duradera sino que la permanencia del delito vendrá determinada por la necesaria continuidad de la conducta típica descrita por la norma[186].

SÁNZ MORÁN incorpora a la definición de delito permanente un nuevo parámetro: la voluntad del individuo. Defiende este autor que el delito permanente puede caracterizarse por una "*persistencia de la situación típicamente antijurídica, del injusto típico en su realización, todo ello debido a la voluntad del agente, que no hace cesar dicho estado de cosas*"[187].

---

185 OCTAVIO DE TOLEDO Y UBIETO, E. y HUERTA TOCILDO, S.: *Derecho Penal. Parte General. Teoría jurídica del delito*, Rafael Castellanos, Madrid, 1986, pág.: 162.
En este sentido también autores como AYALA GARCÍA J.M.: "Delito permanente, delito habitual y delito complejo" en *Unidad y pluralidad de delitos. Cuadernos de Derecho Judicial*, Consejo General del Poder Judicial, Madrid, febrero 1995, pág.: 309.

186 COBO DEL ROSAL / VIVES ANTÓN, *Derecho Penal. Parte General, Op. Cit.*, pág.: 443.
En sentido semejante: LUZÓN PEÑA, *Curso de Derecho Penal. Parte General, Op. Cit.*, pág.: 315; RODRÍGUEZ MOURULLO, *Derecho penal. Parte General, Op. Cit.*, págs.: 280 y 281.
Opinión creemos del todo punto acertada dado que la clasificación de un delito como permanente no puede depender única y exclusivamente de la naturaleza bien jurídico. La naturaleza del bien jurídico es un elemento más que debemos analizar, por ello su naturaleza jurídica no debe ser exclusiva ni excluyente.

187 SÁNZ MORAN, *El concurso de delitos. Aspectos de política legislativa, Op. Cit.*, pág.: 116.
En sentido semejante autores como: CHOCLÁN MONTALVO, J.A.: "Algunas precisiones acerca de la teoría del concurso de infraccio-

Y es que de acuerdo con su entendimiento el delito permanente comienza con un comportamiento del individuo que busca la prolongación en el tiempo de la lesión al bien jurídico mediante el sostenimiento de la acción realizada por aquél.

Integrando las anteriores explicaciones LLORIA GARCÍA propone una definición más completa si cabe del delito permanente para definirlo como *"aquellos comportamientos (activos u omisivos) que ponen la creación de un estado antijurídico (de lesión o de peligro) para el bien jurídico protegido que se pueden mantener a lo largo de un periodo de tiempo más o menos dilatado por la voluntad del autor y que termina cuando se levanta dicho estado antijurídico"*[188]. Esa voluntad —continua LLORIA GARCÍA— es lo que resulta determinante para el mantenimiento de la situación antijurídica, mas no alude a la cuestión de si el dolo debe abarcar el proceso de mantenimiento de la situación antijurídica sino que ésta ha de entenderse como la capacidad de control del comportamiento por parte del autor y, por ende, prosigue la autora, como sinónimo de hacer cesar o mantener esa situación[189]. O dicho esto con otras palabras, que el autor se situé en un estado antijurídico, se mantenga en el mismo y únicamente

---

nes" en *Unidad y pluralidad de delitos. Cuadernos de Derecho Judicial*, Consejo General del Poder Judicial, Madrid, febrero 1995, págs.: 353 y 354; JESCHEK, *Tratado de Derecho Penal, Op. Cit.*, pág.: 766.

188 LLORIA GARCÍA, P.: *Aproximación al estudio del delito permanente*, Comares, Granada, 2006, pág.: 39.
En sentido semejante otros autores: JESCHEK, *Tratado de Derecho Penal, Op. Cit.*, pág.: 766.; MIR PUIG, *Derecho Penal. Parte General, Op. Cit.*, pág.: 232; ROXIN, *Derecho Penal. Parte General. Tomo II, Op. Cit.*, pág.: 971.

189 LLORIA GARCÍA, *Aproximación al estudio del delito permanente, Op. Cit.*, pág.: 38.
En este sentido, entre otras, la STS de la Sala Segunda núm.: 249/2008, de 20 de mayo [*Tol 1333381*] (Ponente: Excmo. Sr. Manuel Marchena) donde se afirma que esta categoría de delito *" implica que la lesión del bien jurídico se prolonga y mantiene por la voluntad del autor. La permanencia en la lesividad realiza por sí sola el tipo, de suerte que el delito se sigue consumando hasta que el autor decide abandonar la situación antijurídica"*.

sea él quien tenga la posibilidad de cesar esa situación ilícita y no lo haga[190]. Y es que es la propia voluntad del autor la que produce el mantenimiento del injusto típico y es él quien posee la capacidad de hacer cesar voluntariamente la continuación de la lesión del bien jurídico.

Aclarados al menos sucintamente los elementos definidores de los delitos permanentes: (i) un bien jurídico con naturaleza comprimible, susceptible de mantener un estado antijurídico, (ii) un comportamiento típico dilatado en el tiempo descrito por la norma y (iii) una voluntad de mantenimiento por parte del agente, nos corresponde trasladar la construcción del delito permanente a la modalidad delictiva de prolongación indebida de disfrute de prestaciones del 307 ter CP con el objetivo de discernir si es posible defender que esta actividad típica puede configurarse en esta categoría de delito.

Para cumplir este objetivo nos detendremos primeramente en la naturaleza del bien jurídico protegido del delito objeto de esta tesis, al objeto de conocer si aquél posee una cualidad elástica que le permita que su perturbación se mantenga en tanto perdura la situación antijurídica sin que éste se destruya[191]. Y es que si, como decíamos, el delito

---

190 CARUSO FONTÁN, M.V.: *Unidad de acción y delito continuado*, Tirant Lo Blanch, Valencia, 2018, pág.: 22.

191 Entre los autores que reconocen la necesidad de que el bien jurídico sea comprimible y no destructible para que pueda hablarse de permanencia: RODRÍGUEZ MOURULLO, *Derecho penal. Parte General*, *Op. Cit.*, pág.: 280.
Existe algún autor crítico con la utilización de este criterio para la reputación como permanente de un injusto, por ejemplo: PERORARO-ALBANI quien se muestra receloso de la utilización del criterio del bien jurídico en los delitos permanentes, pues supone dejar en manos del intérprete de la parte especial la determinación de la permanencia en PECORARO-ALBANI, A.: "Del reato permanente", en *Rivista Italian di Diritto e Procedura Penale*, núm. 2, abril-junio 1960, pág.: 396, citado por LLORIA GARCÍA, *Aproximación al estudio del delito permanente*, *Op. Cit.*, pág.: 64.
Fundamento comprensible de todo punto: utilizar únicamente el criterio del bien jurídico supone dejar al arbitrio de cualquier autor la determinación de un delito como permanente, empero nosotros utilizamos este criterio necesario pero insuficiente por sí solo para adoptar una posición.

permanente mantiene durante un periodo prolongado la afección al bien jurídico, resulta imprescindible que el bien jurídico no quede destruido por la acción del agente, puesto que de lo contrario no sería posible el mantenimiento del estado antijurídico inherente al delito permanente. Por ello, bienes jurídicos como la vida —por ejemplo, en el delito de homicidio (art. 138 CP)— no permiten *a priori* servir de base para ser reputados los delitos contra ella como delitos permanentes.

Así las cosas, traemos a colación el estudio del bien jurídico de este delito donde nos posicionábamos en favor de una teoría ecléctica, apostando por defender que de forma mediata se afecta al Sistema de la Seguridad Social como mecanismo de realización del gasto social, de acuerdo con lo previsto en el artículo 41 de la Constitución Española, pero que al no casar ello por sí mismo con la exigencia de causar "*un perjuicio a la Administración Pública*" no permitía nuestro posicionamiento en favor de una tesis funcionalista pura, defendiendo que el tipo se adecua como un tipo de resultado lesivo que se asienta sobre la lesión patrimonial efectiva al erario público; por ende, constatábamos la existencia de un bien jurídico inmediato: identificado en el patrimonio de la Seguridad Social.

Este patrimonio de la Seguridad Social no queda destruido o menoscabado por la acción del agente, pues ese patrimonio público, con los caracteres que le son inherentes, soporta una afección constante y homogénea durante el mantenimiento de la situación antijurídica. Es por eso que lo consideramos de naturaleza extensible o comprimible, es decir, de naturaleza elástica, porque volvería a su estado natural una vez concluida la afección al bien jurídico. Pero es que, a mayor abundamiento, si adoptáramos una posición funcionalista pura respecto al bien jurídico y consideráramos que el bien jurídico fuera el Sistema de la Seguridad Social como mecanismo de realización del gasto social tampoco se vería puesto en peligro de tal modo que fuera imposible su recuperación. Y ello por cuanto no se va a destruir o menoscabar, o siquiera poner en peligro, ese bien jurídico por muy dilatado en el tiempo que fuera el mantenimiento del estado antijurídico de prolongación indebida del disfrute de la prestación llevada a cabo por el agente, dado el volumen y la magnitud del bien jurídico en este caso. Esa flexibilidad, que es inherente al patrimonio público, de recuperar su estado al cesar la perturbación, nos permite aventurar con mucha cautela que esta modalidad delictiva puede ser reputada como un delito permanente.

Podría fundamentársenos que el patrimonio no es susceptible de comprensión pues no posee naturaleza elástica y no puede recuperar su estado anterior tras el cese de un ataque antijurídico. Creemos que no tiene demasiado recorrido ese razonamiento. En primer lugar porque ya hemos afirmado que la naturaleza del bien jurídico no es suficiente por sí misma para incluir un delito en la categoría de delito permanente, por ende si por sí mismo no es suficiente para incluir a un delito en esta categoría tampoco puede utilizarse como criterio excluyente para reputarle tal posibilidad. Pero es que, a mayor abundamiento, no es el patrimonio individual el bien jurídico tutelado por la norma del 307 ter CP, sino el patrimonio público y la naturaleza intrínseca de ese patrimonio público le permite constreñirse de tal forma que jamás será destruido por más situaciones antijurídicas a las que se vea sometido, perjuicios le causen o situaciones de puestas en peligro le produzcan, pues siempre volverá a su estado primitivo a la perturbación cuando cese la situación antijurídica, lo cual no ocurre con el patrimonio privado que sí puede destruirse sin volver a su estado original. Es por eso que el patrimonio privado no permite el mantenimiento de una situación antijurídica en el tiempo, mas no así el patrimonio público[192].

---

192 En relación con este extremo, otros delitos cuyo bien jurídico es el patrimonio en alguna de sus formas han sido reputados como delitos permanentes, véase por ejemplo el delito de defraudación de fluido eléctrico y análogos (255 CP), valga por todas la SAP de Las Palmas (Sección Primera) núm. 62/2020, de 26 de febrero [*Tol 7912333*] (Ponente: Ilmo. Sr. Miguel Ángel Parramon i Bregolat).

Ya decíamos que no basta para reconocer un delito como permanente acudir a la naturaleza del bien jurídico sino que hay que tomar también en consideración la conducta típica desarrollada por el sujeto activo al objeto de conocer si la norma permite un comportamiento dilatado en el tiempo. Y es que no basta que el bien jurídico sea susceptible de ser lesionado durante el transcurso del tiempo sin que sea destruido o menoscabado por la acción del agente, sino que deberemos acudir al examen de la conducta típica desplegada por el sujeto para configurar un delito como permanente.

(ii) Efectivamente es el verbo típico el que nos va indicar si la acción prohibida es susceptible o no de prolongación en el tiempo, y de su correcta interpretación derivará la posibilidad o no de permanencia[193]. Y es que los delitos permanentes deben contener verbos típicos que faculten conductas que sean susceptibles de ser mantenidas en el tiempo[194]. Por ejemplo, verbos típicos como "encerrar" o "detener" contenidos en el delito de detención ilegal (caracterizado tradicionalmente como delito permanente) del 163 CP, u "ocupar" la morada ajena (245.2 CP), revelan una evidente posibilidad de que la acción se prolongue en el tiempo, siendo verbos dinámicos que no se agotan en un instante necesariamente, manteniéndose de forma homogénea y continuada en el tiempo.

Pues bien, el verbo típico de esta modalidad delictiva de prolongación indebida del disfrute de prestaciones sociales es "prolongar". Atendiendo al tenor literal del precepto, no existe un momento consumativo sino un estado de consumación. Es por eso que esta descripción del comportamiento, el verbo típico "prolongar", autoriza la permanen-

---

De esa forma, si el patrimonio de una gran cooperación eléctrica puede no ser destruido y puede ser susceptible de mantenimiento de la acción típica con mayor motivo el patrimonio de un ente público como es el de la Seguridad Social.

193 LLORIA GARCÍA, *Ibídem*, pág.: 64.

194 LLORIA GARCÍA, *Ibídem*, pág.: 84.

cia indefinida de la conducta típica, pues esta formulación típica naturalísticamente refleja una acción que se alarga, se dilata o se extiende durante un lapso temporal, que no agota su sentido en un instante necesariamente y permite una afección sostenida del bien jurídico.

En este sentido ya dejábamos consignado *supra* que el verbo típico "prolongar" aparece en otros delitos de nuestro Código Penal[195] calificados todos ellos como delitos permanentes, luego realizando un simple paralelismo entre aquellas conductas delictivas que prevén el verbo "prolongar" como modalidad típica y su reputación como delitos permanentes, puede inferirse que la modalidad típica de prolongación del disfrute de prestaciones sociales también puede fundamentarse y reputarse como una modalidad de delito permanente.

Por otro lado, otro argumento que sostendría esta posición sería que la acción de "prolongar" autoriza la permanencia de la situación antijurídica aunque no la exija. Es decir, que la descripción típica autorice la permanencia no significa que su ejecución necesariamente haya de ser duradera. Si atendemos a los tipos que tradicionalmente se consideran permanentes observamos como el legislador no establece un plazo mínimo de duración temporal del delito, sino que la sanción se agrava en la medida en que la situación jurídica se prolonga[196].

Así acontece en el 307 ter CP: existe un límite cuantitativo que separa el delito base de la modalidad agravada: cincuenta mil euros (50.000 €), sin establecer un lapsus temporal de duración mínima del delito[197]. Si la situación antijurídica de disfrute de prestaciones sociales se prolongara hasta superar dicha cuantía nos situaríamos en el marco penológico superior al delito base, pero el legislador no

---

[195] Valgan como ejemplos los arts. 167.2 CP, 530 CP o 531 CP.

[196] Por ejemplo: delito de detenciones ilegales *ex* art. 163 CP.

[197] Como sí ocurre en el delito de fraude a la Hacienda Pública que, a efectos de determinación de la cuantía, configura unos límites en períodos impositivos o declaraciones (305.2 CP).

establece un plazo mínimo de durabilidad del delito, así que autoriza la permanencia de la situación antijurídica sin exigir una duración concreta para entender consumado el delito; extremo que dependerá de la voluntad del sujeto.

(iii) Ya afirmamos al conceptuar la figura del delito permanente que la voluntad del sujeto es un elemento esencial en el diseño del delito permanente. Efectivamente, el sujeto activo ha hecho nacer el estado antijurídico mediante la realización típica y dado que el verbo escogido por el legislador ("prolongar") autoriza la prolongación de la acción, el mantenimiento o la cesación de la situación antijurídica depende de la voluntad del sujeto.

Es esa voluntad del sujeto determinante para el mantenimiento de la situación antijurídica, pues es esa voluntad la que contribuye al mantenimiento en el tiempo, de forma ininterrumpida, de la lesión al bien jurídico porque el tipo lo permite, aunque quepa la posibilidad de obligar al sujeto a realizar acciones diferentes que contribuyan al mantenimiento de la situación sin que ello suponga la existencia de tantos delitos como actos positivos se realicen para prolongar la situación ilícita[198].

Por ejemplo: A encierra a B por la fuerza en una casa aislada en mitad del monte y un día a la semana le deja salir de la casa para deambular durante 1 hora al día para estirar las piernas, y una vez acabada esa hora le vuelve a encerrar, ¿podemos entender que existen tantos encierros típicos como veces le ha encerrado A a B? La respuesta se atisba negativa. Sólo existe un delito porque pese a que existen distintos actos positivos que encajan en la estructura del delito la afección al bien jurídico se ha mantenido en el tiempo. Y todo ello porque se entiende que la conducta es única ("detener", "encerrar") prolongándose en el tiempo la lesión al bien jurídico por voluntad del autor[199].

---

198 LLORIA GARCÍA, *Ibídem*, pág.: 120.

199 Ejemplo expuesto por LLORIA GARCÍA, *Ibídem*, pág.: 120.

Trasladado ese ejemplo a nuestro caso: A es preceptor de una prestación por desempleo por parte de la Seguridad Social al encontrarse en una situación de búsqueda activa de empleo. Durante la percepción de esa prestación, A comienza a trabajar sin ser dado de alta en la Seguridad Social y sin poner en conocimiento de este organismo tal circunstancia, de tal forma que la Seguridad Social prolonga la prestación por desempleo mensualmente tal y como venía haciendo. A se encuentra en esta situación antijurídica durante 1 año. ¿Hay tantas prolongaciones típicas como mensualidades? Ciertamente no. Y todo ello porque se entiende que la conducta es única: "prolongar", no agotándose en un instante sino que se prolonga en el tiempo aunque se integre por una pluralidad de actuaciones (en este caso, omisiones). Y es que pese a que el sujeto realiza una multiplicidad de actos positivos que encajan con la descripción típica de "prolongar", sólo hay un delito porque la lesión al bien jurídico del patrimonio ha sufrido un único ataque homogéneo prolongado en el tiempo; cierto es que el mantenimiento de la situación antijurídica agrava el ataque al bien jurídico pero ello no autoriza a defender que existen tantos delitos como prolongaciones hubiera. Igual que no existen tantos delitos de detenciones ilegales por días o meses en los que un individuo encierra a otro.

Y ello por cuanto la conducta del sujeto activo es única: prolongar, aunque se integre en pluralidad de acciones. Así las cosas, A se encuentra en una situación antijurídica desde el momento en que el primer mes consuma la primera prolongación sin que tuviera derecho a ello, y cuando en los meses posteriores la Seguridad Social ingresa la prestación A continua en la idéntica situación antijurídica en que se encontraba en el primer mes que prolongó indebidamente la situación por su voluntad; luego, a pesar de que las prolongaciones posteriores sean actos positivos subsumibles en la modalidad de prolongación indebida de disfrute de prestaciones sociales, la situación antijurídica se mantiene desde la primera prolongación indebida sin cambiar sustancialmente su posición, por lo que la lesión al bien jurídico sufre un único ataque prolongado en el tiempo; por ende no podemos afirmar que existan tantos delitos como actos se ejecutan.

Todo ello es debido a que la conducta es única ("prolongar") aunque se integre por una pluralidad de actuaciones que lo único que producen es una intensificación del contenido de injusto. Pero ese incremento es simplemente cuantitativo (el importe del fraude cometido), porque lo que debería ser interrumpida es la afección al bien jurídico para que existieran varios delitos, lo cual no se produce al mantenerse la situación antijurídica en el tiempo de acuerdo con el verbo típico, y por voluntad del sujeto, con independencia de que se integre por uno o varios actos.

En consecuencia, no podemos acoger la teoría que sostiene que debido a la dinámica de las prestaciones se produce una interrupción temporal entre el abono de las mismas que daría lugar a la aparición de varias acciones (una por cada prolongación mensual) y que en consecuencia *"Nos encontramos además ante un delito continuado en los términos que requiere el artículo 74 del Código Penal ya que, en ejecución de un plan preconcebido, estuvo percibiendo durante años la prestación* (...) "; fundamentación que en su caso podríamos acoger si no existiera la modalidad típica de prolongación indebida.

No obstante hemos constatado cuanto sigue: (i) el bien jurídico identificado en el 307 ter CP no queda destruido o menoscabado por la acción del agente, pues ese patrimonio público con los caracteres que le son inherentes le permite constreñirse de tal modo que una afección constante y homogénea durante el mantenimiento de la prolongación indebida no suponga su destrucción; (ii) el verbo típico "prolongar" permite el mantenimiento de la conducta antijurídica en el tiempo con el consiguiente sostenimiento de la afección al bien jurídico; y (iii) pese a la posible existencia de acciones positivas de prolongación, éstas contribuyen al mantenimiento de la situación, pues la voluntad del sujeto de continuar con la realización del injusto deriva en el sostenimiento voluntario del comportamiento típico durante el tiempo que se despliega la situación antijurídica, (iv) reputando, por ende, a este delito como un delito permanente en tanto el comportamiento típico de prolongación indebida de prestaciones realizado por el individuo guarda cierta uniformidad, constituyéndose en una suerte de única realización típica, (v) no pudiéndose apreciar la continuidad delictiva en esta modalidad típica *ex* artículo 74 CP como así ha realizado la jurisprudencia con la que comenzábamos este subapartado; cuestión ésta de suma importancia práctica por otro lado en materia de prescripción.

2.2. *El prolongar indebidamente el disfrute de prestaciones "para otro"*

Continuando con esta modalidad delictiva, una vez clasificada esta modalidad típica como delito permanente, se nos presenta otra duda: ¿se encuentra penada la conducta de prolongar indebidamente el disfrute de prestaciones "para otro"?

La actual formulación del art. 307 ter CP origina un importante problema interpretativo en relación a si la expresión *"para sí o para otro"* alude única y exclusivamente a la modalidad típica de la obtención o si, por el contrario, aquélla engloba a todas las modalidades típicas[200]. Y es que la referida alocución se sitúa inmediatamente después del verbo típico de obtener, luego es evidente que la conducta de obtener para otro es típica pero al posicionarse en ese lugar concreto de la oración no resulta tan claro que la prolongación indebida para un tercero quede abarcada por la norma.

Para BUSTOS RUBIO no existe tal problemática puesto que *"el delito en su modalidad de obtención, sea del disfrute inicial*

---

200 *"Quien obtenga, para sí o para otro, el disfrute de prestaciones del Sistema de la Seguridad Social, la prolongación indebida del mismo, o facilite a otros su obtención…".*

de la prestación o de la prolongación de la ya existente sanciona a quien obtiene "para sí o para otro" el disfrute de la prestación, lo que implica equiparar desde la propia Ley al autor beneficiado de la prestación con el no-beneficiado por el fraude cometido"[201]; no compartimos esta fundamentación.

Desde nuestra perspectiva el delito no posee una *"modalidad de obtención, sea del disfrute inicial de la prestación o de la prolongación de la ya existente"*, como si la prolongación fuese una suerte de apéndice de la obtención. De acuerdo con esta teoría, existirían dos modalidades típicas únicamente: obtención y facilitación, lo cual es contrario a la doctrina mayoritaria que diferencia tres modalidades típicas en la norma.

Ítem más, podría alegársenos que la referida expresión aúna tanto la obtención como la prolongación porque no puede prolongarse algo que no se ha obtenido previamente. Esto haría necesario obtener previamente la prestación para poder prolongarla. No podemos ser así de categóricos. Al defender, como así hacemos, que se tratan de modalidades típicas distintas, puede producirse una prolongación indebida sin que exista una obtención indebida previa. Es decir, no necesariamente ha de sucederse una obtención indebida para que con posterioridad se origine una prolongación indebida. Y es en el caso de que un sujeto prolongara indebidamente para otro una obtención previamente lícita, el disfrute para el tercero de esa prolongación indebida resultaría atípico de acuerdo con nuestro entendimiento, mas no así la obtención.

Como decíamos, la expresión "para sí o para otro", de acuerdo con la redacción de la norma, se localiza justamen-

---

201 BUSTOS RUBIO, "El delito de fraude en las prestaciones del sistema de la Seguridad Social (art. 307 ter CP)", *Op. Cit.*, pág.: 191.
FERRÉ OLIVÉ también parece apoyar la tesis de BUSTOS RUBIO cuando afirma que *"la acción prohibida consiste en prolongar indebidamente, para sí o para un tercero, el disfrute de prestaciones lícitamente obtenidas pero cuya duración temporal ha finalizado"* en FERRÉ OLIVÉ, *Tratado de los delitos contra la Hacienda Pública y contra la Seguridad Social*, *Op. Cit.*, pág.: 848.

te a continuación de la primera de las modalidades típicas y así inferimos que alude exclusivamente a la modalidad de obtención, toda vez que si el legislador hubiera pretendido tipificar la prolongación indebida para otro ese *"para sí o para otro"* se hubiera colocado con posterioridad a esta segunda modalidad, mas no se produce tal disposición; de esa forma sostenemos que el prolongar indebidamente el disfrute de prestaciones para otro no es subsumible en la norma del 307 ter CP.

Esta argumentación nos plantea una disyuntiva: la comisión de conductas semejantes lleva aparejada una prosecución diferente, existiendo una evidente desigualdad en la imposición de la pena para el tercero que prolonga en comparación con el tercero que obtiene.

(i) En cuanto a la primera de las problemáticas a la que nos enfrentamos, la comisión de conductas semejantes lleva apareja una prosecución diferente.

Si A —médico de profesión en la sanidad pública— prolonga indebidamente la prestación por incapacidad temporal que le fue reconocida a B, A no es autor de un delito de fraude de prestaciones sociales, sino que será sujeto activo de un delito de prevaricación administrativa[202] en su caso, porque el médico es funcionario a efectos penales *ex* art. 24 CP, y partícipe de un delito de fraude de prestaciones sociales (cómplice o cooperador necesario), pero B sí que cometería un delito de fraude de prestaciones sociales.

La prevaricación administrativa es un delito grave que lleva aparejada una pena grave de inhabilitación para empleo o cargo público de 9 a 15 años (404 CP) y la penalidad prevista para el partícipe depende de si lo reputamos como cómplice (pena inferior en grado) o como cooperador necesario (pena idéntica que recibe el autor del delito); por

---

[202] Concurso de leyes que se resolvería en favor de la más gravosa, en este caso la prevaricación administrativa del 404 CP, en tanto en cuanto es un delito grave que lleva aparejada una pena de inhabilitación grave.

otro lado, B sería condenado por un delito menos grave del 307 ter CP que en función del importe defraudado, de los medios empleados, y de las circunstancias personales del autor podría incluso, si no reviste especial gravedad, ser condenado a una pena menos grave de multa del tanto al séxtuplo.

O lo que es igual, el marco penológico de las conductas desplegadas por ambos sujetos es evidentemente desigual. Y es que al individuo que se aprovecha del delito se le impone una pena que en algunos casos podría llegar a reputarse como multa, mientras que el sujeto que no se aprovecha pero sí desencadena la prolongación indebida se atiene a una pena considerablemente más gravosa.

(ii) A mayor abundamiento, constatamos otra disparidad en el momento en que se penan de forma diferente conductas semejantes.

Retomando el ejemplo anterior A: —médico de profesión— en connivencia con B y fingiendo éste una dolencia, le firma un parte de baja médica, permitiendo con su actuación la obtención del disfrute de una prestación por incapacidad temporal por parte de B.

El comportamiento de A, que es quien disfruta de la prestación indebida, podría ser constitutivo de un delito de fraude de prestaciones sociales porque la conducta de obtener para otro está penada en el 307 ter CP, pero si, por el contrario, en nuestro ejemplo, el facultativo hubiese prolongado el disfrute sería su actuación constitutiva de un delito de prevaricación administrativa en autoría y de un delito de fraude de prestaciones sociales como partícipe. Es evidente el contraste penológico existente para el no beneficiario de la prestación dependiendo de si el beneficiario del fraude obtiene o prolonga, porque si el beneficiario obtiene el disfrute de la prestación puede llegar a ser sancionado con una pena leve, pero si el beneficiario prolonga el no beneficiario (el facultativo) estaría incurriendo en un delito más gravemente penado.

O dicho contras palabras, en casos como el expuesto penológicamente es más favorable obtener el disfrute de una prestación para un tercero que prolongar el disfrute de esa prestación para ese mismo individuo, al imponérsele una pena más gravosa al tercero no beneficiario que prolonga que al tercero no beneficiario de la obtención.

En consecuencia, construcciones homólogas, que tutelan el mismo bien jurídico penal, son desiguales en su punición. Esta desigualdad a la hora de penar conductas para el no beneficiario del disfrute de forma tan desigual supone, según nuestro entendimiento, una conculcación del principio de proporcionalidad de las penas, pues a hechos semejantes les corresponden prosecuciones totalmente dispares, no existiendo en el marco penológico paralelismo alguno entre ambos ilícitos que tutelan el mismo bien jurídico.

(iii) Finalmente, el clasificar como así hacemos a esta modalidad delictiva como delito permanente nos conduce a otra problemática en relación con la obtención para otro: el tiempo de prescripción para el tercero no beneficiario de la prolongación de la prestación.

Retomando de nuevo nuestro ejemplo, el facultativo que firmando una baja médica prolonga la situación de fraude por parte del beneficiario de la prestación por incapacidad temporal, se enfrentará a graves penas con el inconveniente de que, comoquiera que se ha clasificado a esta modalidad como permanente, su *dies a quo* dependerá del momento en el que el beneficiario abandone la situación antijurídica en la que se mantiene. O lo que es igual, el instituto de la prescripción para el tercero no beneficiario estará subordinado a la actuación desplegada por el beneficiario.

Por todo este conjunto de razones pensamos que es preferible interpretar que la locución "para sí o para otro" no está prevista para la modalidad típica de prolongar el disfrute de prestaciones sociales. No obstante, si el legislador quisiera abarcar a la modalidad de la prolongación la expresión "para sí o para otro", pese a los problemas ya expuestos, de *lege ferenda* propondríamos modificar la norma al objeto de clarificar que la citada expresión se incluye en la modalidad de prolongación, por ejemplo suprimiendo las comas entre las que se circunscribe tal expresión, o trasladando la misma al final de la norma, de tal forma que no solo abarque la primera de las modalidades típicas sino todas y cada una de ellas.

3. FACILITAR A OTROS LA OBTENCIÓN DE LA PRESTACIÓN

La última modalidad delictiva del delito en cuestión es la modalidad comisiva de facilitación a otros de la obtención de la prestación. Ya hemos aludido a que algún autor como MORALES PRATS[203] o CÁMARA ARROYO[204], sin explicar sus motivos, no identifican el verbo "facilitar" como una modalidad típica, así pues no podemos otorgar la oportuna respuesta, mas el tipo concretamente sanciona a quien *"facilite a otros su obtención"* luego ese acto de facilitación supone otra forma comisiva diferente a "obtener" y a "prolongar", resultando por ende —desde nuestra posición— otro modo de ejecutar este delito.

Semánticamente facilitar, de acuerdo con el diccionario de la RAE, en su primera acepción, es *"hacer fácil o posible la ejecución de algo o la consecución de un fin"* y, en su segunda acepción, *"proporcionar, entregar"*[205].

Continuando con nuestra tesis ya expuesta, teleológicamente inferimos que el determinante posesivo "su" y el

---

203 MORALES PRATS, "De los delitos contra la Hacienda Pública y contra la Seguridad Social", *Op. Cit.*, pág.: 3.

204 CÁMARA ARROYO, "Entre el Derecho Penal de clase y la expansión punitiva: el delito de obtención indebida de prestaciones (art. 307 ter C.P.)", *Op. Cit.*, pág.: 66.

205 https://dle.rae.es/facilitar (fecha de último acceso: 1 de noviembre de 2023).

sustantivo "obtención" consignados en el precepto aluden al disfrute, es decir, esta modalidad delictiva punibiliza la facilitación (indebida) a otros del disfrute de prestaciones sociales, y no el mero dictado de la resolución administrativa, toda vez que carecería de sentido que esta modalidad delictiva adelantara la consumación a un momento anterior, como es el reconocimiento al sujeto activo de la prestación indebida, y que el resto de verbos típicos aludieran al disfrute como momento consumativo. En consecuencia, aquello que el tipo penal punibiliza es la conducta de facilitar a otros el disfrute de prestaciones sociales. Se trata, en definitiva, de hacer fácil o posibilitar la ejecución del disfrute de una prestación a la que no se tiene derecho. Si bien es verdad que de *lege ferenda* proponemos, con el fin de aclarar ese precepto, que el tipo previera "facilite a otros su disfrute". De ese modo evitaríamos la posible confusión de alegar que la expresión "facilite a otros su obtención" no alcanza a la modalidad típica de "prolongar" indebidamente el disfrute de prestaciones; por lo demás, esta modalidad delictiva, como en las anteriores, requiere constatar un engaño, un error en la administración y un perjuicio patrimonial.

La primera problemática que observamos en el análisis de este verbo típico es qué entiende la jurisprudencia por "facilitar" y qué interpretación debemos acoger, pues podría decirse que existen interpretaciones contradictorias del verbo típico "facilitar" en función de si esa facilitación se produce en el ámbito de un delito contra la seguridad colectiva (Título XVII) o si, por el contrario, se lleva a cabo en el marco de los delitos contra el patrimonio y el orden socioeconómico (Título XIII).

Respecto al primero de ellos, la Sala Segunda afirma sobre el verbo nuclear "facilitar", en los delitos contra la salud pública, concretamente sobre el delito del 368 CP, que: "*El mero ofrecimiento de tales sustancias, es constitutivo ya del delito definido en el art. 368 del Código Penal, en tanto que los verbos nucleares del mismo (promover, favorecer o facilitar) significa que, en este tipo de ilícitos penales, se adelantan las barreras de protec-*

ción al indicado mero ofrecimiento, y ello sin perjuicio de haberse detectado ya varias ventas, pues ese intercambio por dinero, no puede consistir en otra cosa que el suministro oneroso de lo que portaban encima cuando fueron detenidos, no imaginándose siquiera a qué otra transacción puede estar referida, ignorada incluso por los recurrentes" (STS núm. 1051/2011, de 14 octubre [*Tol 2271332*] (Ponente: Excmo. Sr. Julián Sánchez Melgar).

No consideramos plausible trasladar lo anterior a este ámbito. Y es que si acogemos que "*en este tipo de ilícitos penales, se adelantan las barreras de protección al indicado mero ofrecimiento*" ya el mero ofrecimiento de fraude de prestaciones sociales por un sujeto sería constitutivo de delito, adelantándose la punición no a la causación de un *"perjuicio de la Administración Pública"* como exige el tipo penal, ni siquiera a la mera concesión de la prestación, sino a un estadio todavía más anterior donde la mera proposición a la comisión del delito resultaría típica a efectos del 307 ter CP, lo cual sería una interpretación *contra legem*, pues el injusto penal requiere la causación de un perjuicio a la Administración, lo que haría que esa interpretación resultase a todas luces contraria al principio de legalidad. Por consiguiente, descartamos esta interpretación amplia del verbo facilitar realizada en los delitos contra la salud pública, para el caso del delito que nos ocupa.

Por otro lado, existe otra interpretación realizada por nuestros tribunales sobre la modalidad típica de facilitar, que es aquella que se realiza en los delitos contra el patrimonio y contra el orden socioeconómico, concretamente respecto *"de los delitos relativos al mercado y a los consumidores"* y del art. 286 CP, llevada a cabo por las SSAP de la Sección 29ª de Madrid núm. 421/2013, de 23 de diciembre [*Tol 4117387*] "Caso Prisión por piratear el acceso a emisiones de Canal +" (Ponente: Ilmo. Sr. Joaquín Delgado Martín) y de la Sección 3ª de León núm. 42/2021, de 1 de febrero [*Tol 8351137*] (Ponente: Ilma. Sra. María del Mar Gutiérrez Puente), en virtud de la cual *"La acción de "facilitar" consiste en hacer más viable y asequible el acceso ilícito de otra persona (usuario), dependiendo este acceso de la concurrencia de una con-*

ducta que ha de llevar a cabo éste último". Postura que entendemos más acorde con una interpretación teleológica de la norma del 307 ter CP.

"Facilitar" es más que ofrecer, puesto que si el legislador hubiera querido que el ofrecimiento fuera típico hubiera utilizado ese verbo como verbo nuclear. Es por ello que traemos la interpretación realizada por la jurisprudencia en los delitos contra el patrimonio y el orden socioeconómico para inferir que facilitar consistiría en hacer más viable y asequible el acceso ilícito de otra persona (el beneficiario) al disfrute de la prestación. No obstante esta interpretación no se encuentra exenta de problemática pues, debido a que el legislador incorporó expresamente la facilitación como modalidad típica, individuos que no se benefician directamente del fraude y cuyas conductas no poseen una especial identidad para lesionar el bien jurídico *per se* podrían responder como autores de un delito de fraude de prestaciones. Esa extensión del concepto de autor a sujetos cuya participación puede resultar tangencial respecto del hecho principal trae consigo numerosos problemas; máxime cuando, además, supone expandir el círculo de posibles autores *ad infinitum*.

Es por ello que la principal crítica que ha esbozado la doctrina con respecto a esta modalidad delictiva es la singular regla de autoría que se produce al elevar a la categoría de autor la mera complicidad delictiva; extremo que puso de manifiesto ya en su día MARTINEZ-BUJÁN PÉREZ[206]. Este problema técnico en la redacción de la norma consa-

---

[206] MARTÍNEZ-BUJÁN PÉREZ, *Derecho Penal económico y de la empresa*, *Op. Cit.*, pág.: 739.
Otros autores que han observado esta problemática: BUSTOS RUBIO, "El delito de fraude en las prestaciones del sistema de la Seguridad Social (art. 307 ter CP)", *Op. Cit.*, pág.: 192; CHAZARRA QUINTO, M.A.: "Un nuevo tratamiento de la participación delictiva en el artículo 307 ter del Código Penal", en *La Ley Penal: revista de Derecho Penal, Procesal, Penitenciario*, núm. 127, 2017, págs.: 4 y ss.; FERRÉ OLIVÉ, *Tratado de los delitos contra la Hacienda Pública y contra la Seguridad Social*, *Op. Cit.*, pág.: 849.

gra la equiparación a efectos penológicos de un autor no beneficiado con el autor beneficiado de dicho fraude. Y es que el tenor literal del artículo 307 ter CP define como autor aquel que *"facilite a otros su obtención"*, de tal forma que "facilitar" es una conducta de autoría que busca abarcar al máximo el círculo de posibles sujetos activos permitiendo considerar autor del hecho delictivo a meros cómplices que no han tenido una intervención material en el hecho pero que sí "facilitan" el cobro ilícito de prestaciones. Empero, destaca MARTÍNEZ-BUJÁN PÉREZ, la conducta de "facilitar a otros" no abarca las actuaciones de los funcionarios encargados de la gestión de la solicitud de la prestación que se trate por dos motivos: (i) porque el 307 ter CP exige que el sujeto activo provoque error en los órganos de Administración, no siendo posible afirmar la existencia de error provocado por el mismo sujeto que lo sufre; y segundo, (ii) porque los funcionarios públicos cometerán un delito de malversación de caudales públicos (delito especial)[207], así que habría que dejar fuera del círculo de posibles autores a los funcionarios públicos encargados de la gestión de la solicitud de la prestación.

"Facilitar", como bien señala CHAZARRA QUINTO, es equiparable a ayudar, posibilitar, colaborar en la ejecución por terceros de esa actividad ilícita. Tradicionalmente, las conductas de colaboración no nuclear, periférica o accesoria se han considerado jurisprudencialmente supuestos de complicidad[208]. Asimismo esta autora postula que en este delito se realiza una imputación de responsabilidad con base en un concepto unitario de autor[209], es decir, que to-

---

207 MARTÍNEZ-BUJÁN PÉREZ, *Derecho penal económico y de la empresa, Op. Cit.*, pág.: 739.
Este extremo lo abordaremos en un momento posterior de esta monografía.

208 CHAZARRA QUINTO, "Un nuevo tratamiento de la participación delictiva en el artículo 307 ter del Código Penal", *Op. Cit.*, pág.: 6.

209 Sobre el concepto unitario de autor en este delito que dificulta la delimitación entre autoría y participación en el 307 ter CP: CHAZARRA QUINTO, "Un nuevo tratamiento de la participación delictiva en el artículo 307 ter del Código Penal", *Op. Cit.*, pág.: 6.

dos los sujetos intervinientes responden a título de autor pese a que su intervención en el hecho típico sea tangencial. Sobre esto debemos matizar que nosotros no pensamos que este injusto penal propugne un concepto unitario de autor, sino más bien un concepto extensivo de autor.

Pese a que ambos conceptos de autoría presentan grandes similitudes siendo cercanos en muchos aspectos no son exactamente idénticos. La principal diferencia entre ambos, como correctamente defiende DÍAZ GARCÍA Y CONLLEDO, es que el concepto unitario se propugna de *lege ferenda* o bien se justifica en ordenamientos jurídico penales que con gran claridad lo imponen, *"es decir, que* [esos ordenamientos] *expresamente realizan una interpretación extensiva*

Sobre el concepto unitario de autor: opción político-criminal que parte de la teoría de la equivalencia de las condiciones y considera al delito como una obra en común sin distinguir entre las conductas desplegadas por el autor y por los partícipes, no existe, pues, una distinción entre autoría y participación en el delito, sino que todos los individuos han de ser castigar por igual a título de autor (MIR PUIG, *Derecho Penal. Parte General, Op. Cit.*, pág.: 379). En este sentido apunta ROXIN que esta teoría persigue la finalidad de hacer mayormente superflua la delimitación de autoría, inducción y cooperador necesario, simplificándose así la aplicación del Derecho en ROXIN, *Derecho Penal. Parte General. Tomo II, Op. Cit.*, pág.: 65.
Más ampliamente sobre el concepto unitario de autor en general: DÍAZ Y GARCÍA CONLLEDO, M.: *La autoría en Derecho Penal*, Promociones y Publicaciones Universitarias, Barcelona, 1991, págs.: 47 y ss.
En contraposición con el concepto unitario de autor encontramos al concepto restrictivo de autor, se fundamenta en que todo sujeto interviniente de algún modo en el hecho ilícito es causa del mismo pero reconoce que la ley obliga a distinguir entre distintos grados de responsabilidad. Los tipos legales de participación aparecen como causas de restricción de la pena, puesto que sin ellas todos los intervinientes aparecerían como autores, distinguiéndose entre el autor y el participe en que el primero obra con ánimo de autor (*animus auctoris*) y el participe con ánimo de partícipe (*animus socii*). (Para más en profundidad: GIMBERNAT ORDEIG, E.: *Autor y cómplice en Derecho Penal*, Servicio de Publicaciones de la Universidad Complutense de Madrid, Madrid, 1966).

de los tipos de la parte especial"[210]. Por el contrario, *"el concepto extensivo se caracteriza sin embargo porque pretende ser aplicable de lege lata y concretamente en sistemas jurídico penales que diferencian entre autoría y participación, suponiendo ésta última la excepción a la autoría general o lo que es lo mismo una causa de restricción de la punibilidad o de la tipicidad"*[211].

Huelga decir que en nuestro ordenamiento jurídico penal el propio artículo 28 CP expone que serán considerados autores quienes realizan el hecho por sí solos, conjuntamente (coautoría) o por medio del otro (autoría mediata), y también son considerados autores los que inducen (inductor al hecho) y los que cooperan a la ejecución del hecho con un acto sin el cual no se habría efectuado (cooperador necesario). Y el artículo 29 CP determina que serán cómplices los que sin estar comprendidos en el artículo anterior, cooperan a la ejecución del hecho con actos anteriores o simultáneos, partícipes a quienes se les asigna una pena inferior en grado a la fijada por la Ley para los autores del delito *ex* art. 63 CP. En efecto, tal y como sostiene la doctrina mayoritaria, nuestra Ley Sustantiva Penal aboga de *lege lata* por un criterio restrictivo de autor, es decir, que no toda forma de intervención en un hecho delictivo ha de calificarse como de autoría, únicamente aquellos que realizan el tipo[212].

Ante la evidencia de que de *lege lata* la parte general de nuestro Código Penal, que tomamos como referencia pues contiene los principios axiológicos que deben inspi-

---

210 DÍAZ Y GARCÍA CONLLEDO, *La autoría en Derecho Penal, Op. Cit.*, pág.: 255.

211 DÍAZ Y GARCÍA CONLLEDO, *Ibídem*, pág.: 255.

212 Alguna autora como GARCÍA DEL BLANCO sostiene que *"de los artículos 27, 28 y 29 del Código Penal no puede extraerse la imposición legal de un determinado sistema de autoría y participación"* y admite tanto la defensa de sistemas unitarios como diferenciadores (en GARCÍA DEL BLANCO, V.: *La coautoría en el Derecho Penal*, Tirant Lo Blanch, Valencia, 2006, págs.: 276 y 345).

rar al Código Penal en su conjunto[213], diferencia entre autoría y participación hace que nos posicionemos en favor de entender que el 307 ter CP propugna, no un concepto unitario de autor, sino un concepto extensivo de autor de acuerdo con la tesis de DÍAZ Y GARCÍA CONLLEDO.

En cualquier caso, y comoquiera que tanto el concepto unitario como el extensivo comparten un posicionamiento inicial similar (la expansión y el ensanchamiento del concepto de autor) ello encierra una serie de inconvenientes político-criminales que nos conducen a valorar si es del todo deseable la equiparación a título de autor de todos los sujetos que aportan alguna intervención al hecho a efectos penológicos, toda vez que nuestro propio Código Penal determina diferente marco penológico para los intervinientes en un delito, es decir, se decanta por un concepto restrictivo de autoría[214].

---

[213] Sobre la cuestión de que la parte general del Código Penal ha de ser la inspiradora del Código Penal en su conjunto, GIMBERNAT ORDEIG, E.: *Concepto y método de la ciencia del derecho penal*, Tecnos, Madrid, 1999.
En consecuencia, si los principios axiológicos que operan en el Libro I del Código Penal respaldan la separación entre autoría y participación debería el Libro II ser consecuente con ellos y no preverse tipos extensivos de autor.

[214] El concepto restrictivo de autor parte de restringir la autoría a la conducta descrita en el tipo penal. Inducción y cooperación o complicidad serán causas de extensión de la responsabilidad penal que de no existir supondrían la impunidad de esas conductas (por todos: LOZANO MANEIRO, A.: *La autoría y la participación en el delito. Análisis comparado de los ordenamientos español, francés e italiano desde la perspectiva de un Derecho común europeo*, Tesis Doctoral, Universidad Complutense de Madrid, Madrid, 1998, págs.: 6 y 7), distinguiéndose principalmente tres teorías para determinar cuándo concurre una contribución de autor y cuándo una de partícipe:
(i) la teoría objetivo formal, para la que lo único decisivo es la realización objetiva de todos o alguno de los actos ejecutivos previstos expresamente en el tipo legal (seguidores de esta posición: MARTÍNEZ-BUJÁN PEREZ, C.: *La autoría en Derecho Penal. Un estudio a la luz de la concepción significativa (y del Código Penal español)*, Tirant Lo Blanch, Valencia, 2019, págs.: 54 y ss. o DÍAZ Y GARCÍA CONLLEDO, *La autoría en Derecho Penal*, *Op. Cit.*, págs.: 411 y ss.

Pese a ello la modalidad típica de facilitación del art. 307 ter CP es absolutamente omnicomprensiva, se aparta de esa distinción entre autores y participes y apuesta por un concepto amplio de autor, lo cual, como advierte DÍAZ Y GARCÍA CONLLEDO, pierde las ventajas propias del Derecho penal de un Estado de Derecho, de un preciso perfilamiento de lo típico, y se igualan conductas de diferente gravedad, extendiéndose indebidamente la punibilidad[215]. Y es que, prosigue este autor, habiendo optado el legislador por una orientación restrictiva del concepto de autor, lo que no debe hacerse es ampliar ese concepto en aras a un supuesto merecimiento de pena en algún precepto concreto, como así realiza este precepto cuando el legislador fundamentó su inclusión en que buscaba *"facilitar la persecución de las nuevas tramas organizadas de fraude contra la Seguridad Social que, mediante la creación de empresas ficticias, tienen por único fin la obtención de prestaciones del Sistema"*[216], pues de lo contrario se estaría atacando a la seguridad jurídica[217]. Amén, seguramente, de tensionar con el principio de coherencia que se le presupone al legislador.

(ii) La teoría objetivo-material, según la cual es autor el sujeto cuya contribución sea objetivamente más importante en la comisión del injusto típico (GIMBERNAT ORDEIG, *Autor y cómplice en Derecho Penal, Op. Cit.*, págs.: 115 y ss.

(iii) La teoría del dominio del hecho, cuya exposición se basa en que la figura central del suceso delictivo es quien domina el acontecer que conduce a la realización del delito, mientras que los partícipes, pese a que ejercen su influencia en el acontecer del hecho delictivo, no configuran de manera decisiva o determinante su ejecución (por todos, ROXIN, *Derecho Penal. Parte General. Tomo II, Op. Cit.*, pág.: 69).

215 DÍAZ Y GARCÍA CONLLEDO, M.: "Problemas de autoría y participación en los delitos económicos" en *Nuevo Foro Penal*, núm. 71, enero-junio, 2007, pág.: 118.

216 Preámbulo de la Ley Orgánica 7/2012, de 27 de diciembre, por la que se modifica la Ley Orgánica 10/1995, de 23 de noviembre, del Código Penal en materia de transparencia y lucha contra el fraude fiscal y en la Seguridad Social.

217 DÍAZ Y GARCÍA CONLLEDO, *La autoría en Derecho Penal, Op. Cit.*, pág.: 202.

Esa propensión a ampliar el concepto de autor con cada nueva reforma legislativa de nuestras legislaciones penales ya fue puesta en relieve por ROXIN, quien afirmaba que estas tendencias "a la teoría unitaria" rigen desde un plano legislativo, por ejemplo, en los delitos de organización y en el ámbito del Derecho penal económico, ejemplificándolo con el §129 del Código Penal alemán (creación o fundación de asociaciones criminales), en el que se castiga al mero favorecedor o patrocinador o a quien recluta miembros igual que al miembro, o sea, como autor. Prosigue este autor afirmando que de esa forma se anula la diferencia entre cooperación o complicidad, autoría e inducción y que cuanto más abstracta sea la formulación de los bienes jurídicos colectivos y de las conductas delictivas más rápido se desdibujan las diferencias entre las distintas formas de intervención[218]; extremo que ha de rechazarse de plano pues en palabras de ROXIN son *"contrarios al sistema y cuestionables desde el punto de vista del Estado de Derecho"*[219].

Paradigma de lo descrito por ROXIN para el ordenamiento jurídico penal alemán es trasladable a la legislación española. En este sentido, ESCOBAR VÉLEZ pone de manifiesto que en nuestra normativa penal encontramos ejemplos de conceptos extensivos de autor, por ejemplo frente al artículo 368 CP[220], para el que la jurisprudencia de la Sala Segunda del Tribunal Supremo ha venido con-

---

218 ROXIN, *Derecho Penal. Parte General. Tomo II, Op. Cit.*, págs.: 67 y 68.

219 ROXIN, *Ibídem*, pág.: 68.

220 *"Los que ejecuten actos de cultivo, elaboración o tráfico, o de otro modo promuevan, favorezcan o faciliten el consumo ilegal de drogas tóxicas, estupefacientes o sustancias psicotrópicas, o las posean con aquellos fines, serán castigados con las penas de prisión de tres a seis años y multa del tanto al triplo del valor de la droga objeto del delito si se tratare de sustancias o productos que causen grave daño a la salud, y de prisión de uno a tres años y multa del tanto al duplo en los demás casos.*
No obstante lo dispuesto en el párrafo anterior, los tribunales podrán imponer la pena inferior en grado a las señaladas en atención a la escasa entidad del hecho y a las circunstancias personales del culpable. No se podrá hacer uso de esta facultad si concurriere alguna de las circunstancias a que se hace referencia en los artículos 369 bis y 370".

sagrando un concepto extensivo de autor, toda vez que *"los actos que permiten la ejecución de las acciones principales resultan punibles como formas especiales de autoría, sin que, en principio, quepa la distinción entre diversas formas de participación"*[221/222].

Otra de esas ampliaciones del concepto restrictivo y de esa tendencia a la expansión del concepto de autor la detectamos en el artículo 307 ter CP. En efecto, ese *"facilite a otros su obtención"* desemboca en un concepto extensivo de autor, dado que se castiga cualquier acto que permita la ejecución de la acción principal (la facilitación de la obtención del disfrute de prestaciones) en concepto de autor, renunciándose a la distinción entre las diversas formas de participación. Así las cosas, no solo se abandona la diferenciación entre autores y partícipes, sino que, además, se pierde precisión en la determinación de los criterios que permiten reconocer esa responsabilidad por el hecho ajeno y que, por ende, justificarían la imputación directa o indirecta del tipo penal[223]. Ello rige debido a la formulación abstracta de las conductas delictivas, verbos abiertos como "facilitar" permiten desdibujar las distintas formas de intervención y, desde nuestra comprensión de un Derecho Penal congruente con los principios generales que lo rigen, es necesario oponerse a tales formulaciones.

---

221 Sentencia de la Sala Segunda núm. 222/2001, de 17 de febrero [*Tol 4925718*] (Ponente: Excmo. Sr. Roberto García-Calvo y Montiel).

222 ESCOBAR VÉLEZ, S.: *Problemas de autoría y participación en la estructura empresarial*, Tesis doctoral, Universidad de León, 2019, págs.: 95 y 96.

223 Sobre el concepto extensivo de autor como consecuencia de la redacción excesivamente abierta de verbos como "facilitar", por todas: SAP Tarragona (Sección 2ª) núm. 100/2015, de 16 de marzo [*Tol 4893599*] (Ponente: Ilma. Sra. María Concepción Montardit Chica): *"la mera condición de peón descargador no puede ser subsumida en esa participación criminal accesoria, pues es reiterado el pronunciamiento casacional de que las conductas tendentes al aprovisionamiento de una gran cantidad de droga para su posterior difusión a terceros, integran ya la autoría, dado que este delito contiene un concepto expansivo de autor, consecuencia de la redacción tan abierta de sus verbos nucleares (promover, favorecer, facilitar)"*.

A mayor abundamiento, esa "tendencia a la teoría unitaria" supondría la imposibilidad de distinguir entre la tentativa de participación y tentativa de autoría, de lo que resultaría una inadmisible ampliación de la punibilidad de aquélla. Ya hemos afirmado que siendo como es un delito de resultado cabe la apreciación de la tentativa —como abordaremos en profundidad más adelante— empero ya podemos colegir que si no existe diferencia entre autoría y participación tampoco cabe apreciar el deslinde entre la tentativa de la participación y la tentativa de la autoría.

Podría aducirse que con el fin de evitar lagunas en el tratamiento de sujetos que merecen ser considerados autores del delito por la importancia en su intervención resulta conveniente la inclusión de la modalidad típica de facilitación. Sin embargo, esas necesidades no pueden ser salvadas apartándose de las disposiciones generales sobre los delitos e infringiéndose los principios más básicos del Derecho Penal como puedan ser el de legalidad, el principio de proporcionalidad de las penas de acuerdo con la gravedad del hecho cometido, el principio de accesoriedad y el principio de lesividad u ofensividad de bienes jurídicos, así como el principio de última ratio del Derecho Penal.

(i) Y es que, primeramente, se conculca el principio de legalidad porque la parte general de nuestro Código Penal aboga por un concepto restrictivo de autor y el uso de verbos como "facilitar" permiten concebir cualquier contribución al delito como autoría destruyéndose las fronteras de la tipicidad y la función garantista que el propio tipo posee: "*nullum crimen sine lege*", ampliándose el círculo de posibles autores *ad infinitum*[224].

Efectivamente hemos observado que en la parte general de nuestro Código Penal el artículo 28 CP delimita como

---

224 Para más en profundidad sobre el principio de legalidad, GÓMEZ PAVÓN, P. / BUSTOS RUBIO, M.: "Principio de legalidad y criterio gramatical como límite a la interpretación de la norma penal" en *Revista Penal México*, núm. 6, 2014, págs.: 169 y ss.

autor a quien realiza el hecho por sí solo, conjuntamente (coautoría) o por medio del otro (autoría mediata), así como los inductores y los cooperadores necesarios. Asimismo, el artículo 29 CP determina que serán cómplices los que sin estar comprendidos en el artículo anterior, cooperan a la ejecución del hecho con actos anteriores o simultáneos, partícipes a quienes se les asigna una pena inferior en grado a la fijada por la Ley para los autores del delito ex art. 63 CP. Este dato por sí mismo pone ya en cuestión que resulte compatible con nuestro texto legal un concepto unitario o extensivo de autor en un delito contra la Hacienda Pública y la Seguridad Social porque si el Derecho positivo distingue entre autores y cómplices no debe un delito incluido en la parte especial ampliar las fronteras de la autoría como consecuencia de la utilización de verbos como "facilitar", que no presentan contornos claramente definidos y que provocan que caiga bajo esta modalidad todo comportamiento causal.

(ii) En segundo lugar, la interpretación amplia de la autoría conculca el principio de proporcionalidad de las penas de acuerdo con la gravedad del hecho cometido, por cuanto equipara a efectos penológicos actos de mera participación o tangenciales al hecho, con los de autoría que efectivamente producen la lesión al bien jurídico tutelado, así como la tentativa de la participación a la tentativa de autoría.

La no adecuación de la pena a cada conducta desplegada por el individuo supondría punir más gravosamente el hecho cometido por el partícipe, ya fuera en grado de tentativa o de consumación, que la del propio autor cuando ésta no poseyera la importancia suficiente como para ser considerada a título de autor, lo cual supondría la conculcación del citado principio. Y es que hechos periféricos facilitadores, de escasa relevancia para el Derecho penal y de más que dudosa lesión al bien jurídico, pueden ser constitutivos de un delito de fraude de prestaciones sociales a título de autor con la pena más gravosa que lleva aparejada cuando ese hecho posee una escasa relevancia penal; por ende, ese sujeto accesorio (el partícipe) ha de tener una responsabilidad penal inferior al autor principal.

(iii) Asimismo se soslaya el principio de accesoriedad de la participación, como sostiene DÍAZ Y GARCÍA CONLLEDO[225]. La accesoriedad permite una mejor realización del principio de taxatividad de los tipos al ofrecer un perfil más nítido de éstos, y la teoría unitaria de la autoría la abandona difuminándose los contornos del tipo de tal forma que cualquier conexión causal o contribución realizada por el individuo con el hecho basta para contribuir a la lesión al bien jurídico y, por ende, a su reputación como autor.

(iv) Esta teoría que considera autor a todo aquel que causa un resultado típico, como pone en relieve DONNA[226], se sustenta sobre la teoría de la prevención especial y el concepto de peligrosidad y esta concepción es del todo punto incompatible con las garantías propias de un Estado de Derecho moderno, pues son conceptos de difícil conceptualización y próximos a un Derecho penal de autor ya superado.

(v) Finalmente, a mayor abundamiento, otro principio que podría ser conculcado es el principio de lesividad u ofensividad de bienes jurídicos, así como el principio de última ratio o intervención mínima del Derecho Penal. Principios que se encuentran cohesionados, en tanto en cuanto si el Derecho Penal sólo debe intervenir para tutelar los bienes jurídicos de los ataques más intolerables existen conductas que por sí mismas no son lesivas para el bien jurídico, que habrán de situarse extramuros del Derecho Penal y ser perseguibles por el Estado a través de otras vías.

Siendo como somos partidarios de un Derecho Penal de intervención mínima, toda conducta periférica facilitadora de dudosa significación o trascendencia, que *per se* no

---

225 DÍAZ Y GARCÍA CONLLEDO, *La autoría en Derecho Penal, Op. Cit.*, pág.: 201.

226 DONNA, E. A.: *La autoría y la participación criminal*, Comares, Granada, 2008, pág.: 17.

es lesiva para el bien jurídico y por ende carente de cualquier relevancia para el Derecho Penal, no puede ni debe ser punibles a título de autor. Lo contrario conculcaría el principio de lesividad u ofensividad de bienes jurídicos, así como el de última ratio, pues el *ius puniendi* del Estado permite sancionar por otras vías conductas de exigua importancia para el Derecho Penal.

Habida cuenta de cuanto antecede nos preguntamos, ¿cómo es posible que si el Derecho positivo, y más concretamente la parte general del Código Penal, aboga por un concepto restrictivo de autor en esta modalidad delictiva se apueste por un mecanismo de imputación propio de la criminalidad organizada o el tráfico de drogas, como es el concepto extensivo de autor? A nuestro juicio, ello responde a una necesidad político-criminal fundamentada por el legislador en que este precepto venía *"a facilitar la persecución de las nuevas tramas organizadas de fraude contra la Seguridad Social que, mediante la creación de empresas ficticias, tienen por único fin la obtención de prestaciones del Sistema"*[227], luego este mecanismo previsto para la criminalidad organizada opera en el 307 ter CP porque el legislador construyó este precepto separándose de un modelo propio del Derecho penal económico acogiendo un modelo de la criminalidad organizada: fraude contra la Seguridad Social mediante la creación de empresas ficticias[228].

Por ello, porque el legislador incorporó este precepto a partir de la aplicación de la delincuencia en estructuras empresariales, se ha venido a equiparar la modalidad de la obtención del disfrute a la de facilitación. Y es que la modalidad de facilitación a otros de la obtención indebida puede ser, como apunta BUSTOS RUBIO, *"incluso más dañosa*

---

227 Preámbulo de la Ley Orgánica 7/2012, de 27 de diciembre, por la que se modifica la Ley Orgánica 10/1995, de 23 de noviembre, del Código Penal en materia de transparencia y lucha contra el fraude fiscal y en la Seguridad Social.

228 En este sentido, FERRÉ OLIVÉ, *Tratado de los delitos contra la Hacienda Pública y contra la Seguridad Social, Op. Cit.*, pág.: 849.

para el sistema prestacional y el patrimonio de la Seguridad Social (...), pues su ejecución puede producirse mediante la creación de empresas ficticias que faciliten la obtención de dicha prestación a múltiples falsos trabajadores"[229].

Evidentemente que actos de creación de empresas ficticias constituidas *ad hoc* para facilitar la obtención de prestaciones pueden ser más dañinos para el bien jurídico que meros actos de obtención o prolongación; ahora bien, no podemos aquietarnos y no podemos dejar ser críticos ante el traslado por el legislador a un delito contra la Seguridad Social de un mecanismo previsto para la criminalidad organizada, pese a la loable fundamentación otorgada por el legislador y el intento de buscar una explicación dada por BUSTOS RUBIO. Y ello por cuanto este modo de proceder supone la conculcación de principios del Derecho penal, como son (i) el principio de legalidad y (ii) el principio de proporcionalidad de las penas de acuerdo con la gravedad del hecho cometido, (iii) el principio de accesoriedad de la participación y, como afirma algún autor, (iv) se sustenta sobre la prevención especial y el concepto de peligrosidad y (v) el principio de lesividad u ofensividad de bienes jurídicos, así como el principio de última ratio del Derecho Penal.

Pero es que, a mayor abundamiento, estas conductas de creación de empresas ficticias que faciliten la obtención de prestaciones a múltiples falsos trabajadores podrían reconducirse al delito de organización o grupo criminal del art. 570 bis CP[230], luego resultaría innecesaria la inclusión o el manteni-

---

229 BUSTOS RUBIO, "El delito de fraude en las prestaciones del sistema de la Seguridad Social (art. 307 ter CP)", *Op. Cit.*, pág.: 192.

230 "*1. Quienes promovieren, constituyeren, organizaren, coordinaren o dirigieren una organización criminal serán castigados con la pena de prisión de cuatro a ocho años si aquélla tuviere por finalidad u objeto la comisión de delitos graves, y con la pena de prisión de tres a seis años en los demás casos; y quienes participaren activamente en la organización, formaren parte de ella o cooperaren económicamente o de cualquier otro modo con la misma serán castigados con las penas de prisión de dos a cinco años si tuviere como fin la comisión de delitos graves, y con la pena de prisión de uno a tres años en los demás casos.*

miento de un verbo típico tan abierto como es "facilitar" dado que el legislador ya penaría estas conductas de facilitación de obtención de prestaciones de acuerdo con lo dispuesto en el precepto de organización criminal. Otra opción pasaría por suprimir la modalidad de la facilitación e incorporar al tipo penal un apartado que agravare la pena *"a las personas que pertenezca a una organización dedicada a los fines señalados, y la pena superior en grado a los jefes, administradores o encargados de las referidas organizaciones"*, como contiene el art. 302.1 CP.

Por consiguiente, de *lege ferenda* proponemos desde este momento su supresión al objeto de evitar los problemas aquí señalados e incluir un párrafo o un apartado séptimo que agrave la pena para el uso o *"creación de empresas ficticias, que tengan por único fin la obtención de prestaciones del Sistema de la Seguridad Social"*, como así prevén otros preceptos del Código Penal.

3.1. Problemas de delimitación en la conducta típica de "facilitación"

Ya hemos analizado los problemas derivados de acoger un concepto extensivo de autor en un delito de la parte

---

A los efectos de este Código se entiende por organización criminal la agrupación formada por más de dos personas con carácter estable o por tiempo indefinido, que de manera concertada y coordinada se repartan diversas tareas o funciones con el fin de cometer delitos.
2. Las penas previstas en el número anterior se impondrán en su mitad superior cuando la organización:
a) esté formada por un elevado número de personas.
b) disponga de armas o instrumentos peligrosos.
c) disponga de medios tecnológicos avanzados de comunicación o transporte que por sus características resulten especialmente aptos para facilitar la ejecución de los delitos o la impunidad de los culpables.
Si concurrieran dos o más de dichas circunstancias se impondrán las penas superiores en grado.
3. Se impondrán en su mitad superior las penas respectivamente previstas en este artículo si los delitos fueren contra la vida o la integridad de las personas, la libertad, la libertad e indemnidad sexuales o la trata de seres humanos".

especial cuando de *lege lata* la parte general de nuestro Código Penal aboga por un concepto restrictivo del mismo, y sucintamente hemos puesto de manifiesto los problemas a los que nos enfrentamos a la hora de delimitar conductas verdaderamente facilitadoras —punibles a título de autor— de aquellas que por su escasa gravedad para la puesta en peligro o lesión del bien jurídico no sería lo más conveniente punir a título de autor (sino, quizás, de partícipe).

La modalidad típica de facilitar es una conducta plurisubjetiva, esto es, requiere la intervención de al menos dos sujetos: el facilitador y el facilitado. Y es que toda facilitación no puede ser una conducta aislada, se necesita un individuo que facilita y un individuo a quien facilitar la obtención o la prolongación del disfrute de la prestación. Comoquiera que se necesitan varios sujetos para desarrollar esta conducta, debemos valorar cómo ha de concretarse la conducta facilitadora y qué actos son susceptibles de ser finalmente facilitadores.

Sobre este extremo ya se ha pronunciado en múltiples ocasiones la jurisprudencia del Tribunal Supremo al clarificar que *"en derecho penal, la facilitación no puede ser una actividad automatizada sin control del autor, sino posibilitando la misma con intención de distribución o difusión* —en nuestro caso con la intención de obtener el disfrute de prestaciones sociales—. *Es decir, llevando a cabo actos de difusión a terceros* —insistimos, en nuestro delito llevando a cabo actos de disfrute de prestaciones a terceros— *con la finalidad de atentar contra el bien jurídico por la norma penal"* (valgan por todas: SSTS núm. 1377/2011, de 19 de diciembre [*Tol 2396794*] (Ponente: Excmo. Sr. Juan Ramón Berdugo y Gómez de la Torre) y núm. 667/2018, de 19 de diciembre [*Tol 7028899*] (Ponente: Excmo. Sr. Jorge Alberto Barreiro).

Parece que la Sala Segunda se posiciona en favor de la teoría del dominio del hecho para afirmar que toda actividad de facilitación ha de ser controlada por el autor y ha de ir necesariamente dirigida a la lesión del bien jurídico, lo cual tiene dos consecuencias: (i) sólo será autor el facilitador cuando posea el dominio del hecho de la conducta facilitadora y (ii) han de situarse extramuros del concepto "facilitar" aquellas conductas que no lesionen el bien jurídico.

(i) Respecto al dominio de la acción como autoría inmediata personal, la construcción del dominio del hecho realizada por ROXIN probablemente sea la de mayor profundidad y repercusión, por lo que tomaremos ésta como base para examinar la modalidad delictiva de facilitación del delito de resultado que nos atañe. A modo general, pone de relieve ROXIN que quien no estando coaccionado y sin ser dependiente del modo superior a lo socialmente normal realiza los elementos del tipo de propia mano es autor y tiene el dominio del hecho[231], es decir, *"el autor es la figura central del acontecer de la acción"*[232].

Cuando hablamos de la realización de los elementos del tipo de propia mano nos representamos un comportamiento dirigido finalmente a la realización del verbo típico, es decir que la conducta ha de ir dirigida a atentar contra el bien jurídico. Esta concepción finalista en la teoría del dominio del hecho es defendida por autores como WELZEL para quien autor del hecho es *"aquel que tiene el dominio final sobre el hecho. Señor del hecho es aquel que lo realiza en forma final, en razón de su voluntad volitiva"*[233]; en sentido semejante, la proposición de la teoría del dominio del hecho propuesta por MAURACH para quien: *"el doloso tener en las manos las riendas del acontecimiento típico, esto es: la posibilidad conocida por el agente, de dirigir finalmente la configuración del*

---

231 ROXIN, C.: *Autoría y dominio del hecho en Derecho Penal*, Marcial Pons, Madrid, 2016, págs.: 133 y ss.

232 ROXIN, *Ibídem*, pág.: 42.

233 WELZEL, H.: *Derecho Penal alemán* (traducido por BUSTOS RAMIREZ, J. y YÁÑEZ PÉREZ, S.), Editorial Jurídica Chile, Santiago de Chile, 1987, pág.: 145.
Más en profundidad: WELZEL, H.: *Teoría de la acción finalista y otros escritos*, Ediciones Olejnik, Santiago de Chile, 2020.

tipo"[234]. De ese modo, para esos autores, quien ostenta el poder de decidir el curso de los acontecimientos, quien lo dirige, quien puede decidir finalmente el resultado, no está en una posición subordinada sino que posee el dominio del hecho "final".

Sin profundizar en los distintos enfoques formulados por diferentes representantes de la teoría del dominio del hecho[235], pues desbordaría el objeto del presente trabajo, es obvio que no se puede dominar un hecho de forma más evidente que cuando uno mismo lo realiza[236], luego constata ROXIN en su construcción que posee el dominio de la acción, y por ende del hecho, quien sin depender de otro realiza los presupuestos típicos del injusto y es la figura central de la descripción típica.

Traspuesto a nuestro injusto penal, quien realiza el presupuesto típico de facilitar a otro el disfrute de prestaciones sin estar coaccionado y sin ser dependiente de aquél, posee el dominio de la acción, y por consiguiente del hecho, y será considerado autor de un delito de fraude de prestaciones sociales en su modalidad de facilitación, siempre que esa facilitación atente contra el bien jurídico. No resulta problemático.

(ii) Con todo, comoquiera que la acción de facilitación ha de ir encaminada a lesionar el bien jurídico, nos preguntamos qué ocurre con aquellas conductas facilitadoras que por sí mismas no presenten una lesividad suficiente a efectos de la tipicidad objetiva. O dicho de otro modo, si la mención de actuaciones conceptualmente tan amplias como "facilitar" desecha de todo punto la apreciación de actuaciones de complicidad.

---

234 MAURACH, R.: *Tratado de Derecho Penal*, Tomo II (traducido por CÓRDOBA RODA, J.), Ariel, Barcelona, 1962, pág.: 309.

235 Ampliamente abarcadas por ROXIN en *Autoría y dominio del hecho en Derecho Penal*, *Op. Cit.*, págs.: 80 y ss.

236 ROXIN, *Ibídem*, pág.: 133.

Desde un punto de vista dogmático así debiera ser, aunque resulta cuanto menos complicado que existiendo un verbo típico que propugna un concepto extensivo de autor se pueda apreciar la complicidad, tal y como ya hemos expuesto *supra*. Ahora bien, desde un punto de vista casuístico la Sala Segunda del Tribunal Supremo y las Audiencias Provinciales han venido reconociendo muy excepcionalmente formas accesorias de participación en delitos que propugnaban conceptos extensivos de autor y entre cuyos verbos típicos se encontraba "facilitar", como por ejemplo el injusto del 368 CP, para supuestos de colaboración mínima o de actuaciones auxiliares de segundo orden o marginales en beneficio del traficante[237]. Así pues, a modo de ejemplo, la STS núm. 468/2020, de 23 de septiembre [*Tol 8096526*] (Ponente: Excmo. Sr. Vicente Magro Servet) pone en consideración:

> *la dificultad de apreciar tal forma de participación en el delito de tráfico de drogas del artículo 368 del Código Penal, habida cuenta de la amplitud con la que se describe el tipo en el que prácticamente se viene a utilizar un concepto extensivo de autor, de forma que la complicidad queda reducida a supuestos de contribución de segundo orden no comprendida en ninguna de las modalidades de conducta descritas en el artículo 368, y generalmente incluidas dentro de los supuestos encuadrados en la llamada doctrina del "favorecimiento del favorecedor" (STS núm. 643/2002, de 17 de abril), con la que se hace referencia a conductas que sin promover, favorecer o facilitar directamente el consumo ilegal, auxilian a quien ejecuta los verdaderos actos típicos conforme al citado artículo 368 (STS núm. 93/2005, de 31 de enero).*
>
> *En la STS 1276/2009, de 21 de diciembre, se afirma que "respecto de la complicidad en sentido estricto, esta Sala, ante casos de auxilio mínimo en los actos relativos al tráfico de drogas, que se vienen incluyendo en la gráfica expresión de "favorecimiento del favorecedor", viene optando por permitir, cuando se trata*

---

237 STS núm. 760/2018, de 28 de mayo [*Tol 7263556*] (Ponente: Excmo. Sr. Pablo Llarena Conde).

> *de supuestos de colaboración de poca relevancia, la aplicación del art. 29 con la consiguiente rebaja de la pena en un grado prevista en el art. 63. Tal ocurre, por ejemplo, en caso de tenencia de la droga que se guarda para otro de modo ocasional y de duración instantánea o casi instantánea, o en el hecho de simplemente indicar el lugar donde se vende la droga, o en el solo acompañamiento a ese lugar".*
>
> *En las sentencias de esta Sala 312/2007, de 20 de abril, y 960/2009, de 16 de octubre, se enumeran "ad exemplum" diversos casos calificados de complicidad:*
>
> *a) El mero acompañamiento a los compradores con indicación del lugar donde puedan hallar a los vendedores.*
>
> *b) La ocultación ocasional y de poca duración de una pequeña cantidad de droga que otro poseía.*
>
> *c) La simple cesión del domicilio a los autores por pura amistad para reunirse sin levantar sospechas (SSTS. 15-10-98 y 28-1-2000).*
>
> *d) La labor de recepción y desciframiento de los mensajes en clave sobre el curso de la operación (STS. 10-7-2001).*
>
> *e) Facilitar el teléfono del suministrador y precio de la droga (STS. 25-2-2003).*
>
> *f) Realizar llamadas telefónicas para convencer y acordar con tercero el transporte de la droga (STS. 23-1-2003).*
>
> *g) Acompañar y trasladar en su vehículo a un hermano en sus contactos para adquisición y trafico (STS. 7-3-2003).*
>
> *h) Colaboración de un tercero en los pasos previos para la recepción de la droga enviada desde el extranjero, sin ser destinatario ni tener disponibilidad efectiva de la misma (STS. 30-3-2004).*

Traída esta idea al delito que nos ocupa, encontraríamos conductas de facilitación que no serían punibles a título de autor en muy contadas ocasiones: únicamente en comportamientos de favorecimiento al facilitador. Hace alusión la jurisprudencia del Tribunal Supremo a la doctrina del favorecimiento del favorecedor como aquellas *"conductas que, sin promover, favorecer o facilitar directamente el consumo ilegal* [en nuestro caso: conductas que sin facilitar directamente el disfrute de la prestación], *auxilian a quien ejecuta los verdaderos actos típicos conforme al citado artículo 368 CP (SSTS 93/2005 de 31 de enero; 115/010 de 18 de febrero; 473/2010, de 27 de abril; 1115/2011, de 17 de noviembre y 207/2012, de 12 de marzo)"* (STS núm. 276/2021, de 25 de marzo [*Tol 8398666*] (Ponente: Excmo. Sr. Leopoldo Puente Segura). Fundamentándose esta decisión en que *"en los supuestos de mínima importancia o relevancia de la aportación de un partícipe a la aplicación analógica in bonam partem del art. 29 del C. Penal"* (STS núm. 468/2020, de 23 de septiembre [*Tol 8096526*] (Ponente: Excmo. Sr. Vicente Magro Servet), entre otras[238]).

O lo que es igual, esa doctrina busca solventar la disyuntiva de la justicia material del caso concreto de penar conductas de auxilio mínimo, de muy escasa relevancia penal favorecedoras del favorecedor no a título de autor sino de partícipe, pues esos actos realizados por el auxiliador no poseen la eficacia y transcendencia que exige el concepto de autoría, realizándose por la jurisprudencia una aplicación analógica *in bonam partem* del art. 29 CP. Trasladando esa teoría a nuestro caso, por ejemplo serían conductas similares a: (i) facilitar el número de teléfono de aquél que posee la infraestructura necesaria para facilitar la obtención o prolongación del disfrute de prestaciones sociales, (ii) la cesión del domicilio de uno para que en aquél se inscriba el domicilio social de la empresa ficticia que tiene por único fin la obtención fraudulenta de prestaciones, (iii) acompañar al interesado en prolongar u obtener una prestación de forma fraudulenta hasta el individuo que le va a facilitar la prestación, etc.; al fin y al cabo todas ellas podrían ser conductas facilitadoras de obtención o prolon-

---

238 En idéntico sentido: (i) STS núm. 553/2019, de 12 de noviembre [*Tol 7606826*] (Ponente: Excmo. Sr. Vicente Magro Servet); (ii) STS núm. 292/2016, de 7 de abril [*Tol 5688380*] (Ponente: Excmo. Sr. Andrés Martínez Arrieta); (iii) STS núm. 717/2013, de 1 de octubre [*Tol 3984624*] (Ponente: Excmo. Sr. Andrés Martínez Arrieta); (iv) STS núm. 1115/2011, de 17 de septiembre [*Tol 2341934*] (Ponente: Excmo. Sr. Francisco Monterde Ferrer).

gación de prestaciones sociales, pero que por sí mismas son tangenciales respecto al bien jurídico y a su lesión.

Si realizamos un exhaustivo análisis de la jurisprudencia de nuestros tribunales sobre la doctrina del favorecimiento del favorecedor observamos que no sólo se ha aplicado en delitos relativos contra la salud pública, sino que también ha encontrado acomodo en el delito contra los derechos de los ciudadanos extranjeros previsto y penado en el artículo 318 bis CP[239]. Por ejemplo, la SAP de Málaga (Sección

---

239 *"1. El que intencionadamente ayude a una persona que no sea nacional de un Estado miembro de la Unión Europea a entrar en territorio español o a transitar a través del mismo de un modo que vulnere la legislación sobre entrada o tránsito de extranjeros, será castigado con una pena de multa de tres a doce meses o prisión de tres meses a un año.*
Los hechos no serán punibles cuando el objetivo perseguido por el autor fuere únicamente prestar ayuda humanitaria a la persona de que se trate.
Si los hechos se hubieran cometido con ánimo de lucro se impondrá la pena en su mitad superior.
2. El que intencionadamente ayude, con ánimo de lucro, a una persona que no sea nacional de un Estado miembro de la Unión Europea a permanecer en España, vulnerando la legislación sobre estancia de extranjeros será castigado con una pena de multa de tres a doce meses o prisión de tres meses a un año.
3. Los hechos a que se refiere el apartado 1 de este artículo serán castigados con la pena de prisión de cuatro a ocho años cuando concurra alguna de las circunstancias siguientes:
a) Cuando los hechos se hubieran cometido en el seno de una organización que se dedicare a la realización de tales actividades. Cuando se trate de los jefes, administradores o encargados de dichas organizaciones o asociaciones, se les aplicará la pena en su mitad superior, que podrá elevarse a la inmediatamente superior en grado.
b) Cuando se hubiera puesto en peligro la vida de las personas objeto de la infracción, o se hubiera creado el peligro de causación de lesiones graves.
4. En las mismas penas del párrafo anterior y además en la de inhabilitación absoluta de seis a doce años, incurrirán los que realicen los hechos prevaliéndose de su condición de autoridad, agente de ésta o funcionario público.
5. Cuando de acuerdo con lo establecido en el artículo 31 bis una persona jurídica sea responsable de los delitos recogidos en este Título, se le impondrá la pena de multa de dos a cinco años, o la del triple al quíntuple del beneficio obtenido si la cantidad resultante fuese más elevada.
Atendidas las reglas establecidas en el artículo 66 bis, los jueces y tribunales podrán asimismo imponer las penas recogidas en las letras b) a g) del apartado 7 del artículo 33.

7ª) núm. 13/2016, de 17 de mayo (Ponente: Ilmo. Sr. Mariano Santos Peñalver) o la STS núm. 659/2016, de 19 de julio [*Tol 5784539*] (Ponente: Excmo. Sr. Miguel Colmenero Menéndez de Luarca) se apoyan en esa doctrina porque ese delito encierra un concepto extensivo de autor, al igual que el 368 CP. De ese modo, afirma la Sentencia de la Sala Segunda:

> *En la redacción del artículo 318 bis vigente al tiempo de los hechos se castigaba al que promueva, favorezca o facilite el tráfico ilegal o la inmigración clandestina. La descripción de la conducta típica prácticamente suprimía la posibilidad de conductas constitutivas de complicidad, al otorgar una enorme amplitud, para algunos desmesurada, a la autoría. En relación con el delito de tráfico de drogas del artículo 368, que utiliza los mismos verbos para describir la acción típica, esta Sala había destacado en algunas ocasiones las dificultades de apreciar la complicidad en el delito de tráfico de drogas del artículo 368 del Código Penal, habida cuenta de la amplitud con la que se describe el tipo en el que prácticamente se viene a utilizar un concepto extensivo de autor, de forma que la complicidad queda reducida a supuestos de contribución de segundo orden no comprendida en ninguna de las modalidades de conducta descritas en el artículo 368, y generalmente incluida dentro de los supuestos encuadrados en la llamada doctrina del favorecimiento del favorecedor (STS núm. 643/2002, de 17 de abril), con la que se hace referencia a conductas que sin promover, favorecer o facilitar directamente el consumo ilegal, auxilian a quien ejecuta los verdaderos actos típicos conforme al citado artículo 368. (STS nº 93/2005, de 31 de enero). Doctrina que sería también aplicable al delito del artículo 318 bis.*

Así las cosas, observamos un patrón: se aplica la referida doctrina a injustos que, como el 368 CP y el 318 CP, configuran un concepto extensivo de autor, como el caso que

---

6. Los tribunales, teniendo en cuenta la gravedad del hecho y sus circunstancias, las condiciones del culpable y la finalidad perseguida por éste, podrán imponer la pena inferior en un grado a la respectivamente señalada".

nos ocupa del 307 ter CP. Pero no sólo en aquellos delitos: también alguna Audiencia Provincial ha estimado la doctrina del favorecimiento del favorecedor en el delito de robo del 237 CP[240], aludiendo a resoluciones de la Sala Segunda, como por ejemplo la SAP de Pontevedra (Sección 2ª) núm. 118/2012, de 3 de abril [*Tol 2530687*] (Ponente: Ilma. Sra. Doña Rosa del Carmen Collazo Lugo)[241]:

> *Debe por tanto debe examinarse cuál es el grado de participación de Simón para lo cual ha de partirse de que como señalan las STS 25/2/2003 y 24/10/2007 "el legislador ha adoptado en la redacción del tipo penal del art. 237 un concepto extensivo de autor que excluye, en principio, las formas accesorias de participación, y sólo en supuestos singularmente excepcionales se llega a la mera complicidad en aquellos casos en que la colaboración en la actividad delictiva se presenta con una entidad nimia o cuasi irrelevante, en lo que se ha venido definiendo como favorecimiento del favorecedor" y que "para distinguir la complicidad, prevista en el art. 29 del CP, de la cooperación necesaria, a que se refiere el apartado b) del pár. 1° del art. 28 del mismo Cuerpo Legal, habrá que ponderar si la actividad auxiliar es indispensable o prescindible, siendo de aplicación las teorías sobre la "conditio sine qua non" sobre los bienes escasos y sobre el dominio de la acción, con arreglo a las cuales habrá cooperación necesaria cuando la actuación auxiliar sea decisoria y suponga una aportación difícil de conseguir, y el partícipe pueda determinar el cese de la actividad delictiva, al retirar su apoyo" en el casos que nos ocupa la acción de conducir la furgoneta es esencial para poder sustraer los efectos en cuestión, en efecto quedando probado que los tres acusados se apropiaron de los objetos que les encontraron en su poder lo cierto es que la actua-*

---

240 *"Son reos del delito de robo los que, con ánimo de lucro, se apoderaren de las cosas muebles ajenas empleando fuerza en las cosas para acceder o abandonar el lugar donde éstas se encuentran o violencia o intimidación en las personas, sea al cometer el delito, para proteger la huida, o sobre los que acudiesen en auxilio de la víctima o que le persiguieren".*

241 Otra resolución en este sentido: SAP de Sevilla (Sección 1ª) núm. 263/2013, de 5 de junio [*Tol 3958454*] (Ponente: Ilma. Sra. María Auxiliadora Echávarri García).

ción de Simón fue decisiva para la consumación de la apropiación en cuestión y por ello no cabe estimar el recurso y procede confirmar en su integridad la sentencia apelada.

Habida cuenta de cuanto antecede resaltamos que la doctrina del favorecimiento del favorecedor se adecúa a aquellos injustos típicos donde converge un concepto extensivo de autor, como ocurre en el delito de tráfico de drogas del 368 CP, el delito contra los derechos de los ciudadanos extranjeros del 318 bis CP, en el delito de robo del 237 CP o como pueda ocurrir en el delito de fraude de prestaciones sociales del tal 307 ter CP. De tal suerte que verbos como "facilitar" evidencian que todo comportamiento que suponga alguna aportación causal de facilitación a la actividad ilícita de fraude de prestaciones se podría integrar en la actividad propia del autor, excluyendo así para esta clase de delitos la distinción entre coautoría, participación necesaria y complicidad. Por consiguiente, esta doctrina podría tener cabida en nuestro delito permitiéndonos separar entre conductas verdaderamente facilitadoras, que lesionan el bien jurídico causando con ellas un perjuicio a la Administración Pública, las cuales se punirían a título de autor, de aquellas de mínima importancia que se reconducirían para su punición a título de partícipe realizando una aplicación analógica *in bonam partem* del art. 29 CP, solventando así la cuestión de justicia material del caso concreto.

A su vez la aplicación de la doctrina del favorecimiento del favorecedor que aquí defendemos como plausible para diferenciar entre conductas facilitadoras es congruente con la teoría del dominio del hecho de la que nos hacíamos eco sucintamente *supra*. Y es que si como propugnaba ROXIN autor es quien sin depender de otro realiza los presupuestos típicos del injusto y es la figura central de la descripción típica, quien posee el dominio de la acción, y por ende del hecho, podría afirmarse que no podría ser autor quien "facilitara al facilitador"; es decir, que no podrían ser calificadas como autoría las conductas que hemos ejemplificado con anterioridad: quien (i) facilitara el número de teléfono de aquel que posee la infraestructura necesaria para facilitar la obtención o prolongación del disfrute de prestaciones sociales; quien (ii) cediera del domicilio de uno para que en aquél se inscriba el domicilio social de la empresa ficticia que tiene por único fin la obtención fraudulenta de prestaciones; o quien (iii) acompañara al interesado en prolongar u obtener una prestación de forma fraudulenta hasta el individuo que le va a facilitar la prestación, pues dependen de otro que es quien verdaderamente realiza el presupuesto típico de facilitar, que es quien, en fin, facilita la obtención o prolongación del disfrute de prestaciones, quien verdaderamente lesiona el bien jurídico y quien domina el hecho, siendo por consiguiente punibles esas conductas en su caso a título en complicidad por "facilitar al facilitador".

Es por ello que esta doctrina del favorecimiento del favorecedor principalmente, y la teoría del dominio del hecho más en particular, nos permiten distinguir entre aquellas conductas verdaderamente facilitadoras, donde el individuo que las realiza posee el dominio del hecho, de aquellas que por su escasa relevancia deben punirse a título de cómplice, por lo que somos partidarios de su aplicación en este delito que propugna un concepto extensivo de autor, lo cual desde un punto de vista casuístico coadyuvaría a delimitar los contornos entre conductas facilitadoras. Pese a ello, insistimos, la mejor solución a nuestro juicio pasa por la supresión de *lege ferenda* del verbo típico "facilitar" al objeto de evitar los problemas aquí evidenciados e incluir un párrafo o un apartado que agravara la pena para el uso y *"creación de empresas ficticias que tienen por único fin la obtención de prestaciones del Sistema de la Seguridad Social"*, como así prevén otros preceptos del Código Penal.

Constatada la existencia de conductas de participación en la modalidad típica de facilitación para aquellos comportamientos realizados por quien auxilia o favorece al facilitador, quien merecería a efectos penológicos una pena inferior fundamentándose en una interpretación *in bonam partem* del art. 29 CP, y pese a que verbos como "facilitar" propugnan un concepto extensivo de autor, debemos de analizar qué formas de participación caben en esas conductas consistentes de favorecer al favorecedor, auxiliar al facilitador o facilitar al facilitador, que contribuyen accesoriamente al éxito del plan delictivo; o dicho en otras palabras, debemos preguntarnos cómo pueden circunscribirse contribuciones tanto de cooperación necesaria, de complicidad o de inducción en conductas de favorecimiento o facilitación al facilitador.

3.2. Distinción entre conductas de favorecimiento o facilitación al facilitador

Sobre este punto ya adelantamos que no nos centraremos en la figura del inductor pues consideramos que no presenta problema alguno para el caso que nos ocupa, empero sí interesa diferenciar —en términos dogmáticos— entre conductas facilitadoras del facilitador punibles a título de cómplice de aquellas que resulten punibles a título de cooperación necesaria, lo cual a efectos penológicos no tendrá relevancia alguna para el cooperador necesario del facilitador, puesto que se le impondrá idéntica pena que al propio facilitador. Empero no ocurre así con el caso del cómplice del facilitador, a quien se le rebajará su pena en un grado.

Para diferenciar la conducta de favorecimiento o facilitación al facilitador como un acto de cooperación necesaria o de complicidad nos apoyaremos en la teoría de los bienes escasos de GIMBERNAT ORDEIG, posteriormente rebautizada como teoría de los actos no neutrales o de los actos no cotidianos[242]. Muy sucintamente, la formulación de la teoría de los bienes escasos propugnada por GIMBER-

---

[242] GIMBERNAT ORDEIG, *Autor y cómplice en Derecho Penal*, *Op. Cit.*, págs.: 151 y ss.
Teoría reformulada y rebautizada en la "teoría de los actos no-neutrales (o de los actos no-cotidianos)" en GIMBERNAT ORDEIG, E.: "A vueltas con la imputación objetiva, la participación delictiva, la

NAT ORDEIG parte de la premisa de que si la pena señalada al cooperador necesario es mayor que la prevista para el cómplice ello es porque el comportamiento de aquél es más reprobable que éste, es decir, partiendo *ex ante* del criterio de la importancia objetiva de la contribución para el resultado el cooperador necesario realiza una aportación más importante para la ejecución del delito y ha contribuido de una manera más decisiva que el cómplice a la consecución del tipo penal[243].

Inicialmente en la teoría de los bienes escasos GIMBERNAT ORDEIG distinguía entre mayor (cooperador necesario) o menor (cómplice) dificultad del autor para obtener una contribución del partícipe. Estas contribuciones podrían ser consistentes o en la entrega de una cosa[244] o en un mero hacer[245] por parte del partícipe. Por lo que se refiere al primero de ellos, el criterio para determinar si la aportación de la entrega de una cosa era un bien que abunda, algo de fácil consecución, esa entrega era una conducta de complicidad[246]. Por el contrario, si se produce la puesta a disposición de un bien de difícil acceso se debía punir al partícipe como cooperador necesario[247]. Con res-

---

omisión impropia y el derecho de la culpabilidad" en *Nuevo Foro Penal*, núm. 82, 2014, págs.: 116 y ss.

En Alemania, una de las obras más significativas que tratan los actos neutrales en sentido semejante al de GIMBERNAT ORDEIG: RACKOW, P.: *Neutrale Handlungen als Problem des Strafrechts*, Peter Lang, Frankfurt am Main, 2007.

243 GIMBERNAT ORDEIG, "A vueltas con la imputación objetiva, la participación delictiva, la omisión impropia y el derecho de la culpabilidad", *Op. Cit.*, pág.: 116.

244 GIMBERNAT ORDEIG, *Autor y cómplice en Derecho Penal*, *Op. Cit.*, págs.: 155 y ss.

245 GIMBERNAT ORDEIG, *Ibídem*, págs.: 167 y ss.

246 GIMBERNAT ORDEIG, *Ibídem*, pág.: 159.

GIMBERNAT escenifica con los siguientes ejemplos conductas que constituyen complicidad: entregar al autor material un cuchillo, una cuerda, un bolígrafo, un palo, una escalera... (GIMBERNAT ORDEIG, *Ibídem*, pág.: 155).

247 GIMBERNAT ORDEIG, *Ibídem*, págs.: 155 y ss.

Por ejemplo, el autor menciona el veneno, las pistolas o la dinamita.

pecto a la prestación de un servicio o un hecho consistente en un mero hacer[248], GIMBERNAT ORDEIG utiliza el criterio del ciudadano cuidadoso. Así, si la prestación del servicio o la conducta desplegada tiene un carácter inequívocamente criminal debe constituirse como cooperación necesaria pues resulta a todas luces escasa, dado que cualquier ciudadano cuidadoso no estaría dispuesto a cometer un acto delictivo y, por ende, se reputarían como complicidad aquellas conductas o prestaciones de servicios que son abundantes por cuanto cualquier persona cuidadosa no tiene inconveniente en ejecutar[249].

Como decimos, esta primigenia teoría fue con el transcurso de los años reformulada y rebautizada por su autor como teoría de los actos no-neutrales (o de los actos no cotidianos)[250]. La reformulación de la teoría —muy brevemente traída a nuestro caso— se llevó a cabo para equiparar los actos neutrales o cotidianos con bienes no escasos, que abundan, de tal forma que todo acto neutral es sinónimo de complicidad salvo que quien lleve a cabo esa conducta, en principio inocua, de entrega de un bien conozca que va a ser utilizado como contribución para la comisión de un delito[251]. Y respecto a los actos no neutrales, GIMBERNAT ORDEIG postula que si el autor actúa con el objetivo exclusivo de cometer un delito y ello lo sabe quien presta la ayuda —porque se ha puesto de acuerdo con el autor o porque ha llegado a ese conocimiento por otros medios—, aunque fuese un acto cotidiano o acto neutral, entonces se integrará como una cooperación necesaria[252].

En definitiva, GIMBERNAT ORDEIG realiza una pequeña reformulación pero manteniendo el núcleo de la

---

248 GIMBERNAT ORDEIG, *Ibídem*, págs.: 167 y ss.

249 GIMBERNAT ORDEIG, *Ibídem*, págs.: 167 y 168.

250 GIMBERNAT ORDEIG, "A vueltas con la imputación objetiva, la participación delictiva, la omisión impropia y el derecho de la culpabilidad", *Op. Cit.*, págs.: 116 y ss.

251 GIMBERNAT ORDEIG, *Ibídem*, pág.: 121.

252 GIMBERNAT ORDEIG, *Ibídem*, pág.: 122.

originaria tesis de los bienes escasos y ofrece criterios de aplicación más nítidos con su enmienda de la "teoría de los actos no-neutrales (o de los actos no-cotidianos)" para diferenciar la cooperación necesaria de la complicidad, siendo en suma cómplice aquel que realiza un "acto neutral (un acto-cotidiano)" o un "bien no-escaso"[253], mientras que la cooperación necesaria se caracteriza porque el acto es un "acto no neutral (un acto no-cotidiano) o "un bien escaso"[254].

Trayendo la teoría de los bienes escasos —o teoría de teoría de los actos no-neutrales (o de los actos no-cotidianos) con su posterior denominación— a los ejemplos que habíamos identificado de conductas de favorecimiento o facilitación al facilitador, podemos, al menos de forma apriorística, calificarlas como conductas punibles en grado de complicidad, pero merecen ser diferenciadas a partir de la tesis expuesta por GIMBERNAT ORDEIG entre cooperación necesaria y complicidad.

Por consiguiente:

(i) ¿es facilitar el número de teléfono de aquel que posee la infraestructura necesaria para facilitar la obtención del disfrute de prestaciones sociales, una contribución de un acto neutral o un "bien no-escaso" o es un acto no neutral o un "bien escaso"?

Depende. Depende de si el individuo está decidido a obtener o prolongar indebidamente el disfrute de prestaciones con independencia de qué tercero le facilite tal fin, pues no es una condición necesaria del resultado la intervención de quien facilita el número de teléfono al interesado en obtener o prolongar el disfrute de la prestación, constituyendo por ende tal actuación un acto de complicidad porque lo que allí ocurre es un mero fortalecimiento de la decisión delictiva (bien escaso o acto neutral). En cambio, si sólo pudiera acceder el sujeto interesado al facilitador por la vía de

---

253 GIMBERNAT ORDEIG, *Ibídem*, pág.: 123.
254 GIMBERNAT ORDEIG, *Ibídem*, pág.: 123.

quien le procura el número de teléfono, esta facilitación del teléfono podría ser punible a título de cooperador necesario porque fue condición del resultado, es decir, el interesado en obtener o prolongar el disfrute de prestaciones ha conseguido tal fin porque ha habido un individuo que le ha facilitado el teléfono del facilitador (bien no escaso o acto no-neutral). O dicho con otras palabras, no podemos dar una solución definitiva, dependerá del caso concreto y será el Juez o Tribunal quien valore si la actividad del facilitador del facilitador influyó del tal manera que debe ser punible como cooperador necesario o cómplice, pero sí es cierto que ante la duda deberá aplicarse el principio *in dubio pro reo* y cuando no se tenga la absoluta certeza de la existencia de una relación de causalidad entre la final obtención o prolongación del disfrute y la inicial puesta en contacto entre el interesado y el facilitador este auxilio deberá ser punible esa conducta en grado de complicidad.

(ii) ¿Y la mera cesión del domicilio de uno para que en aquél se inscriba el domicilio social de la empresa ficticia que se va a constituir con el único fin la obtención fraudulenta del disfrute de prestaciones?

Aquel que tiene decidido constituir una sociedad o empresa ficticia con el único fin de obtener fraudulentamente el disfrute de prestaciones, la cesión a este individuo de un domicilio poco o nada cambiará la idea primigenia de cometer el hecho delictivo; máxime cuando hoy en día obtener un domicilio postal donde inscribir el domicilio social de la empresa es relativamente sencillo gracias a los coworking u oficinas con sede en un código postal, donde inscribir sociedades mercantiles es casi su único propósito, por ejemplo. Luego somos de la opinión de que la cesión de un domicilio para la inscripción de una mercantil destinada a la obtención fraudulenta del disfrute de prestaciones sociales sería un acto-cotidiano o un bien no-escaso, en palabras de GIMBERNAT ORDEIG, pues es relativamente sencillo hoy en día acceder a un domicilio social donde poder inscribir una sociedad, debiéndose punirse como complicidad.

No es idéntico supuesto aquel en el que dos personas de mutuo acuerdo decidieran la constitución de una sociedad destinada a la obtención fraudulenta de prestaciones sociales y donde en el domicilio de uno de ellos se inscribiera la mercantil destinada al efecto. En este caso no existiría problema alguno: ambos responderían a título de coautores por la obtención para otro o la facilitación del disfrute de prestaciones sociales.

(iii) ¿Y acompañar al interesado en prolongar u obtener una prestación de forma fraudulenta hasta el individuo que le va a facilitar la prestación?

Este caso podría ser bastante similar al primero de los aquí expuestos, si bien debemos matizar que el mero acompañamiento a un sujeto que está interesado en obtener fraudulentamente el disfrute de prestaciones es atípico, por ejemplo si lo realizara su pareja, un familiar o un amigo. En este caso hablamos de que el acompañante es un sujeto que pertenece a uno de los escalafones de menor nivel en los que se pude subdividir una organización creada *ad hoc* para la obtención fraudulenta de prestaciones.

Dicho lo cual, como hemos manifestado *supra*, si el individuo está decidido a obtener o prolongar indebidamente el disfrute de prestaciones con independencia de que un tercero le acompañe, esa actuación podría ser reputada como complicidad, o incluso un acto sin responsabilidad penal, dado que en ese caso lo que allí ocurre es un mero fortalecimiento de la decisión delictiva (bien no escaso o acto neutral). No ocurre lo mismo, si únicamente pudiera acceder el particular al facilitador por vía de quien le acompaña hasta él, pues esa actuación de facilitación al facilitador ejemplificada en el acompañamiento es una actividad escasa e influye en el resultado final, luego podría ser punible como cooperador necesario porque fue condición del resultado (bien escaso o acto no-neutral); es decir, el interesado en obtener o prolongar el disfrute de prestaciones no hubiera conseguido tal fin si no hubiera intercedido el individuo que le ha acompañado hasta el facilitador.

Realizando un juicio hipotético, ¿es esa contribución necesaria para el resultado? Si eliminamos mentalmente la acción acompañar al interesado hasta el facilitador, ¿hubiera obtenido o prolongado el disfrute de prestaciones? Si la respuesta es afirmativa estaríamos ante un acto de complicidad, mas si la respuesta es negativa lo sería de cooperación necesaria, y si la respuesta no es absolutamente certera nos decantaríamos por una participación por complicidad y no de cooperación necesaria de acuerdo con el principio *in dubio pro reo.*

Y es que si el interesado en obtener o prolongar el disfrute de una prestación posee relaciones con el mundo criminal le será más sencillo conseguir el acceso a un disfrute fraudulento de prestaciones sociales. Es por ello que debemos tener en cuenta las circunstancias del tiempo y de lugar[255], pues para el particular completamente desvinculado de estas actuaciones delictivas le será harto complejo conseguir la dirección de quien le puede facilitar el disfrute, por eso el acompañante se hará culpable a título de cooperador necesario (bien escaso o acto no-neutral). Pero si esa persona puede acceder por otras vías a esa facilitación fraudulenta, porque esté relacionado con el mundo de las organizaciones criminales creadas para estos fines, obtener esa información no le será excesivamente complicado por lo que deberá ser considerado como cómplice (bien no escaso o acto neutral).

En consecuencia, será el órgano sentenciador quien deba valorar la prueba y graduar si la actuación del partícipe consistente en acompañar al interesado en prolongar u obtener una prestación de forma fraudulenta hasta el individuo que le va a facilitar la prestación ha de ser punible a título de cooperador necesario o de cómplice.

---

255 Así también lo cree GIMBERNAT ORDEIG, *Autor y cómplice en Derecho Penal, Op. Cit.*, pág.: 174.

3.3. *Excurso: ¿Encuentra su previsión en el 307 ter CP la conducta facilitadora de prolongación indebida de prestaciones sociales?*

Analizado todo cuanto antecede y de acuerdo a la redacción actual del texto legal objeto de esta tesis nos asalta la duda en este momento sobre si son punibles conductas facilitadoras de *prolongación* indebida de prestaciones sociales. Y es que tal y como está hoy en día redactado el injusto, de la expresión *"o facilite a otros su obtención"* podría colegirse que la *facilitación de la prolongación* no está abarcada por el sentido literal de la norma, dado que realizando una interpretación gramatical del precepto observamos que sólo serían punibles hechos tendentes a facilitar la *obtención* (del disfrute); por ello todos los ejemplos que hemos expuesto hasta ahora aludían a facilitar a un sujeto la *obtención* de una prestación.

El motivo que movió al legislador para no incluir *ad hoc* a la *prolongación* como forma de facilitar el disfrute indebido de prestaciones sociales lo desconocemos, si bien puede ocurrir en la vida diaria en la comisión de estos ilícitos que se facilite a un tercero una *prolongación* indebida de prestaciones sociales y debemos preguntarnos si estas conductas están previstas en este injusto con la locución *"o facilite a otros su obtención"*, evitando con ello una posible laguna de punibilidad.

Una primera posición que podría defenderse, con el fin de evitar ese vacío que hemos constatado, es colegir que la *facilitación* de la *prolongación* está incluida en la expresión *"o facilite a otros su obtención"*.

Las razones que podrían fundamentar tal afirmación serían varías. En primer lugar podría decirse que para que un individuo pueda "prolongar" primero ha de "obtener" y si no obtiene difícilmente puede "prolongar", luego recogiéndose la expresión *"o facilite a otros su obtención"* se engloba la *facilitación* y la *prolongación.* No podemos aceptar este motivo. Y ello por cuanto si tomamos como punto de partida la dinámica propia de las prestaciones un sujeto puede haber obtenido debidamente el disfrute de una prestación pero es cuando desea "prolongar" el disfrute más allá de lo debido cuando puede recibir la *facilitación* desplegada por un tercero, *facilitación* que no fue necesaria para la *obtención* pero no así en la *prolongación* posterior.

Otro argumento podría ser que la locución *"o facilite a otros su obtención"* debe interpretarse teleológicamente en el posible significado de que su letra aluda al disfrute, disfrute que es indiferente que se obtenga o se prolongue. Pues bien, si ello fuera así el legislador habría incorporado al tipo como modalidad delictiva "o facilite a otros su disfrute", y de ese modo posibilitar el abarcar tanto conductas de *obtención* como de *prolongación*, pues "facilitar a otros su disfrute" engloba todo tipo de conductas, dado que el foco está en el disfrute y no en la modalidad típica. Empero, el legislador introdujo *"o facilite a otros su obtención"*, aludiendo a esa modalidad delictiva única y exclusivamente e interpretar aquello de otra forma podría ser inadmisible en Derecho Penal pues sería una interpretación extensiva contra reo.

Finalmente otra explicación con un mayor peso específico podría ser que, de acuerdo con una interpretación lógica, se alude a la *obtención* en general, resultando indiferente si esa obtención es una *obtención* primigenia de la prestación o la *obtención* de un momento posterior: cuando se prolonga. Lo cierto y verdad que el texto legal prevé *"o facilite a otros su obtención"*, luego no podemos aceptar que con esa expresión se quiera aludir a dos modalidades típicas diferentes. Y es que si de acuerdo con sentido literal del precepto nos hemos posicionado en favor de que el injusto distingue tres posibles acciones típicas de defraudación, como también hace la mayor parte de la doctrina y la jurisprudencia, no podemos ahora buscar una interpretación separándonos de aquélla, considerando que una de ellas —"obtener"— abarca tanto a la propia *obtención* como a la *prolongación* toda vez que sería una forma de contradecirnos en todo lo expresado hasta este momento y una conculcación, además, del principio de legalidad.

De otro lado podría defenderse que de *lege lata* facilitar a otros su *obtención* no engloba la conducta típica de "prolongar". Un fundamento principalmente sostendría esta posición.

La tercera de las modalidades típicas evidencia por sí misma la conducta que está prevista y penada es únicamente la *facilitación* de la *obtención*, sin ser necesarios juegos de malabares interpretativos para incluir la modalidad típica de *prolongación*. Y es que el englobar a las dos modalidades típicas cuando sólo aparece en el texto legal la *obtención* podría conculcar varios principios del Derecho Penal.

Desde una perspectiva principiólogica si abarcásemos tanto la *obtención* como la *prolongación* en la locución *"o facilite a otros su obtención"* ello no superaría las exigencias de los principios de legalidad y de taxatividad de la norma penal (principio de responsabilidad por el hecho). Principios fundamentales que encuentran su previsión en los proclamados artículos 25.1 CE[256] y 1.1 CP[257], los cuales se materializan en el aforismo de *nullum crimen sine lege*. Ese principio de legalidad formula una garantía criminal que prohíbe la analogía contra reo, lo cual se traduciría en nuestro caso en que si el 307 ter CP considera la *"facilitación a otros de la obtención"* como modalidad típica sería una aplicación por analogía contra reo extenderlo a la modalidad de *prolongación*. Por ese motivo no podría calificarse como delito conductas facilitadoras de *prolongación* en tanto en cuanto no se encuentran definidas como infracciones penales en la Ley, toda vez que la modalidad delictiva de *prolongación* no tiene cabida en los sentidos literales posibles de la expresión *"o facilite a otros su obtención"* en ningún caso desbor-

---

256 *"Nadie puede ser condenado o sancionado por acciones u omisiones que en el momento de producirse no constituyan delito, falta o infracción administrativa, según la legislación vigente en aquel momento".*

257 *"No será castigada ninguna acción ni omisión que no esté prevista como delito por ley anterior a su perpetración".*

dándose así el marco de su interpretación. Insistimos, pues, en que esa interpretación de la locución *"o facilite a otros su obtención"* es a todas luces extensiva y traspasa la frontera de la interpretación admisible porque supera "el sentido literal posible" de la norma reputándose, por ende, como una analogía *in malam partem* inadmisible por resultar perjudicial para el reo[258].

Siendo como somos partidarios de un Derecho Penal respetuoso con los principios sobre los que se sustenta nuestro Estado social y democrático de Derecho como el que acoge nuestra Constitución, debemos ser críticos de nuevo con el legislador dado que no es ni mucho menos evidente que la modalidad de *prolongación* esté abarcada por la expresión *"o facilite a otros su obtención"*; muy al contrario, partiendo de una interpretación gramatical de la norma, somos de la opinión de que esa locución no engloba en ningún caso a la modalidad típica de *prolongación*.

Por ende, si el legislador desea mantener en el tipo penal la conducta delictiva de *facilitación*, pese a los peligrosos inconvenientes que hemos puesto de manifiesto a lo largo de este apartado, de *lege ferenda* proponemos al legislador penal que modifique el precepto en aras de evitar lagunas de punibilidad y que las conductas facilitadoras de *prolongación* a otros estén previstas en el texto legal, al igual que ocurre en actualmente con la *"facilitación a otros de la obtención"*.

En primer lugar, la necesidad que justifica esa introducción encuentra su fundamento en que el precepto a todas luces resulta incompleto con respecto a las lesiones que pueden suponer estos hechos para el bien jurídico. Esas conductas de "facilitar" la *prolongación*, realizadas por ejemplo por un profesional médico que tergiversa o simu-

---

258 Numerosas resoluciones del Tribunal Constitucional ya se han pronunciado en este sentido, valgan como ejemplo: STC núm. 142/1999, de 22 de julio [*Tol 81193*] (Ponente: Don Julio Diego González Campos) o STC núm. 127/2001, de 4 de junio [*Tol 81479*] (Ponente: Don Julio Diego González Campos).

la hechos en una historia clínica u oculta aquéllos en un documento para que un sujeto pueda prolongar una baja médica por incapacidad temporal resultando esa *prolongación* de la prestación indebida, han de ser lógicamente previstas en el tipo penal dado que también son lesivas de algún modo para el bien jurídico que hemos identificado en este precepto: inmediatamente con el patrimonio de la Seguridad Social y mediatamente con la función inherente de las prestaciones sociales como mecanismo de realización del gasto social de la Seguridad Social *ex* artículo 41 CE. Así pues, conductas tendentes a la *facilitación* de una *prolongación* indebida poseen el carácter lesivo suficiente como para merecer su reproche penal; por consiguiente, dejar la punición de esos hechos extramuros del Código Penal quiebra el principio de coherencia legislativa, toda vez que tipificar expresamente en el injusto la *facilitación* de la *obtención* y no la *facilitación* de la *prolongación* supone un desigual tratamiento ante conductas semejantes. Y es que si inferimos que "facilitar" una *prolongación* puede resultar una conducta gravosa para el bien jurídico, como aquí postulamos, debe rechazarse que sea atípica por desacierto del legislador penal al no prever específicamente estos comportamientos en el 307 ter CP.

Seguidamente y a mayor abundamiento, otro principio que resultaría conculcado con la laguna de punibilidad aquí puesta de manifiesto sería el principio de proporcionalidad de las penas. Como decimos, resulta evidentemente desigual la comparación entre sancionar conductas de *facilitación* de *obtención* del disfrute de una prestación —cuyo marco penológico se sitúa para las penas de prisión de seis meses a tres años en su tipo básico— con comportamientos consistentes en "facilitar" la *prolongación*, comportamiento cuya punición no está prevista de acuerdo con la interpretación gramatical que realizamos a la redacción del tipo en la actualidad. Reparemos en que carece de toda lógica castigar conductas de *facilitación* de la *obtención* pero no de *facilitación* de la *prolongación*, máxime cuando éstas segundas pueden causar un perjuicio mayor a la Administración

Pública, pues "prolongar" *sine die* el disfrute de una prestación por un individuo es cuantitativamente y cualitativamente necesariamente más lesivo para el bien jurídico que un mero acto de *obtención*. Es por ello que punir conductas más gravosas, o cuanto menos similares, en su lesividad al bien jurídico de forma desigual depara en un quebranto del principio de proporcionalidad de la pena por el hecho cometido para el facilitador de la "obtención" que se enfrenta a las penas de prisión anteriormente reseñadas en relación con el facilitador de la "prolongación" cuya conducta no es punible en ningún caso; puede confirmarse entonces que el legislador dejó extramuros del Código Penal la punición de las conductas más lesivas para el bien jurídico: las conductas facilitadoras de la *prolongación*, extremo que ha de ser oportunamente revisado en las posteriores modificaciones de la Ley Sustantiva Penal, graduándose una pena acorde al hecho cometido.

Habida cuenta de cuanto antecede, proponemos de *lege ferenda* la supresión o enmienda de la expresión *"o facilite a otros su obtención"*, consignada actualmente en el 307 ter CP, por *"o facilite a otros su disfrute"*. Vocablo éste del "disfrute" que si fuera incluido por el legislador penal en futuras reformas permitiría abarcar tanto conductas de *obtención* como de *prolongación*, puesto que el término "disfrute" no distingue entre conductas fraudulentas, colmándose así la laguna de punibilidad existente actualmente y constatada en este excurso y resolviendo los más que plausibles transgresiones de los principios de coherencia legislativa y de proporcionalidad de las penas.

Capítulo V
Los medios de comisión del delito: simulación, tergiversación y ocultación

Continuando con el análisis llevado a cabo en este trabajo, es el momento de realizar un estudio pormenorizado de los medios comisivos del delito, esto es, los modos según los cuales han de realizarse las conductas típicas causándose con ello un error a la Administración.

Habiendo constatado que el 307 ter CP prevé como verbos típicos la obtención, la prolongación y la facilitación del disfrute de prestaciones, y habiendo procedido al análisis de éstas, debemos determinar los modos según los cuales deben ejecutarse las conductas típicas. Y es que no se trata de criminalizar todo disfrute indebido de prestaciones sociales, sino sólo y exclusivamente aquel disfrute que se haya realizado *"mediante la simulación o tergiversación de hechos, o la ocultación consciente de hechos de los que tenía el deber de informar"*. Es decir que la realización de las conductas falsarias se llevan a cabo mediante (i) la simulación de hechos, (ii) la tergiversación de éstos o (iii) la ocultación de los mismos cuando el individuo tuviera el deber de informar. Son estas las vías en virtud de las cuales se realizan las conductas típicas; conductas que poseen un elemento nuclear: el tipo de fraude de prestaciones sociales en la legislación española exige específicamente que el "engaño" que se produce a la Seguridad Social verse sobre hechos con el único objetivo de obtener, prolongar o facilitar la obtención de prestaciones a las que no se tenía derecho[259].

---

259 En este sentido: MARTÍNEZ-BUJÁN PÉREZ, *Derecho Penal Económico y de la empresa*, 2019, *Op. Cit.*, pág.: 739; EL MISMO, "Delitos contra

Y ello pese a que siendo conocedores de que el 307 ter CP no exige específicamente "engaño" alguno, no obstante el necesario despliegue de una conducta mendaz previa para obtener o prolongar indebidamente una determinada prestación social resulta que no es sino el "engaño" a la Administración Pública.

Esa configuración del tipo cuanto menos morfológicamente semejante a la estafa común, junto a la constatación de un bien jurídico similar en ambos injustos, un marco penológico para los tipos básicos de estos delitos también idéntico, y la punición históricamente de estas conductas de fraude de prestaciones sociales vía estafa con anterioridad a la creación *ex novo* del art. 307 ter CP, nos conduce a analizar los posibles problemas de la incriminación del fraude de prestaciones sociales en cada uno de los elementos del delito de estafa.

1. EL DELITO DE FRAUDE DEL DISFRUTE DE PRESTACIONES SOCIALES A LA LUZ DE LA ESTRUCTURA TÍPICA DEL INJUSTO DE LA ESTAFA

Constatamos ya en un momento anterior de nuestro trabajo un evidente paralelismo entre el fraude de prestaciones sociales y el tradicional injusto de estafa, *ex* art. 248 CP, pues el primero podemos decir que se construye a partir de la estructura del segundo[260]: ambos tipifican una estrategia precedente o concurrente falsaria dirigida a inducir a error a la Ad-

la Hacienda Pública y contra la Seguridad Social", *Op. Cit.*, pág.: 523 o GALÁN MUÑOZ / NUÑEZ CASTAÑO, *Manual de Derecho Penal económico y de la empresa*, *Op. Cit.*, pág.: 278.

260 Hasta el punto que ambos delitos poseen idéntico marco penológico.
En esta línea: BUSTOS RUBIO, "La tipificación del fraude en las prestaciones del sistema de Seguridad Social: el nuevo artículo 307 ter del Código Penal", *Op. Cit.*, pág.: 11.

ministración de la Seguridad Social mediante una conducta mendaz o engañosa, la cual provoca un acto de disposición patrimonial en favor del administrado, con el consiguiente y correlativo perjuicio para la Administración[261]. No obstante ello, existe una diferencia entre ambas estructuras típicas: mientras que la estafa no limita las formas comisivas el 307 ter CP sí que tasa y define las conductas defraudatorias del engaño —simular, tergiversar y ocultar hechos—; si bien ya adelantamos la existencia de problemas dogmáticos que resultan decisivos para apoyar una tipificación autónoma de estas conductas concurrentes a defraudar a la Seguridad Social.

1.1. La conducta engañosa como medio típico para la inducción a la Administración a la disposición patrimonial en favor del administrado

El primer y fundamental elemento del delito de estafa es el engaño. De modo general, la doctrina más especializada ha definido desde antaño el engaño como aquella conducta tendente a causar un daño patrimonial injusto, a través de una mendacidad, astucia o artificio[262]. Esa conducta tendente a causar un daño patrimonial se materializa en nuestro caso a través de (i) la simulación unos hechos, (ii) la tergiversación de éstos o (iii) la ocultación de los mismos con el fin de obtener, prolongar o facilitar indebidamente a otro el disfrute de una prestación; ahora bien, como apunta algún autor[263], aún reconociendo que este

---

261 A modo general, para más en profundidad sobre los elementos configuradores del delito de estafa, valga por todas: STS núm. 353/2000, de 1 de marzo [*Tol 4922955*] (Ponente: Excmo. Sr. Julián Sánchez Melgar).

262 CÓRDOBA RODA, J.: *Comentarios al Código Penal*, Tomo III, Barcelona, 1978, pág.: 1019.
GÓMEZ BENÍTEZ, J.M.: "Función y contenido del error en el tipo de estafa" en *Anuario de Derecho Penal y Ciencias Penales*, Tomo XXXVIII, núm. 2, 1985, pág.: 338.

263 BUSTOS RUBIO, "El delito de fraude en las prestaciones del sistema de la Seguridad Social (art. 307 ter CP)", *Op. Cit.*, pág.: 194.

requisito del engaño resulte esencial ello no implica que la mera acreditación del mismo suponga por sí solo la comisión de un delito de fraude de prestaciones sociales, sino que esta exigencia juega su papel con algunas otras que analizaremos a continuación.

En la doctrina española puede encontrarse algún autor como BACIGALUPO ZAPATER que descartan de todo punto la existencia de engaño alguno a la Administración —tesis formulada originariamente para el delito de defraudación tributaria pero que podría ser perfectamente trasladada al 307 ter CP—, dado que el "engaño" que constituiría la defraudación a la Administración Tributaria no constituye un elemento típico en este injusto[264]. Según BACIGALUPO ZAPATER no cabría apreciar el engaño en el delito fiscal (305 CP) por tres razones principales: (i) en primer lugar el delito contra la Hacienda Pública sólo es punible a partir de determinada cantidad, lo que supondría un trato privilegiado en relación con el injusto de la estafa, dado que se tutela con este delito el patrimonio estatal; (ii) asimismo, el delito de estafa es un delito de autolesión, esto es, *"es la víctima engañada la que mediante la disposición patrimonial se produce la lesión patrimonial"*[265], y el dejar de abonar los impuestos no supone de engaño alguno; (iii) y porque *"dejar de pagar en ningún caso es suficiente para afirmar la existencia de un engaño y nadie necesita engañar para no pagar"*[266].

Traída la referida teoría al delito que nos ocupa, inferimos que ésta no podría tener su cabida en el 307 ter CP por las razones que exponía BACIGALUPO ZAPATER pero jus-

---

264 Para más en profundidad ver la tesis original: BACIGALUPO ZAPATER, E.: "El delito fiscal" en *Estudios sobre el nuevo Código Penal de 1995* (Editor: DEL ROSAL BLASCO, B.), Tirant Lo Blanch, Valencia, 1997, págs.: 289 a 291.
En referencia al delito de fraude de subvenciones principalmente se han manifestado así, entre otros, ASÚA BATARRITA, "Estafa común y fraude de subvenciones: de la protección del patrimonio a la protección de la institución subvencional", *Op. Cit.*, págs.: 125 y ss.

265 BACIGALUPO ZAPATER, "El delito fiscal", *Op. Cit.*, pág.: 290.

266 BACIGALUPO ZAPATER, *Ibídem*, pág.: 291.

tamente a la inversa: (i) el 307 ter CP no consigna cantidad mínima a partir de la cual es punible la defraudación de prestaciones sociales, a diferencia de lo que ocurre con el resto de injustos de los delitos contra la Hacienda Pública o la Seguridad Social, luego no supone trato privilegiado alguno en relación con el delito de estafa del 248 CP, máxime cuando el marco penológico es idéntico en ambos preceptos; (ii) el delito de fraude de prestaciones sociales podría reputarse como un delito de autolesión, pues la Administración de la Seguridad Social es la víctima engañada que mediante la disposición de fondos realizada se produce a sí misma la lesión patrimonial al conceder el disfrute de una prestación a un individuo cuando éste no cumplía con los requisitos preestablecidos; y (iii) porque el obtener o prolongar indebidamente el disfrute de prestaciones requiere de un "engaño" previo suficiente para producir el error en el sujeto pasivo, sin el cual no puede producirse la disposición patrimonial indebida a favor del individuo. Que se trata de error y engaño puede deducirse de la situación en la que se proporciona información engañosa a la Administración consistente en la alteración sustancial de los hechos consignados en la solicitud presentada, concediéndose una prestación a un individuo que no cumplía las condiciones objetivas para su aprobación.

Constatada, por tanto, la existencia de una estructura de engaño—error—disposición patrimonial, como ya apuntaba algún tratadista, no podemos acoger que no existe "engaño" alguno en el 307 ter CP, por lo que debemos evaluar cómo interpretar ese "engaño" que hemos acreditado: si puede acarrear un significado propio en este delito socioeconómico o si, por el contrario, podría interpretarse en el mismo sentido que en el delito de estafa. En cualquier caso, se opte por una u otra interpretación, ya dejamos consignado que debe desecharse la pertenencia de este engaño a la tipicidad subjetiva, pues el tipo penal omite toda alusión a cualquier ánimo defraudatorio.

Retomando el asunto que nos asalta, un determinado sector de la doctrina mantiene el engaño como punto de partida del comportamiento típico del 307 ter CP, aunque sin acoger en idénticos términos el significado del "engaño bastante" consignado en la estafa. Por ejemplo, COCA VILA apunta que *"el paralelismo con el delito de estafa en este punto innegable, si bien el art. 307 ter CP no exige en modo alguno un engaño bastante en el sentido del art. 248 CP"*[267]. Sin este tratadista profundizar o precisar más en ello, no podemos posicionarnos a favor o en contra de su planteamiento. Cierto es que el artículo 307 ter CP no hace referencia en ningún caso la expresión contenida en el delito del 248 CP de "engaño bastante" pero ello no implica automáticamente afirmar que el 307 ter CP no exige de alguna forma el empleo de un "engaño bastante" para inducir a error en el sujeto pasivo con la consecuencia de producir un perjuicio patrimonial a la Administración. Como es igual de cierto que, a diferencia de lo que ocurre con el 248 CP, el delito de fraude de prestaciones no admite cualquier tipo de engaño a la hora de configurar la tipicidad de los hechos, sino que únicamente ese "engaño bastante" se materializa a partir de tres tipos de modalidades de comisión (simulación o tergiversación de hechos, u ocultación de hechos sobre los que tenía el deber de informar). Ahora bien, *prima facie* si ese engaño no fuera reputado como "bastante" no sería susceptible de provocar un error en la Administración, lo que a su vez no provocaría un acto de disposición patrimonial en favor del administrado con el consiguiente perjuicio para ésta. Es cierto que el precepto no incluye la expresión de "engaño bastante", mas son los verbos rectores de simular, tergiversar y ocultar los que llevan aparejado intrínsecamente la idea de ese "engaño bastante", pues si el engaño fuera meramente ostensible no se habrían consignado verbos como aquéllos que requieren una intensidad mínima para llevar a efecto el mismo. A nuestro modo de ver ese es el significado de "engaño bastante" que puede llegar a propugnar el delito el 307 ter CP sin prever específicamente

---

[267] COCA VILA, "Protección de las haciendas públicas y la Seguridad Social", *Op. Cit.*, pág.: 634.

la referida expresión: la modalidad comisiva ha de ser suficientemente intensa como para conseguir la obtención o prolongación indebida del disfrute de prestaciones sociales porque de lo contrario la propia Administración de la Seguridad Social puede percibir el intento de defraudación por medio de una mera actuación de comprobación.

Asimismo, en ese sector que aboga por descartar la concurrencia de "engaño bastante" en el 307 ter CP podemos incluir a otro autor como CÁMARA ARROYO[268]. Este autor acoge el análisis sobre el alcance conceptual del engaño en el delito socioeconómico del 307 CP efectuado previamente por GÓMEZ PAVÓN[269], postulando que el concepto de engaño no se utiliza en los mismos términos en este delito del 307 ter CP que en el injusto de la estafa. Para ello el citado autor, aludiendo a algunas resoluciones de la Sala Segunda, expone que en los últimos años se ha producido un giro jurisprudencial sobre el significado de "defraudar" en esta clase de ilícitos que se separa del significado original de engaño. El problema que apreciamos es que esta teoría que defiende CÁMARA ARROYO, originaria de GÓMEZ PAVÓN y prevista para el **307 CP** a partir de las resoluciones de la Sala de lo Penal del Tribunal Supremo, podría no tener cabida en el 307 ter CP de acuerdo con nuestro entendimiento.

En primer lugar porque modalidades comisivas como "defraudar" o "eludir" consignadas en el 307 CP no encuentran su previsión en el 307 ter CP. Ello no es una cuestión baladí, por cuanto las modalidades básicas de comisión del 307 ter CP son "simular" "tergiversar" y "ocultar", luego no cabría trasladar plenamente, como así hace CÁMARA ARROYO, lo dispuesto por la doctrina y jurisprudencia específicamente para el fraude de cotizaciones al

---

268 CÁMARA ARROYO, "Entre el Derecho Penal de clase y la expansión punitiva: el delito de obtención indebida de prestaciones (art. 307 ter C.P.)", *Op. Cit.*, pág.: 67.

269 GÓMEZ PAVÓN, "El delito de defraudación a la Seguridad Social (art. 307 CP)", *Op. Cit.*, págs.: 34 y ss.

fraude de prestaciones, dado que modalidades comisivas diferentes merecen tratamiento y análisis desiguales; y ello pese a que en términos coloquiales aludamos a "fraude de prestaciones sociales" para referirnos al injusto que ocupa este trabajo pero sin que el verbo "defraudar" encuentre su previsión en el 307 ter CP.

Sobre este punto, qué duda cabe que existe una obsoleta interpretación en los delitos contra el sistema de ingresos de la Seguridad Social sobre el significado de "fraude", la cual venía equiparando semánticamente el engaño a la defraudación como acción o efecto de defraudar; valga como ejemplo la STS de 12 de marzo de 1986 [*Tol 2317217*] (Ponente: Excmo. Sr. Luis Vivas Marzal)[270]. Sin embargo, esta conclusión vino a dejar paso a otra interpretación más reciente donde "defraudar" no debe equiparse al significado de engaño, en cuyo delito la mendicidad ha de conducir a un acto de disposición patrimonial[271], sino que "defraudar"

---

270 *"La acción, para algunos, es muy simple pues basta con el impago de la deuda tributaria que incumba al infractor, esto es, con no ingresar en las arcas correspondientes las sumas adecuadas, pero, habida cuenta de que, «fraude», equivale semánticamente a «engaño» o a «acción contraria a la verdad o a la rectitud», «defraudación», a «acción o efecto de defraudar», y «defraudar», siendo palabra polisémica, en su acepción más ajustada al caso, a «cometer un fraude en perjuicio de alguno», y tomando en consideración que no se trata de resucitar la antigua prisión por deudas, es preciso llegar a una conclusión distinta, conforme a la cual lo relevante, a efectos punitivos, es ocultar o desfigurar las bases tributarias con el fin de eludir la obligación de satisfacer determinados impuestos y con la evidente intención defraudatoria consiguiente, cuya intención de defraudar, la presume el legislador, en el párrafo primero del art. 319, mediante una interpretación auténtica que no parece excluir hipótesis distintas a las expresamente previstas, «en el caso de falsedades o anomalías sustanciales en la contabilidad y en el de negativa u obstrucción de la acción investigadora de la administración tributaria»; a lo que cabe agregar que es requisito indispensable, para la criminalización de la conducta fraudulenta, que, la elusión del pago de impuestos conseguida ascienda a una cantidad igual o superior a dos millones de pesetas".*

271 Por todos: MARTÍNEZ-BUJÁN PÉREZ, *Derecho Penal económico y de la empresa. Parte Especial, Op. Cit.*, pág.: 668.
También en esta línea STS núm. 1046/2009, de 27 de octubre [*Tol 1768823*] (Ponente: Excmo. Sr. Miguel Colmenero Menéndez de Luarca).

debe inferirse como *"privar a uno con abuso de confianza, con infidelidad a las obligaciones propias, de lo que le toca por derecho"* (STS núm. 1333/2004, de 19 de noviembre [*Tol 527688*] Ponente: Excmo. Sr. Joaquín Delgado García), por tanto para esta clase de delitos contra el sistema de ingresos de la Seguridad Social los verbos "eludir" y "defraudar" tendrían un significado diferente al de "engañar"; fundamentación ésta que permite al referido autor afirmar que *"ello hace dudar del alcance conceptual del engaño en el art. 307 ter CP que, en todo caso, quedará circunscrito a las modalidades comisivas indicadas en el tipo penal"*[272]. Mas esta fundamentación no es óbice para *"dudar del alcance conceptual del engaño en el 307 ter CP"*, como sostiene CÁMARA ARROYO, y ello por cuanto del mismo modo que resulta evidente que "engañar" y "eludir" o "defraudar" no resultan semejantes, también es obvio que la dinámica comisiva del 307 CP y del 307 ter CP son indiscutiblemente desiguales y que verbos típicos como "eludir" o "defraudar" consignados en el 307 CP no encuentran su previsión en el 307 ter CP.

Y es que cuando se trata de conductas consistentes en "defraudar" o "eludir" el pago de las cuotas y conceptos de recaudación conjunta a la Seguridad Social (307 CP), es claro que el tipo objetivo de ese injusto no exige un engaño consistente en una maquinación de contenido bastante para producir un error en la Administración, por cuanto la mecánica de ese delito es que es el individuo quien deja de abonar lo que le corresponde. Pero es que, ítem más, tampoco puede apreciarse que en este delito se produzca disposición patrimonial alguna en idénticos términos que acontece en el 307 ter CP. Y si no existe engaño alguno ni disposición patrimonial difícilmente puede hablarse en este delito en los términos propios del delito de estafa, como correctamente apunta GÓMEZ PAVÓN; por el contrario, el 307 ter CP encierra una dinámica de engaño—

---

272 CÁMARA ARROYO, "Entre el Derecho Penal de clase y la expansión punitiva: el delito de obtención indebida de prestaciones (art. 307 ter C.P.)", *Op. Cit.*, pág.: 67.

error—desplazamiento patrimonial que resulta de todo punto diferente a la prevista en el fraude de cotizaciones del 307 CP, luego no podemos trasladar completamente lo dispuesto para el injusto que tutela la vía del ingreso de la Seguridad Social al delito que protege la vía del gasto de ésta.

Lo cierto es que los argumentos ofrecidos por la doctrina más especializada que ha tratado el delito de fraude de prestaciones sociales no nos permiten por sí mismos acoger o descartar la concurrencia de un "engaño bastante" semejante al injusto de la estafa. Por tal razón analizaremos desde nuestra óptica el "engaño" para provocar el error en el sujeto pasivo, con el fin de poder decantarnos por una posición u otra en relación a si puede acarrear un significado propio en este delito socioeconómico o si, por el contrario, podría interpretarse en el mismo tradicional sentido que en el delito de estafa.

1.1.a. La idoneidad del engaño. Los deberes de autoprotección de la víctima

Sin duda, como adujimos, la locución de "engaño bastante" no está prevista en el delito del 307 ter CP, pero ello no es óbice para desechar la concurrencia de un engaño idóneo para que el sujeto pasivo realice en su propio perjuicio un acto de disposición —como así ocurre en el delito de estafa— porque lo verdaderamente relevante será que la conducta mendaz sea capaz por sí misma de inducir a error a la Seguridad Social para conocer que los hechos consignados en la solicitud de obtención o prolongación de disfrute de prestaciones sociales son simulados, tergiversados u ocultan todos o parte de ellos[273]. Por ello, la cuestión más

---

[273] En términos semejantes lo afirmó CHAZARRA QUINTO, si bien sobre el 307 CP: *"lo verdaderamente relevante es que se lleve a cabo una conducta defraudatoria mediante un engaño que impida a la Seguridad Social conocer la existencia y la cuantía de la cotización"* en *Delitos contra la Seguridad Social, Op. Cit.*, pág.: 227.

problemática reside en determinar en qué casos la acción engañosa es adecuada para eludir las barreras de autodefensa del sujeto pasivo para conducir a la exclusión del injusto del autor. Y es que este argumento *"victimodogmático"* plantea lo que se considera una cuestión de subsidiariedad: la protección penal no es necesaria allí donde se puede y debe protegerse la propia víctima[274].

La interpretación de la idoneidad del engaño en los delitos patrimoniales ha transitado históricamente por varios momentos. En un primer momento, la interpretación estuvo marcada por un fuerte causalismo: valorar *ex post* el engaño atendiendo a sus consecuencias, lo cual se mantendría hasta la reforma de del Código Penal en 1983, operada por la Ley Orgánica 8/1983, de 25 de junio, de Reforma Urgente y Parcial del Código Penal[275], que promulgaba la doctrina de cuño francés de la puesta en escena o *"mise en scene"*, conforme a la cual el engaño consistía en una maquinación engañosa, sin ser suficiente la mera inveracidad. Con posterioridad a la reforma de 1983, se abandonó el causalismo y se apostó por la teoría de la imputación objetiva, de manera que la tipicidad del engaño se debe definir *ex ante*, independientemente de si *ex post* se ha producido un error en el sujeto pasivo y, en su caso, un acto de dispo-

---

274 GÓMEZ BENÍTEZ, "Función y contenido del error en el tipo de estafa", *Op. Cit.*, pág.: 337.
Autores que rechazan el argumento victimodogmático: DOPICO GÓMEZ ALLER, J.: "Estafa y otros fraudes en el tráfico inmobiliario" en *Derecho Penal de la Construcción. Aspectos urbanísticos, inmobiliarios y de seguridad en el trabajo*, Comares, Granada, 2006, págs.: 157 y 158.

275 Que modificaba el por aquel momento artículo de la estafa (**artículo 528 CP**) en el siguiente sentido: *"Cometen estafas los que con ánimo de lucro utilizan engaño bastante para producir error en otro, induciéndole a realizar un acto de disposición en perjuicio de sí mismo o de tercero.*
El reo de estafa será castigado con la pena de arresto mayor si la cuantía de lo defraudado excede de 30.000 pesetas. Si concurrieren dos o más circunstancias de las expresadas en el artículo siguiente o una muy cualificada, la pena será de prisión menor. Si concurrieren las circunstancias primera o séptima con la octava, la pena será de prisión mayor.
Si concurriere sólo alguna de las circunstancias del artículo siguiente, la pena se impondrá en su grado máximo".

sición patrimonial[276]. Interpretación jurisprudencial que dejó paso a una más moderna que propugna la idea de los deberes de autoprotección.

La teoría de los "deberes de autoprotección" examina la idoneidad o tipicidad del engaño desde un modelo de víctima diligente, que se autoprotege para no caer en el error y ser objeto de engaño. El contenido de los "deberes de autoprotección" ha ido modificándose sustancialmente con el paso del tiempo. Únicamente se sitúan extramuros de esa terminología *los "engaños burdos"* o de *"absoluta falta de perspicacia, estúpida credulidad o extraordinaria indolencia"*[277], ahora bien sin "*que se pretenda desplazar sobre la víctima de estos delitos la responsabilidad del engaño, exigiendo un modelo de autoprotección o autotutela que no está definido en el tipo ni se reclama en otras infracciones patrimoniales*" (STS núm. 162/2012, de 15 de marzo [*Tol 2489281*] (Ponente: Excmo. Sr. Conde-Pumpido Tourón) o STS núm. 319/2013, de 3 de abril [*Tol 3706598*] (Ponente: Excmo. Sr. Antonio del Moral García). O lo que es igual, todo engaño es típico salvo el engaño burdo que en puridad no puede llamarse "engaño", es decir, que no es típica "*"cualquier mentira", sino solamente mediante un engaño suficientemente intenso para afirmar que su decisión económica ha sido objeto de instrumentalización, de una manipulación, es decir, que otro se ha "apropiado" del proceso de decisión de la víctima*"[278].

Sobre este punto, las últimas resoluciones dictadas por la Sala Segunda del Tribunal Supremo, como son las SSTS núms. 277/2020, de 3 de junio [*Tol 7980186*] (Ponente: Excmo. Sr. Julián Sánchez Melgar) y 482/2018, de 18 de octubre [*Tol 6919647*] (Ponente: Excmo. Sr. Julián Sánchez

---

276 Valga como ejemplo, la STS núm. 1160/1993, de 18 de mayo (Ponente: Excmo. Sr. José Manuel Martínez-Pereda Rodríguez).

277 Por todas, STS núm. 928/2005, de 11 de julio [*Tol 674693*] (Ponente: Excmo. Sr. Joaquín Giménez García).

278 PASTOR MUÑOZ, N.: "El delito de estafa" en *Lecciones de Derecho Penal económico y de la empresa. Parte general y especial* (Director: SILVA SÁNCHEZ, J.M., Coord.: ROBLES PLANAS, R.), Atelier, Barcelona, 2020, pág.: 258.

Melgar) han retomado el modelo causalista de la estafa incluyendo criterios normativos de delimitación del engaño bastante, a saber:

> *"a) el deber de autoprotección no puede desplazar indebidamente sobre los perjudicados la responsabilidad de comportamientos en que la intención de engañar es manifiesta.*
> *b) únicamente el engaño burdo, grosero o esperpéntico debe excluirse como mecanismo para producir error en otro.*
> *c) el engaño no tiene que quedar neutralizado por una diligente actividad de la víctima, porque el engaño va unido en función de la actividad engañosa activada por el sujeto agente, no por la perspicacia de la víctima.*
> *d) interpretar con carácter estricto la suficiencia del engaño es tanto como transvasar el dolo o intencionalidad del sujeto activo de la acción al sujeto pasivo exonerando al defraudador de responsabilidad por el hecho de que un tercero haya tenido un descuido en su manera de proceder o en el cumplimiento de sus obligaciones".*

Todo cuanto antecede puede resumirse en la STS núm. 478/2018, de 17 de octubre [*Tol 6864560*] (Ponente: Excmo. Sr. Julián Sánchez Melgar): *"no se puede negar la intervención del derecho penal a quien no realiza absoluta y exhaustivamente todas las comprobaciones necesarias en función del caso, cuando se despliega un engaño que va dirigido a obtener una disposición patrimonial, ocasionada por el error inducido por el agente, si éste es suficiente en términos de espuria escenificación. También hemos dicho (STS 1195/2005, de 9 de octubre y STS 278/2004, de 1 de marzo), que el concepto de engaño bastante, no puede servir para desplazar al sujeto pasivo del delito todas las circunstancias concurrentes desplegadas por el ardid del autor del delito, de manera que termine siendo responsable de la maquinación precisamente quien es su víctima, que es la persona protegida por la norma penal ante la puesta en escena desplegada por el estafador. Queremos con esto decir que únicamente el burdo engaño, esto es, aquel que puede apreciar cualquiera, impide la concurrencia del delito de estafa, porque, en ese caso, el engaño no es «bastante». Dicho de otra manera: el delito de estafa no puede quedar neutrali-*

zado por una diligente actividad de la víctima (STS 1036/2003, de 2 de septiembre), si el engaño es bastante y creíble, en términos objetivos y abstractos, porque de lo contrario, se haría depender la propia existencia del delito del despliegue de resortes defensivos o precautorios por parte de aquélla, y no precisamente de la evaluación jurídico-fáctica del engaño, como elemento esencial en el delito de estafa. De manera que si el engaño es detectado, el delito de estafa no desaparece, sino quedará imperfectamente ejecutado (tentativa criminal)".

Resume perfectamente CHOCLÁN MONTALVO lo expuesto hasta este momento: "*sólo es bastante el engaño cuando es capaz de vencer los mecanismos de autoprotección que son exigibles a la víctima. Si la utilización de los mecanismos de autoprotección que son exigibles al sujeto pasivo son suficientes para vencer el engaño, el engaño es insuficiente —no bastante— para producir el perjuicio patrimonial en el sentido del tipo de la estafa*"[279]. Eso que la doctrina y la jurisprudencia ha denominado "principio de autorresponsabilidad".

Así pues, la cuestión nuclear estriba en determinar si para el delito de fraude de prestaciones sociales se exige la existencia de un engaño bastante a la Seguridad Social, consistente en la dificultad de extender el "principio de autorresponsabilidad" a la Administración quien, pudiendo evitar su propio perjuicio mediante una diligente actuación, omite sus facultades de control y provoca que ese engaño no pueda ser reputado como bastante y, por tanto, típico.

1.1.b. ¿Existe un deber de autotutela por parte de la Administración?

Hasta ahora hemos advertido de que en el 307 ter CP existe (i) un posible "engaño" a la Administración de la Seguridad Social, que (ii) ese "engaño" es el punto de partida

279 CHOCLÁN MONTALVO, J.A.: *El delito de estafa*, Bosch, Barcelona, 2009, pág.: 146.

del comportamiento típico, (iii) que la modalidad comisiva ha de ser suficientemente intensa como para conseguir la obtención o prolongación indebida del disfrute de prestaciones sociales, pues de lo contrario la propia Administración advertiría el intento de engaño y (iv) que la idoneidad del engaño se concreta en que éste supere las barreras de autoprotección del sujeto pasivo; ¿pero puede exigírsele a la Administración un deber de autotutela? O dicho con otras palabras, ¿debe actuar la Administración con un mínimo de diligencia que permita evitar fraudes a la vía del gasto?

Tratadistas como MESTRE DELGADO ya propusieron extrapolar el principio de autorresponsabilidad de la estafa a la vía de ingreso del delito fiscal para aquellos supuestos en que el sujeto ha realizado un comportamiento que impide a la Administración tributaria conocer la existencia de un hecho imposible y pueda por tanto ejercer sus facultades de control[280], si bien comoquiera que nuestro injusto se encuadra en la vía del gasto podría fundamentársenos que no podría ser empleado en esta vía; estamos de acuerdo con ello, máxime cuando no es necesario acudir a ese principio. Como afirma CHOCLÁN MONTALVO, no es necesario acudir a ese principio porque la doctrina constitucional ya ha excluido del ámbito penal aquellos comportamientos defraudatorios o artificios que "saltan a la vista" (STC núm. 120/2005, de 10 de mayo [*Tol 636367*] (Ponente: Don Pascual Sala Sánchez, confirmada a su vez por la STC núm. 48/2006, de 13 de febrero [*Tol 834057*] (Ponente Don Pascual Sala Sánchez), y lo que está a la vista de la Administración Tributaria no puede considerarse ocultación en el sentido del tipo penal. Por lo tanto, concluye el citado autor, *"lo esencial es comprobar que en la elusión del pago se han utilizado medios fraudulentos, ocultación fáctica del hecho imponible, y el empleo de estos medios conlleva que la Administración tributaria no puede percibir el hecho por medio de*

---

280 MESTRE DELGADO, E.: *La defraudación tributaria por omisión*, Ministerio de Justicia, Madrid, 1991, pág.: 80.

una simple actuación de comprobación, quedando al margen del tipo penal supuestos de elusión que se encuentran a la vista de la Administración"[281]. Y es que de lo contrario el intérprete estaría realizando una interpretación analógica *in malam partem* en favor de la propia Administración puesto que se exige al individuo unos deberes de autoprotección que la propia Administración no se exige a sí misma.

Ab initio podría ser factible trasladar la exigencia del principio de autorresponsabilidad al sistema de gastos de la Administración de la Seguridad Social del 307 ter CP pero no resulta necesario, máxime cuando como hemos visto las sentencias del Tribunal Constitucional exigen algo más que comportamientos o artificios que "saltan a la vista" para incluir en el ámbito de la tipicidad penal fraudes a la Hacienda Pública. Luego, siguiendo esas premisas del Tribunal Constitucional, comportamientos consistentes en solicitudes de obtención o prolongación de prestaciones sociales burdos no deberían ser constitutivos de delito en tanto en cuanto la propia Administración pudo haber apreciado el intento de fraude y haber evitado ser engañada, una suerte de incumplimiento de sus "deberes de autotutela".

Parece que acoge esta idea de algún modo la Sala Segunda del Tribunal Supremo (STS núm. 676/2019, de 23 de enero [*Tol 7740730*] (Ponente: Excmo. Sr. Eduardo de Porres Ortiz de Urbina) cuando condena por un delito de estafa la obtención indebida de prestaciones sociales al constatar —en términos de la propia resolución— un engaño suficiente a la Administración al sortear el control de los médicos evaluadores y, de esa forma, obtener la declaración de incapacidad laboral, con el consiguiente disfrute de la prestación social:

> *Otro de los argumentos utilizados es que no ha existido delito de estafa porque la administración actuante incumplió sus deberes de auto tutela, lo que excluiría el engaño.*
> *(...)*

---

[281] CHOCLÁN MONTALVO, *El delito de estafa*, *Op. Cit.*, pág.: 133.

Ahora bien, este criterio excluyente de la existencia de engaño debe valorarse con prudencia, ya que no puede exigirse que el perjudicado por la estafa venga obligado siempre a desconfiar o a establecer controles exhaustivos sobre su modo de proceder. Las relaciones humanas también se asientan en la confianza por lo que no siempre que el individuo sea crédulo o confiado puede afirmarse que ha incumplido el deber de auto protección, como tampoco se puede considerar incumplido ese deber en el ámbito administrativo cuando los controles establecidos para comprobar una determinada situación o para evitar un fraude han fallado. De ahí que haya de valorase no sólo idoneidad del engaño en abstracto sino la suficiencia en concreto, en atención a las características personales de la víctima y del autor, y a las circunstancias que rodean al hecho.

En el caso que centro nuestra atención, y según razonamos en el fundamento jurídico segundo, la recurrente utilizó distintas argucias para conseguir sortear el control de los médicos evaluadores y, de esa forma, obtener la declaración de incapacidad laboral. A partir de la existencia de una patología de base, un DIRECCION001, presentó un informe médico que no respondía a la realidad, en el que se hacía constar que "la enfermedad diagnosticada restringe de manera acusada, muy acusada, pero siempre habitual, sus capacidades de obrar, de entender el alcance y las consecuencias de sus actos" o que "dichas alteraciones producen incapacidad notoria para el desarrollo de cualquier actividad social o laboral". Además, cuando se presentó al reconocimiento simuló una especie de estado catatónico, con la finalidad de poner en evidencia la gravedad de su situación. Es cierto que alguno de los médicos se planteó una posible simulación pero la recurrente afectada hizo inviable la realización de pruebas complementarias, alegando claustrofobia. Sólo a raíz de la denuncia de los hechos se ha podido determinar que los cuatro hermanos han utilizado unas maniobras fraudulentas similares, lo que ha permitido confirmar y comprobar la existencia del fraude, hasta el punto de que sin esa coincidencia hubiera sido imposible su descubrimiento. Hubo engaño y fue suficiente.

Por ende, si con anterioridad a la promulgación del artículo 307 ter CP se podría exigir a la Administración unos deberes de autotutela *ex* artículo 248 CP, podría extrapolarse esta exigencia del "principio de autorresponsabilidad" al actual 307 ter CP, pues es un fundamento racional entender que la Administración Pública posea unas medidas de autoprotección con el fin de que no todo engaño sea susceptible de producir error en aquélla, sino únicamente aquel engaño bastante e idóneo, susceptible de inducir a error al sujeto pasivo porque ha sobrepasado con suficiencia las barreras de protección de dicho sujeto. De no ser así, como decimos, el Estado exigiría desde un punto de vista político-criminal al individuo unas obligaciones de autoprotección para evitar ser víctima de un delito de estafa que luego el propio Estado no se exige a sí mismo para evitar ser víctima de un delito de fraude de prestaciones sociales.

En contraposición con ese postulado existe otro grupo de autores que renuncia a que la Administración pueda y deba realizar un control exhaustivo y férreo de sus obligaciones. Esta tesis iniciada en su día en el injusto típico contra la Hacienda Pública del 305 CP por parte de SÁNCHEZ-OSTIZ GUTIÉRREZ sostiene que el modelo según el cual la Administración pública es el epicentro para el cumplimiento de sus fines recaudatorios ha culminado, trasladando el foco en la actualidad al obligado tributario y a las conductas desplegadas por éste. Esta idea se sustenta sobre el modelo de que el sistema fiscal se encuentra presidido por una *bilateralidad equilibrada* (Administración y sujeto obligado al pago)[282], en contraposición con el antiguo ideal clásico que se centraba en las prerrogativas propias de la Administración. En definitiva —prosigue ese autor— *"la Administración renuncia a un control exhaustivo y férreo del cumplimiento de obligaciones"*, es decir, *"a controlarlo*

282 SÁNCHEZ-OSTIZ GUTIÉRREZ, P.: *La exención de responsabilidad penal por regularización tributaria*, Aranzadi, Navarra, 2002, págs.: 52 y 56.

todo"[283]. BUSTOS RUBIO se adhiere a esta posición, y profundiza en este planteamiento de la *bilateralidad equilibrada*, respecto al fraude de cotizaciones del 307 CP, afirmando que ésta se materializa en un sistema recaudatorio en general en que *"la Administración ya no es la protagonista del cobro de tributos y cuotas, sino que adquiere mayor importancia el comportamiento del sujeto obligado"*[284]. Comparte estos postulados FERRÉ OLIVÉ quien, también en relación al injusto de fraude contra la Hacienda Pública, pone de manifiesto que la existencia de un fenómeno económico denominado "masificación tributaria" impide un control tributario individualizado de cada uno de los contribuyentes, máxime *"cuando la administración no posee personal y medios para definir individualizadamente cada deuda"*[285].

La *bilateralidad equilibrada*, que permite eximir de ciertos deberes a la Administración, puede tener su acogida en este contexto de relación Administración / administrado en el ámbito tributario —si bien BUSTOS RUBIO matiza ese horizonte para los delitos que tutelan la vía de ingreso de la Hacienda Pública y la Seguridad Social (305 CP y 307 CP)— mas, como advierte BRANDÁRIZ GARCÍA, esta teoría de SÁNCHEZ-OSTIZ GUTIÉRREZ debe ser trasladada con suma cautela al delito de defraudación a la Seguridad Social (307 CP). A juicio de BRANDÁRIZ GARCÍA *"estas consideraciones pueden ser perfectamente válidas para la normativa tributaria, pero no lo son, cuando menos no en la misma medida, para un sector normativo menos desarrollado en este sentido de bilateralidad, como es el ordenamiento de cotización a la Seguridad Social"*[286]. No le falta razón a BRANDÁRIZ GARCÍA: el ente

---

283 SÁNCHEZ-OSTIZ GUTIÉRREZ, *Ibídem*, pág.: 67.

284 BUSTOS RUBIO, M.: *La regularización en el delito de defraudación a la Seguridad Social*, Tesis doctoral, Universidad Complutense de Madrid, 2015, pág.: 411.

285 FERRÉ OLIVÉ, "El bien jurídico protegido en los delitos tributarios", *Op. Cit.*, pág.: 12.

286 BRANDÁRIZ GARCÍA, J.A.: *La exención de responsabilidad penal por regularización en el delito de defraudación a la Seguridad Social*, Comares, Granada, 2005, págs.: 26 y 27.

de la Agencia Tributaria posee mecanismos y recursos muy superiores al resto de órganos de derecho público de la Administración General del Estado que provocan que no se pueda acoger completamente esta hipótesis en el ordenamiento de cotización de la Seguridad Social[287].

Pero aún es más, respecto de lo manifestado por BRANDÁRIZ GARCÍA añadimos que la *bilateralidad equilibrada* no debería trasladarse al ordenamiento de la vía del gasto de la Hacienda Pública (308 CP) y de la Seguridad Social (307 ter CP). Como acertadamente apuntaba BUSTOS RUBIO, esta *bilateralidad equilibrada* se materializa en el sistema recaudatorio en general, donde la Administración ha renunciado ha instaurar un férreo régimen de control sobre los ciudadanos y deja en manos de los administrados un deber de colaboración para cumplir rigurosamente con el abono de las cotizaciones, o de los impuestos en su caso, básicamente por un motivo evidente: la imposibilidad de una verificación exhaustiva por parte de los organismos de control de la Seguridad Social o de la Agencia Tributaria de todas y cada una de las fuentes de ingresos del sistema recaudatorio. Posición que según nuestra impresión tiene su fundamento en el art. 31 CE en virtud del cual se obliga a todos los ciudadanos a contribuir al sostenimiento de los

---

[287] Afirmación corroborada por las partidas presupuestadas para ambos entes en los Presupuestos Generales del Estado para el próximo año 2022 y por noticias publicadas en varios medios de comunicación.
De ese modo, la AEAT tiene un presupuesto que asciende a un total de MIL MILLONES CIENTO NUEVE MIL TRESCIENTOS SETENTA Y SIETE EUROS CON OCHENTA CÉNTIMOS DE EURO (1.109.377,80 euros) (importe extraído del portal de transparencia de la Administración General del Estado: https://www.sepg.pap.hacienda.gob.es/Presup/PGE2021Ley/MaestroDocumentos/PGE-ROM/doc/2/1/3/6/2/N_21_E_V_1_103_2_1_415_1_1302_2_2_1.PDF) (fecha de último acceso: 1 de noviembre de 2023).
Por otro lado, el presupuesto para Organismo Estatal de Inspección de Trabajo y Seguridad Social asciende a CIENTO SESENTA Y SEIS MILLONES DE EUROS: (https://www.expansion.com/economia/2021/10/16/616aa768e5fdea53208b45ac.html y https://www.vozpopuli.com/economia_y_finanzas/trabajo-inspectores.html) (fecha de último acceso: 1 de noviembre de 2023).

gastos públicos. Sin embargo ese trabajo de monitoreo y comprobación sí debe llevarse a cabo, al menos mínimamente, en la vía del gasto de la Seguridad Social, y de la Agencia Tributaria; de hecho, tanto SÁNCHEZ-OSTIZ GUTIÉRREZ, como FERRÉ OLIVÉ como BUSTOS RUBIO defienden la tesis de la *bilateralidad equilibrada* para aquellos injustos que tutelan la vía de ingreso de la Hacienda Pública (305 CP) y de la Seguridad Social (307 CP), pero ninguno de ellos sostiene esta teoría en la vía del gasto.

En primer lugar porque el número de sujetos que hacen uso de la vía del gasto de la Administración, y solicitan el abono de alguna prestación (307 ter CP), subvención o ayuda (308 CP) es sustancialmente inferior al de aquellos obligados tributarios que han de abonar sus impuestos o tributos (305 CP) o las cotizaciones a la Seguridad Social correspondientes (307 CP), luego la labor de control de la Hacienda Pública o la Seguridad Social ha de ser primordial en la vía de gasto pero no así en la de ingreso, de ahí que la *bilateralidad equilibrada* tenga su fundamento en injustos que tutelan la vía de ingreso y de ahí también dejar en manos del individuo el cumplimiento de ciertos deberes de veracidad y exactitud en las declaraciones presentadas en aquella vía. Y es que resulta absolutamente imposible que la Administración monitorice y compruebe todas y cada una de las declaraciones presentadas de impuestos, tributos o cotizaciones, por lo que delega en deberes de autodeclaración de los sujetos obligados.

A decir verdad, desde nuestra posición es indudable que debe desecharse la tesis de la *bilateralidad equilibrada* en este injusto de la vía de gasto de la Seguridad Social, pudiendo trasladarse a la Administración pública de la Seguridad Social el principio de autorresponsabilidad por ser ella la primera interesada en evitar cualquier fraude contra ella misma, a pesar de que la Administración no sea una persona física. Es la propia Administración la principal interesada en evitar el fraude que contra ella se está pretendiendo llevar a cabo, debiendo realizar un mínimo control de toda solicitud de obtención o prolongación indebida de disfrute de prestaciones sociales al objeto de evitar que aquellos comportamientos defraudatorios o artificios que "saltan a la vista"[288] se sitúen intramuros del Derecho Penal. De lo contrario, se defendería que el control que ha de realizar la Administración debiera ser *ex post* (con posterioridad a la aceptación de la solicitud presentada), nunca *ex ante*, derivando en que toda solicitud presentada fuera en todo caso concedida por la TGSS, con independencia de los hechos o datos allí consignados, y posteriormente se realizaran las comprobaciones correspondientes por el organismo competente; lo cual, por un lado, es irracional y, por otro, no acontece de este modo en la práctica diaria[289].

Y es que no tendría sentido lógico que toda monitorización del gasto de la Seguridad Social fuera *a posteriori*, sin realizar una mínima labor de control *ex ante* a la concesión de la prestación; y ello es así porque la posibilidad de autotutela de la Administración le exige un deber de ejercer sus facultades de control, reduciendo el delito contra la vía del gasto de la Seguridad Social a aquellos casos en los que el sujeto ha tenido un comportamiento, mediante simulación, tergiversación u ocultación de hechos, que impiden de todo punto conocer la existencia de una causa de denegación de la solicitud de obtención o prolongación del disfrute de prestaciones sociales.

Así las cosas, resulta razonable que el principio de autorresponsabilidad a la Administración sólo pueda serle exigible en aquellos comportamientos extremos, errores clamorosos o patentes consignados en la solicitud de obtención o prolongación de prestaciones sociales. Esto es, que aquellos engaños que no sean reputados como bastantes,

---

288 En terminología de STC núm. 120/2005, de 10 de mayo [*Tol 636367*] (Ponente: Don Pascual Sala Sánchez y STC 48/2006, de 13 de febrero [*Tol 834057*] (Ponente Don Pascual Sala Sánchez).

289 Y decimos que es irracional y que no acontece así en la vida diaria porque no todo individuo que presenta una solicitud ante la Administración de obtención o prolongación de prestaciones sociales le es concedida; lo contario, sería una actuación por parte de la Administración calificada de osada cuanto menos.

engaños que meras comprobaciones o medios ordinarios puestos a disposición de la Administración pueden permitirle prevenir con facilidad la evitación de caer en el error, se han de emplazar extramuros del Derecho Penal porque de lo contrario se aprovecharía de las consecuencias exculpatorias al autor de engaños a la Administración de entidad suficiente como para inducir a ésta al error[290].

Otra problemática podría extraerse de esta interpretación; podría alegársenos que el principio de autorresponsabilidad consignado en la estafa no puede trasladarse al delito de fraude de prestaciones sociales porque el bien jurídico en ambos preceptos es diferente: mientras que en el 248 CP se tutela el patrimonio privado el 307 ter CP tutela un bien jurídico identificado en el patrimonio público de la Tesorería General de la Seguridad Social. Administración pública mejor posicionada que cualquier ciudadano en el ámbito relacional de la estafa.

Sobre este extremo ya expusimos que, de acuerdo con las SSTC núm. 120/2005, de 10 de mayo [*Tol 636367*] (Ponente: Don Pascual Sala Sánchez y núm. 48/2006, de 13 de febrero [*Tol 834057*] (Ponente Don Pascual Sala Sánchez), los artificios defraudatorios a la Administración pública que "saltan a la vista" deben situarse fuera del Derecho Penal, luego resultaría indiferente el bien jurídico tutelado en ambos preceptos dado que todo engaño burdo a la Administración no es —o al menos no debería ser— idóneo para causar error en aquélla, desechándose la prosecución por este delito a cualquier individuo que hubiera simulado, tergiversado u ocultado datos al ente público tosca o torpemente[291].

Cierto es que en ambos preceptos se tutelan bienes jurídicos diferentes. Históricamente el delito de estafa se ori-

---

290 Nos referimos a errores aritméticos simples o erratas que no poseen la identidad suficiente en los datos consignados en la solicitud presentada ante el organismo de la TGSS.

291 Además de que, con suma probabilidad, tampoco concurriría el dolo en esa actuación, tal y como analizaremos posteriormente.

gina para dar respuesta a relaciones entre particulares, y su bien jurídico protegido era y es el patrimonio privado, y no es menos cierto que en la actualidad encuentran su previsión en el Código Penal otros bienes jurídicos que no son individuales colectivos, como es el caso del delito del **307 ter CP**. Tipo penal que tutela —según nuestro entendimiento— el patrimonio público de la Tesorería General de la Seguridad Social (y mediatamente la función desarrollada por la prestación social).

Sin embargo, también es verdad que con anterioridad a la promulgación del artículo 307 ter CP estas conductas de fraude de prestaciones en muchas ocasiones se sancionaban mediante el precepto de la estafa por encerrar una estructura similar de engaño-error-desplazamiento patrimonial, por ello no podemos aducir ahora que en ese injusto se tutela de forma exclusiva y excluyente el patrimonio privado. En tal caso las condenas impuestas por fraude de prestaciones sociales, como aquellas que fueron impuestas por la comisión de un delito de estafa, resultarían nulas de pleno derecho, porque el tipo penal por el que se condenaba no tutelaba el bien jurídico del patrimonio público. Sin embargo ello es así porque el injusto de la estafa no preveía ni prevé expresamente la tutela del patrimonio de los particulares, excluyendo en todo caso el patrimonio del Estado, luego la conclusión de que el tipo de estafa sólo tutelaría el patrimonio de particulares no encuentra fundamento legal. Ahora bien, el patrimonio estatal comprendería la letra de la ley pero no se adecua a su espíritu, tal y como algún autor ha puesto de manifiesto[292]. Por consiguiente, el patrimonio del Estado no debe ser tutelado por el injusto general de la estafa. Más bien ha de serlo por un tipo autónomo, específico. Precisamente por ello, porque fue una necesi-

---

[292] MONTE FERREIRA, M.: "Estafa y fraude tributario: ¿convergencia o divergencia en los fundamentos para su tipificación? Análisis desde el Derecho español y portugués" en *Anuario de Derecho Penal y Ciencias Penales*, Tomo LVIII, núm. 2, 2005, pág.: 499.

dad punir estas conductas de forma más específica, se creó *ex novo* este ilícito de fraude de prestaciones sociales.

Pero esto no significa que el bien jurídico sea un elemento diferenciador para desechar la posibilidad de exigir un deber de autotutela a la Administración, pues si no existiera el tipo autónomo que protegiera la vía del gasto de la Seguridad Social, ¿resultarían impunes estas conductas de fraude de prestaciones sociales porque no lesionan bien jurídico alguno? La respuesta es clara: evidentemente que no, dado que aunque no resultaba lo más idóneo, se realizaba una ampliación, vía interpretativa, de los requisitos clásicos de la estafa para reconducir estas conductas a este injusto[293]. Por ende, si hemos admitido que el bien jurídico inmediato es el patrimonio, si el patrimonio del Estado podía ser tutelado por el delito de estafa y si el Estado podría ser considerado como sujeto pasivo a efectos del tipo de estafa, es evidente que podían y debían sancionarse conductas defraudatorias de prestaciones por la vía de estafa, pues debía tutelarse el patrimonio de la Seguridad Social con los medios existentes, si bien en términos político-criminales no era esta forma de punición más idónea. Así las cosas, el delito de estafa exigía y exige un deber de autotutela y protección a la víctima, luego podría afirmarse que el Estado, como sujeto pasivo del delito de estafa que era, también debía y podía autoprotegerse. Resultaría ilógico que al Estado, siendo como era posible víctima, no le fueran exigible los deberes de autoprotección que se le exigen a toda víctima del delito de estafa.

Con todo, insistimos, no queremos decir que exista un deber de autotutela o autoprotección del Estado más allá de lo mínimo exigible; simplemente adoptamos la posición de CHOCLÁN MONTALVO para el delito de fraude contra la Hacienda Pública, y los engaños burdos, “que saltan a la vista”, que por sí mismos no poseen la entidad suficiente

293 Si bien tras la introducción del 307 ter CP es un problema, si acaso, de concurso aparente de leyes, el cual se resuelve en favor del 307 ter CP.

como para provocar error en la Administración. Si, pese a ellos, la Seguridad Social concede la prestación social a un sujeto que no cumple con los requisitos preestablecidos, tal situación debería situarse fuera del Derecho Penal. Ahora bien, debemos resaltar que el hecho de que aquellos artificios que "saltan a la vista" que supongan la obtención, prolongación o facilitación fraudulenta de un disfrute de prestaciones sociales deben situarse fuera del Derecho Penal no significa que el fraude sufrido por la Administración pueda resultar equiparable al engaño propio sufrido en la estafa, sino que los engaños burdos a la Tesorería General de la Seguridad Social no pueden ser constitutivos de delito de fraude de prestaciones sociales. Cuestión que mantiene el interés teórico-dogmático para comprender los fundamentos político-criminales que han llevado al legislador a tipificar autónomamente estas conductas, pese a que posean una estructura semejante a la de la estafa.

1.2. El error como causa de la disposición patrimonial

Ahondado el elemento del engaño, interpretado como que la solicitud de obtención o prolongación del disfrute de prestaciones sociales no debe contener engaños burdos, sino en todo caso, suficientes para producir un error en la víctima, debemos valorar la concurrencia del segundo elemento: el "error" de la víctima, al objeto de continuar intentando trasladar la estructura propia de la estafa (no en vano el **art. 307 ter CP** indica *"por medio del error provocado"*).

En la postura que podríamos denominar tradicional, GÓMEZ BENÍTEZ, tomando como punto de partida la teoría de la imputación objetiva, ha determinado que el error posee dos dimensiones: el error es un criterio normativo que determina la relevancia típica del engaño, es decir que *ex ante* resulta idóneo para superar el umbral de la tipicidad: engaño bastante. Por otra parte, el error es una realidad psicológica que debe concurrir para que, constatado el engaño típico, el acto de disposición perjudicial pueda ser considerado consecuencia del engaño[294]. Por tanto, es necesario para la tipicidad la idoneidad del engaño para producir error en la víctima y un estado psicológico de error que sea el que permita inferir que la disposición patrimonial de la víctima es consecuencia de un error viciado[295]. Esto, traído al delito que nos ocupa, significaría que la falsa realidad plasmada en la solicitud de obtención o prolongación de prestaciones es susceptible de crear un estado psicológico en la Administración que derive en el acto de disposición patrimonial.

Ahora bien, el problema reside en que históricamente se evidenciaba que quien puede ser sufrir el influjo psíquico del error en el delito de estafa debía ser una persona física, empero en el delito del 307 ter CP quien lo padecería sería el ente público, y no un individuo concreto (en nuestro caso, podría ser el funcionario en cuestión, persona física). Extremo que ya fue apuntado por SÁNCHEZ-OSTIZ GUTIÉRREZ quien expone que se da una particularidad en el delito de fraude de subvenciones, pero que podría trasladarse al injusto que aquí nos ocupa, como es que *"el error generado por el engaño, caso de producirse, lo "padece" aquí la Administración Pública y no tanto el funcionario en cuestión"*[296].

Este es el obstáculo al que nos enfrentamos si continuamos transitando en el paralelismo del delito que nos ocupa con el de estafa. Comoquiera que el error es un vicio del consentimiento, sólo pueden caer en él aquellas personas físicas o jurídicas capaces de consentir. O dicho en otras palabras: debemos comprobar si puede ser trasladado a la Administración Pública el engaño provocado al funcionario

---

294 GÓMEZ BENÍTEZ, "Función y contenido del error en el tipo de estafa", *Op. Cit.*, págs.: 333 y ss.

295 CHOCLÁN MONTALVO, *El delito de estafa, Op. Cit.*, pág.: 178.

296 SÁNCHEZ-OSTIZ GUTIÉRREZ, P.: "El elemento "fraude" en los delitos contra la Hacienda Pública y contra la Seguridad Social" en *Libertad económica o fraudes punibles. Riesgos penalmente relevantes e irrelevantes en la actividad económico empresarial* (Director: SILVA SÁNCHEZ, J.M.), Marcial Pons, Madrid, 2003, pág.: 94.

encargado de la tramitación del expediente de la solicitud de la obtención o prolongación de la prestación.

Sobre este extremo afirma SÁNCHEZ-OSTIZ GUTIÉRREZ que no podemos hablar de engaño psicológico a la Administración cuando el "engaño" se realiza a través del funcionario al cargo del expediente de concesión de una subvención[297] (en nuestro caso, prestación) en términos semejantes a los existentes entre particulares. Ello permite a MONTE FERREIRA extraer dos conclusiones: (i) que el Estado sí puede ser "engañado" en términos funcionales y (ii) que la cuestión no es que el Estado no pueda ser engañado, pero sí que el engaño no asume el aspecto central delito[298]. He aquí la diferencia con la estafa en este delito: mientras que en el injusto tradicional de estafa el error es psicológico, el delito de fraude de prestaciones quiebra con este supuesto y provoca que el error no pueda entenderse en estos términos psicologicistas sino que deberá ser un error más normativizado que en la estafa[299], es decir, que recae sobre informaciones previas relevantes para la toma de decisión de disposición.

Profundizando en esta idea, algún autor como TIEDEMANN apunta, si bien nuevamente respecto al fraude de subvenciones, que todo funcionario de la Administración actúa *"en la creencia general de que todo está en orden"*, lo cual no es un comportamiento caprichoso sino que debido a la masificada gestión de solicitud de subvenciones provoca que el funcionario no llega a comprobar la efectiva concurrencia de la solicitud, ya sea por razones económicas, de tiempo o de personal, y que no existe un procedimiento

---

297 SÁNCHEZ-OSTIZ GUTIÉRREZ, "El elemento "fraude" en los delitos contra la Hacienda Pública y contra la Seguridad Social", *Op. Cit.*, pág.: 100.

298 MONTE FERREIRA, "Estafa y fraude tributario: ¿convergencia o divergencia en los fundamentos para su tipificación? Análisis desde el Derecho español y portugués", *Op. Cit.*, pág.: 511.

299 SÁNCHEZ-OSTIZ GUTIÉRREZ, "El elemento "fraude" en los delitos contra la Hacienda Pública y contra la Seguridad Social", *Op. Cit.*, pág.: 100.

de control concreto más allá de un sistema de control por muestreo[300]; por ende la Administración actúa de modo ciego, sin reparar en la conducta engañosa.

Esta teoría nos recuerda a la *bilateralidad equilibrada* que algún autor apuntaba para los injustos que tutelaban la vía de ingreso referida *supra*: el Estado actúa con la esperanza de que el administrado actúe diligentemente (que recordemos, no compartíamos). Empero, tampoco compartimos esa justificación de TIEDEMANN. No es suficiente el argumento de que la Administración de la Seguridad Social actúa de modo ciego y que, por consiguiente, no puede darse error alguno pues el funcionario de la Administración actúa bajo la creencia general de que "todo está en orden", pues supone eximir a la Administración de todo control ya no sobre el procedimiento administrativo de concesión de prestaciones sociales sino incluso sobre los trabajadores que prestan sus labores en aquélla. Una dejación de funciones por dos vías que no puede ser tolerada, ya sea por cualquier excusa económica, de tiempo o de personal, pues esa concesión a la Administración de una suerte de ignorancia justificada no es soportable en Derecho. Y es que excusar a la Administración Pública de mantener un mínimo control sobre sus empleados y sobre sus procedimientos de recaudación y gasto no es la mejor manera de defender que la propia víctima actúa sin error. Por consiguiente, no podemos hacer nuestra esta idea.

Nosotros, como MARTÍNEZ-BUJÁN PEREZ[301], somos de la opinión de que ha de provocarse un error en el sujeto pasivo que es consecuencia de un "engaño" previo; error que, a diferencia de lo que ocurría en el engaño, sí se encuentra explícitamente previsto en la redacción típica del

300 TIEDEMANN, K.: *Subventionskriminalität in der Bundesrepublik: Erscheinungsformen, Ursachen, Folgerungen*, Rowohlt Taschenbuch, Reinbek bei Hamburg, 1974, pág.: 303.

301 MARTÍNEZ-BUJÁN PÉREZ, *Derecho Penal Económico y de la empresa*, 2019, *Op. Cit.*, pág.: 739; EL MISMO, "Delitos contra la Hacienda Pública y contra la Seguridad Social", *Op. Cit.*, pág.: 523.

tipo cuando el injusto alude a *"por medio de error provocado mediante la simulación o tergiversación de hechos, o la ocultación de los que se tenía el deber de informar"*. Y es que la TGSS debe realizar un acto de disposición patrimonial erróneo, pues no procede otorgar dicha prestación, y ello se produce como consecuencia de una información previa simulada, tergiversada u ocultada. Es decir, el error se encuentra aquí normativizado con los propios elementos típicos del 307 ter CP. En un sentido semejante algún autor como BUSTOS RUBIO sostiene que *"el error tiene que traer causa de la simulación, tergiversación u ocultación de hechos, en principio en relación de causalidad. Y ello a pesar de que el precepto exprese "por medio del error provocado", lo que a mi juicio debe interpretarse como una exigencia de que el error tenga su origen en, o traiga causa de, el engaño"*[302]. De ese modo, el error debe recaer sobre aquellos extremos relevantes que determinarían la concesión o denegación de la prestación solicitada[303].

1.3. La disposición patrimonial de la Administración

Tercer y último elemento de la estafa que también queremos traer a colación: el acto de disposición, consecuencia del error previo.

En el ámbito del fraude de prestaciones sociales el acto de disposición viene constituido por la concesión de la obtención o prolongación fraudulenta de la prestación y la entrega efectiva del dinero o de la especie que consista, si bien a diferencia de la estafa común el delito de fraude de prestaciones existe con independencia del importe defraudado. El perjudicado no es el funcionario que firma o autoriza la concesión de la prestación indebida sino la Tesorería General de la Seguridad Social, quien mediante engaño cae en el error y realiza un acto de disposición que

---

302 BUSTOS RUBIO, "La tipificación del fraude en las prestaciones del sistema de Seguridad Social: el nuevo artículo 307 ter del Código Penal", *Op. Cit.*, pág.: 11.

303 BUSTOS RUBIO, *Ibídem*, pág.: 11.

le causa un perjuicio patrimonial (y además, como dijimos, es titular del bien jurídico protegido).

Para encarar el problema que se plantea al momento de determinar qué daño patrimonial causan las prestaciones unilaterales "gratuitas" o "a fondo perdido" debemos comenzar partiendo de la premisa de que las prestaciones sociales no son una donación gratuita del Estado al individuo. O más concretamente, no todas las prestaciones sociales son a fondo perdido.

En otro momento de este trabajo diferenciábamos y clasificábamos las prestaciones sociales. Entre los diferentes tipos de clasificación aludíamos a uno en concreto tomando como parámetro los requisitos de acceso a éstas: las prestaciones contributivas y las prestaciones no contributivas. Sucintamente, las prestaciones no contributivas se reconocían a aquellos ciudadanos que carecen de recursos suficientes para la subsistencia, independientemente de su tiempo de cotización al Sistema de la Seguridad Social, dirigidas a aquellos colectivos excluidos de la modalidad contributiva sin necesidad de haber generado unos derechos previos, mientras que las prestaciones de la modalidad contributiva se asentaban sobre la generación de unos derechos gracias a períodos mínimos de cotización del individuo. Esta diferenciación resulta primordial para comprender el apartado que estamos comenzando, porque a nuestro juicio debemos diferenciar ambos tipos de prestaciones, a fin de no caer en el error de pensar que las prestaciones son disposiciones monetarias estatales a individuos a fondo perdido (o al menos, no todas).

Apuntada la anterior idea, a modo introductorio debemos recordar que en los delitos socioeconómicos además del patrimonio de la Administración también está en juego la tutela de unos intereses superiores que generan para ellos una defensa penal específica y adecuada. En este injusto nos posicionábamos a favor de una teoría ecléctica del bien jurídico: además de la protección del patrimonio de la Seguridad Social que se produce de forma inmediata, existe una tutela mediata que nosotros identificábamos con la función social que cumplen las prestaciones sociales ante situaciones de necesidad (art. 41 CE). Esta defensa de una teoría ecléctica del bien jurídico, donde mantenemos un concepto patrimonial y, en consecuencia, constatamos la exigencia de causación de un daño al patrimonio de la Tesorería General de la Seguridad Social, unido a un concepto funcional del mismo, nos ofrece mayor claridad a la hora de determinar el daño patrimonial de las prestaciones sociales.

Sin entrar en profundidad en las distintas concepciones existentes sobre el patrimonio (pues desbordarían con creces el objeto de este trabajo[304]), nos centraremos en la doctrina que, *prima facie*, podría consensuar el daño patrimonial en las prestaciones si entendemos que éstas son entregas monetarias gratuitas y unilaterales, como pueden ser, verbigracia, las prestaciones no contributivas donde no es necesaria una cotización previa para acceder a éstas: el criterio de la frustración del fin.

Si en el injusto de la estafa el error se proyecta sobre la disminución patrimonial de la víctima podría afirmarse que desde un punto de vista meramente económico es más que discutible el perjuicio patrimonial causado a la Administración, pues esa merma económica de la disposición gratuita proveniente del Estado es ínfima en parámetros monetarios porque el patrimonio estatal desarrolla una función social, luego existiría un daño patrimonial objetivable, lo que ocurre es que es ínfimo o insignificante en el patrimonio de la TGSS[305], y por consiguiente no podemos acoger crite-

---

304 Para más en profundidad, PASTOR MUÑOZ, N.: *La determinación del engaño típico en el delito de estafa*, Marcial Pons, Madrid, 2004, págs.: 32 a 48. La autora individualiza en profundidad las diferentes teorías o criterios sobre el patrimonio: (i) concepto jurídico de patrimonio, (ii) concepto objetivo-individual de patrimonio, (iii) concepto económico de patrimonio, y (iv) el criterio de la frustración del fin.

305 Por ello podría calificarse a este injusto como un delito acumulativo, tal y como expusimos en una nota al pie durante el estudio del Bien Jurídico, porque no es sino sino es por la acumulación de conductas

rios tradicionales para fundamentar su comprensión, sino que para su prosecución se atendería al criterio de la frustración del fin. O dicho en palabras de ASÚA BATARRITA, el *"daño patrimonial en las prestaciones unilaterales únicamente puede lograrse acudiendo al sentido o a la finalidad objetivable de la disposición, lo cual significa asumir que la obtención del fin social o económico pretendido por el disponente constituye el criterio de valor que impide afirmar el daño patrimonial, o dicho de otra manera, que la frustración de aquel fin constituye el criterio decisivo para evaluar la presencia del perjuicio típico"*[306]; fundamentación ésta de concepciones funcionalistas del bien jurídico.

El criterio de la frustración del fin como daño patrimonial ha sido avalado por la Sala Segunda del Tribunal Supremo en su Sentencia de 23 de abril de 1992 [*Tol 30647*] "Caso Aceite de Colza" (Ponente: Excmo. Sr. Enrique Bacigalupo Zapater):

> *El daño patrimonial depende de la existencia de una disminución del patrimonio vinculada causalmente con la disposición patrimonial erróneamente motivada. En esta línea se ha sostenido que el concepto de patrimonio, a los efectos de establecer tal disminución patrimonial, no se limita a los valores puramente económicos (concepto económico de patrimonio) ni a la integridad de los derechos patrimoniales del titular (concepto jurídico de patrimonio). Por el contrario, se habla de un concepto mixto de patrimonio respecto del cual la disminución que constituye el daño deberá afectar tanto a los valores económicos, como a los derechos patrimoniales del titular. Desde este estrecho punto de vista, es claro que cuando el sujeto pasivo del*

---

individuales, que separadamente resultarían inocuas para el Sistema de la Seguridad Social, como se produciría un efectivo menoscabo al patrimonio de la Seguridad Social.
Sobre la posibilidad de que este injusto pueda incluirse en esta categoría: VIEJO MAÑANES, A.: Recensión de "Delitos Acumulativos" de Miguel Bustos Rubio (Ed. Tirant lo Blanch, Valencia, 2017) en *Revista Penal*, núm. 46, 2020, pág.: 318.

306 ASÚA BATARRITA, "Estafa común y fraude de subvenciones: de la protección del patrimonio a la protección de la institución subvencional", *Op. Cit.*, pág.: 133.

> *engaño ha recibido un valor económico equivalente al precio, no habría sufrido mengua objetiva alguna en su patrimonio. Ni sus valores económicos, ni sus derechos se habrían visto afectados.*
> *Sin embargo, en la doctrina moderna, el concepto personal de patrimonio, según el cual el patrimonio constituye una unidad personalmente estructurada, que sirve al desarrollo de la persona en el ámbito económico, ha permitido comprobar que el criterio para determinar el daño patrimonial en la estafa no se debe reducir a la consideración de los componentes objetivos del patrimonio. El juicio sobre el daño, por el contrario, debe hacer referencia también a componentes individuales del titular del patrimonio. Dicho de otra manera: el criterio para determinar el daño patrimonial es un criterio objetivo-individual. De acuerdo con éste, también se debe tomar en cuenta en la determinación del daño propio de la estafa, la finalidad patrimonial del titular del patrimonio. Consecuentemente, en los casos en los que la contraprestación no sea de menor valor objetivo, pero implique una frustración de aquella finalidad, se debe apreciar también un daño patrimonial.*

Ahí es donde radica la diferencia básica entre la estafa y el fraude de prestaciones sociales; el daño patrimonial entre ambos delitos no es idéntico: mientras que en la estafa el daño patrimonial reside en un detrimento económico, en el delito de fraude de prestaciones subyace un fin de promover prestaciones sociales suficientes para los ciudadanos ante situaciones de necesidad, lo cual se asocia al patrimonio público. Esto conduce a que ese patrimonio público esté asociado al cumplimiento de esos fines. Por ello hay que tutelar dicho patrimonio público, porque está asociado a esos fines de promover prestaciones sociales ante situaciones de necesidad. A pesar de que se trate de una estructura típica cuanto menos semejante al delito de estafa, no es suficiente para que el daño patrimonial sea idéntico en ambos casos. Por ello, y a pesar de la evidente proximidad entre ambos tipos penales, confirmamos que no podemos extrapolar completamente la estructura de engaño-error-disposición patrimonial a este delito, porque el daño patrimonial realizado en ambos casos no es análogo, fundamentalmente en el caso de las prestaciones no contributivas que están ideadas ante situaciones de necesidad de aquellos colectivos excluidos de la modalidad contributiva. Esta diferencia, junto a otras ya apuntadas, justifica que se trate como un tipo autónomo distinto al de la estafa común (a pesar de su evidente proximidad).

Empero, el problema que subyace con el criterio de la frustración del fin es que se presenta insuficiente para el caso de las prestaciones contributivas, esto es, aquellas que exigen una cotización previa para su disfrute.

Las prestaciones contributivas no son "gratuitas" o "a fondo perdido", ni son unilaterales, como podrían ser las prestaciones no contributivas que se otorgan ante situaciones de necesidad, sino que se supeditan al previo cumplimiento de determinados parámetros para poder optar a ellas. Ciertamente no existe unilateralidad alguna en estas prestaciones contributivas, pues previamente se ha de haber generado un derecho para su obtención. Por ejemplo: para poder optar a una prestación contributiva por desempleo se ha de generar un derecho a ella mediante cotizaciones previamente abonadas a la Seguridad Social durante un lapso de tiempo. En cambio una prestación no contributiva por desempleo se otorga bajo la única justificación de ayudar a esa persona que está en situación de necesidad. Luego, si la persona que va a disfrutar esa prestación contributiva no ostenta ese derecho y pese a ello es beneficiario de esa prestación contributiva por desempleo sí que causa una disminución indebida de fondos públicos, pues la Administración no estaba obligada a abonar esa prestación ya que no se había cotizado previamente. En cambio, el criterio de la frustración del fin para prestaciones que no son gratuitas resulta claramente exiguo, pues esas prestaciones contributivas no son a fondo perdido sino que se fundamentan en una obligación legalmente establecida cuando se ha generado por un sujeto un derecho —con carácter indudablemente económico—. El individuo ostenta un crédito frente a la Seguridad Social, quien se libera de su obligación con el pago correspondiente de la prestación contributiva generada, por lo que simular la condición de beneficiario de una prestación contributiva implica un "engaño" sobre el cumplimiento de una obligación patrimonial previa: el abono durante un período mínimo de las cotizaciones correspondientes.

Continuando con este razonamiento, en el campo de las prestaciones contributivas no puede justificarse la intervención punitiva en la frustración de la finalidad que enmarcaría su ámbito de aplicación porque no existe fin social o económico de ayuda alguno en la prestación contributiva, sino la generación de un derecho previo para con la Seguridad Social gracias al cumplimiento de un deber anterior para su otorgamiento: el pago de las cotizaciones oportunas. En este caso existe una relación de bilateralidad entre el sujeto y la Seguridad Social, no existe unilateralidad alguna como pueda suceder con las prestaciones no contributivas, donde no es preceptiva una cotización previa. O dicho con otras palabras, en las prestaciones contributivas no está tan presente la finalidad de la prestación que fundamentaría el criterio de la frustración del fin para tutelar el patrimonio, como la bilateralidad existente entre el individuo y la Seguridad Social por haber generado *ex ante* el primero un derecho frente a la segunda, quien se libera de su obligación con el abono correspondiente *ex post* de la prestación contributiva generada; de hecho, la teoría de la frustración ha sido ampliamente trabajada con acierto por la doctrina en el delito de fraude de subvenciones, donde no existe bilateralidad alguna: simplemente una persona física o jurídica recibe una subvención sin haber sido supeditada al cumplimiento de requisito alguno[307].

---

307 Valgan por todos: ASÚA BATARRITA, A.: "Estafa común y fraude de subvenciones: de la protección del patrimonio a la protección de la institución subvencional", *Op. Cit.*, págs.: 125 a 149; GÓMEZ RIVERO, M. C.: *El fraude de subvenciones*, Tirant Lo Blanch, Valencia, 2ª ed., 2005; MARTÍNEZ BUJÁN-PEREZ, C.: "Las relaciones entre el delito de estafa y el delito de fraude de subvenciones en el nuevo CP español de 1995" en *El nuevo Derecho Penal español. Estudios Penales en memoria del profesor José Manuel Valle Muñiz* (Coords.: QUINTERO OLIVARES, G. y MORALES PRATS, F.), Aranzadi, Navarra, 2001, págs.: 1529 a 1544.

Llegados a este punto, debemos acoger otra concepción de patrimonio para tutelar estas prestaciones contributivas, pues la teoría de la frustración del fin no resulta idónea para determinar por completo el daño al patrimonio de la Seguridad Social; y este motivo a su vez refuerza la razón por la que no podíamos acoger una posición funcionalista pura respecto al bien jurídico en este delito, puesto que resulta insuficiente para abarcar tanto las prestaciones contributivas como las prestaciones no contributivas.

Habida cuenta de cuanto antecede, debemos acoger otra concepción del patrimonio con el fin de dar cabida a las prestaciones contributivas. Para ello nos apoyaremos en la concepción mixta y dominante de patrimonio: la jurídico-económica.

La concepción jurídico-económica aúna elementos de la posición jurídica, formulada originariamente por BINDING, que determina básicamente que el patrimonio es la suma de derechos patrimoniales[308] y el planteamiento económico, cuya formulación expresa se atribuye a la RGSt[309] 44, 230, de 14 de diciembre de 1910[310], que definía al patrimonio como conjunto de bienes de valor monetario de una persona y el perjuicio como un hacer al engañado económicamente más débil. La articulación de conceptos de ambas posiciones constata una lesión patrimonial a través del abono de las prestaciones contributivas que no es a fondo perdido, pues previamente se ha generado un derecho.

Sobre el supuesto de las prestaciones contributivas se puede admitir la posibilidad de constatar un detrimento económico en el patrimonio de la Tesorería General de la Seguridad Social, pues se comprueba un engaño en el cumplimiento de unas obligaciones previas, como son los períodos

---

308 BINDING, K.: *Lehrburch des gemein deutschen, Strafrechts, besoderer Teil* págs.: 339 y ss., citado por PASTOR MUÑOZ, *La determinación del engaño típico en el delito de estafa, Op. Cit.*, pág.: 32.

309 Abreviatura de "Entscheidungen des RG in Strafsachen" (sentencias del RG en materia penal, citadas por tomo y página.

310 Así lo afirma PASTOR MUÑOZ, *La determinación del engaño típico en el delito de estafa, Op. Cit.*, pág.: 35.

de cotización, para optar a su obtención o prolongación: si el agente no simula, tergiversa u oculta hechos jamás podrá obtener una prestación contributiva pues no ostenta el derecho previo para ser beneficiario de la prestación. Así, si finalmente obtiene la prestación indebida causa una disminución en el patrimonio de la Administración pues ésta no estaba obligada a otorgarle al sujeto activo tal prestación contributiva porque no cotizó con anterioridad. Esta prestación contributiva no es "a fondo perdido": han tenido que existir unas cotizaciones previas que avalen el abono de esa prestación. En este caso no es necesario acudir a un fin social para evaluar el daño patrimonial a la víctima como ocurriría con las prestaciones no contributivas, pues no son una donación gratuita del Estado al individuo; en este supuesto el individuo simula la condición de ostentar un derecho que implica engaño sobre el cumplimiento de una condición requerida previamente.

En este punto resulta más sencillo poder trasladar el daño patrimonial propio del injusto de la estafa. El beneficiario, con el único objetivo de lucrarse indebidamente mediante una conducta mendaz, induce a error a la Seguridad Social provocándole una disminución en su patrimonio. Si aceptamos la teoría de la frustración del fin como criterio determinante en la fijación del daño, observamos que en este caso no existe un fin social que se deba de tutelar, pues que a un sujeto le hayan reconocido indebidamente una prestación contributiva cuando no le correspondía, nada o muy poco frustra el fin primario de esa prestación contributiva por cuanto ésta tiene su fundamento primordial en la bilateralidad: en el cumplimiento de unos requisitos de cotización previos para generar un derecho. Podrá acogerse ese criterio respecto a las prestaciones no contributivas que no exigen cumplimiento de cotización previo alguno, pero las prestaciones contributivas lo único que producen es un daño a la Administración cuando en una transacción bilateral, en ausencia de una cotización anterior, uno está obteniendo indebidamente el disfrute de una prestación contributiva.

Teniendo en cuenta esta idea, no habría inconveniente alguno en apreciar la comisión de un delito de estafa respecto del fraude de prestaciones contributivas, tal y como se venía realizando por nuestros Tribunales con anterioridad a la promulgación del 307 ter CP, pues es el patrimonio de la Seguridad Social el que se ve afectado directamente por estas conductas porque no se frustra el fin primario de la prestación. Y es que el sujeto ha engañado al ente púbico sobre la concurrencia de los requisitos exigidos para tener derecho a la prestación, luego es en esa relación de bilateralidad donde se produce el daño, no en la frustración del fin para el que fueron creadas.

Por ello, y como ya argumentamos en el apartado correspondiente al estudio del bien jurídico, nosotros no nos posicionamos en favor de unas tesis puras funcionalistas o patrimonialistas, porque el posicionarnos en favor de aquéllas podría suponer no abarcar todos los tipos de prestaciones sociales. Por los motivos allí consignados nos posicionábamos finalmente en favor de una teoría ecléctica.

Concluida la trasposición de la estructura típica de la estafa, observamos obstáculos que impedirían de todo punto un traslado directo al injusto de fraude de prestaciones sociales. Por ello, pensamos, era necesaria la promulgación de un tipo autónomo, específico, que persiguiera estas conductas tendentes a defraudar a la Seguridad Social, tutelando el patrimonio de aquélla de una forma inmediata y a la función social que cumplen las prestaciones sociales de una forma mediata, de tal forma que los obstáculos aquí expuestos fueran salvados y no concurrieran problemas dogmáticos en la punición de estas conductas vía art. 248 CP.

2. SIMULACIÓN O TERGIVERSACIÓN DE HECHOS

Como acertadamente apunta ÁLVAREZ GARCÍA en Derecho Penal no encontramos, ni es preciso encontrar, un delito que tutele la buena fe en toda su amplitud, por lo que es necesario acotar los supuestos que habrán de resultar típicos cuando hablamos de "engaño" a la Seguridad Social[311]. En la tipificación del 307 ter CP no se admite cualquier tipo de engaño a la hora de configurar la tipicidad de los hechos sino que, a diferencia de lo que ocurre con el delito de estafa, el error al que se induce a la Seguridad Social se debe producir través de tres concretos tipos de engaño: la *simulación* o *la tergiversación* de hechos y la *ocultación* de hechos de los que el sujeto tenía el deber de informar. Es decir, el tipo de fraude de prestaciones sociales en la legislación española exige específicamente que el "engaño" producido a la Administración Pública opere exclusivamente sobre narraciones que pudieran tener una eficacia probatoria; de lo contrario no serían susceptibles de inducir a error a la Administración y, por ende, no se consumaría la disposición patrimonial.

2.1. Simulación de hechos

La primera de las formas de concretar la defraudación por las que optó el legislador fue la de "simular" hechos como modo de provocar error en la Administración. *Simulación* de los hechos consignados en la solicitud presentada por el sujeto ante el organismo correspondiente de la Seguridad Social aparentando la concurrencia de los requisitos y presupuestos exigidos al objeto de obtener, prolongar o facilitar el disfrute de toda prestación social. De acuerdo con lo expuesto anteriormente, esta *simulación* de hechos ha de ser idónea para provocar el error en la Administración, es decir, no basta una *simulación* de hechos ostensible a simple vista, pues si es una *simulación* burda no sería susceptible de ser idónea para inducir a error al sujeto pasivo.

Desde el punto de vista del significado de las palabras, semánticamente, simular proviene del latín *simulare* y, se-

311 ÁLVAREZ GARCÍA, F.J.: "Estafa (I)" en *Derecho penal español (parte especial II)* (Director: ÁLVAREZ GARCÍA, F. y Coords. MANJÓN-CABEZA OLMEDA, A. y VENTURA PÜSCHEL, A.), Tirant lo Blanch, Valencia, 2011, pág.: 226.

gún la RAE, simular es *"representar algo, fingiendo o imitando lo que no es"*[312]. Esa representación significa fingir o imitar hechos consignados en la solicitud de la prestación que se formaliza ante el organismo correspondiente de la Seguridad Social que resulta idónea para inducir a error a la Administración, quien finalmente autoriza la obtención, la prolongación o la facilitación del disfrute a la prestación a la que no se tenía derecho. O en palabras de BUSTOS RUBIO: *"simular, como modo de provocar error en la Administración, significa representar la solicitud de la prestación fingiendo o imitando datos que no se ajustan a la realidad"*[313]. Ahonda más en esta cuestión CÁMARA ARROYO cuando advierte que esta *"modalidad es la que más se parece al concepto de engaño de la estafa, pues nos remite a una representación o a cierta teatralidad para inducir a error a la Administración Pública"*[314].

La *simulación* de hechos puede llevarse a cabo mediante múltiples modalidades de conducta, cualquiera válido para provocar error en la Administración y desencadenar la concesión efectiva de la prestación con el consiguiente perjuicio para la Seguridad Social, pero debe materializarse en todo caso *ex ante* a la concesión de la prestación de que se trate. Por ello, los hechos simulados han de estar plasmados en la solicitud formalizada ante la TGSS para la obtención o prolongación del disfrute de la prestación. La *simulación* de hechos no puede ser nunca *ex post*, pues ésta

---

312 https://dle.rae.es/simular (fecha de último acceso: 1 de noviembre de 2023).

313 BUSTOS RUBIO, "La tipificación del fraude en las prestaciones del sistema de Seguridad Social: el nuevo artículo 307 ter del Código Penal", *Op. Cit.*, pág.: 10; EL MISMO, "El delito de fraude en las prestaciones del sistema de la Seguridad Social (art. 307 ter CP)", *Op. Cit.*, pág.: 195
En esta línea también ESCOBAR JIMÉNEZ, que afirma que *"simular equivale a fingir un hecho que no es"* en "Los delitos contra la Seguridad Social: fraude de cotizaciones y fraude de prestaciones (Arts. 307-307 ter CP)", *Op. Cit.*, pág.: 1722.

314 CÁMARA ARROYO, "Entre el Derecho Penal de clase y la expansión punitiva: el delito de obtención indebida de prestaciones (art. 307 ter C.P.)", *Op. Cit.*, pág.: 67.

ha de conllevar un perjuicio patrimonial, luego no puede ser el "engaño" posterior a la disposición patrimonial; extremo distinto sería que se produjera una *ocultación* de hechos de los que el sujeto beneficiado tenía el deber de informar (tercera modalidad de engaño), en cuyo caso esa conducta sí que podría ser típica a la luz de lo dispuesto en el 307 ter CP.

En otro orden de ideas, la conducta delictiva de *simulación* encuentra su previsión en la ley sectorial de infracciones y sanciones de la Seguridad Social. La LISOS prevé la sanción de conductas de simulación en la contratación laboral con la finalidad de que los trabajadores participen en acciones formativas (arts. 16.2 y 16.3 LISOS), la simulación en la contratación de trabajadores que se desplacen al exterior (art. 36.2 LISOS) y, más importante si cabe, la simulación de la contratación laboral para la obtención indebida de prestaciones *ex* art. 23.1 e) LISOS. Ese artículo 23.1 e) de la LISOS sanciona como infracción muy grave al empresario, entidades de formación, entidades que asuman la organización de las acciones de formación profesional para el empleo programada por las empresas, trabajadores por cuenta propia y asimilados, que simulen la contratación laboral de un trabajador para que éste obtenga indebidamente prestaciones. El art. 307 ter CP supone aquí, de nuevo, una posible derogación *de facto* de un precepto de la LISOS del modo en que esta redactado este injusto, dado que la prosecución de una conducta es idéntica en el orden administrativo y en el orden penal. Resulta cuestionable que un delito y una infracción administrativa describan la misma conducta y tengan el mismo contenido de injusto, lo cual a su vez está constitucionalmente vetado[315]. Por ello debemos analizar cómo deslindar la prosecución de esos hechos e intentar hallar una fórmula para determinar qué simulaciones de hechos son perseguibles vía penal de aquellas que no lo son (al menos, en el caso de algunos tipos de prestaciones).

---

315 Valga por todas: STC núm. 24/2004, de febrero [*Tol 351791*] (Ponente: Doña Elisa Pérez Vera).

Desde un punto de vista de la principiología penal podríamos afirmar que de acuerdo con el axioma de *última ratio* y de intervención mínima, únicamente aquellos ataques más lesivos contra el bien jurídico serán merecedores de un reproche penal, por tanto colegiríamos que aquellas simulaciones de contrataciones laborales verdaderamente lesivas para el bien jurídico[316] cuyo fin fuera la obtención indebida de prestaciones serían perseguibles en vía penal. Evidentemente puede resultar complejo cuanto menos discernir qué simulaciones de contrataciones laborales son verdaderamente lesivas para la Tesorería General de la Seguridad Social de aquellas que no lo son. Podría pensarse que al determinar que estamos ante la tutela del patrimonio del Estado se debería exigir un ánimo defraudatorio especial, tal y como se exige en el delito de estafa[317]; por consiguiente, cuando el individuo actuara con ánimo defraudatorio contra la Seguridad Social podríamos estar ante hechos enjuiciables en la jurisdicción penal mientras que, por el contrario, si el sujeto no posee ánimo defraudatorio alguno los hechos serían depurados en la jurisdicción social. Empero, debemos descartar que la exigencia de un ánimo especial defraudatorio sea elemento determinante para distinguir una conducta penalmente reprochable de otra con encuadre administrativo. Y ello por dos motivos: (i) porque ni el tipo penal lo exige ni tampoco la infracción administrativa reclama comprobar ese ánimo defraudatorio. Debemos aclarar, no obstante, que esto no empece en absoluto a seguir sosteniendo que el bien jurídico es de carácter patrimonial, pues bastará la constatación del

---

316 Recordemos que en otro apartado de esta tesis nosotros identificábamos un bien jurídico inmediato: el patrimonio de la Seguridad Social; y un bien jurídico mediato: la función que cumplen las prestaciones sociales en nuestra sociedad.

317 Así lo dispone FERRÉ OLIVÉ, *Tratado de los delitos contra la Hacienda Público y contra la Seguridad Social, Op. Cit.*, pág.: 851.
Por otro lado, algún autor como BUSTOS RUBIO considera que no es exigible el ánimo defraudatorio pese a sostener que el bien jurídico tutelado es el patrimonio en BUSTOS RUBIO, *"El delito de fraude en las prestaciones del sistema de la Seguridad Social", Op. Cit.*, pág.: 204.

perjuicio patrimonial a la Administración por medio de una comisión dolosa (el dolo, en su concepción tradicional reclama el conocimiento y la voluntad de realizar los elementos del tipo objetivo, lo que a la luz de las conductas típicas de *simulación*, *tergiversación* y *ocultación* nos permite entender que ese ánimo defraudatorio es ya inherente a la propia comisión dolosa de las mismas). Y (ii) precisamente derivado de lo anterior, aunque ese ánimo defraudatorio no se exija ni en vía penal ni en vía administrativa, lo más común es que acontezca en ambas. Por lo tanto parece claro que no es el ánimo defraudatorio donde debe situarse el foco distintivo entre la conducta penal y extrapenal.

En relación con lo anterior, el Tribunal Supremo sobre la necesidad de que concurra un ánimo especial de perjudicar los intereses públicos en el 307 ter CP determina que en el ámbito subjetivo *"será exigible el dolo, entendido como conocimiento y voluntad de obtener prestaciones sociales indebidas para sí o para otros, que ocasionen un perjuicio económico a la Administración Pública. Ese dolo deberá ser antecedente o concomitante, sin que requiera un especial ánimo de perjudicar los intereses públicos"* (STS núm. 355/2020, de 26 de junio [*Tol 8001309*] (Ponente: Excma. Sra. Ana María Ferrer García). O lo que es igual, la Sala Segunda tampoco colige la existencia de ánimo defraudatorio alguno en este injusto. Simplemente, exige una suerte de dolo general *"entendido como conocimiento y voluntad de obtener prestaciones sociales indebidas para sí o para otros"*.

Más en profundidad sobre este extremo, la solución a la problemática de separar las conductas con una transcendencia intrínseca penal de aquellas que deben ser depuradas en vía administrativa se encuentra en el plano subjetivo, pues hay que descartar que toda conducta imprudente de fraude de prestaciones sociales se sitúe intramuros del tipo penal (más allá de la propia dicción literal del precepto, el art. 12 CP[318] también impide apreciar en este delito la mo-

---

318 *"Las acciones u omisiones imprudentes sólo se castigarán cuando expresamente lo disponga la Ley"*.

dalidad imprudente de comisión)[319]. En consecuencia, una manera de resolver esta disyuntiva se sitúa en el plano subjetivo: si el agente se representó el riesgo que encerraba su conducta estaríamos ante un delito. Representación que, por el contrario, si no hubiera existido no podría ser constitutivo de delito y, en definitiva, debería ser reconducido a la vía administrativa. Bien es cierto que representarnos una *simulación* sin dolo sería lo que comúnmente podríamos denominar como "errata" o "error", toda vez que la conducta de *simulación* posee una intención de defraudación intrínseca, de engaño. Así pues lo que ordinariamente se conoce como "erratas" y "errores" situarían en vía administrativa su punición, mientras que las "simulaciones" dolosas deberán ser siempre perseguidas en vía penal.

Habida cuenta de cuanto antecede sólo serán punibles a efectos penales las "simulaciones" dolosas: las "simulaciones" realizadas de forma *"consciente"*. Las "simulaciones" inconscientes, aquellas que habitualmente se conocen como "erratas" o "errores", se situarán extramuros del tipo penal, las cuales tendrán su sanción, en su caso, en vía administrativa de acuerdo con lo dispuesto en la ley sectorial de infracciones y sanciones en el ámbito social, la LISOS, independientemente del importe defraudado a la Administración Pública. Y es que indistintamente de la cuantía obtenida o prolongada si la *simulación* de hechos fue realizada inconscientemente, la conducta no será perseguible en ningún caso en vía penal.

2.2. *Tergiversación de hechos*

El segundo medio de defraudación es la *tergiversación* de hechos.

Llama poderosamente la atención que el legislador penal distinga entre la *simulación* y la *tergiversación* como me-

---

319 BUSTOS RUBIO, "Los delitos contra la Hacienda Pública y contra la Seguridad Social", *Op. Cit.*, pág.: 409.

dios para concretar la defraudación, pues podrían resultar a todas luces similares. Y es que el uso de la conjunción disyuntiva *o* (*"mediante la simulación o tergiversación de hechos"*) significa que pueden ser usadas alternativa o exclusivamente, por ello también nosotros las trabajamos de forma independiente, pese a que ambos sustantivos presentan grandes similitudes. Y ello aun cuando tergiversar, según la RAE, en su primera acepción, es *"dar una interpretación forzada o errónea a palabras o acontecimientos"*[320] y recordemos que simular es *"representar algo, fingiendo o imitando lo que no es"*. Es por ello que nosotros también las diferenciamos.

Entre la doctrina que ha analizado más profusamente este injusto, destaca la definición que realiza BUSTOS RUBIO sobre la *tergiversación* quien la define como una *"desfiguración o manipulación de hechos que, a pesar de que puedan ser reales, correctamente comunicados no darían lugar a la obtención (o, en su caso, facilitación) de la prestación"*[321]. Profundiza CÁMARA ARROYO en relación con la *tergiversación* entendiendo que *"se trata de una modalidad de engaño en el que se convierte o se muda de forma torticera una situación, desfavorable a la adquisición de las prestaciones, por otra favorable a su obtención"*[322].

Desde el punto de vista del significado de las palabras, así como de las definiciones otorgadas por los tratadistas

---

320 https://dle.rae.es/tergiversar (fecha de último acceso: 1 de noviembre de 2023).

321 BUSTOS RUBIO, "El delito de fraude en las prestaciones del sistema de la Seguridad Social (art. 307 ter CP)", *Op. Cit.*, pág.: 195; EL MISMO, "La tipificación del fraude en las prestaciones del sistema de Seguridad Social: el nuevo artículo 307 ter del Código Penal", *Op. Cit.*, pág.: 10.
En sentido semejante ESCOBAR JIMÉNEZ, *"tergiversar es trocar o alterar el verdadero* [hecho] *de manera que el* (hecho) *resultante tampoco es real"* en "Los delitos contra la Seguridad Social: fraude de cotizaciones y fraude de prestaciones (Arts. 307-307 ter CP)", *Op. Cit.*, pág.: 1722.

322 CÁMARA ARROYO, "Entre el Derecho Penal de clase y la expansión punitiva: el delito de obtención indebida de prestaciones (art. 307 ter C.P.)", *Op. Cit.*, pág.: 67.

más especializados en esta materia, observamos que puede resultar reiterativo incluir la *tergiversación* como medio de llevar a cabo la defraudación de prestaciones sociales una vez ya se ha contemplado la *simulación.* Y ello por cuanto entre dar una interpretación forzada o errónea (simular) y representar algo fingiendo o imitando que no lo es (tergiversar) no logramos extraer una notoria disimilitud que haga necesaria incluir ambas conductas de forma independiente; máxime cuando "simular" y los verbos que dan significado a tergiversar, como son "fingir" o "imitar", pueden considerarse sinónimos. Por consiguiente, *tergiversación* y *simulación* a nuestro parecer merecerían un tratamiento cuanto menos semejante. Es por ello que instamos al legislador a una modificación de *lege ferenda* de este precepto en aras de la brevedad y a solventar la deficiencia legislativa de reiterar conductas de engaño análogas, de tal forma que el injusto no contenga dos formas idénticas de concretar la defraudación de prestaciones.

La modalidad de engaño de *tergiversación* que sirva de presupuesto para la obtención, prolongación o facilitación fraudulenta de prestaciones puede llevarse a cabo mediante diferentes modos, pero todos ellos relacionadas con los hechos consignados en la solicitud de obtención o prolongación de prestaciones presentada ante la Administración de la Seguridad Social por el sujeto. Modos que en cualquier caso, como acertadamente apunta BUSTOS RUBIO, no implican un entendimiento alejado del requisito del "engaño" en el delito de estafa[323]. Y es que con esa *tergiversación* de hechos se induce a error a la Administración, que realiza un desplazamiento patrimonial en favor del sujeto activo.

Esta conducta de *tergiversación* de hechos que sirvan de presupuesto a la obtención o prolongación fraudulenta de prestaciones se corresponde con un tipo de acción. Es decir,

---

[323] BUSTOS RUBIO, "La tipificación del fraude de prestaciones del sistema de la Seguridad Social", *Op. Cit.*, pág.: 11.

la *tergiversación* de hechos ha de estar encaminada a producir un resultado lesivo, luego no cabría castigar penalmente aquellas conductas de *tergiversación* que resulten insuficientes para inducir a error a la Administración. Piénsese, por ejemplo, en el caso de que un individuo tergiversa hechos para obtener o prolongar una prestación pero esta tergiversación es tan burda que haciendo una valoración paralela cualquier persona se hubiera percatado y terminase por no conceder la prestación solicitada. De nuevo, como con el tratamiento que hicimos de la *simulación* de hechos, nos encontraríamos seguramente ante una tentativa inidónea. Habida cuenta de ello, traemos lo expuesto anteriormente para la *simulación* a la *tergiversación*, pues nada varía según nuestro entendimiento entre ambas opciones de engaño.

Si bien, a diferencia de lo que ocurría con la conducta de *simulación*, la *tergiversación* no encuentra su previsión ni en la ley sectorial de infracciones y sanciones de la Seguridad Social, ni está prevista en algún otro precepto del Código Penal. Desconocemos, pues, qué motivó ese especial interés en el legislador para incluir específicamente la *tergiversación* como una opción de engaño separada de la *simulación*, máxime cuando (i) ésta además no se prevé en ningún otro precepto del Código Penal, (ii) ni el propio legislador hizo alusión alguna a la necesidad de incluir a la *tergiversación* de hechos como forma de cometer el ilícito en la Exposición de Motivos de la Ley Orgánica 7/2012, de 27 de diciembre, en virtud de la cual se introdujo *ex novo* el 307 ter CP en el Código Penal, (iii) ni la *tergiversación* encuentra su paralelismo en la ley sectorial de infracciones y sanciones de la Seguridad Social (LISOS). Por ello, aunque no nos encontremos ante la problemática suscitada con la *simulación* (de discernir qué conductas de *simulación* son subsumibles en la vía penal y cuáles han de depurarse en vía administrativa) nos encontramos aquí con otra disyuntiva: que ni la legislación sectorial ni ningún otro precepto del Código Penal prevé la *tergiversación* como forma de comisión de una falta administrativa o de un delito, luego ¿por qué ese interés del legislador para incluir expresamente a la *tergiversación*? No resulta fácil responder a esa cuestión. Únicamente podemos llegar a deducir que probablemente si uno repara en los medios en los que se configura cualquier engaño llegue a la conclusión de que todo engaño se materializa en una *simulación* o *tergiversación* de hechos, o en una *ocultación* de aquéllos de los que se tenía el deber de informar. Comoquiera, pues, que no caben otras formas distintas de engaño salvo aquéllas, el legislador intentó abarcar en el tipo penal incorporando *ad hoc* todos y cada uno de los medios por los que pueda llevarse a cabo cualquier engaño. Mas tal justificación nos conduciría a deducir que serían mejor otras formas de legislar, como pueda ser exigiendo el elemento del engaño como ocurre en la estafa del 248 CP, alternativamente a incluir todos y cada uno de los medios posibles de comisión de un delito; luego deben buscarse fórmulas que eviten ese método de legislar.

Habida cuenta de lo anterior, seguramente hubiera sido mejor utilizar la expresión "mediante cualquier forma de engaño" que abarcara las tres y únicas formas de comisión del delito. De ese modo, evitaríamos sustantivos que a todas luces resultan sinónimos, reiteraciones innecesarias y, conforme al principio de legalidad, abarcarían todo tipo de engaño. En cualquier caso, de este punto nos ocuparemos en un momento posterior de este trabajo.

2.3. *Simulaciones o tergiversaciones de hechos cometidas por particulares o por funcionarios públicos*[324]*. Problemas concursales*

Si reparamos en los sujetos que materializan una *simulación* o *tergiversación* de hechos observamos que ésta puede

324 En este apartado aludiremos a la *simulación* o a la *tergiversación* indistintamente. El motivo de aludir a una sola de las modalidades abarcando ambas es que resulta indiferente mencionar una u otra pues ambas poseen idénticos caracteres que provocan la innecesaridad

ser llevada a cabo tanto por el solicitante de la obtención o prolongación de la prestación como por el funcionario público, quien mediante la *simulación* o *tergiversación* de hechos facilita a otros la obtención. Asimismo, esa falsedad puede recaer en documentos privados, con una eficacia *inter partes*, o documentos oficiales y públicos con eficacia *erga omnes*. De ese modo, concurrirán en ambos sujetos una forma diferente de punición por esos hechos y es nuestro deber analizar en las próximas líneas tales hipótesis, así como sus posibles delitos conexos.

Nos situamos primeramente en el contexto en el que un *particular* simula o tergiversa hechos en el impreso oficial editado por la Administración con el fin de recibir la obtención o prolongación de prestaciones. Ese "engaño" realizado por el sujeto activo comporta una falsedad, falsedad que a su vez podría subdividirse, por un lado, en los casos en que el solicitante se limita a presentar un documento falso —falsedad que podría ser reputada como ideológica (despenalizada en la mayoría de supuestos)— y, por otro, en los casos en que el propio solicitante falsifica el documento que posteriormente se acompaña a la solicitud —falsedad material—[325] respecto de la cual deberíamos determinar la relación concursal entre ambos injustos; falsedad material que puede a su vez puede subdividirse en documentos privados y documentos púbicos, oficiales o mercantiles.

Respecto de la *falsedad ideológica*, el legislador en el año 1995 vino a despenalizar aquellas conductas desplegadas por un particular tendentes a faltar a la verdad en la narración de los hechos consignados en un documento, in-

---

de citar a ambas modalidades; todo ello con el fin de procurar una lectura más fluida y sencilla para el lector, evitando reiteraciones innecesarias.

[325] Más profundamente, sobre la distinción entre falsedad material y falsedad ideológica y los supuestos típicos: LOPEZ BARJA DE QUIROGA, J.: "La falsedad ideológica" en *Curso de Derecho Penal económico* (Director: BACIGALUPO SAGESSE, E.), Marcial Pons, Madrid, 2005, págs.: 651 y ss.

dependientemente del documento del que se trate[326]. El documento es auténtico pero los hechos allí previstos no se corresponden con la realidad. Pese a que sea instrumento para la comisión de un ilícito ulterior, por sí solo no constituye infracción penal alguna. Por ejemplo: se afirma en un contrato de trabajo indefinido que un individuo comenzó a prestar sus servicios para una mercantil en una fecha cuando la realidad es que comenzó a prestarlos en otra posterior. Esa falsedad en la fecha consignada es idónea para permitir al trabajador ser apto para obtener una prestación contributiva por desempleo. Así pues, comoquiera que esa falta a la verdad afecta exclusivamente a la narración de los hechos consignados en ese documento resultaría atípica, de acuerdo con lo previsto en el art. 390.1 4 CP[327] en relación con el art. 392 del Código Penal[328]; debemos hacer mención a una jurisprudencia emanada de nuestros tribunales que consideraba punible la falsedad ideológica

---

326 Así también se ha interpretado en infinidad de ocasiones por la jurisprudencia de nuestros Tribunales, valgan por todas: (i) STS núm. 163/2004, de 16 de marzo [*Tol 365483*] (Ponente: Excmo. Sr. Francisco Monterde Ferrer); (ii) Sentencia de la Sección Segunda de la Audiencia Nacional núm. 2/2019, de 3 junio [*Tol 7417444*] Caso Gürtel (Ponente: Excma. Sra. Adoración María Riera Ocáriz); o (iii) STS núm. 483/2019, de 14 de octubre [*Tol 7544490*] (Ponente: Excmo. Sr. Francisco Monterde Ferrer).

327 *"Será castigado con las penas de prisión de tres a seis años, multa de seis a veinticuatro meses e inhabilitación especial por tiempo de dos a seis años, la autoridad o funcionario público que, en el ejercicio de sus funciones, cometa falsedad:*
4.º Faltando a la verdad en la narración de los hechos".

328 *"1. El particular que cometiere en documento público, oficial o mercantil, alguna de las falsedades descritas en los tres primeros números del apartado 1 del artículo 390, será castigado con las penas de prisión de seis meses a tres años y multa de seis a doce meses.*
2. Las mismas penas se impondrán al que, sin haber intervenido en la falsificación, traficare de cualquier modo con un documento de identidad falso. Se impondrá la pena de prisión de seis meses a un año y multa de tres a seis meses al que hiciere uso, a sabiendas, de un documento de identidad falso.
Esta disposición es aplicable aun cuando el documento de identidad falso aparezca como perteneciente a otro Estado de la Unión Europea o a un tercer Estado o haya sido falsificado o adquirido en otro Estado de la Unión Europea o en un tercer Estado si es utilizado o se trafica con él en España".

en documento privado cuando éstos transmutaban a documentos oficiales o públicos. Se estimaba, por tanto, que existían documentos privados que acababan convirtiéndose en oficiales *por destino o por incorporación*, al tratarse de un documento que se incorporaba a expedientes administrativos (STS de 22 de octubre de 1987 [*Tol 2347762*] (Ponente: Excmo. Sr. José Hermenegildo Moyna Ménguez)[329]. Esta idea entronca con la existencia de un deber general de veracidad de las manifestaciones del particular siempre que el destinatario de las mismas son la Administración Pública[330], hasta el punto de sancionar estas inveracidades incorporadas a un expediente administrativo, que revisten el carácter de "engaño bastante", como falsedad en documento oficial. Nosotros somos de la opinión de que a los documentos privados que inexorablemente han de incorporarse a la esfera de la Administración (en los delitos de defraudación tributaria, fraude de subvenciones o fraude de prestaciones) no pueden otorgárseles una mayor pro-

---

329 Otras Sentencias: SAP de Madrid (Sección 17ª) núm. 1577/2013, de 2 de diciembre [*Tol 4110764*] (Ponente: Ilma. Sra. Carmen Lamela Díaz) o SAP de Sevilla (Sección 1ª) núm. 220/2002, de 23 de mayo (Ponente: Ilmo. Sr. Miguel Carmona Ruano).
En esta línea: SOTO NIETO, F.: "Las falsedades en documento privado. El uso del documento falso como medio para cometer una estafa" en *Las falsedades documentales: libro homenaje a Enrique Ruiz Vadillo*, Comares, Granada, 1994, págs.: 183 y ss.
Si bien existían discrepancias dentro del Alto Tribunal sobre esta doctrina: Voto particular formulado por el Excmo. Sr. Enrique Bacigalupo Zapater, respecto de la STS núm. 522/1996, de 19 de septiembre [*Tol 405946*] (Ponente: Excmo. Sr. Francisco Soto Nieto). Este Magistrado se apoya en tres líneas magistrales en contra de esta figura del documento oficial por destino: (i) esta figura es analógica y vulnera el principio de legalidad, toda vez que *"tipo penal no se refiere a la naturaleza potencial del documento, sino a su realidad en el momento de la acción"*, (ii) el carácter oficial de un documento sólo puede provenir de la autoridad de quien lo emite y la idea de que un particular emitiera un documento oficial *"era, en verdad, ajena a los redactores del Código Penal"* y (iii) las declaraciones de naturaleza recepticia no tienen mayor fuerza probatoria que la declaración personal de un particular.

330 SILVA SÁNCHEZ, "Las inveracidades de los particulares ante el Derecho Penal", *Op. Cit.*, pág.: 117.

tección penal. Y ello por cuanto no poseen la misma fuerza probatoria que los documentos oficiales emitidos por la propia Administración u otorgados por funcionarios dotados de fe pública; además del hecho de que si el legislador no ha previsto específicamente la punición de estos supuestos carece de sentido que por la vía de hecho se penen estas conductas.

Volviendo al tema que nos ocupa, la primera duda que nos surge es: ¿cómo armonizar que el 307 ter CP pene conductas de *simulación* o *tergiversación* de hechos consignados en documentos susceptibles de inducir a error a la administración si el legislador expresamente ha destipificado para los particulares las falsedades ideológicas sean cual fuere el documento donde éstas se hallen? Porque el legislador mantiene la punición de estas conductas cuando exista un deber de veracidad por parte del Administrado respecto a las Administraciones Públicas. Esta opinión no es unánime en la doctrina; para algunos tratadistas como BOIX REIG, MIRA BENAVENT, FERRÉ OLIVÉ o MUÑOZ CONDE únicamente serían punibles estas faltas a la verdad cuando concurran en los documentos oficiales, públicos y mercantiles por parte del funcionario público. Y ello por cuanto si el legislador ha suprimido las falsedades ideológicas cometidas por el particular no sería racional que aquéllas fueran perseguibles en el delito contra la Hacienda Pública —trasladable esta idea al 307 ter CP—[331]. Otros autores como ARROYO ZAPATERO o GÓMEZ RIVERO matizan esta idea; afirman que es cierto que es una falsedad ideo-

---

[331] BOIX REIG, J. y MIRA BENAVENT, J.: *Los delitos contra la Hacienda Pública y la Seguridad Social*, Tirant Lo Blanch, Valencia, 2000, págs.: 80 y ss.

Estos autores desgranan esta reflexión respecto del delito del 305 CP para aquella documentación tributaria presentada ante la AEAT donde se plasma el fraude a ese ente público, si bien puede ser perfectamente trasladable al fraude de prestaciones sociales.

FERRÉ OLIVÉ así lo defiende respecto del fraude de subvenciones: *Tratado de los delitos contra la Hacienda Pública y contra la Seguridad Social, Op. Cit.*, pág.: 745.

MUÑOZ CONDE, *Derecho Penal. Parte Especial*, 2019, *Op. Cit.*, pág.: 955.

lógica pero como ésta sucede en documentos recepticios (documentos privados que al unirse a un expediente administrativo se convierten en públicos) pueden despertarse dudas[332]. En cualquier caso, a nuestro juicio, siendo como es el medio para la comisión de este delito (la necesidad de presentación de documentación falsa o consignando datos inveraces para la obtención o prolongación del disfrute de la prestación), y estando presente en el propio tipo penal del 307 ter CP (*simulación*), no puede ser que estemos ante un concurso de delitos, sino de normas *ex* art. 8.3 CP[333], con base en el principio de consunción.

Por consiguiente, toda falsedad ideológica delictiva realizada por particular consignada en la documentación del expediente administrativo de concesión o prolongación del disfrute de una prestación sería subsumida por el injusto del 307 ter CP.

Disconforme al menos parcialmente con cuanto antecede es la *simulación* de hechos cometida por particulares a partir de la confección *ex novo* de un documento privado o público, oficial o mercantil falso, es decir, lo que se denomina *falsedad material*. Esta falsedad alude a confeccionar deliberadamente un documento en todo o en parte de manera que induzca a error sobre su autenticidad con la finalidad de acreditar en el tráfico una relación o situación jurídica inexistente[334]. Véase cuando el particular que crea un documento falso *ad hoc* con el fin de presentarlo en el organismo competente para obtener o prolongar el disfrute de prestaciones sociales (v. gr.: se crea un contrato de

---

332 ARROYO ZAPATERO, L.: *Delitos contra la Hacienda Pública en materia de subvenciones*, Ministerio de Justicia, Madrid, 1987, pág.: 135; GÓMEZ RIVERO, *El fraude de subvenciones*, *Op. Cit.*, pág.: 312.
Estos autores expresan esta idea respecto al delito de fraude de subvenciones del 308 CP si bien, como en el caso anterior, puede ser perfectamente trasladable a este delito.

333 *"El precepto penal más amplio o complejo absorberá a los que castiguen las infracciones consumidas en aquél"*.

334 STS núm. 905/2014, de 29 de diciembre [*Tol 4675753*] (Ponente: Excmo. Sr. Cándido Conde-Pumpido Tourón).

trabajo falso que acompaña a la solicitud presentada ante la Administración).

Si se trata de un documento privado falso realizado por el particular que posteriormente presentará la solicitud, GÓMEZ RIVERO señala que esta conducta también queda absorbida por el delito de fraude de subvenciones (en nuestro caso, fraude de prestaciones) y por lo tanto su penalidad excluida. El razonamiento sobre el que se sustenta esa aseveración es que, de acuerdo con la autora, estas falsedades *"no representan estructuralmente sino secuencias sólo formalmente autónomas de una misma maniobra fraudulenta, esto es, orientadas a la producción de un injusto más amplio cuya apreciación, por tanto, absorbe y desborda al de aquellos"*[335]. Así pues, de acuerdo con esta autora se ha de apreciar una suerte de concurso de leyes y no de delitos. En idéntico sentido, también sobre el delito de fraude de subvenciones, aunque utilizando otros argumentos, MUÑOZ CONDE cuando afirma que ya *"los respectivos tipos que castigan cada una de estas formas de falsedad (arts. 393, 395 y 396) exigen para su tipicidad el móvil de "perjudicar a otro", lo que ya es tenido en cuenta de una forma más amplia en el tipo de fraude de subvenciones, que absorbe así, en cuanto secuencia de una misma maniobra engañosa, la acción falsaria"*[336].

Trasladada la posición mantenida por estos autores a nuestro injusto, esa falsedad material de un documento para presentarlo a la Administración no sería sino un instrumento o medio orientado a producir una defraudación ulterior de prestaciones sociales, por ende quedaría absorbido por éste por ser el injusto de fraude de prestaciones sociales un precepto más amplio o complejo *ex* art. 8 3ª CP. Por otro lado, el delito de fraude de prestaciones sociales se sustenta a su vez sobre el "engaño" como afirmábamos *su-*

335 GÓMEZ RIVERO, *El fraude de subvenciones, Op. Cit.*, pág.: 308. En este sentido también otros autores como MARTÍNEZ BUJÁN, *Derecho Penal económico y de la empresa, Op. Cit.*, 2019, pág.: 778.

336 MUÑOZ CONDE, *Derecho Penal. Parte Especial*, 2019, *Op. Cit.*, pág.: 955.

pra. Esa conducta mendaz que es la acción falsaria de simular, tergiversar u ocultar hechos al Sistema de la Seguridad Social, *"causando con ello un perjuicio a la Administración"* es precisamente uno de los elementos del delito de falsedad del 395 CP[337] como es *"perjudicar a otro"*, luego ese perjuicio a un tercero, a la Administración, ya está intrínseco en la propia dicción del 307 ter CP, incorporándose a su propia esencia, por lo que el delito de fraude de prestaciones absorbería el delito de falsedad documental. Lo contrario supondría una duplicidad o superposición tipológica a la hora de contemplar el perjuicio al tercero y, en definitiva, una doble sanción[338]. Así pues, por regla general, el delito de fraude de prestaciones sociales absorberá la falsedad material en la medida en la que el perjuicio efectivamente causado a la Administración englobe el engaño y cause un perjuicio al Sistema de la Seguridad Social.

Estamos de acuerdo con esta postura, pero creemos que debemos complementarla.

Recordemos que el art. 307 ter CP contempla tres modalidades típicas: la *simulación*, la *tergiversación* y la *ocultación* de hechos, y que todas ellas exigen en su tipicidad la causación de *"un perjuicio a la Administración Pública"*. De ese modo, en el supuesto particular de que la actuación mendaz desplegada por el peticionario de la prestación no conlleve finalmente un perjuicio económico a la Administración Pública, porque no se induzca a error a la Administración, ambos injustos poseen idéntico grado de especificidad al no haberse perfeccionado el injusto y no alcanzar el perjuicio para el ente de la Tesorería General de la Seguridad Social. Por ello debemos complementar

---

337 *"El que, para perjudicar a otro, cometiere en documento privado alguna de las falsedades previstas en los tres primeros números del apartado 1 del artículo 390, será castigado con la pena de prisión de seis meses a dos años"*.

338 Para más en profundidad, en cuanto a la relación entre un delito de falsedad en documento privado y el delito de estafa valga por todas: STS núm. 126/2016, de 23 de febrero [*Tol 5655291*] (Ponente: Excma. Sra. Ana María Ferrer García).

a lo manifestado por GÓMEZ RIVERO y MUÑOZ CONDE, pues en ese caso debería condenarse por el injusto de fraude de prestaciones sociales en grado de tentativa y la consumación del delito de falsedad documental, sin poder subsumir en la referida tentativa ambos hechos. Además resulta contrario a la lógica que el autor de un delito de falsedad en documento privado se viese privilegiado por el hecho de haber intentado o cometido además un fraude de prestaciones sociales.

Todo ello implica que sólo cuando la falsedad se erija en instrumento o medio para producir la ulterior defraudación a la Tesorería General de la Seguridad Social podría plantearse la posibilidad de concurso de normas y la consunción del delito de falsedad en el delito de fraude de prestaciones sociales[339]. Empero, cuando no se consume finalmente el fraude de prestaciones sociales no podrá subsumirse en aquél el injusto de la falsedad.

A partir de este momento únicamente queda pendiente de resolver la disyuntiva relativa a aquellos casos en los que el peticionario particular que solicita la obtención o prolongación de la prestación en un *documento público, oficial o mercantil*, con eficacia *erga omnes*, altera, simula o supone en un acto la intervención de personas que no lo han tenido, o atribuye a las que han intervenido en él declaraciones o manifestaciones diferentes a las que hubieran hecho.

El artículo 392 CP castiga al *"particular que cometiere en documento público, oficial o mercantil, alguna de las falsedades descritas en los tres primeros números del apartado 1 del artículo 390, será castigado con las penas de prisión de seis meses a tres años y multa de seis a doce meses"*. Ya comprobamos *supra* que la conducta de faltar a la verdad en la narración de los hechos en un documento público, oficial o mercantil por particular resulta atípica, pero en este momento aludiremos a los casos en los que la conducta falsaria se refiere a

---

339 STS núm. 671/2006, de 21 de junio [*Tol 963464*] (Ponente: Excmo. Sr. Juan Ramón Berdugo Gómez de la Torre).

los documentos que acompañan y avalan lo declarado en la correspondiente solicitud presentada ante el organismo correspondiente de la Seguridad Social. Véase: el solicitante presenta un documento público creado *ad hoc* por aquél que acredita algún extremo necesario para la concesión de la prestación social.

A diferencia de cuanto hemos sostenido anteriormente, somos de la opinión de que el delito de fraude de prestaciones sociales no puede absorber por sí mismo el injusto propio de la conducta de falsedad cuando se trata de documentos públicos, oficiales o mercantiles. Y es que este precepto del art. 392 CP no tiene por finalidad causar perjuicio a un tercero, como acontecía en la falsedad de documentos privados (395 CP), sino que su punición encuentra su razón de ser en el hecho de atentar a la funcionalidad del propio documento, específico bien jurídico tutelado por los tipos de falsedad[340]. De ese modo resulta que la dimensión del hecho de falsear un documento público, oficial o mercantil desborda al delito de fraude de prestaciones sociales de acuerdo con la actual redacción del artículo 392 CP. Por ello, en estos supuestos en los que la finalidad de la acción falsaria sea la obtención o la prolongación de una prestación social deberá apreciarse un tipo de falsedad en documento público que, además, resultará idóneo para producir engaño bastante en el Sistema de la Seguridad Social, provocando un error y causando con ello un perjuicio a la Administración.

En definitiva, ante este tipo de situaciones, sostenemos que nos encontramos ante un concurso ideal de delitos[341].

---

340 Desde antaño, GARCÍA CANTIZANO, M. C.: *Falsedades documentales*, Tirant Lo Blanch, Valencia, 1994, págs.: 129 y ss.

341 En idéntico sentido, si bien respecto del fraude de subvenciones del 308 CP y la falsedad en documento público: GÓMEZ RIVERO, *El fraude de subvenciones, Op. Cit.*, pág.: 314; MARTÍNEZ BUJÁN, *Derecho Penal económico y de la empresa, Op. Cit.*, 2019, pág.: 778; SÁNCHEZ LÓPEZ, *El delito de fraude de subvenciones en el nuevo Código Penal, Op. Cit.*, pág.: 308.

Por lo demás, en idéntico sentido la responsabilidad del tercero no funcionario que falsifica un documento público para posibilitar la obtención o facilitación por otro sujeto de una prestación social daría lugar también a un concurso ideal entre su autoría por un delito de fraude de prestaciones sociales y su autoría por la conducta de falsedad en documento público. La razón de esta postura es que la propia dicción del 307 ter CP recoge como conducta típica *"facilitar a otros su obtención"*, luego, comoquiera que la contribución de facilitación ya está prevista en el injusto, el sujeto cometerá un delito de fraude de prestaciones sociales por su conducta favorecedora y por la falsedad en documento oficial realizada.

Analizada la relación concursal entre los delitos de falsedad documental y el fraude de prestaciones sociales para el caso de sujetos particulares, nos ocuparemos en este momento de la específica problemática que plantean los supuestos en los que un *funcionario público* coadyuva a la realización de la conducta defraudatoria de prestaciones sociales.

De entrada, al objeto de delimitar la fenomenología debemos mencionar que en las siguientes líneas nos referiremos a los dos únicos supuestos en los que puede actuar el funcionario público: (i) que el funcionario público sea quien colabore con el peticionario, falsificando en todo o en parte los documentos que acompañan la solicitud de obtención/prolongación de prestaciones sociales y (ii) aquellos en los que una persona que posea la cualidad de funcionario destina a un tercero o a sí misma una prestación social sin concurrir los requisitos para ello abusando del ejercicio de su cargo. Supuestos ellos que presentarán dificultades concursales entre los diferentes tipos delictivos. Por ello, nuestra solución se fundamentará atendiendo a los diferentes bienes jurídicos implicados. Por tal razón ya adelantamos que si pudieran apreciarse diferentes intereses tutelados de tal forma que cada uno lesionara o pusiera en peligro una parcela diferente de desvalor, habría de sostenerse que la solución indicada sería un concurso de delitos. Por el contrario, si existe un solapamiento entre ambas calificaciones, la solución pasará por considerar un concurso de leyes.

Como decimos, primeramente el foco estará situado en si la falsedad o irregularidad consiste en la *simulación* o *tergiversación* de hechos de una certificación emitida por un funcionario público en el contexto de fraude de prestaciones.

Este es el ejemplo de que A, médico de profesión en la Sanidad Pública, en el ejercicio de sus funciones, de común acuerdo con B, le firma a éste un parte de baja laboral por incapacidad temporal con el fin de que B lo presente en el organismo correspondiente y obtenga una prestación contributiva por incapacidad temporal, pese a que el buen estado de salud de B le imposibilitase de todo punto haber conseguido ese parte de baja temporal si no hubiera sido por la intervención de A, consiguiéndolo B finalmente.

Sobre este particular FERRÉ OLIVÉ afirma que pueden existir situaciones en las que quepa el concurso con un delito de falsedades[342]. El autor sostiene que hay que descartar la reconducción para la punición de estas conductas al art. 398 CP, que prevé la punición de liberar una certificación falsa a funcionario público con escasa trascendencia en el tráfico jurídico porque la propia dicción del injusto afirma que *"este precepto no será aplicable a los certificados relativos a la Seguridad Social y a la Hacienda Pública"*. En consecuencia, para este autor, las falsedades cometidas por funcionario público en certificaciones serán sancionados por otra vía más gravosa: la comprendida en las falsedades cometidas por autoridades o funcionarios públicos en el ejercicio de sus funciones sancionadas en el art. 390.1 CP con una pena superior[343]. Nos posicionamos junto a FERRÉ OLIVÉ e in-

---

342 FERRÉ OLIVÉ, *Tratado de los delitos contra la Hacienda Pública y contra la Seguridad Social, Op. Cit.*, págs.: 855 y 856.

343 *"Será castigado con las penas de prisión de tres a seis años, multa de seis a veinticuatro meses e inhabilitación especial por tiempo de dos a seis años, la*

ferimos que la razón que fundamenta tal afirmación es que en estos casos, dado que se realizan hechos que lesionan o ponen en peligro bienes jurídicos diferentes, se planeta una solución conforme a las reglas del concurso de delitos con el fraude de prestaciones sociales.

A esta lógica solución debemos realizar una observación: el marco penológico a imponer al funcionario público se enmarcaría en la mitad superior de la pena respectivamente señalada al delito de fraude de prestaciones sociales, pudiendo llegar hasta la superior en grado e inhabilitación especial para empleo o cargo público y para el ejercicio del derecho de sufragio pasivo por tiempo de tres a nueve años, de acuerdo con lo dispuesto en el art. 438 CP[344]. Este delito de fraude y exacciones ilegales es un delito especial propio que absorbe el delito común de fraude de prestaciones sociales cuando es cometido por un sujeto que ostenta la condición de autoridad o funcionario público, agravando de forma *sui generis* los delitos de estafa y de fraude de prestaciones sociales. De acuerdo con la jurisprudencia que analiza este artículo, *"la acción típica no requiere de ninguna otra acción por parte del autor que, como funcionario público, debe velar por los caudales públicos a su cargo. Se protege el patri-*

---

autoridad o funcionario público que, en el ejercicio de sus funciones, cometa falsedad:
1.º Alterando un documento en alguno de sus elementos o requisitos de carácter esencial.
2.º Simulando un documento en todo o en parte, de manera que induzca a error sobre su autenticidad".
3.º Suponiendo en un acto la intervención de personas que no la han tenido, o atribuyendo a las que han intervenido en él declaraciones o manifestaciones diferentes de las que hubieran hecho.
4.º Faltando a la verdad en la narración de los hechos".

344 *"La autoridad o funcionario público que, abusando de su cargo, cometiere algún delito de estafa o de fraude de prestaciones del Sistema de Seguridad Social del artículo 307 ter, incurrirá en las penas respectivamente señaladas a éstos, en su mitad superior, pudiéndose llegar hasta la superior en grado, e inhabilitación especial para empleo o cargo público y para el ejercicio del derecho de sufragio pasivo por tiempo de tres a nueve años, salvo que los hechos estén castigados con una pena más grave en algún otro precepto de este Código".*

monio del Estado a través del deber de probidad del funcionario" (STS núm. 527/2021, de 16 de junio [*Tol 8485080*] (Ponente: Excmo. Sr. Andrés Martínez Arrieta); de nuevo, una justificación más para determinar que el patrimonio de la Tesorería General de la Seguridad Social es el bien jurídico protegido inmediato tutelado por el 307 ter CP –como así defendíamos–.

En consecuencia, la forma más adecuada de punir estas conductas sería en concurso real con un delito de falsedades, y la pena a imponer sería la legalmente prevista en el art. 390.1 CP y además la dispuesta en el art. 438 CP.

Finalmente, no queremos dejar pasar por alto la cuestionable locución presente en el precepto 438 CP *in fine* que, según su actual redacción, presenta problemas de aplicación. Nos referimos como no podía ser de otro modo a la expresión *"salvo que los hechos estén castigados con una pena más grave en algún otro precepto de este Código"*.

En el ejemplo con el que comenzábamos este apartado: A, médico de profesión en el sistema público de salud, en el ejercicio de sus funciones, de común acuerdo con B le firma a éste un parte de baja laboral por incapacidad temporal con el fin de que B obtenga la prestación contributiva por incapacidad temporal, pese a que el buen estado de salud de B le imposibilitase de todo punto haber conseguido ese parte de baja temporal si no hubiera sido por la intervención de A, consiguiéndolo B finalmente; *prima facie* podríamos afirmar que A, médico de profesión, falsea un documento faltando a la verdad. Hechos que podrían ser constitutivos de un delito art. 390.1 CP[345], cuyo marco penológico se sitúa en penas de prisión de tres a seis años, multa de seis a veinticuatro meses e inhabilitación especial por tiempo de dos a seis años. Al mismo tiempo, el 307

345 Y no del 398 CP porque tal y como ya hemos observado el propio tipo penal impide de todo punto la aplicación de este precepto cuando los certificados sean relativos a la Seguridad Social y, con base en el principio de legalidad, no puede aplicarse este injusto al médico.

ter CP recoge como verbo típico la *facilitación* y un modo de "facilitar" a un tercero la obtención de una prestación puede ser simular hechos en un certificado médico, luego la actuación del médico de profesión podría ser incardinada también en el 307 ter CP (*"facilitar a otros su obtención"*); y como la comisión de ese delito del 307 ter CP por funcionario público aplica la agravante *sui generis* del 438 CP, en nuestro caso el médico se enfrentaría a las penas de prisión previstas en el 307 ter CP en su mitad superior, pudiendo llegar hasta la superior en grado *"e inhabilitación especial para empleo o cargo público y para el ejercicio del derecho de sufragio pasivo por tiempo de tres a nueve años, salvo que los hechos estén castigados con una pena más grave en algún otro precepto de este Código"*.

Sin embargo, como estos hechos no están castigados con una pena más gravosa porque el marco penológico de la mitad superior del 307 ter CP (tipo básico: pena de prisión de seis meses a tres años, mitad superior: 18 meses a 3 años) no es más gravoso que los tres a seis años de prisión del 390.1 CP, el médico que facilita a B la obtención de la prestación mediante la firma de un parte de baja laboral puede cometer un delito de fraude de prestaciones sociales ("facilitar a otros su obtención" mediante la simulación de hechos) pero también un delito de falsedad, pero jamás podrá aplicarse el delito de fraude y exacciones ilegales del 438 CP, toda vez que la pena del delito de falsedad *ex* art. 390.1 CP es superior a la del 438 CP en abstracto.

Pero es que, a mayor abundamiento, tampoco es más gravoso que el marco penológico de la pena superior en grado del 307.1 ter CP en su tipo básico, pues esté abarca de tres a cuatro años y medio de privación de libertad. Por ende, de nuevo, menor de los tres a seis años de prisión del 390.1 CP.

O dicho con otras palabras, no será de aplicación para su punición el 438 CP si se condenara por el tipo básico del 307 ter CP, pues el marco penológico en abstracto del 390 CP es más gravoso que la agravante *sui generis* contenida en el 438 CP.

Analicemos ahora si el 438 CP aplica con el delito agravado de fraude de prestaciones sociales *ex* 307 ter. 2 CP.

Este apartado sanciona con penas privativas de libertad de dos a seis años y multa del tanto al séxtuplo cuando el valor de las prestaciones fuera superior a cincuenta mil euros o hubiera concurrido cualquier a de las circunstancias a que se refieren las letras b) o c) del apartado 1 del artículo 307 bis CP (vía art. 307 ter 2 CP). Esto es, que la defraudación se haya cometido en el seno de una organización o grupo criminal o que se haya utilizado personas físicas o entes sin personalidad jurídica interpuestos, negocios o instrumentos fiduciarios o paraísos fiscales o territorios de nula tributación oculte o dificulte la determinación de la identidad del obligado frente a la Seguridad Social o del responsable del delito, la determinación de la cuantía defraudada o del patrimonio del obligado frente a la Seguridad Social o del responsable del delito.

Así las cosas, en este caso la mitad superior de los dos a seis años que abarca el marco penológico del 307 ter.2 CP sería de cuatro a seis años de prisión. Asimismo, la pena superior en grado iría desde los seis años de prisión a los nueve. Por otro lado, recordemos que el tipo básico del art. 390.1 CP contenía unas penas privativas de libertad de tres a seis años. En consecuencia, en este caso sí que debería ser de aplicación la agravante del artículo 438 del CP, en relación con el 307 ter CP, porque los hechos no están castigados más severamente en ningún otro precepto del Código Penal.

Habida cuenta de cuanto antecede, de acuerdo con la actual redacción del precepto, el artículo 438 CP recogido en el Capítulo VII *"de los fraudes y exacciones ilegales"*, únicamente podría ser de aplicación cuando el importe del fraude de prestaciones sociales fuera superior a cincuenta mil euros o cuando concurrieran alguna de las circunstancias previstas en las letras b) y c) del artículo 307 bis CP. Es decir, que la defraudación se haya cometido en el seno de una organización o grupo criminal o que se haya utilizado personas físicas o entes sin personalidad jurídica interpuestos, negocios o instrumentos fiduciarios o paraísos fiscales o territorios de nula tributación oculte o dificulte la determinación de la identidad del obligado frente a la Seguridad Social o del responsable del delito, la determinación de la cuantía defraudada o del patrimonio del obligado frente a la Seguridad Social o del responsable del delito.

En este momento nos ocuparemos de la segunda de las fenomenologías: el lugar por el que ha de discurrir el régimen concursal existente en el hecho de que una persona que posea la cualidad de funcionario reconozca a un tercero o a sí misma una prestación social abusando del ejercicio de su cargo. Una suerte de administración desleal del patrimonio público.

V. gr., A, director del INSS, encargado del reconocimiento y control del acceso a las prestaciones económicas de la Seguridad Social, prevaliéndose de su condición, se reconoce a sí mismo o a un tercero una prestación contributiva por desempleo sin que concurran las condiciones legales para ello.

Delimitado el problema, una primera posible solución a este burdo ejemplo podría transcurrir por atender a los distintos bienes jurídicos implicados. En este supuesto de hecho existirían –presuntamente– dos bienes jurídicos afectados: inmediatamente, el patrimonio de la Tesorería General de la Seguridad Social, por el delito de fraude de prestaciones sociales, y también el buen funcionamiento de la función pública respecto de la malversación del 432 CP[346]. En definitiva, sobrevendría un concurso ideal de delitos en el que responderían como autores o partícipes cuantos intervengan en el injusto, pues únicamente esa solución englobaría la doble lesión que representa la

---

346 Sobre identificar a este bien jurídico en el delito de malversación de caudales públicos, por todos: FERRÉ OLIVÉ, *Tratado de los delitos contra la Hacienda Pública y contra la Seguridad Social, Op. Cit.*, pág.: 748.

frustración de los fines públicos propia de la desviación de los fondos destinados a prestaciones sociales y, de otro, la infracción de los deberes de lealtad que pesan sobre el funcionario directamente implicado en la conducta de desviación de los fondos que tiene a su cargo[347].

Sin embargo, frente a esta postura, nosotros observamos que el legislador incluyó una modalidad cualificada de fraude de prestaciones cuando intervenga autoridad o funcionario público en el ya invocado art. 438 CP. Con esta previsión, podría admitirse que su apreciación permitiría abarcar el contenido total de injusto. Es decir, esta cualificación permitiría considerar que existe una correcta apreciación del completo injusto que se ha materializado con este comportamiento. Así pues, la infracción del 438 CP supondría un castigo completo del contenido de desvalor que comporta tal supuesto. Consecuentemente, en abstracto, se deberían estimar los criterios de exclusión previstos en el art. 8 CP y concurrir un concurso de normas entre el 438 CP y el 432 CP decantándose para su punición en favor del primero.

El problema que apreciamos es cómo conjugar esta solución con la regla concursal prevista en el injusto de los fraudes y exacciones ilegales relativa al fraude de prestaciones sociales. Concretamente, con el inciso final *"salvo que los hechos estén castigados con una pena más grave en algún otro precepto de este Código"*.

Así las cosas, el 432.1 CP posee un marco penológico en abstracto de *"una pena de prisión de dos a seis años, inhabilitación especial para cargo o empleo público y para el ejercicio del derecho de sufragio pasivo por tiempo de seis a diez años"*. Confrontado ese marco penológico con las penas previstas en el tipo básico del 307 ter CP en su mitad superior (pena de prisión de 18 meses a 3 años) y superior en grado (de tres a cua-

347 En este sentido: GÓMEZ RIVERO, M.C.: "Estafa, falsedad, administración desleal y fraude de subvenciones: una revisión de sus relaciones concursales" en *Revista Penal*, núm. 38, 2016, pág.: 124.

tro años y medio de prisión), observamos como el delito de malversación de caudales públicos posee una penalidad más elevada al poseer un límite superior en ambos casos; por consiguiente, de acuerdo con la dicción del 438 CP, la conducta del funcionario público o autoridad debería ser reconducida para su punición al 432 CP en relación de alternatividad. De ese modo, el tipo delictivo objeto de aplicación al funcionario público o autoridad que prevaliéndose de su cargo aproveche su condición para reconocerse a sí mismo o a un tercero una prestación social le sería de aplicación la malversación, siempre que la condena originaria fuera por el delito básico de fraude de prestaciones sociales por el importe total defraudado.

Si la condena fuera por el tipo agravado del fraude de prestaciones sociales –sancionado en el art. 307 ter.2 CP–, porque el valor de las prestaciones defraudadas fuera superior a cincuenta mil euros, o porque concurra alguno de los elementos previstos en las letras b) o c) del apartado 1 del artículo 307 bis CP, la solución teórica que sostenemos es diferente. La punición de estas conductas cometidas por autoridad o funcionario público, de acuerdo con el 438 CP, han de enmarcarse de cuatro a seis años de prisión (mitad superior) o de seis a nueve años de prisión (pena superior en grado) e inhabilitación especial para empleo o cargo público por tiempo de tres a nueve años. En cualquier caso, el marco penológico en abstracto de la pena de prisión a imponer al funcionario público en relación con el 307 ter. 2 CP es superior a la prevista de privación de libertad en el delito de malversación: de dos a seis años. Es por ello que en este caso consideramos que al funcionario público o autoridad habría de imponerse la agravante *sui generis* contenida en el 438 CP, toda vez que no existe otro precepto que castigue más severamente estos hechos.

Debemos puntualizar un extremo. El 438 CP contempla también una inhabilitación para empleo o cargo público por tiempo de tres a nueve años. Y el 432 CP posee una inhabilitación especial para cargo o empleo público por tiempo de seis a diez años en su tipo básico. Es decir, tres años menor el límite inferior y un año menor el límite superior el 438 CP que el 432 CP. Por ende, podría alegársenos que es más gravosa la pena prevista en el 432 CP que la del 438 CP. Empero, somos de la opinión de que es más gravosa la pena de prisión que la inhabilitación para empleo o cargo público, por ello hemos apostado por reconducir la punición de esas conductas realizadas por el funcionario público al 438 CP, por poseer un marco penológico en su pena de privación de libertad más elevado en este injusto que en el 432 CP.

A modo de resumen valga cuanto sigue: la conducta desplegada por el funcionario público o autoridad que se enfrente a un delito básico de fraude de prestaciones sociales será punible como un delito de malversación del 432 CP. La conducta desplegada por el funcionario público o autoridad que se encuadre en un delito de fraude de prestaciones sociales agravado será punible con el 438 CP.

2.4. *Simulaciones o tergiversaciones de hechos insuficientes para causar un "perjuicio a la Administración"*

(i) En este momento nos ocupamos de aquellas conductas que formalmente entran en el tipo penal de *simulación* o *tergiversación* pero que finalmente no producen un resultado lesivo *per se*.

Ante la exigencia típica de constatar un perjuicio patrimonial efectivo a la Administración, si éste finalmente no llega a producirse y la falsedad consistente en "simular" hechos se produce intramuros del proceso administrativo de concesión de la prestación o prolongación, sin llegar a alcanzar resultado lesivo alguno, podrían acontecer dos posibilidades.

En primer lugar, (a) comoquiera que ya actualmente la LISOS prevé estas conductas, estos hechos podrían ser sancionados como una falta administrativa muy grave *ex* art. 23.1 e) LISOS, depurándose en el ámbito administrativo con la imposición de una sanción pecuniaria —por importes desde 12.001 a 30.000 euros en su grado mínimo; en su grado medio, de 30.001 a 120.005 euros y, en su grado máximo, de 120.006 a 225.018 euros (art. 40.1 f) 2º LISOS)—. Pero también, y comoquiera que no existe diferencia alguna entre la depuración de estas conductas vía administrativa o vía penal, (b) podría afirmarse que se ha producido la comisión de un delito de falsedad documental o bien la comisión de un delito de fraude de prestaciones sociales en grado de tentativa.

Del primer supuesto no nos haremos eco, pues desbordaría los límites de este trabajo analizar la vía administrativa de la simulación de hechos, si bien respecto al segundo de ellos, si la *simulación* de hechos se consigna en un documento mercantil o documento oficial, pero sin que éste haya sido presentado ante el organismo competente de la Seguridad Social, nos encontraríamos ante la comisión de otro injusto como es el de falsedad de documento público, oficial o mercantil, sin obviar que en ese caso la falsedad será ideológica y por tanto resultará impune cuando sea cometida por particulares.

Por otro lado, como decimos, ante la exigencia típica de constatar un perjuicio patrimonial efectivo, reputándose a este injusto como un delito de resultado hace posible la tentativa en esta modalidad delictiva. El problema se plantea en el momento de determinar qué actos son suficientes para integrar esta tentativa punible. Si un sujeto "simula" hechos en la solicitud presentada ante la Administración de la Seguridad Social para la obtención de la prestación de forma dolosa pero ésta detecta el "engaño" por ser manifiestamente insuficiente, por lo que finalmente no otorga la referida prestación, no se causa perjuicio alguno a aquélla, pues el "engaño" no fue idóneo, en ese caso nos encontraríamos ante una tentativa inidónea o imposible[348]

[348] Ha de dejarse expuesta la división en la doctrina sobre la punición de la tentativa inidónea.
Para algunos tratadistas que defienden una tesis impunista se apoyan en dos fundamentos: (i) la supresión del párrafo 2º del antiguo

o ante una tentativa irreal, en función del grado de idoneidad para alcanzar la consumación. Si bien nosotros somos de la opinión, como manifestamos *supra*, que todo engaño burdo se sitúa extramuros del tipo penal.

Otros campos de actuación pueden generar más dudas. Así, por ejemplo el caso en que la propia Seguridad Social detecta una empresa ficticia que simula dar de alta a personas físicas que en realidad no son trabajadores con

---

artículo 52 CP, que expresamente señalaba sanción para estos supuestos (en el Código Penal anterior se mencionaba expresamente la tentativa inidónea en el art. 52, párrafo segundo, que señalaba la misma pena prevista para la tentativa (inacabada) a los *"casos de imposibilidad de ejecución o de producción del delito"*, referencia referencia que desapareció en el Código Penal de 1995, lo cual se interpretó por un sector de la doctrina como una expresión de la voluntad de suprimir la punición de la tentativa inidónea) y (ii) el empleo del adverbio *"objetivamente"* en la definición de la tentativa —si los actos no deben producir el resultado objetivamente— independientemente, pues de la intención del autor, el hecho no será punible. Autores que se posicionaban en favor de esta teoría: LÓPEZ GARRIDO, D. / GARCÍA ARAN, M.: *El Código Penal de 1995 y la voluntad del legislador: comentario al texto y al debate parlamentario*, Dykinson, Madrid, 1996, págs.: 45 y ss.; COBO DEL ROSAL, M. / VIVES ANTÓN, T. S.: *Derecho Penal. Parte General*, Tirant Lo Blanch, Valencia, 2ª edición, 1996, pág.: 356.

Otro sector doctrinal sostiene la opinión contraria, alegando que la supresión del artículo 52 CP, sólo supone que el legislador lo ha considerado superfluo e innecesario, y de otro lado, que el empleo del término objetivamente *"excluye la punibilidad de la tentativa irreal, pero subrayando que ello no impide, sin embargo, la punición de la tentativa —o delito imposible— no irreal"* (STS núm. 2122/2002, de 20 de enero [*Tol 4928072*] (Ponente: Excmo. Sr. Eduardo Móner Muñoz).

En conclusión, se sostiene que el fundamento de la punibilidad de la tentativa consiste en que a través de su intento, el autor expresa su desobediencia a una norma realmente existente. El mayor o menor peligro que genera su ánimo será evaluado penológicamente a través del artículo 62 del Código Penal *"atendiendo al peligro inherente al intento"*. Incluidos en esta posición doctrinal estarían: MIR PUIG, *Derecho Penal. Parte General*, *Op. Cit.*, pág.: 365 o ROXIN, *Derecho Penal. Parte General. Tomo II*, *Op. Cit.*, pág.: 435.

Para más en profundidad, MORENO-TORRES HERRERA, M.R.: *Tentativa de delito y delito irreal*, Tirant Lo Blanch, Valencia, 1999 y ALCÁCER GUIRAO, R.: *La tentativa inidónea y configuración del injusto*, Marcial Pons, Barcelona, 2013.

anterioridad a que éstos soliciten las prestaciones[349]. En ese caso se podría plantear la duda de si ha dado comienzo la ejecución del delito o no y, por ende, si podría condenarse por tentativa del 307 ter CP. El problema reside, como bien apunta BUSTOS RUBIO, en el caso de que la simulación del alta ficticia de los trabajadores se deba a otros fines (obtener permisos de residencia, evitación de una expulsión del país, etc.), pues en ese caso no podríamos incardinar esas conductas en este injusto, luego estaríamos ante una disyuntiva de prueba en el procedimiento. En todo caso, a la luz del artículo 16.1 CP si la finalidad no es la obtención de la prestación no podrá nunca afirmarse que el sujeto, con la creación de esa empresa ficticia, haya dado inicio a la ejecución de los actos que objetivamente han de producir el resultado, pues este resultado no es querido por el sujeto y por tanto jamás podría producirse.

(ii) Seguidamente, en relación con la tergiversación de hechos insuficientes para causar un perjuicio a la Administración, comoquiera que no podemos hacer comparativa alguna con la LISOS, debemos analizar qué ocurre con aquellas conductas de *tergiversación* que (a) no bastan para inducir a "error" a la Administración y (b) aquellas que no entran en el tipo penal atendiendo a criterios de insignificancia.

(a) En cuanto a las primeras, nos hacemos eco en lo dispuesto *supra* para aquellas "simulaciones" de hechos que no son suficientes para inducir "error" a la Administración y que, con el fin de no resultar reiterativos, traemos aquí lo allí dispuesto.

(b) Por otro lado, aquellas conductas de *tergiversación* que no producen resultado lesivo alguno como para ser perseguibles penalmente, recordemos que nosotros nos postulábamos en favor de considerar que aquellas conductas de *simulación* que no eran abarcadas por el dolo del

---

349 Ejemplo expuesto por BUSTOS RUBIO en "Los delitos contra la Hacienda Pública y contra la Seguridad Social", *Op. Cit.*, pág.: 411.

autor deberían ser reconducidas para su punición a la vía administrativa, dejando sólo para su prosecución en vía penal aquellas en las que existiera una conducta dolosa en la actuación del individuo. De nuevo nos posicionamos a favor de esta idea pero matizando que, comoquiera que la ley sectorial de infracciones y sanciones en el ámbito social no prevé artículo alguno que sancione la *tergiversación* de hechos con el fin de obtener o prolongar el disfrute de prestaciones, de acuerdo con el principio de legalidad, toda conducta de *tergiversación* que no fuera dolosa no tendría su punición en un marco penal pero tampoco en vía administrativa, porque no encuentra allí su previsión.

Extremo que no deja de ser paradójico; si a un sujeto se le imputa un delito de fraude de prestaciones por "simular" hechos para obtener una prestación y finalmente su actuación no es constitutiva de delito puede seguir siendo perseguible en vía administrativa, pero si "tergiversa" esos idénticos hechos no podrá imponérsele siquiera una multa pecuniaria en el orden sectorial de infracciones y sanciones dado que la LISOS no prevé este comportamiento defraudador de tergiversación de hechos. Será obligación de la defensa del acusado buscar que sea la modalidad de engaño de *tergiversación* y no la de *simulación* por la que sea investigado el sujeto activo.

Con todo, insistimos en la falta de previsión de toda *tergiversación* de hechos con el fin de obtener o prolongar el disfrute de prestaciones en la ley sectorial de infracciones y sanciones en el ámbito social. Ello nos dificulta sobremanera diferenciar qué conductas de *tergiversación* deben ser mantenidas intramuros del Código Penal de aquellas que no deben ser perseguibles en este ámbito. Pese a lo cual, debemos dar la oportuna respuesta a la cuestión que sigue: ¿qué conductas de *tergiversación* de hechos que formalmente entran en el tipo no son punibles en vía penal?

Ya en otro momento de este trabajo constatamos la exigencia típica de verificar un perjuicio patrimonial efectivo a la administración. Por consiguiente, la respuesta evidente sería que ante la ausencia de lesión alguna al bien jurídico, no pueden perseguirse penalmente estas conductas. O dicho en otras palabras, comoquiera que no existen sanciones en el ámbito sectorial social, debemos buscar otros mecanismos para procurar una efectiva separación de estas conductas, para lo cual nos apoyaremos en criterios de insignificancia, al objeto de justificar que toda conducta tergiversadora irrelevante o insignificante para el bien jurídico no sea en ningún caso punible.

A grandes trazos sirva a modo introductorio que partimos de la existencia de una acción del sujeto que encaja formalmente en la descripción legal y "materialmente" afecta al bien jurídico, extremo que supone que pueda afirmarse la concurrencia del tipo penal, pero desde un punto del criterio de insignificancia el ataque al bien jurídico tutelado por la norma es insignificante o insuficientemente relevante[350]. Este criterio de insignificancia no anula ni el tipo ni la antijuridicidad. Y ello por cuanto en primer lugar la conducta de tergiversación de hechos encaja en la descripción de la norma penal y en segundo lugar porque el comportamiento del sujeto activo es ilícito (desde un punto de vista formal: tergiversación de hechos, y material: afectación del bien jurídico por más que pueda resultar nimia o insignificante)[351]. Así pues, la insignificancia no puede convertirse en una suerte de categoría dogmática del delito porque no puede negar la tipicidad o la antijuridicidad[352]. Por ello, cuando nos referimos a la insignificancia lo hacemos en desde un punto de vista del principio de intervención mínima del Derecho Penal.

---

350 LUZÓN PEÑA, D.M.: "Causas de atipicidad y causas de justificación" en *Causas de justificación y de atipicidad en Derecho Penal* (Coords.: LUZÓN PEÑA, D.M. y MIR PUIG, S.), Aranzadi, Cizur Menor (Navarra), 1995, pág.: 22.

351 BUSTOS RUBIO, M.: "El reflejo de la *poena naturalis* en la *poena foresis*. Posibilidades en Derecho Penal español" en *Teoría y Derecho. Revista de pensamiento Jurídico*, núm. 19, Tirant Lo Blanch, Valencia, 2016, pág.: 126.

352 BUSTOS RUBIO, *Ibídem*, pág.: 127.

Ya expusimos que desde nuestra asunción del principio de exclusiva protección de bienes jurídicos el Derecho Penal tiene por función principal la tutela de los bienes jurídicos más importantes ante los ataques más intolerables. Es por ello que el Estado se encuentra autorizado a ejercer el *ius puniendi* restrictivamente: únicamente contra las modalidades de ataques más graves. Por consiguiente, cuando un determinado hecho revela la innecesariedad[353] de la pena a imponer podrá condicionarse la punición de su cumplimiento. La principal contestación a este planteamiento sería alegar que toda *tergiversación* de hechos que no conlleve un perjuicio a la Administración de la Seguridad Social no será perseguible en vía penal. Ahora bien, otra vía que podría aplicarse sería la previsión penológica contenida en el art. 66.1.6 CP[354], precepto que faculta al órgano sentenciador a valorar el supuesto en cuestión y graduar una concreta pena aplicable al individuo, regla de este precepto que no está sujeta a otro control de superior prevalencia que el que la propia conciencia imponga. Sin embargo, el problema que confrontamos no es resuelto por esta vía en modo alguno, pues el Juez siempre estará limitado a imponer una pena dentro del marco penológico previsto en el injusto y nunca ésta podrá ser atenuada más allá del mínimo previsto; en consecuencia, actualmente la única vía para resolver este conflicto sería atender a la cuantía defraudada por el sujeto activo, lo cual nos conduciría a otro problema ya mencionado: el 307 ter CP no

---

353 Concepto éste de la necesariedad que, junto al de merecimiento, conjugan la categoría de la punibilidad. Para más en profundidad: GARCÍA PÉREZ, O.: *La punibilidad en el Derecho Penal*, Aranzadi, Cizur Menor (Navarra), 1997, págs.: 49 y ss.

354 *"En la aplicación de la pena, tratándose de delitos dolosos, los jueces o tribunales observarán, según haya o no circunstancias atenuantes o agravantes, las siguientes reglas:*
(…)
6.ª Cuando no concurran atenuantes ni agravantes aplicarán la pena establecida por la ley para el delito cometido, en la extensión que estimen adecuada, en atención a las circunstancias personales del delincuente y a la mayor o menor gravedad del hecho".

posee cuantía mínima que separe el ilícito penal del ilícito civil, provocando que todo fraude de prestaciones sociales sea típico desde el primer euro defraudado, separándose así del injusto que tutela la vía del ingreso, acarreando una suerte de ejemplo de aporofobia institucionalizada[355], y provocando que cualquier *tergiversación* de hechos (como *obtención* y *ocultación*), independientemente del importe defraudado pueda ser constitutiva de delito.

3. OCULTACIÓN CONSCIENTE DE HECHOS DE LOS QUE TIENE EL DEBER DE INFORMAR

La última de las formas de opción de engaño a la Seguridad Social es la *ocultación* consciente de hechos sobre los que el sujeto tiene el deber de informar. Modalidad que ya adelantamos tampoco tiene su previsión en la LISOS, como ocurría con la *tergiversación*, si bien a diferencia de ésta la *ocultación* como método de engaño ha sido ampliamente analizada por la doctrina y la jurisprudencia en otros preceptos, luego el análisis de esta modalidad de engaño vendrá de la mano de otros tipos penales.

Ocultar según la RAE[356] es, en su primera acepción, *"esconder, tapar, disfrazar, encubrir a la vista"*. Más clarificador creemos resulta su segunda acepción: *"callar advertidamente lo que se pudiera o debiera decir, o disfrazar la verdad"*. Sobre este punto, CÁMARA ARROYO define la *ocultación* como *"esconder, disfrazar u omitir la información de los hechos sobre los que*

---

355 Sobre el concepto de aporofobia institucionalizada, vid.: TERRADILLOS BASOCO, J.M.: *Aporofobia y plutofobia. La deriva jánica de la política criminal contemporánea*, Bosch, Barcelona, 2020; BUSTOS RUBIO, M.: "Aporofobia institucionalizada: el Código Penal como herramienta" en *Derechos humanos ante los nuevos desafíos de la globalización* (Editores: PEREZ ADROHER, A., LÓPEZ DE LA VIEJA DE LA TORRE, M. T., HERNÁNDEZ MARTÍNEZ E.), Dykinson, Madrid, 2020.

356 https://dle.rae.es/ocultar?m=form (fecha de último acceso: 1 de noviembre de 2023).

tenía obligación de informar"[357]. En idéntico sentido BUSTOS RUBIO, quien afirma que la *ocultación* se refiere únicamente a aquellos hechos de los que el sujeto tenía el deber de informar o comunicar a la Administración[358].

La *ocultación* de algún modo podría ser un sinónimo de *simulación* o *tergiversación,* si bien mientras que conductas tendentes a la *simulación* o a la *tergiversación* defendíamos que requieren una intervención activa del individuo, la *ocultación* aparece en la mayoría de las ocasiones como una participación pasiva del individuo. Algún tratadista como FERRÉ OLIVÉ o BUSTOS RUBIO anticipan que en la *ocultación* existen componentes activos y omisivos, pues se debe solicitar la prestación (participación activa del sujeto) y al mismo tiempo omitir datos relevantes (participación omisiva)[359], luego no podría afirmarse que esta modalidad apreciara únicamente la modalidad omisiva.

Por lo demás, generalmente la *ocultación* de hechos abarca conductas realizadas *ex ante* al reconocimiento de la prestación al individuo (cuando el peticionario oculta hechos en la solicitud presentada ante el organismo correspondiente sobre los que tenía el deber de informar) como conductas *ex post* a la concesión. (V. gr. cuando la Administración requiere al sujeto ampliar la información o la documentación obrante en el procedimiento administrativo para que se le prolongue una prestación que viene disfru-

---

357 CÁMARA ARROYO, "Entre el Derecho Penal de clase y la expansión punitiva: el delito de obtención indebida de prestaciones (art. 307 ter C.P.)", *Op. Cit.*, pág.: 67.

358 BUSTOS RUBIO, "La tipificación del fraude en las prestaciones del sistema de Seguridad Social: el nuevo artículo 307 ter del Código Penal", *Op. Cit.*, pág.: 14; EL MISMO, "El delito de fraude en las prestaciones del sistema de la Seguridad Social (art. 307 ter CP)", *Op. Cit.*, pág.: 193.

359 FERRÉ OLIVÉ, *Tratado de los delitos contra la Hacienda Pública y contra la Seguridad Social, Op. Cit.*, pág.: 847;
BUSTOS RUBIO, "El delito de fraude en las prestaciones del sistema de la Seguridad Social (art. 307 ter CP)", *Op. Cit.*, pág.: 195.

tando). En ambos casos se ha de colmar la exigencia típica de producir un perjuicio a la Administración Pública.

3.1. La omisión como "engaño" en el 307 ter CP. La ocultación consciente de hechos como concepto vinculado a un deber de veracidad

Respecto al engaño por omisión, el Tribunal Supremo vino desde antaño a afirmar que *"el engaño constituye la afirmación de los hechos falsos como verdaderos, o bien el ocultamiento de hechos reales"* (STS núm. 661/1995, de 18 de mayo (Ponente: Excmo. Sr. Ramón Montero Fernández-Cid). Ese engaño típico se puede apreciar cuando: (i) se omiten los comportamientos legales exigidos para evitar el resultado producido (STS núm. 1036/2003, de 2 de septiembre [*Tol 452884*] (Ponente: Excmo. Sr. Julián Sánchez Melgar); (ii) cuando quienes tienen posición de garantes por haber generado un riesgo serio para el patrimonio de los acreedores, no les comunicaron el riesgo inminente de incumplimiento y del consiguiente perjuicio patrimonial que hubiera podido impedir el resultado —por todas: STS núm. 79/2004, de 27 de febrero [*Tol 365541*] (Ponente: Excmo. Sr. Enrique Bacigalupo Zapater)—; (iii) o cuando se omite el facilitar información a la que se venía obligado (STS núm. 281/2014, de 26 de marzo [*Tol 4218439*] (Ponente: Excmo. Sr. Carlos Granados Pérez)[360]. Observamos que el tipo penal alude a la *"ocultación consciente de hechos de los que se tenía el deber de informar"*, luego entre los diferentes tipos de engaños omisivos típicos acogidos por la Sala Segunda el tipo penal del 307 ter CP se encuadraría en el último de

---

360 Valga simplemente con señalar que existe algún tratadista de la doctrina que rechaza toda posibilidad de engaño por omisión porque considera omitir información no puede constatar un comportamiento del autor que influya de en la formación de la representación de la víctima: VALLE MUÑIZ, J.M.: "Tipicidad y atipicidad de las conductas omisivas en el delito de estafa" en *Anuario de Derecho Penal y Ciencias Penales*, Tomo 39, núm. 3, 1986, págs.: 874 y ss.

ellos: una omisión de facilitar información a la que se venía obligado[361]. O dicho con otras palabras, un "engaño" por omisión por incumplir un deber de veracidad para con la Administración[362].

Así las cosas, la acción sancionada de *ocultación* tiene como finalidad encubrir a la Seguridad Social la realidad de las cosas, esto es, se pretende ocultar al ente público la veracidad de supuestos particulares sobre los que el autor tiene el deber de informar, o facilitar a otros esta *ocultación*, con la finalidad de obtener indebidamente el disfrute de una prestación. Ello nos conduce a determinar que no toda *omisión* de información es penalmente relevante, sino sólo aquella sobre la que se tiene el deber de informar[363]. Se trata, pues, de un "engaño" como concepto vinculado con la infracción de un deber de veracidad.

---

361 En esta línea también: ESCOBAR JIMÉNEZ, "Los delitos contra la Seguridad Social: fraude de cotizaciones y fraude de prestaciones (Arts. 307-307 ter CP)", *Op. Cit.*, pág.: 1722.

362 Ya existen casos en la jurisprudencia sobre el "engaño" a la Administración para prolongar una prestación a la que no se tenía derecho omitiendo hechos sobre los que tenía el deber de informar. La STS núm. 915/2004, de 15 de julio [*Tol 483698*] (Ponente: Excmo. Sr. Joaquín Delgado García) condena por un delito de estafa porque *"apreció en la acusada voluntad de engañar a la entidad bancaria pagadora y, a través de ésta, a la Seguridad Social, desde que comenzó a cobrar ella la pensión a la que no tenía derecho alguno por fallecimiento de la que era su titular. Y consideró el engaño consistente en ocultar ese fallecimiento como idóneo, bastante, y determinante del acto de disposición consistente en el pago del importe de la pensión. Un supuesto muy similar al de la STS 42/2015, en el que el acusado no comunicó a la Seguridad Social el fallecimiento de su madre para que se siguiera abonando la pensión que a ella le correspondía, cuando tenía la obligación de hacerlo en virtud de lo dispuesto en el artículo 11.1 de la Orden del Ministerio de Hacienda de 7 de mayo de 1981 por la que se desarrolla el Real Decreto 227/1981, de 23 de enero, sobre sistemas de pago de los haberes de Clases Pasivas del Estado. El engaño estuvo residenciado en la falta de comunicación al banco donde se ingresaba la pensión y al INSS, del fallecimiento de la titular de la pensión"*.

363 En este sentido, por ejemplo: SAP de Barcelona (Sección 6ª) núm. 281/2021, de 12 de abril [*Tol 8463773*] (Ponente: Ilmo. Sr. José Luis Ramírez Ortiz).

Insistimos, comoquiera que el propio tipo penal exige concretamente la *"ocultación consciente de hechos de los que se tenía el deber de informar"* puede extraerse la existencia de un deber de veracidad que nace para con la Administración, pese a no contenerse en la ley sectorial un precepto legal concreto en paralelo que implique la contención del deber específico, como pudiera acontecer en la legislación tributaria.

Esta es la clave a nuestro entender para que exista un "engaño" típico a la Seguridad Social: si existe un deber de veracidad para el sujeto, basta la mera omisión de la información debida para poder afirmar la tipicidad del engaño, aun cuando no se haya producido un empeoramiento del estado de conocimiento de la víctima[364]. No se trata de una no evitación de que la Administración incurra en un error, o la no eliminación de un error preexistente, sino de si el autor poseía un deber de veracidad para con la Tesorería General de la Seguridad Social y lo infringe. Ciertamente, la locución contenida en el 307 ter CP en cuanto a la *"ocultación consciente de hechos de los que tenía el deber de informar"* no obliga *per se* al individuo a sacar del error a la Administración, ni siquiera aunque se pudiera beneficiar de ello, sino que únicamente surgirá el silencio típico cuando se infrinja la obligación de decir la verdad. O dicho esto con otras palabras: la ocultación de los hechos sobre los que no recaiga un deber de veracidad no es punible de acuerdo con el tenor literal del 307 ter CP.

FERRÉ OLIVÉ sitúa el nacimiento del deber de veracidad en el momento de presentar la solicitud ante la Administración de la Seguridad Social, pues el sujeto asume un compromiso de fidelidad en los datos aportados, tanto los que sean positivos como negativos para sus intereses, lo cual —continúa este tratadista— determina que quien presenta esa solicitud se encuentre en una posición de garan-

---

364 PASTOR MUÑOZ, *La determinación del engaño típico en el delito de estafa, Op. Cit.*, pág.: 223.

te[365]. Entendemos que según ese autor no existe un deber de garante *ex ante* pero una vez presentada la solicitud de obtención o prolongación de una prestación ante la Administración Pública se asume un compromiso con ésta en cuanto que los datos facilitados son ciertos y veraces, lo cual situaría al administrado en una posición de garante *ex post.* Una suerte de posición de garante por injerencia. O dicho con otras palabras, no existe un deber de garante *ab initio*, sino que esa posición de garante nace del actuar precedente, esto es, en el momento que de forma proactiva se solicita la concesión o prolongación de una prestación a la Administración de la Seguridad Social omitiendo supuestos concretos sobre los que tenía la obligación de comunicar, y es en ese momento cuando el sujeto comienza a ser garante de la veracidad de la información proporcionada, por ser el creador de un riesgo al bien jurídico imputable a aquél.

La posición de garante se fundamenta, básicamente, en dos elementos: (i) cuando corresponde al sujeto una específica función de protección del bien jurídico afectado y (ii) la creación o aumento de un peligro atribuible a su autor y que tal peligro determine, en el momento del hecho, una situación de dependencia personal del bien jurídico respecto de su causante[366]. Ambas situaciones convierten al autor en "garante" de la indemnidad del bien jurídico. Dicho lo cual, nos preguntamos ¿el individuo posee una específica función de protección del bien jurídico del 307 ter CP? No. No existe norma alguna que compela a los administrados a contribuir al sostenimiento del patrimonio de la Seguridad Social, a diferencia de lo que pudiera ocurrir con el patrimonio de la Hacienda Pública (*ex* art. 31 CE), aunque bien podría aludirse a la confianza mutua que sostiene las relaciones entre administrador y Administración, lo que *supra* denominamos *bilateralidad equilibrada*, empero no puede aceptarse en tanto en cuanto esta *bilateralidad*

---

365 FERRÉ OLIVÉ, *Tratado de los delitos contra la Hacienda Pública y contra la Seguridad Social*, *Op. Cit.*, pág.: 847.

366 MIR PUIG, *Derecho Penal. Parte General*, *Op. Cit.*, pág.: 328.

equilibrada encuentra su fundamento en una idea dogmática, no legislativa o contractual, y está ideada para la vía de ingreso de la Seguridad Social, no para la vía de gasto. Por otro lado, ¿posee el sujeto que oculta una función personal de control de una fuente de peligro? Definitivamente sí. El sujeto que oculta hechos de los que tenía el deber de informar a la Administración da inicio a un curso causal peligroso imputable *ex ante* pero que aún no ha sido consumado, dado que aún no se ha producido un perjuicio a la Administración Pública. No obstante ello permite afirmar que quien omite voluntariamente hechos de los que tenía el deber de informar no es ajeno al peligro del bien jurídico, sino que es responsable de dicho peligro y está obligado al salvamento respecto del peligro creado por el obligado impidiendo el resultado antijurídico, es decir a evitar que se convierta en lesión. Sin embargo, además es necesario que ese peligro quede efectivamente bajo el control del omitente. Ambos elementos concurren en los casos más inequívocos de posición de garante y en el caso que ocupa. Por ello, nos alineamos junto a FERRÉ OLIVÉ para afirmar que quien presenta una solicitud ante la Seguridad Social para la obtención o prolongación del disfrute de prestaciones omitiendo hechos de los que tenía el deber de informar se encuentra en una posición de garante, que nosotros clasificamos por injerencia, pues tiene el deber de evitar el resultado del daño patrimonial a la Administración al crear una fuente de peligro por no proporcionar información veraz a la misma. De ese modo se le atribuye al individuo la responsabilidad del delito cometido.

Esta injerencia, que podría denominarse *injerencia informativa*, no es novedosa. Algún autor[367] así la ha denominado, si bien con respecto a la estafa por omisión de información, extrapolándolo nosotros para este injusto. Esta *injerencia informativa* aparece en el momento de omitir

---

367 Término originalmente acuñado por IZQUIERDO SÁNCHEZ, C.: *Estafas por omisión. El engaño y la infracción de deberes de información*, Atelier, Barcelona, 2018, pág.: 223.

información creando una fuente de peligro para el sujeto pasivo, la cual puede suponer una lesión en el bien jurídico si no sale de ese error. *Injerencia informativa* que consiste en una conducta *ab initio* activa por la que se transmite un mensaje falso al titular del patrimonio la Administración, y un comportamiento omisivo, consistente en mantener en el tiempo la omisión realizada con el objetivo de que la Administración caiga en el error. Tan pronto como el sujeto ha realizado la conducta activa de "omitir" hechos (foco de inicio del peligro para el bien jurídico) éste queda sometido al deber jurídico-penal de desistir de la comisión del fraude de prestaciones sociales iniciado. Hecho que, como ya apuntaban con acierto FERRÉ OLIVÉ o BUSTOS RUBIO, en esta modalidad de engaño posee componentes activos y omisivos.

Podría alegársenos que una vez el sujeto activo ha omitido conscientemente hechos en la solicitud de obtención o prolongación de una prestación ya no posee el dominio de la fuente de peligro, pues el sujeto posee un dominio potencial pero no real sobre el acontecimiento; es decir que en realidad depende de la Administración competente que con sus mecanismos para detectar estos posibles fraudes finalmente sufra una lesión o no, y, por ende, el curso causal queda fuera de su ámbito de dominio. Una suerte de teoría de antiinjerencia formulada por SCHUNEMANN[368]. No podemos compartir esta opinión. Una vez presentada la referida solicitud aún el sujeto posee el dominio del foco de peligro toda vez que él y sólo él puede impedir que se produzca el resultado presentando una nueva solicitud rectificando y/o aportando los datos que habían sido omitidos primeramente, sin necesidad de esperar a que la Administración actúe de oficio. De ese modo, siempre que sea con anterioridad al efectivo disfrute de la prestación indebida, el individuo está en una posición de garante por injerencia pudiendo evitar el resultado informando a la Administra-

---

368 SCHÜNEMANN, B.: *Grund und grenzen der unechten Unterlassungsdelikte*, Schwartz, Gottingen, 1971, pág.: 316.

ción de los datos que había omitido; lo cual no sería otra cosa que un desistimiento voluntario previsto ya en el art. 16.2 CP[369].

3.2. Contenido del deber de veracidad en el 307 ter CP

Ya hemos introducido que el compromiso de veracidad sitúa inequívocamente al autor del riesgo en una posición cualificada de deber que le constituye en garante de la verdad. Este deber de veracidad se configura cuando el autor entrega información objetivamente relevante con un inequívoco sentido de autovinculación jurídica por el que el garante se compromete a la corrección de la información proporcionada[370]. Información que debe guardar relación con los fines penalmente relevantes para los que el legislador introdujo este precepto en el Código Penal: la indebida obtención o prolongación del disfrute de prestaciones sociales. De ese modo, el deber de informar comprende exclusivamente la oportuna y verdadera información cuya averiguación o comprobación no resulte exigible a la víctima, a la Administración Pública, pues de lo contrario esa información omitida no sería susceptible de crear una fuente de peligro para aquélla. Y es que la fuente de peligro sólo puede situarse en el déficit informativo realizado *ab initio* y con ánimo defraudatorio a la Seguridad Social por el sujeto activo, cuando su acceso resulta imposible a la víctima; por regla general responderá penalmente por aquél. O dicho con otras palabras, no pueden ocultarse dolosamente aquellos datos sobre los que no operaba un específico deber de informar, extremo que nos permite sostener la atipicidad de aquéllos.

---

369 *" Quedará exento de responsabilidad penal por el delito intentado quien evite voluntariamente la consumación del delito, bien desistiendo de la ejecución ya iniciada, bien impidiendo la producción del resultado, sin perjuicio de la responsabilidad en que pudiera haber incurrido por los actos ejecutados, si éstos fueren ya constitutivos de otro delito".*

370 IZQUIERDO SÁNCHEZ, *Estafas por omisión*, *Op. Cit.*, pág.: 213.

Por ello, tan pronto como el agente ha realizado la conducta de "omitir" hechos sobre los que tenía el deber de informar, éste queda sometido al deber jurídico-penal de desistir de la comisión del fraude de prestaciones iniciado. Dicho deber conmina al agente a desistir de la tentativa de fraude de prestaciones sociales mediante la oportuna entrega a la Administración de los datos necesarios para salir del "error" en el que puede incurrir, con el intrínseco perjuicio patrimonial que aquello conlleva. En conclusión, quien organiza una injerencia informativa activa y dolosa queda sometido al deber de desistir de la tentativa del delito mediante la neutralización del riesgo integrado en la esfera de la Administración de la Seguridad Social.

Ahora bien, ese deber de veracidad no entraña la demostración concreta y pormenorizada de hechos, pues como pone de relieve acertadamente GÓMEZ PAVÓN en Derecho no se exige una correspondencia absoluta de aquéllos, dado que ello conduciría a la negación en la práctica del referido deber[371]. Y es que no cabe exigir una correspondencia absoluta entre lo acontecido y lo narrado, de tal forma que únicamente será punible aquella narración de hechos, en este caso omisión de hechos, cuando se desvirtúe sustancialmente lo acontecido. De ese modo, como apunta ESCOBAR JIMÉNEZ, la *ocultación* consciente e intencionada de hechos ha de recaer sobre aquéllos que sean relevantes para alguno de los resultados que prevé el precepto[372]. En suma, colige BUSTOS RUBIO, y nosotros

---

371 GÓMEZ PAVÓN, P.: *La intimidad como objeto de protección penal*, Akal, Madrid, 1989, págs.: 86 y 87.
De ese modo también ha sido dispuesto por la Sala Segunda del Tribunal Supremo en numerosas resoluciones, de las que aquí nos hacemos eco de algunas de ellas: (i) STS núm. 852/1997, de 12 de junio [*Tol 5140219*] (Ponente: Excmo. Sr. José Augusto Vega Ruiz); (ii) STS núm. 987/1998, de 20 de julio [*Tol 5133742*] (Ponente: Excmo. Sr. José Augusto Vega Ruiz); y STS núm. 481/1999, de 25 de marzo [*Tol 5134625*] (Ponente: Excmo. Sr. José Augusto Vega Ruiz).

372 ESCOBAR JIMÉNEZ, "Los delitos contra la Seguridad Social: fraude de cotizaciones y fraude de prestaciones (Arts. 307-307 ter CP)", *Op. Cit.*, pág.: 1722.

nos adherimos a él, que las simples variaciones o errores aritméticos fácilmente subsanables no deben considerarse a estos efectos una "ocultación consciente de hechos de los que el sujeto tenía deber de informar"[373]. Así pues, parece que BUSTOS RUBIO focaliza en el dolo del autor el fundamento para punir estas conductas, planteamiento éste que podría entroncarse con aquello que nosotros sosteníamos *supra* entendiendo que para diferenciar simulaciones de hechos constitutivos de delito de aquellas sancionables extramuros del Código Penal se hace necesario comprobar la concurrencia de dolo. Lo contrario no colma las exigencias del tipo: la *"ocultación consciente"*. En cualquier caso, ello requiere una interpretación casuística ajustada a las concretas características del supuesto de hecho que se trate.

Concluyendo con esta forma de engaño nos preguntamos si la *ocultación* de hechos sobre los que no recaiga ese específico obligación de veracidad puede reconducirse para su punición a la modalidad de *simulación* o *tergiversación* por omisión. O dicho con otras palabras ¿puede ser típica la *simulación* o *tergiversación* por omisión, por dejar de facilitar datos sobre los que no recaigan una obligación legal? Descartamos esta hipótesis. La razón es que ya hemos reputado a la *simulación* y *tergiversación* como modalidades activas. Pero es que, *ítem más*, en el caso de que A simulara o tergiversara hechos ocultándolos no está simulándolos o tergiversándolos en puridad, está ocultándolos y si los oculta y no recaen sobre ellos ese específico deber de veracidad no podemos reputar como típica esa conducta. Así pues, somos de la opinión de que la *simulación* o la *tergiversación* y la *ocultación* son modalidades de engaño que se excluyen mutuamente. Y es que la dinámica de esas formas de "engaño" impide de todo punto su ejecución simultanea dado que si la conducta de "engaño" desplegada por el agente es activa estaremos ante una *simulación* o *tergiversación* y si el "engaño" es omisivo estaremos ante una *ocultación*. No

---

373 BUSTOS RUBIO, "El delito de fraude en las prestaciones del sistema de la Seguridad Social (art. 307 ter CP)", *Op. Cit.*, pág.: 196.

puede ocurrir en la práctica diaria una *simulación* o *tergiversación* que omita hechos ni una *omisión* de hechos que los simule o los tergiverse.

4. EXCURSO: LA REITERACIÓN DE LAS MODALIDADES DE ENGAÑO CONTENIDAS EN EL 307 TER CP

Aludimos ya brevemente *supra*, cuando analizamos la modalidad de *tergiversación*, a la más que posible reiteración en las formas de engaño previstas en el tipo penal de fraude de prestaciones sociales, abogando nosotros de *lege ferenda* por incluir la expresión de *"cualquier forma de engaño"* con el fin de evitar reiteraciones innecesarias.

Y es que las formas de concretar la defraudación por las que optó el legislador ("simular", "tergiversar" y "ocultar") pueden resultar reiterativas, especialmente las dos primeras como ha podido comprobarse líneas atrás. Entonces, ¿cuál es la razón por la que el legislador se interesó en incluir específicamente esos tres medios de llevar a cabo el "engaño"? ¿Caben acaso otras formas de "engaño" que provoquen error?

Dando la oportuna respuesta a la primera de las preguntas, estamos convencidos de que el fundamento que motivó al legislador a la incorporación de estas específicas formas de engaño y no otras fueron las pretéritas resoluciones emanadas de la Sala Segunda del Tribunal Supremo que, con ocasión del delito de estafa, analizaban las formas comisivas de producir error en la víctima. Valga como ejemplo la STS de 17 de febrero de 1988 [*Tol 2348504*] (Ponente: Excmo. Sr. José Hermenegildo Moyna Ménguez) que afirmaba: *"Se ha dicho reiteradamente por este Tribunal que la conducta engañosa es el nervio o elemento específico del delito de estafa, y puede consistir en la simulación de hechos falsos o en la deformación u ocultación de los hechos verdaderos, la falta de verdad —en suma— en lo que dice se hace para provocar error e inducir el acto de desplazamiento patrimonial"*.

Reparemos en esa resolución porque nos parece muy ilustrativa. Esa Sentencia de la Sala de lo Penal del Alto Tribunal ya abarcaba como formas de engaño en la estafa (i) la simulación de hechos falsos, (ii) la deformación y (iii) la ocultación de hechos verdaderos. Es evidente que el legislador en el año 2012, cuando incluyó este precepto *ex novo* en el Código Penal, se limitó a transcribir esa resolución, mas optó por no incorporar la modalidad delictiva de "deformación" de hechos, y ello porque somos de la opinión que el verbo "deformar" acarrearía más problemas dogmáticos, por lo que se limitó a sustituirlo por la *tergiversación*. Empero, como decimos, el legislador del año 2012 se limitó a reproducir casi idénticamente las conductas engañosas que, allá por el año 1988, ya se englobaban bajo el paraguas del delito de la estafa, y las introdujo como formas de engaño en el 307 ter CP sin más mayores explicaciones o razones. Y ello pese a que la modalidad de tergiversación no encuentra su correspondiente paralelismo en la LISOS y pese a que entre "simular" y "tergiversar" o "deformar" no aparecen diferencias sustanciales que apoyaran la inclusión de ambas conductas específicamente. Dicho lo cual, el traslado de las formas de engaño englobadas por una vetusta jurisprudencia de la Sala Segunda del injusto de la estafa al actual 307 ter CP actual nos sugiere más si cabe que, como comenzábamos al inicio de este apartado, este delito del 307 ter CP se configura morfológicamente de forma semejante a la estafa común.

En cuanto a la segunda de las preguntas, ¿caben otras formas de engaño? Comoquiera que el legislador se limitó a reproducir las formas de engaño que antaño estaban previstas para el delito de estafa, podemos deducir que no existen otras formas de engaño. Podríamos buscar o incorporar otras formas como "desfigurar" en vez "simular", o "tergiversar" o "encubrir" en vez de "ocultar", pero que a todas luces resultan meros sinónimos que no aportan nada a la descripción típica. Por ello, con el fin de evitar reiteraciones innecesarias como ocurre actualmente con la "simulación" y la "tergiversación" proponemos, de *lege ferenda*, la modificación del precepto incluyendo la expresión *"cualquier forma de engaño"*. El precepto, en este extremo particular, (pues también se han propuesto otras variaciones de *lege ferenda*) quedaría redactado de la siguiente manera: *Quien obtenga, para sí o para otro, el disfrute de prestaciones del Sistema de la Seguridad Social, la prolongación indebida del mismo, o facilite a otros su obtención, mediante cualquier forma de engaño, causando con ello un perjuicio a la Administración Pública*.... De ese modo no resultaría necesario aludir a la "simulación", la "tergiversación" y a la "ocultación", pues cualquier forma de engaño resultaría abarcada por esa locución, pese a que, insistimos, no caben más que las tres conductas incorporadas al 307 ter CP como forma de provocar error al sujeto pasivo: (i) simulando hechos, (ii) tergiversándolos u (iii) ocultándolos cuando exista un específico deber de informar.

Capítulo VI
El perjuicio a la administración pública como resultado del delito

Como ya vislumbramos desde el estudio del bien jurídico, y con mayor evidencia hemos constatado durante el transcurso de este capítulo, nos encontramos ante un delito de resultado, de carácter patrimonial, económicamente evaluable que trae causa del error generado a la Administración.

Y es que en esta figura delictiva, a pesar de no preverse de *lege lata* como resultado material del delito un perjuicio patrimonial cuantificable, apreciamos la exigencia típica de producir un resultado lesivo en la locución *"causando con ello un perjuicio a la Administración Pública"*; perjuicio que, desde nuestra posición, no puede ser sino de índole patrimonial.

Esencialmente la conducta del sujeto activo debe lesionar el bien jurídico inmediato (el patrimonio de la Tesorería General de la Seguridad Social) para alcanzar el referido menoscabo, constatándose un error que trae causa de un engaño previo que produce la disposición patrimonial por parte de la Seguridad Social. De ese modo, el perjuicio debe ser imputado objetivamente al comportamiento del autor por haber generado un riesgo jurídicamente desaprobado que se concreta en dicho resultado lesivo.

Insistimos, como ya dejamos expuesto *supra*, en este injusto no existe límite cuantitativo que separe la infracción administrativa del delito, lo cual no deja de resultar poderosamente llamativo pues a diferencia de lo que sucede en los preceptos que tutelan la vía del ingreso de la Seguridad Social (307 CP) o la vía del gasto de la Hacienda Pública (308 CP) el legislador no condiciona el castigo en el tipo básico a una cuantía mínima defraudada. Ello permite sancionar penalmente tanto a un individuo que defraude prestaciones sociales por valor de cuatrocientos euros como a otro que defraude valor de cincuenta mil.

Este abandono del sistema de cuantías, que sirve para limitar la infracción penal y el ilícito administrativo, deriva en una problemática sobre la que parece que no reparó el legislador penal: una punición diferente para conductas semejantes. Y es que la extrema severidad del legislador penal al punibilizar el fraude de prestaciones desde el primer euro defraudado deriva en una evidente desigualdad entre este delito y el tipo de fraude de cotizaciones del artículo 307 CP. Es por ello que algún autor ha denominado a este tipo penal como una suerte de Derecho Penal de clase[374].

Así, este Derecho Penal de clase se materializa en la aplicación de normas penales que benefician a quienes ostentan una clase social superior o un mayor poder adquisitivo. Así pues, comportamientos delictivos cometidos por el empresario que supongan un delito contra la Seguridad Social en su modalidad recaudatoria del art. 307 CP no serán perseguidos penalmente si no superan la cuantía típica de cincuenta mil euros en cuatro años. En cambio, todo individuo que cometa fraude de prestaciones sociales del 307 ter CP, con independencia del importe defraudado, se verá sometido a un procedimiento penal. Esta desigualdad implica el ensanchamiento de la brecha social entre individuos de un elevado estatus social (delitos de cuello blanco) y la delincuencia común (trabajadores) que ven como la comisión de conductas semejantes para la lesión o puesta en peligro del mismo bien jurídico —el patrimonio de la Tesorería General de la Seguridad Social— conllevan aparejada una prosecución diferente[375].

---

374 TERRADILLOS BASOCO, "Nuevo tipo de fraude a la Seguridad Social (art. 307 ter)" en *Estudio crítico sobre el anteproyecto de la reforma penal de 2012* (Director: ÁLVAREZ GARCÍA, F. J. y Coord.: DOPICO GÓMEZ-ALLER, J.), Tirant Lo Blanch, Valencia, pág.: 857.

375 CÁMARA ARROYO, "Entre el Derecho Penal de clase y la expansión punitiva: el delito de obtención indebida de prestaciones sociales

En consecuencia, construcciones penales homólogas, que tutelan el mismo bien jurídico penal, son desiguales en su punición y su persecución lo que deriva en un Derecho penal de clase más beneficioso para empresarios; y ello pese a la buena fe que se le presume al legislador, quien justificó la incorporación del 307 ter CP en *"el riesgo de impunidad de aquellos fraudes graves que hasta ahora no superaban el límite cuantitativo establecido"*. No obstante, esta loable fundamentación acarrea intrínsecamente una disparidad en el ejercicio del *ius puniendi* para según qué sujetos, al perseguirse conductas de forma más punitiva contra los menos afortunados.

Del planteamiento anterior nace a su vez la idea de la constatación de una manifestación de aporofobia institucionalizada[376], pues se evidencia una mayor punibilidad en delitos cometidos por trabajadores e individuos con rentas bajas, en contraposición con aquellos cometidos por sujetos con un elevado poder adquisitivo. De esta forma, conductas que no acaban de ser lesivas *per se* para el bien jurídico son constitutivas de un delito que lleva aparejada una pena de multa lo cual generaría más pobreza para el trabajador o individuo que tiene que hacer frente al abono de multas por conductas que presentan una mínima lesividad para el bien jurídico.

Y es que la deficiente redacción del tipo penal del 307 ter CP supone un rechazo frontal contra una persona por razón de su situación económica, pues el individuo o trabajador que defrauda prestaciones sociales, sin que revistan una especial gravedad por razón de la cuantía, será siempre condenado como mínimo a una pena de multa, además de la consecuencia accesoria de la inscripción de antecedentes penales en el Registro Central de Penados, mientras

---

(art. 307 ter C.P.)", *Op. Cit.*, pág.: 53.

376 Vid. *in extenso*: TERRADILLOS BASOCO, *Aporofobia y plutofobia. La deriva jánica de la política criminal contemporánea*, *Op. Cit.*, págs.: 157 y ss.; BUSTOS RUBIO, "Aporofobia institucionalizada: el Código Penal como herramienta", *Op. Cit.*, pág.: 56.

que conductas defraudatorias llevadas a cabo por individuos contra la vía del gasto de la Hacienda Pública de hasta cien mil euros o por empresarios de fraude de cotizaciones por importe inferior a cincuenta mil euros en cuatro años no serán constitutivas de delito alguno.

Esta evidente desigualdad respecto del delito de fraude de cotizaciones y contra la vía de gasto Hacienda Pública en contra de los más vulnerables supone una manifestación aporófoba de nuestro Código Penal; además, conculca el principio de lesividad y de proporcionalidad, dado que abandonar un sistema de cuantías provoca que todo fraude de prestaciones sea reputado como delito, a pesar de que no todo fraude prestacional lesiona o pone en efectivo peligro el bien jurídico protegido de la Tesorería General de la Seguridad Social.

O lo que es igual, de la deficiente redacción del tipo penal del 307 ter CP, al no incorporar un límite cuantitativo mínimo se colige que conductas que no son lesivas *per se* para el bien jurídico son constitutivas de delito, y ello a pesar de que el legislador posee otras herramientas para la persecución de estos hechos con una escasa gravedad de perjuicio económico. Insistimos, pues, en la necesidad básica de que todo individuo deba responder penalmente por comportamientos que muestren una efectiva peligrosidad real para el bien jurídico del patrimonio de la Tesorería General de la Seguridad Social. De ahí que, desde una perspectiva de lesividad concreta, las afectaciones más insignificantes de bienes jurídicos no generan lesividad suficiente a los fines de la tipicidad objetiva.

En definitiva, la punición de estos comportamientos defraudatorios leves o de bagatela que no revisten una especial gravedad para la lesión o puesta en peligro del bien jurídico han reconducirse al ámbito administrativo al objeto de no conculcar el principio de lesividad y de no punir conductas de forma más gravosa para individuos más desfavorecidos (económicamente hablando).

Habida cuenta de cuanto antecede, de la omisión por el legislador de un sistema de cuantías en esta figura delictiva subyace: (i) un Derecho penal de clase, ante la evidente desigualdad entre la persecución del fraude de cotizaciones cometido por el empresario que únicamente será punible a partir de cincuenta mil euros en cuatro años; (ii) una conculcación de los principios de lesividad y de ultima ratio, pues no fijando el tipo penal del 307 ter CP cuantía mínima alguna produce que todo fraude prestacional sea típico, a pesar de que no toda defraudación de prestaciones sociales suponga una afectación suficiente al bien jurídico; (iii) la derogación *de facto* de la normativa administrativa sancionadora de infracciones y sanciones en el orden social; (iv) comoquiera que a todo individuo condenado le será impuesta como mínimo una pena de multa, pese a que la defraudación puede resultar ni siquiera lesiva para el bien jurídico, ese trabajador deberá hacer frente al abono de multas, ampliando con ello la desigualdad y generando más pobreza para las clases de rentas más bajas; y (v) finalmente, el quebrantamiento del principio de igualdad ante la Ley, pues, de acuerdo con lo expuesto, la ley es más favorable para aquellas clases de rentas más altas que defrauden cotizaciones de la Seguridad Social que para aquellas personas trabajadora que defrauden prestaciones del Sistema de la Seguridad Social. Por ende, proponemos de *lege ferenda* su modificación, asimilándolo de alguna forma al injusto de fraude de cotizaciones —cometido por el empresario[377]— al objeto de acabar con la manifestación de aporofobia institucionalizada aquí expuesta.

El problema al que nos enfrentamos para solventar la cuestión, e incorporar una concreta cifra que separe la falta administrativa del delito, es que el delito de fraude de

---

377 Y es que el art. 307 CP es, para la doctrina y jurisprudencia mayoritarias, un delito especial propio, valgan por todos: COCA VILA, "Protección de las haciendas públicas y la seguridad social", *Op. Cit.*, pág.: 629; MESTRE DELGADO, E.: "Delitos contra la Hacienda Pública y contra la Seguridad Social" en AA.VV. *Delitos. La parte especial del Derecho penal*, Dykinson, Madrid, 2021, pág.: 600.

prestaciones sociales contiene un subtipo atenuado en el párrafo segundo del 307 ter.1 CP que no posee el fraude de cotizaciones del 307 CP. Por ello, el 307 ter CP se asemeja más al injusto que tutela la vía del gasto de la Hacienda Pública del 308 CP, separándose de la figura delictiva que tutela la vía del ingreso de la Seguridad Social, toda vez que ambos preceptos (el 308 CP y el 307 ter CP) poseen modalidades atenuadas. Situación que dificulta sobremanera la inclusión de una cuantía mínima, máxime cuando la modalidad atenuada del 307 ter CP aglutina factores que afectan al injusto —medios—, a la culpabilidad —circunstancias personales del autor— y a la punibilidad —importe—.

Recordemos que el subtipo, que castiga con pena de multa del tanto al séxtuplo, exige que la defraudación no revista especial gravedad de acuerdo con los parámetros del importe defraudado, los medios empleados y las circunstancias personales del autor. A partir de una interpretación literal del precepto, el uso de la conjunción copulativa "y" sugiere indefectiblemente que los distintos indicadores que la norma contempla deban de ser valorados conjuntamente. Asimismo, el Pleno de la Sala Segunda en su Sentencia núm. 355/2020, de 26 de junio [*Tol 8001309*] (Ponente: Excma. Sra. Ana María Ferrer García) perfiló la expresión *"a la vista del importe defraudado"* con el fin de otorgar seguridad jurídica en su aplicación, estableciendo un valor de diez mil euros a la referida locución por los motivos en aquella resolución expuestos[378], lo cual complica aún más si cabe su exégesis y aplicabilidad.

---

[378] *"Ciertamente el artículo 307 ter CP se diferencia de sus compañeros de ubicación, en que no contiene condición alguna de punibilidad derivada del importe de la defraudación, que es típica a partir del primer euro. Sin embargo, comparte otros perfiles, como la existencia en algunos casos de un tipo cualificado, que en consonancia con la inexistencia de un límite mínimo que condicione la tipicidad, para el artículo 307 ter está fijado en una suma inferior de la que corresponde a los que sí la tienen (artículo 305 bis o 307 bis). Y con otros, el tener previsto una modalidad atenuada (artículo 305.3 correspondiente a las defraudaciones que afecten a la Hacienda de la Unión Europea y 308.4 dedicado al fraude de subvenciones) configurada como delito menos grave.*

Ante este panorama, nuestra propuesta de *lege ferenda* pasa por suprimir el subtipo atenuado previsto en el párrafo segundo del 307 ter.1 CP por diferentes motivos.

Primeramente, porque, como decimos, la norma aglutina factores que afectan al injusto —medios—, a la culpabilidad —circunstancias personales del autor— y a la punibilidad —importe—, los cuales inevitablemente han de ser valorados conjuntamente debido al uso de la conjugación copulativa "y", lo que supone *de facto* la casi imposible apreciación de esta modalidad atenuada, o al menos más compleja su accesibilidad que otros tipos privilegiados previstos en este Título XIV. De esa forma el 307 ter CP se separa del 307 CP, que ya hemos aludido que carece de modalidad atenuada, pero también del 308 CP, que a pesar de contener un tipo privilegiado éste se aplicará únicamente cuando la defraudación no supere los cien mil euros[379], sin aludir a otros factores para su aplicación.

Respecto al precepto contenido en el artículo 305.3 CP, el límite que fija el suelo por debajo del cual se considera el comportamiento atípico, se elevó en el año 2019 de 4.000 a 10.000 euros, quedando estructurada la punición en un tipo básico aplicable a partir de 100.000 euros y hasta 600.000, una modalidad agravada cuando exceda de esa cifra y otra atenuada, prevista como delito menos grave, para defraudaciones que oscilen entre los 10.000 y los 100.000.

También en el año 2019 el legislador incorporó en el diseño típico del fraude de subvenciones del artículo 308, una modalidad atenuada para importes que, sin llegar a superar los 100.000 euros, excedieran de 10.000 (artículo 308.4 CP).

Contando con la inexistencia de condiciones de punibilidad, esta configuración se corresponde de forma más equilibrada con la estructura del delito de fraude de prestaciones a la Seguridad Social; que tendrá, cuantitativamente, un último escalón de punición que abarcará las defraudaciones de hasta 10.000 euros. En el bien entendido —como se indicó más atrás— que el referente a la cantidad es sólo uno de los utilizados en el artículo 307 ter.1 párrafo segundo CP, para la constitución del tipo atenuado; de forma que si ni por los medios empleados ni por las circunstancias personales del autor el hecho revistiera mayor gravedad, una defraudación inferior a los 10.000 euros abriría la aplicación al tipo atenuado".

379 Concretamente, el 308.4 CP posee la siguiente redacción: "*Si la cuantía obtenida, defraudada o aplicada indebidamente no superase los cien mil euros pero excediere de diez mil, se impondrá una pena de prisión de tres meses a un año o multa del tanto al triplo de la citada cuantía y la pérdida*

No alcanzamos a comprender las razones por las que el legislador incorporó la necesidad de atender a los medios empleados y a las circunstancias personales del autor, además de la cuantía defraudada, para reconducir la pena a una multa; máxime cuando las circunstancias personales del autor modulan la pena en delitos que no comparten perfil ni ubicación en el Código Penal con el tipo estudiado como son las lesiones del 153.4 CP, las amenazas del 171.6 CP, las coacciones del 172.2 CP o las coacciones para la interrupción del embarazo del 172 quater.3 CP. Es decir, tal formalidad se separa de todo precepto incluido en el Título XIV del Libro II, *"De los delitos contra la Hacienda Pública y contra la Seguridad Social"*.

En segundo lugar, como ya hemos manifestado *supra*, que toda defraudación de prestaciones sociales inferior a diez mil euros, unida a otros factores, sea constitutiva de delito y penada con pena de multa del tanto al séxtuplo y pérdida de obtener subvenciones y el derecho a gozar de los beneficios o incentivos fiscales o de la Seguridad Social por tiempo de tres a seis años, conculca los principios de última ratio y de lesividad.

Y finalmente porque dado el manifiesto contenido patrimonial del tipo, que la modalidad atenuada encuentre en liza otros parámetros ajenos al *"importe de la defraudación"* para imponer una pena de multa no puede ser sino objeto de crítica y de modificación por parte del legislador, pues relativiza la cuantía defraudada hasta el punto que diluye su relevancia por otros factores que poco o nada guardan relación con los delitos contra la Hacienda Pública y contra la Seguridad Social.

Por consiguiente, de *lege ferenda* interesamos la supresión del tipo privilegiado previsto en el párrafo segundo del 307 ter.1 CP.

---

de la posibilidad de obtener subvenciones o ayudas públicas y del derecho a gozar de los beneficios o incentivos fiscales o de la Seguridad Social durante el período de seis meses a dos años, salvo que lleve a cabo el reintegro a que se refiere el apartado 6".

La supresión del referido párrafo conduciría a la previsión de únicamente un tipo básico y un tipo agravado, empero aún el injusto no contendría una cuantía que actuara como condición objetiva de punibilidad o (en otra interpretación) elemento del tipo y cuya función fuera permitir diferenciar entre conductas merecedoras de reproche penal de aquellas que deben depurarse en vía administrativa; y de ese modo no producir una derogación parcial *de facto* de la LISOS como actualmente acontece por los motivos expresados unas líneas más atrás. Por ello, nosotros proponemos también de *lege ferenda* la inclusión de un límite mínimo que condicione el recurso a la sanción penal, asemejándose entonces al delito que tutela la vía del ingreso de la Seguridad Social.

Profundizando en un determinado importe que a nuestro juicio debería ser acorde para punir conductas que efectivamente lesionen el bien jurídico protegido, varias son las posibilidades que se nos plantean.

La primera que podemos formular es la equiparación absoluta con el delito de estafa que llevaría a fijar el límite cuantitativo del tipo básico en cuatrocientos euros. Y es que si la figura delictiva del fraude de prestaciones presenta factores de conexidad con el delito de estafa en cuanto a su construcción, y estas conductas de defraudación prestacional se reconducían para su punición al delito de estafa con anterioridad de la promulgación del 307 ter CP, resultaría de todo punto coherente mantener el importe de cuatrocientos euros. Sin embargo, creemos que si el legislador ha decidido separarse y punir específicamente estas conductas no podemos nosotros revertir tal situación retomando para su punición la cuantía contenida en el 248 CP, además de que el precepto amenazaría de nuevo con resucitar una manifestación de aporofobia institucionalizada, y que esta cantidad continuaría seguramente conculcando el principio de lesividad y de última ratio.

Otra posibilidad más acorde es asimilar el fraude de prestaciones con el fraude de cotizaciones, lo cual conduciría a determinar el límite cuantitativo del tipo en cincuenta mil euros. No es una cantidad caprichosa, sino que obedece a un discurso racional coherente con la identificación en ambos casos del mismo bien jurídico protegido: el patrimonio de la Tesorería General de la Seguridad Social.

Importe que, por otro lado, sería lo suficientemente relevante como para ser merecedor de reproche penal, permitiendo que en la vía administrativa se depuraran los fraudes prestacionales inferiores a esa cifra. Y asimilándose de algún modo al injusto de fraude de cotizaciones al objeto de acabar con la manifestación de aporofobia institucionalizada ya referida. Sin embargo, teniendo en cuenta el importe de la mayoría de las prestaciones sociales, y especialmente las no contributivas, podría ser una suma tan elevada que el tipo terminaría constituyendo un delito de muy difícil aplicación en la práctica diaria de nuestros Tribunales.

Reparemos que según el informe *"Pensiones contributivas del Sistema de la Seguridad Social en vigor a 1 de enero de 2023"* emitido por la Subdirección General de Gestión Económico-Presupuestaria y Estudios Económicos del Instituto Nacional de la Seguridad Social, la media mensual de los importes de las prestaciones contributivas del Sistema de la Seguridad Social en vigor a 1 de enero de 2023 en régimen general fueron los que siguen[380]:

– Incapacidad permanente: 1.302,07 euros.

– Jubilación: 1.527,81 euros.

– Viudedad: 902,79 euros.

– Orfandad: 490,58 euros.

– Favor de familiares 724,40 euros.

---

[380] Se puede consultar el referido informe en el siguiente enlace: https://www.seg-social.es/wps/wcm/connect/wss/bd279979-09d6-4596-8f73-7e6e9f265b9d/REG202301.pdf?MOD=AJPERES&CONVERT_TO=linktext&CACHEID=ROOTWORKSPACE.Z18_2G50H38209D640QTQ57OVB2000-bd279979-09d6-4596-8f73-7e6e9f265b9d-oo4WbRF (fecha de último acceso: 7 de febrero de 2023).

Y si analizamos las prestaciones por desempleo, de acuerdo con el SEPE, la cuantía mensual mínima de prestaciones por desempleo para 2023 es de 560 euros (sin hijos) y de 749 para personas con hijos a su cargo, y la máxima de 1.225 euros para personas sin hijos, de 1.400 euros para personas con un hijo y de 1.575 euros para personas con más de un hijo a su cargo[381].

Si consideramos que las prestaciones contributivas son superiores a las no contributivas, que la mayoría de las personas a las que se les ha reconocido una prestación están enmarcadas en el régimen general y/o que no a todos los sujetos a los que se les ha reconocido una prestación por desempleo disfruta del importe máximo, podemos corroborar que resultaría extremadamente complejo alcanzar una defraudación por valor de cincuenta mil euros. En algunos casos más de cinco o seis años de media. Por ende, mantener una cuantía defraudada por valor de cincuenta mil euros como ocurre con la figura del fraude de cotizaciones vaciaría la aplicación del tipo, que quedaría relegado a supuestos muy extraordinarios. Además, si optáramos por esta opción a su vez habría que aumentar la cuantía prevista en el tipo cualificado del 307 ter. 2 CP que se eleva en la actualidad hasta cincuenta mil euros, con lo que ello conlleva; en consecuencia, no podemos ser partidarios de esta posición.

Con mayor motivo quedaría vacía su aplicación si sostenemos que el límite cuantitativo se eleve hasta los cien mil euros previstos en el diseño del injusto que tutela la vía del gasto de la Hacienda Pública del art. 308 CP. Y es que, que el fraude de prestaciones supere importes tan significativos como cien mil euros para ser penalmente relevante puede llegar a ser una quimera a la vista de los datos consultados, luego debemos desechar más si cabe tal posibilidad.

---

381 Importes extraídos de la página web del SEPE: https://www.sepe.es/HomeSepe/Personas/distributiva-prestaciones/Cuantias-anuales.html (fecha de último acceso: 7 de febrero de 2023).

Así las cosas, comoquiera que las cifras de los preceptos que guardan alguna relación con nuestro delito no resultan completamente idóneas, debemos optar por otra cuantía y fundamentar nuestra posición.

Creemos que el importe más acorde que no suponga un Derecho penal de clase, que suavizara la desigualdad con la persecución del fraude de cotizaciones cometido por el empresario, que no conculcara los principios de lesividad y de última ratio, que no derogara de facto de la normativa administrativa sancionadora de infracciones y sanciones en el orden social y que no ahondara en la desigualdad, generando más pobreza para las clases de rentas más bajas, al tener que hacer frente a penas de días multa, y que fuera respetuosa con el principio de igualdad ante la Ley, puede identificarse con el importe de diez mil euros, suprimiéndose en todo caso el subtipo atenuado[382/383].

Esta configuración se corresponde con una estructura de un delito de fraude de prestaciones sociales más equilibrado con los principios rectores del Derecho Penal.

Primeramente es una cuantía adecuada como para que un sujeto que defrauda prestaciones sociales por valor de diez mil euros merezca un reproche penal en virtud de principios como el de carácter fragmentario, última ratio, proporcionalidad e insignificancia, pues, a nuestro juicio, es una cantidad suficiente como para ser intrínsecamente lesiva por sí misma para el patrimonio de la Tesorería General de la Seguridad Social. En cualquier caso el mero hecho de establecer un límite cuantitativo, por insignificante que fuera, ya es superior del actual, que es inexistente.

---

382 Como de *lege lata* no existe tal cuantía evitaremos pronunciarnos in extenso sobre la naturaleza jurídica de la misma, si bien consideramos que si la función primordial no es definir el desvalor del hecho, sino separar de la sanción penal de la extrapenal, tal naturaleza casa mejor con una condición objetiva de punibilidad.

383 Asimismo, para el cómputo de la cuantía global no es rechazable la posibilidad de incorporar al tipo penal una cláusula similar a la contenida en el art. 307. 2 CP, limitándose en este caso al año natural.

Como se puede inferir, este importe es respetuoso con el principio de última ratio, pues los fraudes prestacionales inferiores a diez mil euros se reconducirían a la vía administrativa para su sanción. Cifra por otro lado adecuada, especialmente si atendemos a los importes medios mensuales de las *"Pensiones contributivas del Sistema de la Seguridad Social en vigor a 1 de enero de 2023"* y de las prestaciones por desempleo. Importes que provocarían estar defraudando al sistema de la Seguridad Social por un tiempo no inferior a ocho meses en algún caso como la prestación media por incapacidad permanente (1.302,07 euros), ni un tiempo inferior a diez por la prestación media por viudedad (902,79 euros). Ocho meses sería también el transcurso para que las defraudaciones de la prestación máxima por desempleo por una persona sin hijos (1.225 euros) conllevase sanción penal, y de la prestación máxima por desempleo por una persona con un hijo a cargo (1.400 euros). Duraciones más que importantes para que toda defraudación superior a diez mil euros fuese merecedora de un reproche penal por lesionar con suficiencia el bien jurídico protegido.

A mayor abundamiento, esta cuantía también tiene su fundamento en que es la cuantía elegida por el Tribunal Supremo para separar el tipo privilegiado del tipo básico, por los motivos en aquella resolución expuestos. Nosotros de alguna manera mantenemos ese importe pero excluimos los factores de los medios empleados y las circunstancias personales del autor. Así pues, esta formulación permitiría mantener que los fraudes inferiores a diez mil euros no fueran penados con una pena de multa, que agrava la desigualdad y generaría más pobreza para las clases de rentas más bajas, evitando además la inscripción del sujeto en el Registro Central de Penados.

Finalmente esta formulación posee alguna semejanza con el delito de fraude de subvenciones del 308 CP que tutela la vía del gasto de la Hacienda Pública. Esta figura delictiva posee un tipo atenuado ex art. 308.4 CP para importes que excedan los diez mil euros hasta cien mil euros. Traemos esta cifra al delito objeto de esta tesis, si bien es cierto que en nuestro caso sería para el tipo básico porque los importes medios de subvenciones o ayudas son en su amplia mayoría sumamente superiores en relación con los de las prestaciones sociales.

Con todo, varias disyuntivas podrían plantearnos a nuestra formulación.

En primer lugar que la cifra propuesta de diez mil euros es considerablemente inferior a los cincuenta mil euros que prevé el 307 CP, lo cual contravendría las exigencias del principio de igualdad y continuaría este nuevo tipo básico resultando una suerte de Derecho Penal de clase.

Lo cierto y verdad es que es una cuantía considerablemente inferior, pero no es menos cierto que al no prever actualmente el tipo penal condición alguna de punibilidad derivada del importe de la defraudación, el hecho es objeto de sanción penal a partir del primer euro defraudado. *A fortiori*, hay que ponderar los importes medios mensuales de las prestaciones defraudadas. No son cuantías considerables como hemos podido apreciar, luego tampoco sería plausible asemejar el tipo básico del 307 CP con el 307 ter CP, máxime porque entonces seguramente conduciría a su práctica inoperatividad al no alcanzarse con la misma facilidad el fraude de prestaciones sociales por individuos o trabajadores por valor de cincuenta mil euros, que cotizaciones por empresarios y/o mercantiles.

Otra de las alegaciones que pueden formularnos a nuestra posición es el riesgo de impunidad de aquellas conductas fraudulentas que no superen el límite cuantitativo establecido.

Recordemos que el legislador incorporó este delito a nuestro Código Penal porque, entre otros motivos, el artículo 307 ter CP *"castiga con una penalidad ajustada a la gravedad del hecho (…) Esta solución permite dar un mejor tratamiento penal a las conductas fraudulentas contra la Seguridad Social, y evita el riesgo de impunidad de aquellos fraudes graves que hasta ahora no superaban el límite cuantitativo establecido"*. No podemos compartir en absoluto este falaz argumento. Evidentemente que si se reputa como delito toda defraudación superior a un euro, se evita el riesgo de impunidad, pero ello no significa ni que sea un fraude grave como para lesionar el bien jurídico, ni que en términos generales pueda considerarse impune tal defraudación. Y es que cuantificar en diez mil euros el instante a partir del cual el fraude debe ser objeto de una sanción penal no significa que sean impunes las defraudaciones de prestaciones sociales que no alcancen esa cuota, sino que éstas deberán perseguirse en vía administrativa.

En resumen, y habida cuenta de cuanto antecede, de *lege ferenda* proponemos (i) la supresión del subtipo atenuado del actual 307 ter CP por los motivos expuestos y (ii) la fijación de un límite cuantitativo que abra el camino del *ius puniendi* para aquellos fraudes graves contra la Tesorería General de la Seguridad Social, que nosotros cuantificamos en diez mil euros.

Capítulo VII
Tipicidad subjetiva

Conclusa la tipicidad objetiva del injusto trataremos en las siguientes líneas el ámbito subjetivo del tipo. Y es que la subsunción de un hecho en el tipo objetivo resulta insuficiente para imputar ese hecho a un sujeto, siendo preciso que concurra igualmente la tipicidad subjetiva. Es ese elemento subjetivo del injusto lo que se tratará a continuación; centrando la atención en la exégesis de la trascendencia para el tipo subjetivo de la locución *consciente* incluida en el 307 ter CP, así como la problemática que presenta conjugar el conocimiento sobre elementos normativos (como pueda ser las *"prestaciones del Sistema de la Seguridad Social"*) y el error, toda vez que dolo y error *"constituyen dos caras de la misma moneda"*[384].

1. SUCINTA NOCIÓN DE DOLO

Pese a que nuestro Código Penal no otorgue una definición legal de dolo, es de sobra conocido que sólo es punible la realización dolosa o imprudente de los tipos penales (art. 5 CP[385]). En nuestro caso, tratándose este injusto de un delito eminentemente doloso —en el que no cabe su comisión imprudente dado que el sistema implementado en España de *numerus clausus* de la imprudencia impide apreciar la modalidad imprudente de comisión *ex* art. 12 CP[386]— debemos presentar nuestra conceptualización del dolo y trasladarla a este injusto; más allá de afirmar que la

---

[384] WARDA, H. G.: "Grundzüge der strafrechtlichen Irrtumslehre" en *Jura*, 1979, pág.: 3.

[385] *"No hay pena sin dolo o imprudencia"*.

[386] *"Las acciones u omisiones imprudentes sólo se castigarán cuando expresamente lo disponga la Ley"*.

realización del hecho se materializa *ab initio* como la conciencia y voluntad de realizar el hecho tipificado objetivamente en la figura delictiva como así lo entiende la doctrina ampliamente dominante[387].

En la dogmática penal es aún objeto de discusión la ubicación del dolo en el sistema de la teoría del delito y el contenido conceptual de dolo[388], por ello a nuestro modo de ver resulta preciso aclarar sucintamente el contenido conceptual del dolo según nuestro entendimiento. En efecto, el estado actual del debate doctrinal se caracteriza por el abandono progresivo de la noción tradicional del dolo, en virtud de la cual éste es definido como la conciencia y voluntad de realizar el hecho tipificado objetivamente en la figura delictiva, hacia una postulación promulgadora de que el dolo es conocimiento de los elementos del tipo sin que el elemento volitivo sea integrante del concepto de dolo. Esta es la concepción que nosotros manejamos: una teoría cognitiva y unitaria del dolo[389].

---

387 Tratadistas que diferencian el dolo entre conocimiento y voluntad de los elementos del tipo de un modo u otro, por todos: ARROYO ZAPATERO, L.: "El tipo de injusto doloso" en AA.VV. *Curso de Derecho Penal. Parte General* (Coords.: DEMETRIO CRESPO, E. y RODRÍGUEZ YAGÜE, C.), Ediciones Experiencia, Barcelona, 2016, pág.: 188; LAURENZO COPELLO, P.: *Dolo y conocimiento*, Tirant Lo Blanch, Valencia, 1999, pág.: 18; ROXIN, *Derecho Penal. Parte General, Op. Cit.*, pág.: 415.
Ya adelantamos que nosotros, como a continuación trataremos, no nos posicionamos en favor de esta doctrina ampliamente dominante.

388 Obra que discute sobre esta temática ampliamente: *Estudios de Derecho Penal. Libro homenaje al profesor Santiago Mir Puig* (Coords.: SILVA SÁNCHEZ, J.M. / QUERALT JIMÉNEZ, J.J. / CORCOY BIDASOLO, M. / CASTIÑEIRA PALOU, M.T.), B de F, Montevideo, Buenos Aires, 2017. También MIRÓ LLINARES, F.: "Dolo y derecho penal empresarial: debates eternos, problemas modernos" en *Cuadernos de Política Criminal*, núm. 113, 2014, págs.: 211 y ss.

389 Autores que se posicionan en favor de esta tesis, entre otros: FAKHOURI GÓMEZ, Y.: "Teoría del dolo vs. teoría de la culpabilidad – Un modelo para afrontar la problemática del error en Derecho penal" en *Indret: Revista para el análisis del Derecho*, núm. 4, 2009, pág.: 6; FEIJOO SÁNCHEZ, B.J.: "La distinción entre dolo e impru-

De modo sumario, esta teoría cognoscitiva del dolo presupone que el mismo es conocimiento. El conocimiento es el factor subjetivo fundamental para afirmar que el autor actuó con dominio o control sobre aquello que estaba en función de realizar[390]. O dicho en palabras de GRECO: aquel que sabe lo que hace y lo que puede derivarse de su obrar, controla en cierto sentido, aquello que ejecuta y lo que esto puede generarse, pues el conocimiento es necesario para la existencia del dominio sobre la realización del hecho[391]. O lo que es igual, conocimiento significa dominio.

Nuestro Código Penal no hace alusión alguna a un elemento volitivo del dolo como elemento integrador de aquél, luego el debate sobre el concepto de dolo se justificaría de *lege ferenda*. De *lege data*, si el Derecho positivo no

---

dencia en los delitos de resultado lesivo. Sobre la normativización del dolo" en *Cuadernos de Política Criminal*, núm. 65, 1998, págs.: 269 y ss.; EL MISMO, *Dolo eventual*, Ediciones Olejnik, Santiago de Chile, 2018, pág.: 23; GRECO, L.: "Dolo sin voluntad" en *Nuevo Foro Penal*, núm. 88, 2017; KINDHÄUSER, U.: ZStW, 96, 1984, págs.: 1 y ss. y 22 y ss.; PÉREZ BARBERÁ, G.: *El dolo eventual. Hacia el abandono de la idea de dolo como estado mental*, Hammurabi, Buenos Aires, 2011, pág.:816 y ss. PUPPE, I.: *La distinción entre y dolo y culpa*, (traducido por SANCINETTI, M.A.), Hammurabi, Buenos Aires, 2004, págs.: 9 y ss.; LA MISMA: NStZ, 91, pág.: 574; RAGUES I VALLÉS, R.: *El dolo y su prueba en el proceso penal*, Bosch, Barcelona, 1999, págs.: 30 y ss. y 259 y ss.; SÁNCHEZ-VERA GÓMEZ-TRELLES, J.: "Nuevas tendencias normativistas en el concepto y la prueba del dolo" en *Revista de Derecho Penal y Criminología*, vol. 26, núm. 79, 2005, págs.: 99 y ss.; SANCINNETI, M.A.: *Subjetivismo e imputación objetiva en derecho penal*, Universidad Externado de Colombia, Bogotá, 1996, págs.: 64 y ss. Versiones más moderadas de esta tesis: SILVA SÁNCHEZ, *Aproximación al derecho penal contemporáneo*, *Op. Cit.*, pág.: 401.

390 SCHUNEMANN, B.: "Lo permanente y lo transitorio del pensamiento de Welzel en la dogmática penal de principios del siglo XXI" en *Hans Welzel en el pensamiento penal de la modernidad* (Directores: JOACHIM HIRSCH, H. / CEREZO MIR, J. / ALBERTO DONNA, E.), Rubinzal, Buenos Aires, 2005, págs.: 251 y ss.; EL MISMO: "El dominio sobre el fundamento del resultado" en AA.VV. *Homenaje al profesor D. Gonzalo Rodríguez Mourullo*, Thomson Reuters, Navarra, 2005, págs.: 981 y ss.

391 GRECO, "Dolo sin voluntad", *Op. Cit.*, pág.: 19.

exige ese elemento volitivo no debemos nosotros englobarlo para imputar un hecho a título de dolo. Así las cosas, a efectos de imputación de un delito doloso no se determina ninguna consecuencia para la ausencia o conjunción de un elemento volitivo relacionado con el tipo objetivo, salvo que así lo determine el injusto de la parte especial, como pueda ser el actuar con ánimo de lucro, lo cual *a priori* no ocurre en el 307 ter CP. Y es que ralla lo imposible determinar o conocer la psique de un individuo. Por ello, colegimos que el hacer depender la imputación a título de dolo a partir de un elemento perteneciente o relativo a la voluntad carece de toda relevancia y/o necesidad por ser éste fútil, superfluo y, por ende, perfectamente renunciable[392].

Desde esta perspectiva, el sujeto ha de ser consciente de que concurren *ex ante* todos los elementos del tipo objetivo que pueden concretarse en el resultado *ex post*. Así, en el delito de fraude de prestaciones sociales el sujeto debe conocer que si simula, tergiversa u oculta hechos a la Administración conscientemente puede ocasionar un daño patrimonial al Sistema de la Seguridad Social. Y a *sensu contrario*, si el sujeto no conoce tales circunstancias no habrá dolo. De ese modo, la fórmula de la imputación objetiva del autor doloso se formularía como sigue: el autor, habrá de haber conocido que su comportamiento creaba un riesgo jurídicamente desaprobado *ex ante* para la producción del resultado, y éste se puede concretar en la producción del resultado *ex post*.

En cuanto al grado de conocimiento que se requiere por parte del sujeto, a todo individuo se le atribuyen unos conocimientos mínimos por el mero hecho de ser persona. Es por ello que la doctrina ha venido determinando que no es un conocimiento exacto o científico del hecho, sino el propio de un profano[393]. O dicho en palabras de

---

392 SÁNCHEZ-VERA GÓMEZ-TRELLES, "Nuevas tendencias normativistas en el concepto y la prueba del dolo", *Op. Cit.*, pág.: 99.

393 ARROYO ZAPATERO, "El tipo de injusto doloso", *Op. Cit.*, pág.: 189. En sentido semejante GRECO quien afirma que *"para que pueda hablarse de dolo, el autor tiene que actuar con conocimiento tal que detente el*

ARROYO ZAPATERO, "*se trata, en definitiva, de la exigencia de un conocimiento aproximado de la significación natural, social o jurídica del hecho*"[394]. Trasladado esto al delito que nos ocupa significa que no resulta indispensable el conocimiento exhaustivo por parte del individuo del funcionamiento de la vía del gasto de la Seguridad Social, o un perfecto y cabal conocimiento de los mecanismos que posee la Administración para conceder o denegar una prestación social. Basta con que exijamos al sujeto activo el conocimiento genérico de la significación natural que posee el hecho fáctico de desplegar una conducta mendaz de "engaño" a la Administración –simular, tergiversar u ocultar conscientemente hechos consignados en la solicitud presentada por aquél ante el ente de la Seguridad Social, al objeto de obtener, prolongar o facilitar una prestación indebida– para que pueda acreditarse el elemento del dolo. Este patrón nos permite imputar el hecho típico al autor a título de dolo porque el autor abarca intelectualmente el significado natural del hecho realizado. Y es que todo individuo puede conocer que presentar una solicitud consignando datos falsos ante la Administración competente para obtener una prestación social es susceptible de crear un riesgo idóneo *ex ante* para producir un resultado lesivo al Sistema de la Seguridad Social *ex post.*

Sobre este punto en concreto se nos podría alegar que el sujeto que conoce el riesgo *ex ante* de presentar una solicitud consignando datos falsos ante la Administración competente no puede llegar a conocer el daño provocado *ex post* dado que es impredecible conocer el hecho futuro

---

dominio sobre aquello que realiza" en "Dolo sin voluntad", *Op. Cit.*, pág.: 30; y RAGUES I VALLÉS para quien el autor ha de actuar con unos *conocimientos mínimos*, esto es, los conocimientos que se atribuyen a una *persona normalmente socializada* en *El dolo y su prueba en el proceso penal*, *Op. Cit.*, pág.: 379.

Alude al conocimiento que ha de atribuirse a un individuo en función de su rol social, influenciado por tesis *jakobsianas*, SÁNCHEZ-VERA GÓMEZ-TRELLES, "Nuevas tendencias normativistas en el concepto y la prueba del dolo", *Op. Cit.*, págs.: 110 y 111.

394 ARROYO ZAPATERO, "El tipo de injusto doloso", *Op. Cit.*, pág.: 189.

con toda certeza, ya que la Administración pudo no caer en el error por entrar en funcionamiento los mecanismos mínimos de autoprotección de los que hablábamos en otro momento anterior de este trabajo y, por ende, jamás se llegó a producir perjuicio alguno. Sin embargo, como acertadamente apunta FEIJOO SÁNCHEZ, para imputar la realización de un tipo a título de dolo no hace falta tener un perfecto conocimiento de la situación, sino simplemente saber que se va a realizar lo suficiente para poder lesionar o perjudicar al otro[395]. Por ello, como ya hemos manifestado con otras palabras, para imputar un delito doloso se ha de abarcar intelectualmente los hechos constitutivos de la infracción penal –el conocimiento del riesgo jurídicamente desaprobado creado por el autor– y, a pesar de ello, realizarlo –concretándose así el resultado lesivo–.

Esta posición es además consecuente con el Derecho positivo. El art. 14 CP define el dolo de una forma negativa, esto es, consigna aquello que no es dolo. Y no existe dolo cuando nos encontramos ante un error sobre la realidad que da lugar a un concepto equivocado por parte del autor, es decir, cuando el conocimiento del sujeto no abarca completamente el hecho realizado por aquél. O explicado por FEIJOO SÁNCHEZ de nuevo: el autor doloso es, por consiguiente, alguien que conoce los elementos objetivos que pertenecen al tipo; es decir, que conoce las circunstancias concretas de un suceso real que se corresponden con la abstracta descripción del tipo penal[396]. En definitiva, el dolo es conocimiento y no voluntad.

Aclarada nuestra concepción sobre la que partimos en cuanto al dolo, estamos en disposición de analizar el tipo subjetivo del injusto del 307 ter CP.

---

[395] FEIJOO SÁNCHEZ, *Dolo eventual*, *Op. Cit.*, pág.: 22.
[396] FEIJOO SÁNCHEZ, *Ibídem*, pág.: 23.

2. EXIGENCIAS DEL TIPO SUBJETIVO EN EL DELITO DE FRAUDE DE PRESTACIONES SOCIALES

Como ya hemos señalado, el delito de fraude de prestaciones sociales no admite la comisión imprudente. En la redacción otorgada por la LO 7/2012, de 27 de diciembre, que incorpora el delito a nuestra Ley Sustantiva Penal, no se prevé apartado alguno que incorpore la punición imprudente del mismo, lo cual evidencia la naturaleza eminentemente dolosa; así pues, a partir de la noción que hemos otorgado al dolo, trasladaremos al injusto que nos ocupa tal definición fundamentando nuestra posición.

El 307 ter CP especifica que la *obtención*, la *prolongación* o la *facilitación* de la obtención del disfrute de prestaciones sociales ha de realizarse *"por medio del error provocado mediante la simulación o tergiversación de hechos, o la ocultación consciente de hechos de los que se tenía el deber de informar"*.

Prima facie ya observamos que el tipo no prevé alusiones a verbos como "defraudar", que incardinaría una reivindicación de un conocimiento doloso como prevé el 307 CP; como tampoco exige la integración de la imputación subjetiva de la voluntad en un ánimo más allá del defraudatorio[397], como serían las previsiones específicas relativas

---

397 Un único autor se posiciona en contra y defiende la exigencia de un ánimo de lucro como elemento subjetivo en este injusto del 307 ter CP: ARRUEBO LAFUENTE, I.: "Comentarios al artículo 307 ter del Código Penal introducido por la Ley Orgánica 7/2012, de 27 de diciembre (BOE del 28), por la que se modifica la Ley Orgánica 10/1995, de 23 de noviembre, del Código Penal en materia de transparencia y lucha contra el fraude fiscal y en la Seguridad Social" en *Lucha contra el empleo irregular y el fraude a la Seguridad Social. Análisis de las reformas legislativas* (Coord.: CAMINO FRÍAS, J.J.), Lex Nova, Valladolid, 2013, pág.: 377.
No apoyamos en ningún caso esta teoría pues, de acuerdo con el principio de legalidad, el tipo no exige constatar ánimo de lucro alguno en ninguna de las conductas descritas en el precepto, sobre esto: BUSTOS RUBIO, "El delito de fraude en las prestaciones del sistema de la Seguridad Social (art. 307 ter CP)", *Op. Cit.*, pág.: 204.

a actuar con **"ánimo de lucro"** que acontecen en la estafa del 248 CP (injusto desplazado para la punición de hechos de fraude de prestaciones sociales), sino que el legislador optó por incluir el adjetivo "consciente" en este precepto.

En nuestro caso, se exige que toda *simulación*, *tergiversación* u *ocultación* de hechos se realice con una intención dolosa: *consciente*, lo cual, como ya apuntábamos en otro momento anterior de este trabajo, ya nos permite aducir que los meros errores materiales o aritméticos no son abarcados por la *simulación*, la *tergiversación* u *ocultación*, porque, a pesar de que pudiera causar un perjuicio a la Administración, no colman la exigencia de un grado de conocimiento mínimo por parte del sujeto de "obtener", "prolongar" o "facilitar" indebidamente prestaciones sociales. No es realizado *conscientemente*. Así pues, procederemos a realizar el análisis del significado de la locución *consciente*.

2.1. El significado del adjetivo "consciente"

Como decimos, este adjetivo *consciente* es sobre el que pivota el tipo subjetivo del injusto. Debemos resaltar, por su relevancia sobre la cuestión objeto de análisis en este capítulo, la significación y el uso que el legislador realiza sobre el elemento cognoscitivo normativo *consciente* en sede de imputación subjetiva: de un lado, separándose así de otros preceptos incluidos en este Capítulo[398] y, de otro, introduciendo en el tipo una referencia a un elemento intelectivo o cog-

---

398 **Máxime cuando** advertimos que **únicamente en otro artículo del Código Penal se utiliza tal adjetivo: el** art. 156 CP. Precepto que hace alusión a la forma que ha de emitirse el consentimiento para eximir de responsabilidad penal en los supuestos de trasplante de órganos: libre, consciente y expreso. De nuevo, este es un ejemplo más de que el 307 ter CP se separa por completo de la construcción dogmática del injusto de la vía de ingreso de la Seguridad Social (307 CP), así como de la vía del gasto de la Hacienda Pública (308 CP), para acoger hacer suyas locuciones de preceptos ajenos a este Capítulo. La consciencia de la obtención, prolongación o facilitación de prestaciones sociales.

noscitivo del dolo: en este caso, exigir un plus de intensidad en la que la *simulación, tergiversación* y *ocultación* sea realizada conscientemente por el autor, es decir, a sabiendas.

Abrimos un paréntesis para aclarar que somos conocedores de que el adjetivo *consciente* se encuentra justamente con posterioridad a la modalidad de ocultación de hechos por lo que se nos podría alegar que la *consciencia* del hecho exclusivamente debiera abarcar a esa última modalidad, no a todas. Creemos que no tiene demasiado recorrido ese razonamiento. Y ello por cuanto si ello fuera nos encontraríamos con puniciones diferentes ante hechos similares que no estarían amparadas por el espíritu de la norma, pues no resultaría cabal exigir una *consciencia* en la *ocultación* de hechos del sujeto a la Administración, pero no en la *simulación* y *tergiversación*. Por ende, somos de la opinión de que la expresión *consciente* abarca a todas las posibles formas de comisión del injusto, no sólo a la *ocultación*; en cualquier caso, es un nuevo ejemplo de la exigua redacción otorgada por el legislador en la redacción de este precepto.

Volviendo al tema que nos ocupa, es cierto que otros preceptos contienen expresiones similares como puede ser el vocablo "con conocimiento". El adjetivo "consciente" y la unión de la preposición y el sustantivo "con conocimiento" son locuciones con un significado cuanto menos semejante. Encontramos en la parte especial múltiples ejemplos que contienen esa expresión "con conocimiento"[399], sin embargo ninguno de ellos en el Título XIV *"De los delitos contra la Hacienda Pública y contra la Seguridad Social"*, aunque todos con la característica de que son delitos dolosos y sin que su punición sea también en su comisión imprudente.

Independientemente de lo anterior, nos preguntamos si el adjetivo "consciente" presente en el 307 ter CP no re-

---

399 Véase: (i) el art. 189.6 CP, (ii) el 197.3 CP, (iii) el 205 CP, (iv) el 208 CP, (v) el 273.1 CP, (vi) el 274.1, .2 y .4 CP, (vii) el 275 CP, (viii) el 280 CP, (ix) el 298 CP, (x) el 311 3° CP, (xi) el 362 bis CP, (xii) el 386 CP, (xiii) el 451 CP.

sulta reiterativo o si lejos de ser irrelevante y superfluo este elemento subjetivo evidencia de *lege lata* alguna referencia al dolo. La duda parte de lo expuesto anteriormente: si el art. 12 CP ya determina que todos los delitos son dolosos, puesto que serán únicamente imprudentes cuando expresamente lo disponga la Ley, el vocablo "consciente" para determinar el dolo del sujeto carecería de utilidad. Es por ello que podríamos colegir que la inclusión de ese adjetivo posee alguna finalidad, esto es: una referencia a la exigencia de dolo directo que consecuentemente excluya la concurrencia del dolo eventual.

Seguidamente, desde una posición objetivista del injusto, podría alegársenos que resulta superflua su inclusión, abandonando así la exigencia de que concurra el presente elemento típico; evidentemente que todo hecho de *obtención, prolongación* o *facilitación* de prestaciones sociales ha de resultar *consciente*, toda vez que si fuera inconsciente estaríamos hablando probablemente de un error de tipo (art. 14.1 CP), conducta que en todo caso resultaría atípica toda vez que este injusto no admite su comisión por imprudencia. De ese modo, como apunta BUSTOS RUBIO la inclusión de este adjetivo es superflua dado que *"este delito sólo resulta punible en la modalidad dolosa"*[400]. El problema que planteamos, como decimos, es si esa expresión "consciente" lejos de ser irrelevante posee un significado. O lo que es igual, ¿podemos entender que la inclusión del adjetivo *consciente* supone una mayor exigencia en el conocimiento sobre el hecho objetivo de la conducta para que sea punible? Ello conllevaría alejarnos de todo punto de la aceptación de la comisión del injusto por dolo eventual, pues ese refuerzo del elemento subjetivo evidenciaría la voluntad del legislador de castigar sólo la comisión doloso-directa y, de ese modo, la inclusión de ese adjetivo en ese caso ya no sería superflua.

---

400 BUSTOS RUBIO, "El delito de fraude en las prestaciones del sistema de la Seguridad Social (art. 307 ter CP)", *Op. Cit.*, pág.: 195.

Algún autor en la doctrina española ya apuntó en este sentido. Por ejemplo, QUINTERO OLIVARES subraya que en el terreno de la técnica legislativa, existen tipos que contienen expresiones como "de propósito", "maliciosamente" o "conscientemente" que impiden aceptar la comisión doloso-eventual dado que ese reforzamiento de los elementos subjetivos evidencia la voluntad del legislador de castigar exclusivamente la comisión doloso-directa[401]. QUERALT JIMÉNEZ[402] o BERDUGO GÓMEZ DE LA TORRE[403] apuntan idéntica dirección cuando señalan que las expresiones "con conocimiento" y "de propósito" contenidas en el actual art. 280 CP y en el pretérito art. 421.2 CP evidenciarían la obligación de actuar con un dolo directo. Por ende, no resulta de todo punto descartable este presupuesto en el injusto que nos ocupa.

Podría aducírsenos que la voluntad del legislador cuando incluyó tal adjetivo no era la de castigar exclusivamente la comisión doloso-directa. No podemos asegurar que tal afirmación pueda resultar cierta sin soporte acreditativo. Para adoptar una u otra posición somos de la opinión de que debemos partir del principio de coherencia que se le presupone al legislador.

Así las cosas, si el legislador no previó la comisión imprudente del delito es porque perseguía punir exclusivamente las conductas dolosas. Conductas dolosas que ya son punibles en todo caso *ex* art. 12 CP sin necesidad de incluir aposiciones que resultarían irrelevantes. En consecuencia, si se incluyó el adjetivo *consciente* cuando ya el injusto es en sí mismo doloso, y no modificaría de ningún modo el

---

401 QUINTERO OLIVARES, G.: *Parte General del Derecho Penal*, Aranzadi, Cizur Menor (Navarra), 2015, pág.: 157.

402 QUERALT JIMÉNEZ, *Derecho Penal español. Parte especial*, *Op. Cit.*, pág.: 351.
También lo propugna: PRATS CANUT, J.M.: "Descubrimiento y revelación de secretos de empresa en el Código Penal de 1995" en *Cuadernos de Derecho Judicial*, núm. 14, 1997, pág.: 202.

403 BÉRDUGO Y GÓMEZ DE LA TORRE I.: *La reforma penal de 1989*, Tecnos, Madrid, pág.: 96.

precepto, la inclusión de este adjetivo lejos de ser superflua ha de estar motivada por alguna razón, ha de acarrear algún tipo de relevancia. Luego, ¿cuál sería su trascendencia? Que el legislador lo incorporara para limitar la ejecución de las conductas típicas a aquellas que se lleven a cabo con conocimiento de la falsedad o con dolo directo. En otras palabras, únicamente quien a sabiendas de que su actuación resulta idónea para producir una lesión al bien jurídico del patrimonio decide iniciar cualquiera de las modalidades típicas de engaño a la Administración responderá como autor de un delito de fraude de prestaciones sociales. De otro modo carecería de sentido su introducción en el 307 ter CP cuando únicamente se castiga la modalidad dolosa.

Varios argumentos fundamentarían esta teoría restrictiva.

(i) Siendo como es el 307 ter CP un delito de resultado, el legislador prescindió de incluir en el injusto un límite cuantitativo que distinguiera el fraude de prestaciones punible en el ámbito administrativo del que ha de ser perseguido vía penal.

Esta omisión de una condición objetiva de punibilidad o de elemento del tipo, que fuera utilizada a modo de frontera entre el ámbito penal y el administrativo, plantea una serie de disyuntivas: (i) si desde el primer euro defraudado de prestaciones sociales el hecho es constitutivo de delito supone la conculcación del principio de *última ratio* y de intervención mínima del Derecho Penal; (ii) asimismo, tal omisión constituye un quebranto del principio de lesividad, ofensividad o exclusiva protección de bienes jurídicos, pues no fijando el tipo penal del 307 ter CP cuantía mínima alguna produce que todo fraude prestacional sea típico cuando los fraudes considerados de bagatela en relación con el importe no lesionan el bien jurídico; (iii) a mayor abundamiento, el quebranto del principio de proporcionalidad de las penas, dado que el individuo que defraude un euro en prestaciones sociales será condenado como mínimo a una pena de multa del tanto al séxtuplo; (iv) y, por último, tal laguna implica la derogación *de facto* de la LISOS.

De ese modo, si el carecer de un límite cuantitativo plantea estos problemas para aquellos sujetos que actúan con dolo directo de defraudar prestaciones sociales, si aceptáramos además la posibilidad de su comisión del injusto a título doloso-eventual ello constituiría una ampliación de la punición del tipo hasta casi el infinito —ya de por sí ampliada al incluir como verbo típico "facilitar"— lo cual confrontaría más si cabe con los principios básicos del Derecho Penal, y no esperamos que el legislador persiguiera tal situación con la inclusión de este precepto.

Por ello deducimos que el legislador, con la inclusión del vocablo *consciente*, buscaba limitar de algún modo la punición de estos hechos. Y que únicamente se punieran conductas dolosas directas desechando la posibilidad de que aquellos hechos realizados con dolo eventual se recondujeran a para su punición a la vía administrativa. De lo contrario, se produce de facto la derogación de la ley sectorial de infracciones y sanciones en el orden social.

(ii) Esta tesis vendría corroborada con otro indicio: la razón recogida en la exposición de motivos de la LO 7/2012, de 27 de diciembre, para incorporar este precepto al Código Penal.

De acuerdo con el legislador, el 307 ter CP venía a *"facilitar la persecución de las nuevas tramas organizadas de fraude contra la Seguridad Social que, mediante la creación de empresas ficticias, tienen por único fin la obtención de prestaciones del Sistema con la consiguiente agravación de la pena"*. Esta explicación también nos encamina a determinar que sólo sería punible el hecho realizado con un dolo directo o de primer grado, es decir, realizado de forma *consciente*. Y ello por cuanto si este injusto venía a facilitar la persecución de las nuevas tramas organizadas de fraude contra la Seguridad Social, que *"tienen por único fin la obtención de prestaciones"* esa locución *único fin* evidencia una comisión del injusto de forma dolosa-directa. Así pues, cuando el legislador alude a *que tienen por único fin* se manifiesta un hecho dirigido conscientemente a la obtención de prestaciones. El sujeto cumple con el elemento intelectual —y si se quiere también volitivo desde una concepción mayoritaria del dolo— de dirigir su acción a realizar esa conducta, luego no podemos descartar que el legislador al reforzar el elemento subjetivo persiguiera la obligación de actuar con dolo directo.

(iii) Finalmente, el adjetivo *consciente* es lo suficientemente pétreo como para demandar inexcusablemente la exigencia de un dolo directo en la conducta. Por vigencia del principio de legalidad, la exigencia de un conocimiento en la conducta realizada *ex ante* susceptible de conseguir el resultado *ex post* impide apreciar las restantes formas de dolo, como es por ejemplo que el tipo exija una sospecha incluso rayana en la certeza (dolo eventual).

Somos conocedores de que nuestros Tribunales han venido admitiendo en infinidad de ocasiones en todos aquellos injustos que contienen la locución "con conocimiento" (similar al adjetivo *consciente* que nos ocupa y comparación con la que comenzábamos este apartado) la punición a título de dolo eventual. De hecho, por ejemplo, en el delito de receptación ha venido la Sala Segunda desde antaño manteniendo condenas por hechos cometidos tanto con dolo directo como por dolo eventual[404]. En igual sentido las injurias y las calumnias[405]. También la falsificación de moneda y efectos timbrados[406]. O el propio delito de encu-

---

404 SSTS núms. 389/1997, de 14 de marzo [*Tol 5140684*] (Ponente: Excmo. Sr. José Augusto de Vega Ruiz) y 2359/2001, de 12 de diciembre [*Tol 4976102*] (Ponente: Excmo. Sr. José Ramón Soriano), entre otras.

405 SSTS núm. 174/2019, de 2 de abril [*Tol 7178089*] (Ponente: Excmo. Sr. Miguel Colmenero Gómez de Luarca) y núm. 258/2020, de 28 de mayo [*Tol 7969758*] (Ponente: Excmo. Sr. Juan Ramón Berdugo Gómez de la Torre).

406 STS núm. 375/1999, de 15 de marzo [*Tol 5134642*] (Ponente: Excmo. Sr. Joaquín Delgado García).

brimiento[407]. Como también somos conocedores de que, desde un punto de vista dogmático, todos aquellos injustos que incluyen limites cuantitativos admiten el dolo eventual[408]. Pero ello no es más cierto que a la vista de la estructura normativa que presenta el 307 ter CP surgen obstáculos para acoger la comisión del hecho con dolo eventual por lo que la solución interpretativa aquí expuesta restringiría, por razones político-criminales atentas al principio de intervención mínima y al principio de legalidad, el ámbito de aplicación del precepto a aquellas conductas ejecutadas a título de dolo directo; máxime cuando se podría argüir que en este delito nos encontraríamos en muchos casos ante simples infracciones administrativas criminalizadas, es decir, ante hechos sin un contenido material lesivo *per se* por el importe total defraudado. En consecuencia, inferimos que esta teoría restrictiva no parece tan problemática al ser más taxativa, sancionando únicamente aquellas conductas realizadas con dolo directo en un delito ya de por sí expansionista.

Lo cierto y verdad es que la inclusión de dicho adjetivo puede resultar en todo caso desafortunada y dificultar sobremanera el problema aquí expuesto porque (i) traslada al tipo subjetivo problemas que afectan al tipo objetivo, sin que esta motivación interna de actuar *conscientemente* aporte significativamente un papel relevante en este delito si no acogiéramos la teoría expuesta en este momento y (ii) rompe la armonía con los restantes delitos del Título XIV *"De los delitos contra la Hacienda Pública y contra la Seguridad Social"*, que admiten su comisión por dolo eventual y ninguno de ellos contiene la referida locución. Pero al mismo tiempo esta interpretación es sostenible desde un punto de vista de *lege lata*, máxime cuando el legislador ha incorporado este adjetivo *consciente* únicamente en este injusto de

---

407 STS núm. 67/2006, de 7 de febrero [*Tol 839490*] (Ponente: Excmo. Sr. Diego Antonio Ramos Gancedo).

408 MARTÍNEZ-BUJÁN PÉREZ, *Derecho Penal económico. Parte General*, *Op. Cit.*, pág.: 146.

entre los contenidos en el Título XIV, porque o bien pretendía delimitar de algún modo la punición de este injusto o bien no reparó en tal situación. En cualquier caso, lejos de resultar superfluo[409], ha de gozar del significado que aquí se postula.

Así pues, de acuerdo con un Derecho Penal coherente con sus principios rectores resultaría más conveniente defender que el adjetivo *consciente* incluido en el tipo parece determinar la punición de aquellos hechos realizados con conocimiento de su falsedad, descartando la punición a título de dolo eventual, pese a que seguramente en la práctica diaria de nuestros Tribunales se admita tal posibilidad. De hecho, pese a que el dolo eventual pueda ser conceptualmente admisible, por razones político-criminales atentas al principio de intervención mínima se hace obligado recurrir a exégesis restrictivas del delito que aconsejen limitar la punición a aquellas conductas ejecutadas con dolo directo. Y es que resultaría paradójico que desde la óptica del principio de intervención mínima se denuncie que el 307 ter CP no posea límite cuantitativo alguno que separe la infracción administrativa del injusto penal y que por otra parte se esté preconizando una interpretación que amplíe más si cabe las posibilidades de su punición. Es por ello que, siendo como somos fervientes defensores de un Derecho Penal de mínimos, desde estas líneas consideremos que está tesis es más congruente con los principios rectores del Derecho Penal. Por tal razón no podemos proponer de *lege ferenda* al legislador retirar el adjetivo *consciente* de la actual regulación del injusto penal, pues su trascendencia en el tipo resulta a todas luces evidente, pese a que el propio injusto solo prevea su comisión dolosa, toda vez que la referida locución elimina a nuestro modo de ver cualquier duda que pudiera subyacer sobre la concurrencia de condenar en este injusto a un individuo a título de dolo eventual.

---

409 BUSTOS RUBIO, "El delito de fraude en las prestaciones del sistema de la Seguridad Social (art. 307 ter CP)", *Op. Cit.*, pág.: 195.

2.2. Límites del conocimiento de los elementos del tipo objetivo

Habida cuenta de cuanto antecede, nos preguntamos ¿hasta dónde debe alcanzar el conocimiento de los elementos del tipo objetivo por parte del sujeto activo para que concurra dolo?

Para abordar esa cuestión partimos de que el uso de ese adjetivo *consciente* nos permite fundamentar más si cabe nuestra posición de que dolo y conocimiento/consciencia se retroalimentan. De esa forma, somos de la opinión de que el dolo del fraude de prestaciones sociales no ha de exigir un conocimiento exhaustivo, perfecto y cabal del funcionamiento del sistema de gasto de la Seguridad Social, bastando con que el sujeto activo conozca de forma genérica la existencia del carácter defraudatorio que está desarrollando con su comportamiento al percibir indebidamente una prestación social sin tener derecho a ello, tal y como ya apuntábamos *supra*.

Así las cosas, resulta evidente que el sujeto activo debe conocer el carácter defraudatorio de su actuación, con que se desfigura la realidad frente a la Administración, y, además, que es utilizado como medio de la inducción a la disposición patrimonial por parte de aquélla, con el consiguiente perjuicio del sujeto pasivo. O lo que es igual, el individuo debe conocer las circunstancias del hecho asociadas al mismo que puedan poseer relevancia jurídico penal, esto es, que conozca que al "simular", "tergiversar" u "ocultar" hechos, de los que se tenía el deber de informar, conscientemente a la Administración puede causar un perjuicio económico a ésta de algún modo. Por supuesto, el sujeto también tiene que conocer que obtiene una prestación social y que esa obtención, prolongación o facilitación es indebida.

Por lo demás, no se requiere un determinado elemento subjetivo añadido al dolo, como podría ser el ánimo defraudatorio[410] —pese a lo manifestado por algún autor ya apun-

---

410 FERRÉ OLIVÉ, *Tratado de los delitos contra la Hacienda Pública y la Seguridad Social, Op. Cit.*, pág.: 851; COCA VILA, "Protección de las haciendas públicas y la seguridad social", *Op. Cit.*, pág.: 635.

tado—, lo cual permite descartar todo tipo de análisis de la voluntad del sujeto activo para imputar su actuación como dolosa o descartarla por el contrario. De nuevo, otra razón más para desechar la voluntad en la construcción de la imputación a título de dolo. Sobre este particular algún autor como FERRÉ OLIVÉ ha venido sosteniendo que el ánimo defraudatorio *"debería exigirse si se piensa que estamos ante la tutela del patrimonio del Estado"*[411]. Nosotros, que nos posicionábamos en favor de una teoría ecléctica donde el bien jurídico inmediato lo identificábamos con el patrimonio de la Seguridad Social y el bien jurídico mediato con la función que cumplen las prestaciones sociales, no acogemos esta teoría. Por el contrario, como también hace algún tratadista como BUSTOS RUBIO, consideramos que es plausible defender no exigir un ánimo defraudatorio y sostener que el bien jurídico —inmediato en nuestro caso— es el patrimonio[412].

Ítem más, el Pleno de la Sala Segunda del Tribunal Supremo ha tenido la ocasión de pronunciarse en su Sentencia núm. 355/2020, de 26 de junio [*Tol 8001309*] (Ponente: Excma. Sra. Ana María Ferrer García) sobre el tipo subjetivo para afirmar que *"será exigible el dolo, entendido como conocimiento y voluntad de obtener prestaciones sociales indebidas para sí o para otros, que ocasionen un perjuicio económico a la Administración Pública. Ese dolo deberá ser antecedente o concomitante, sin que requiera un especial ánimo de perjudicar los intereses públicos"*. De esta resolución se deducen a nuestro juicio varios temas a tratar.

En primer lugar, no compartimos completamente esta posición de la Sala de lo Penal. Pensamos que no resulta necesaria la referencia a un elemento volitivo para obtener el disfrute indebido de prestaciones sociales, como defiende la Sala Segunda. Ya hemos apuntado que ni el Código Penal ni el propio tipo penal hace referencia a voluntad

---

411 FERRÉ OLIVÉ, *Tratado de los delitos contra la Hacienda Pública y la Seguridad Social*, *Op. Cit.*, pág.: 851.

412 BUSTOS RUBIO, "El delito de fraude en las prestaciones del sistema de la Seguridad Social (art. 307 ter CP)", *Op. Cit.*, pág.: 204.

alguna del sujeto supuestamente necesaria para calificar un hecho como doloso. De ese modo, si el derecho positivo no exige la voluntad del sujeto ella es irrelevante en este tipo penal. Sólo cobraría relevancia cuando el injusto lo previera expresamente —como pueda ocurrir en el art. 408 CP[413]—, pero de la literalidad del precepto del 307 ter CP no se puede extraer la necesidad de que concurra un elemento emocional o volitivo para su consumación. Por ello, desde nuestra posición, bastaría con exigir un dolo, entendido como conocimiento de obtener el disfrute de prestaciones indebidamente[414].

Por otro lado, de algún modo esa STS núm. 355/2020, de 26 de junio [*Tol 8001309*] (Ponente: Excma. Sra. Ana María Ferrer García) se posiciona a nuestro favor en relación con que no es necesario un especial ánimo de perjudicar los intereses públicos, es decir, no es exigible ánimo defraudatorio alguno y *"enfatizar cuál es el jurídico protegido por el citado precepto, precisamente la protección del patrimonio de la Seguridad Social"*; o lo que es igual, la Sala admite una posición patrimonialista del injusto y al mismo tiempo descarta exigir un ánimo defraudatorio para poder sostener esa posición.

Sobre este dolo, BUSTOS RUBIO ahonda en esta idea y defiende que la exigencia de comprobar una relación de causalidad entre los elementos del tipo: engaño-error-disposición patrimonial-perjuicio, impide los supuestos de dolo subsiguiente[415]. Asiste la razón a este autor. Ese

---

413 *"La autoridad o funcionario que, faltando a la obligación de su cargo, dejare intencionadamente de promover la persecución de los delitos de que tenga noticia o de sus responsables, incurrirá en la pena de inhabilitación especial para empleo o cargo público por tiempo de seis meses a dos años"*.

414 Si bien desde una posición tradicionalista de dolo puede llegar a defenderse tal posibilidad: conocimiento y voluntad de obtener, prolongar o facilitar el disfrute indebido de prestaciones sociales.

415 BUSTOS RUBIO, "La tipificación del fraude en las prestaciones del sistema de Seguridad Social: el nuevo artículo 307 ter del Código Penal", *Op. Cit.*, pág.: 15; EL MISMO, "El delito de fraude en las prestaciones del sistema de la Seguridad Social (art. 307 ter CP)", *Op. Cit.*, pág.: 203.

planteamiento tiene su origen en la teoría de los "negocios civiles criminalizados", formulada para discernir entre los meros incumplimientos civiles de aquellos de los que verdaderamente concurre el injusto de la estafa, según la cual si el dolo del autor surge después del incumplimiento no podría fundamentarse la tipicidad del delito de estafa[416]. En nuestro caso, si el dolo del autor nace con posterioridad en el tiempo a la comisión del hecho contra la Administración no podría fundamentarse la tipicidad del delito de fraude de prestaciones sociales, pues es el autor no ha tenido pleno conocimiento de las circunstancias objetivas del delito.

O lo que es igual, el conocimiento posterior de las circunstancias del comportamiento, cuando ya se ha provocado el error sin dolo del autor y se ha producido la disposición patrimonial de la Seguridad Social, ejecutando a la esfera patrimonial del individuo la cuantía de la prestación a la que no tiene derecho, no puede fundamentar el propio carácter doloso en la actuación del sujeto ni, consecuentemente, permite fundamentar el tipo penal. Y ello por cuanto el conocimiento de que el comportamiento es adecuado para producir error en la Administración debe estar presente en el momento de la comisión del hecho; lo cual nada empece para que calificar en su caso esta actuación como un delito de apropiación indebida del art. 253 CP.

A nuestro modo de ver la concepción de dolo que aquí propugnamos, en virtud de la cual lo equiparamos con el conocimiento, no se contrapone con el dolo *subsequens*. Y es que si como hemos dicho el dolo pivota, según nues-

---

416 Por todas, STS núm. 393/1996, de 8 de mayo [*Tol 5135552*] (Ponente: Excmo. Sr. Enrique Bacigalupo Zapater).
En contra de esta teoría de los "negocios civiles criminalizados": PASTOR MUÑOZ, N.: "La construcción de un tipo europeo de estafa" en *Fraude y Corrupción en el Derecho Penal europeo* (Coords. ARROYO ZAPATERO, L. y NIETO MARTÍN, A.), Ediciones de la Universidad de Castilla-La Mancha, Cuenca, 2006, pág.: 275.

tro entendimiento, sobre el conocimiento, sólo si el sujeto ha podido conocer que simulaba, tergiversaba u ocultaba hechos verdaderos a la Administración, que estaba defraudando prestaciones sociales y que la obtención, prolongación o facilitación es indebida es posible afirmar que actúo dolosamente. Esa exigencia, impediría considerar típicos (i) aquellos abonos de importes realizados por la propia administración de la Seguridad Social sin que el individuo hubiera solicitado en ningún caso la obtención de la misma, (ii) como tampoco aquellos reconocimientos de prestaciones sociales derivadas de meros despistes del sujeto en la comunicación de datos como ya apuntamos *supra*, dado que en esos ejemplos sólo, en su caso, concurrirá, un dolo subsiguiente que obligaría a descartar la tipicidad de esas conductas.

Por otro lado, no presenta muchos más problemas el conocimiento requerido que ha poseer el individuo sobre otro elemento normativo del tipo como son las *"prestaciones del Sistema de la Seguridad Social"*.

Ya en otro momento de este trabajo confirmábamos que las *"prestaciones del Sistema de la Seguridad Social"* era un elemento normativo del tipo, desechando la posibilidad de reputar a este injusto como una ley penal en blanco. Constituye, pues, un elemento típico debe ser abarcado por el conocimiento del autor. El dolo del sujeto ha de abarcar el conocimiento del objeto de su defraudación: las prestaciones del Sistema de la Seguridad Social. Con base en el aludido planteamiento, podemos afirmar que si el sujeto desconoce que aquello que está percibiendo indebidamente son prestaciones sociales podría alegarse que actúa con error, sin dolo, pues todo error sobre los elementos normativos del tipo ha de calificarse como error de tipo. Y como la comisión imprudente no se encuentra contemplada la calificación como error de tipo daría lugar a la impunidad si prueba el autor que actuó bajo el error que afirma padecer. Este sería el supuesto en el que un sujeto viene percibiendo indebidamente lo que él está en el convencimiento de que es una prestación externa al Sistema de la Seguridad Social pero que en realidad es una prestación abarcada por la acción protectora del ente de la Seguridad Social; o el individuo que viene percibiendo indebidamente lo que considera que es una ayuda pública pero que en realidad es una prestación del Sistema de la Seguridad Social[417]. Y esta impunidad no se limitaría exclusivamente al autor sino que se extendería también a los partícipes, de acuerdo con el principio de unidad del título de imputación y de accesoriedad de la participación.

En definitiva, cualquier elemento típico no pueden situarse extramuros de aquello que ha de conocer el autor para afirmar la responsabilidad dolosa.

3. EXCURSO: EL DOLO Y LA CUANTÍA EN EL TIPO CUALIFICADO DEL 307 TER.2 CP

Pese a que la polémica en este momento examinada pueda considerarse puramente nominal, en sede de tipicidad subjetiva abordaremos la problemática de la naturaleza dogmática y los elementos que integran la cuantía contenida en el injusto que separa el tipo básico y el tipo cualificado *ex* art. 307 ter.2 CP. Cantidad que *prima facie* supone una intensificación del daño al patrimonio de la Seguridad Social y en virtud de la cual el legislador incrementó la sanción penal cuando el sujeto obtuviera, prolongara o facilitara a un tercero el disfrute de prestaciones sociales por un importe superior a cincuenta mil euros. Es por ello que en este momento analizaremos la naturaleza jurídica de la referida cuantía al objeto de conocer si se califica como elemento integrante del tipo o resulta una genuina condición objetiva de punibilidad; cuestión que no es meramente teórica sino que a la postre posee importantes consecuencias prácticas.

---

417 Recordemos que en otro momento de este trabajo delimitábamos los conceptos de prestación, subvención y ayuda pública, así como su acomodo a los preceptos del código penal su defraudación.

Debemos comenzar el presente excurso aclarando que la Sala Segunda del Tribunal Supremo ha colmado de contenido la expresión *"no revistan especial gravedad"*, que separa el tipo atenuado y el tipo básico, en virtud de la Sentencia del Pleno núm. 355/2020, de 26 de junio [*Tol 8001309*] (Ponente: Excma. Sra. Ana María Ferrer García), cuantificando en diez mil euros el importe de la defraudación que no reviste especial gravedad, mas comoquiera que ésta procede de una creación jurisprudencial acotaremos el estudio de este apartado exclusivamente al importe normativo creado *ad hoc* por el legislador para separar el tipo básico del tipo agravado: cincuenta mil euros (50.000 €).

Subsiste aún actualmente una histórica discusión doctrinal y jurisprudencial acerca de la naturaleza jurídica de las cuantías en los delitos del Título XIV, entre ellos en el 307 ter CP. Entre los autores que han analizado nuestro injusto apenas ha generado controversia en la doctrina el tratamiento jurídico de la cuantía prevista en el 307 ter. 2 CP. Simplemente un par de autores han hecho referencia a la misma: FERRÉ OLIVÉ se postula en favor de que la naturaleza jurídica de la referida cuantía es una condición objetiva de punibilidad[418]. Y HERNÁNDEZ CARANDE afirma que en el delito de fraude de prestaciones sociales *"la cuantía de 50.000 € se incluye como agravante, no como una condición objetiva de punibilidad"*[419].

Compartimos con FERRÉ OLIVÉ la opción interpretativa que entiende que el límite cuantitativo consignado en el 307 ter. 2 CP no puede ser sino un elemento que condiciona la punibilidad por diferentes motivos.

Primeramente, fundamenta esta posición un argumento gramatical. La descripción típica del precepto emplea la expresión *"cuando el valor de las prestaciones fuera superior*

---

418 FERRÉ OLIVÉ, *Tratado de los delitos contra la Hacienda Pública y la Seguridad Social*, *Op. Cit.*, pág.: 852.

419 HERNÁNDEZ CARANDE, "Delito de fraude en el disfrute de prestaciones de la Seguridad Social. Art. 307 ter CP", *Op. Cit.*, pág.: 524.

a cincuenta mil euros (...) se impondrá una pena de prisión de dos a seis años y multa del tanto al séxtuplo", es decir, el legislador simplemente ha delimitado cuantitativamente el tipo básico del tipo agravado. Por el contrario, si la cuantía fuera resultado del tipo objetivo se hubieran incorporado locuciones que vincularan el importe defraudado con la conducta del sujeto. Verbos como (i) "defraudar", que posee un componente de exigencia de conocimiento –por ejemplo: "cuando el valor de las prestaciones defraudadas fuera superior a cincuenta mil euros"– como prevé el subtipo cualificado del fraude de cuotas a la Seguridad Social del art. 307 bis CP, el tipo agravado del delito contra la Hacienda Pública del art. 305 bis CP, y más cercano a nosotros el subtipo atenuado del del 307 ter CP –"*a la vista del importe defraudado (...) no revistan especial gravedad"*–, u (ii) "obtener" –v. gr. *"cuando el valor de las prestaciones obtenidas fuera superior a cincuenta mil euros"*– como acontece en la modalidad agravada del fraude de subvenciones art. 308.4 CP, son ejemplos evidentes de conjugaciones que conminan la determinación de la cuantía del resultado material que son el resultado objetivo del tipo, debiendo ser abarcadas por el dolo del autor. Sin embargo, el 307 ter.2 CP no incorpora verbo alguno que exija que el resultado material de la defraudación se encuentre vinculado a la acción del autor: simplemente se establece un límite cuantitativo sin describir el tipo la infracción. Por ende, del mero análisis gramatical del injusto extraemos la solución a nuestro problema: la cantidad de cincuenta mil euros opera como una condición objetiva de punibilidad que obedece a una opción político-criminal del legislador con base en la necesidad de punir aquellas conductas con una especial significación.

Podría rebatirse nuestra posición afirmando que el tipo describe la infracción en el 307 ter. 1 CP y esta conducta podría trasladarse al 307 ter.2 CP, posibilitando entonces reputar la referida suma como un elemento del tipo. Empero, tal argumentación distorsionaría con el modo de tipificar y el tenor literal del resto de tipos agravados de los injustos recogidos en el Título XIV del Código Penal, pues si todos y cada uno de subtipos agravados incorporan algún verbo o locución vinculados con el tipo básico que permitiese deducir que la conducta está asociada de algún modo al resultado no podemos nosotros realizar una interpretación extensiva del precepto desplazando los verbos contenidos en el tipo básico a la modalidad agravada.

Por otro lado, a partir de una interpretación auténtica de la exposición de motivos de la LO 7/2012, de 27 de diciembre, que incorporaba *ex novo* el 307 ter a nuestro Código Penal, podemos deducir que la cuantía obrante en el 307 ter.2 CP puede calificarse como una genuina condición objetiva de punibilidad.

Motivaba el legislador que el injusto del 307 ter CP venía a colmar la laguna de punibilidad existente hasta entonces relativa a que *"sólo existía defraudación cuando la cuantía superaba la cifra de ciento veinte mil euros* [*ex* art. 308 CP], *quedando despenalizados los demás casos"*. La solución propuesta para tal carencia fue castigar los comportamientos defraudatorios de prestaciones sociales *"con una penalidad ajustada a la gravedad del hecho"*, esto es, eliminando la cuantía que separaba la infracción administrativa de la infracción penal, permitiendo ello *"dar un mejor tratamiento penal a las conductas fraudulentas contra la Seguridad Social, y evita el riesgo de impunidad de aquellos fraudes graves que hasta ahora no superaban el límite cuantitativo establecido"*. O lo que es igual, si aquellos fraudes que no superaban el límite cuantitativo establecido eran impunes, podemos colegir que la referida cuantía actuaba como un elemento de derecho positivo formulado por el legislador que condicionaba la imposición de una pena, esto es, una condición objetiva de punibilidad. Por ende, trasladada esta idea a nuestro delito, difícilmente puede argüirse que la cuantía la suma de cincuenta mil euros existente en el 307 ter. 2 CP haya de ser abarcada por el dolo del autor, pues si ya el legislador sostenía que la el límite cuantitativo establecido del tipo básico era un problema para aquellos fraudes graves que no superaban el referido importe, caracterizándose así como una condición objetiva de punibilidad, no podemos alterar tal calificación en este momento cuando aludimos al subtipo agravado.

Y es que, desde un punto de vista dogmático, el legislador en ningún momento exige en el subtipo agravado conocimiento alguno sobre el importe defraudado para la imposición de la pena, a modo de resultado típico, sino que simplemente delimita cuantitativamente el patrimonio afectado de la Tesorería General de la Seguridad Social, aumentando su pena. Además, resulta evidente que de la dicción literal la cantidad del subtipo agravado se sitúa en la punibilidad y no en el tipo al simplemente prever: *"cuando el valor de las prestaciones fuera superior a cincuenta mil euros"* se impondrá la pena de prisión de dos a seis años. Se trata, pues, de una delimitación puramente objetiva en cuanto a la penalidad prevista para ese tipo de hechos.

Podría alegársenos que no somos consecuentes con nuestra posición cuando calificábamos a este injusto como un delito de lesión y de resultado y en este momento consideramos el límite cuantitativo del subtipo cualificado como una condición objetiva de punibilidad, no un resultado del tipo. Mas no creemos que exista problema alguno con lo defendido hasta este momento. De hecho, mantenemos que el injusto es un delito de lesión y de resultado, de acuerdo con la redacción actual del tipo básico, que exige constatar la causación de *"un perjuicio a la Administración Pública"*. Pero nada empece defender al mismo tiempo que la actual redacción del subtipo agravado conlleva y reputar la cantidad allí consignada como una condición objetiva de punibilidad.

Algún autor como MARTÍNEZ-BUJÁN PÉREZ apunta que si la cuantía de la obtención indebida de la prestación supone una característica del resultado del tipo denota un perjuicio patrimonial y no habrá inconveniente en apreciar la tentativa (art. 16 CP) y tampoco o habrá obstáculo para castigar conductas de participación de terceras personas en el hecho ejecutado por el autor[420]. Nosotros no creemos que exista problema alguno en defender que en este injusto pueda apreciarse la tentativa porque la cuantía de cincuenta mil euros prevista para la agravación de la pena se repute como una condición objetiva de punibilidad.

Independientemente de que FERRÉ OLIVÉ —único tratadista que ha analizado directamente la naturaleza jurídica del importe previsto en el subtipo agravado— sostiene que nos encontramos ante una condición objetiva de punibilidad y, al mismo tiempo, admite formas imperfectas de ejecución en este delito[421], creemos, efectivamente, que no existe obstáculo alguno que pueda oponerse en nuestro caso a la viabilidad de las formas imperfectas de ejecución toda vez que al tratarse de un delito de resultado resulta admisible la tentativa. Primeramente, porque de acuerdo con las modalidades típicas previstas en el tipo básico, el delito se consuma en diferentes momentos temporales como ya hemos analizado *supra*. De ese modo, la estructura del 307 ter CP, así como el funcionamiento intrínseco de las prestaciones sociales, permite las formas imperfectas de ejecución del hecho delictivo. Seguidamente, porque la problemática de la verificación de la condición sólo se plantea cuando el delito de fraude de prestaciones es agravado por razón de su cuantía, y no en el tipo básico donde se formula la conducta típica. Y finalmente, porque el propio tipo agravado posee otras formas de aplicación más allá de la cuantía, como es lo previsto a partir de la conjunción disyuntiva "o", al incorporar otras circunstancias agravantes de la pena –letras b) o c) del apartado 1 del artículo 307 bis CP–, luego también las formas imperfectas de ejecución resultarían perfectamente factibles en nuestra figura delictiva.

---

420 MARTÍNEZ-BUJÁN PÉREZ, C.: *Las condiciones objetivas de punibilidad*, Edersa, Madrid, 1989, págs.: 130 y ss.; EL MISMO: *Derecho Penal económico. Parte General*, *Op. Cit.*, pág.: 154.

421 FERRÉ OLIVÉ, *Tratado de los delitos contra la Hacienda Pública y la Seguridad Social*, *Op. Cit.*, pág.: 854.

Por lo demás, en otro momento de este capítulo sosteníamos que el dolo es conocimiento y que el adjetivo *consciente* incluido en el injusto exige un dolo directo de todos los elementos típicos, luego si reputamos la cuantía como un elemento del tipo objetivo deberíamos ser consecuentes con nuestra posición y exigir al sujeto activo una *consciencia* absoluta de que el importe de su defraudación supera el límite cuantitativo de la modalidad agravada. Ni siquiera –y continuamos con nuestra tesis– sería admisible una alta probabilidad de conocer (dolo eventual) tal límite cuantitativo. Y es que no puede ser que exijamos un conocimiento por parte del individuo del hecho realizado *ex ante* pero no exigiéramos ese mismo conocimiento que su actuación defraudatoria supera los cincuenta mil euros en este tipo agravado. Todo ello trae consigo un problema evidente de prueba, pues necesariamente ha de ser probado en sentencia que el sujeto conoce sin ningún género de dudas (dolo directo) que su actuación defraudatoria supera los cincuenta mil euros para condenar por este tipo agravado, luego un efecto positivo a tener en cuenta es que si reputamos a la cuantía prevista en el 307 ter.2 CP como una condición objetiva de punibilidad no recaerá el dolo sobre aquélla y desaparece cualquier dificultad probatoria.

En definitiva, separadamente de que hayamos calificado a este injusto como un delito de resultado y de lesión que tutela el patrimonio de la Tesorería General de la Seguridad Social, por los motivos aquí expuestos consideramos que la cuantía de cincuenta mil euros prevista en el tipo agravado del 307 ter.2 CP supone, no un elemento del tipo objetivo, a modo de resultado, sino una condición objetiva de punibilidad.

Bibliografía

ACALE SÁNCHEZ, MARIA / GONZÁLEZ AGUDELO, GLORIA: "Delitos contra la Hacienda Pública y contra la Seguridad Social" en *Lecciones y materiales para el estudio del Derecho Penal* (Coord.: TERRADILLOS BASOCO, JUAN MARÍA), Iustel, Madrid, 2016.

ALCÁCER GUIRAO, RAFAEL: *La tentativa inidónea y configuración del injusto,* Marcial Pons, Barcelona, 2013.

ÁLVAREZ ALCOLEA, MANUEL y DEL VAL TENA, ÁNGEL LUIS: "La acción protectora del Sistema de la Seguridad Social: Contingencias y prestaciones" en *Lecciones de Seguridad Social* (GORELLI HERNÁNDEZ, JUAN / VÍLCHEZ PORRAS, MAXIMILIANO / ÁLVAREZ ALCOLEA, MANUEL / GUTIÉRREZ PÉREZ, MIGUEL) Tecnos, Madrid, 9ª edición, 2019.

ÁLVAREZ GARCÍA, FRANCISCO JAVIER: "Estafa (I)" en *Derecho penal español (parte especial II)* (Director: ÁLVAREZ GARCÍA, FRANCISCO JAVIER y Coord. MANJÓN-CABEZA OLMEDA, ARACELI y VENTURA PÜSCHEL, ARTURO), Tirant lo Blanch, Valencia, 2011.

ANTOLISEI, FRANCESCO: *Manual de Derecho Penal* (traducido por DEL ROSAL, JUAN y TORIO, ÁNGEL), Uthea, Buenos Aires, 1960.

ANTÓN ONECA, JOSÉ: *Derecho Penal. Parte general,* Tomo I, Gráfica Administrativa, Madrid, 1949.

ARROYO ZAPATERO, LUIS: *Delitos contra la Hacienda Pública en materia de subvenciones,* Ministerio de Justicia, Madrid, 1987.

ARROYO ZAPATERO, LUIS: "El tipo de injusto doloso" en AA.VV. *Curso de Derecho Penal. Parte General* (Coords.: DEMETRIO CRESPO, EDUARDO y RODRÍGUEZ YAGÜE, CRISTINA), Ediciones Experiencia, Barcelona, 3ª edición, 2016.

ARRUEBO LAFUENTE, INOCENCIO: "Comentarios al artículo 307 ter del Código Penal introducido por la Ley Orgánica 7/2012, de 27 de diciembre (BOE del 28), por la que se modifica la Ley Orgánica 10/1995, de 23 de noviembre, del Código Penal en materia de transparencia y lucha contra el fraude fiscal y en la Seguridad Social" en *Lucha contra el empleo irregular y el fraude a la Seguridad Social. Análisis de las reformas legislativas* (Coord.: CAMINO FRÍAS, JUAN JOSÉ), Lex Nova, Valladolid, 2013.

ASÚA BATARRITA, ADELA: "El daño patrimonial en la estafa de prestaciones unilaterales (subvenciones, donaciones, gratificaciones). La teoría de la frustración del fin" en *Anuario de Derecho Penal y Ciencias Penales*, Tomo XLVI, 1993.

ASÚA BATARRITA, ADELA: "Estafa común y fraude de subvenciones: de la protección penal del patrimonio a la protección de la institución subvencional" en *Hacia un Derecho Penal Económico Europeo. "Jornadas en honor al profesor Klaus Tiedemann"*, Boletín Oficial del Estado, Madrid, 1995.

ASÚA BATARRIA, ADELA: "El delito de fraude de subvenciones" en AA.VV. *Comentarios a la legislación penal*, Tomo XVIII, Edersa, Madrid, 1997.

AYALA GARCÍA, JUAN MATEO: "Delito permanente, delito habitual y delito complejo" en *Unidad y pluralidad de delitos. Cuadernos de Derecho Judicial*, Consejo General del Poder Judicial, Madrid, febrero 1995.

AYALA GÓMEZ, IGNACIO: "Los delitos contra la Hacienda Pública relativos a los ingresos tributarios" en *Delitos e infracciones* (Coordinador: OCTAVIO DE TOLEDO Y UBIETO, EMILIO), Tirant Lo Blanch, Valencia, 2009.

BACIGALUPO ZAPATER, ENRIQUE: "El delito fiscal en España" en *Revista de la Facultad de Derecho de la Universidad Complutense*, núm. 56, 1979.

BACIGALUPO ZAPATER, ENRIQUE: *Principios de Derecho Penal. Parte General*, Akal, Madrid, 2ª edición, 1990.

BACIGALUPO ZAPATER, ENRIQUE: "El delito fiscal" en *Estudios sobre el nuevo Código Penal de 1995* (Editor: DEL ROSAL BLASCO, BERNARDO), Tirant Lo Blanch, Valencia, 1997.

BACIGALUPO ZAPATER, ENRIQUE: "La reforma del delito fiscal por la LO 7/2007" en *Diario La Ley*, núm. 34, 2013.

BAJO FERNÁNDEZ, MIGUEL: *"El Derecho Penal Económico. Un estudio de Derecho positivo español"* en *Anuario de Derecho Penal y Ciencias Penales*, Tomo XXVI, Fascículo I, enero-abril, 1973.

BAJO FERNÁNDEZ, MIGUEL: *Derecho penal económico aplicado a la actividad empresarial*, Civitas, Madrid, 1978.

BAJO FERNÁNDEZ, MIGUEL y BACIGALUPO SAGGESE, SILVINA: "Limites entre infracciones y delitos fiscales" en *Justicia y Derecho Tributario. Libro homenaje al profesor Julio Banacloche Pérez* (Coords.: BANACLOCHE PALAO, CARMEN; BANACLOCHE PALAO, JULIO y BANACLOCHE PALAO, BEGOÑA), La Ley, Madrid, 2008.

BAJO FERNÁNDEZ, MIGUEL y BACIGALUPO SAGGESE, SILVINA: *Derecho Penal económico*, Ramon Areces, Madrid, 2010.

BALLESTER LAGUNA, FERNANDO y SIRVENT HERNÁNDEZ, NANCY: *Lecciones y Prácticas de Seguridad Social*, Cinca, Madrid, 6ª edición, 2018.

BELING, ERNST: *Die Lehre vom Verbrechen*, Tübingen, Verlag von Mohr (Paul Siebeck), 1906.

BERDUGO GÓMEZ DE LA TORRE, IGNACIO; PÉREZ CEPEDA, ANA ISABEL y ZÚÑIGA RODRÍGUEZ, LAURA: *Lecciones y materiales para el estudio del Derecho Penal. Introducción al Derecho Penal (Tomo I)*, Iustel, Madrid, 2015.

BINDING, KARL: *Die Normen und ihre Übertretun. Eine Untersuchung über die rechtmässige Handlung und die Arten des Delikts. Band I: Normen und Strafgesetze*, Leizpig, 1872.

BOIX REIG, JAVIER / MIRA BENAVENT, JAVIER: *Los delitos contra la Hacienda Pública y la Seguridad Social*, Tirant Lo Blanch, Valencia, 2000.

BOIX REIG, JAVIER / GRIMA LIZANDRA, VICENTE: "Lección XXVII: Delitos contra la Hacienda Pública y contra la Seguridad Social" en *Derecho Penal. Parte Especial*, Vol. II, Iustel, Madrid, 2020.

BORJA JIMÉNEZ, EMILIANO: "La terminación del delito" en *Anuario de Derecho Penal y Ciencias Penales*, Tomo 48, núm.1, 1995.

BRANDÁRIZ GARCÍA, JOSÉ ÁNGEL: *El delito de defraudación a la Seguridad Social*, Tirant Lo Blanch, Valencia, 2000.

BRANDÁRIZ GARCÍA, JOSÉ ÁNGEL: *La exención de responsabilidad penal por regularización en el delito de defraudación a la Seguridad Social*, Comares, Granada, 2005.

BUSTOS RAMÍREZ, JUAN: "El tratamiento del error en la reforma de 1983: artículo 6 bis a" en *Anuario de Derecho Penal y Ciencias Penales*, Fascículo núm. 3, 1985.

BUSTOS RUBIO, MIGUEL: "Luces y sombras del nuevo delito de fraude en las prestaciones del sistema de Seguridad Social (art. 307 ter del Código Penal). Comentario a la Sentencia de la Audiencia Provincial de Granada 184/2013, de 8 de marzo" en *Revista de Trabajo y Seguridad Social*, núm. 380, 2014.

BUSTOS RUBIO, MIGUEL: "La tipificación del fraude en las prestaciones del sistema de la Seguridad Social: el nuevo artículo 307 ter del Código Penal" en *Revista Penal*, núm. 35, 2015.

BUSTOS RUBIO, MIGUEL: "El delito de fraude en las prestaciones del sistema de la Seguridad Social (art. 307 ter CP)" en GOMEZ PAVÓN, PILAR, ARMENDARIZ LEÓN, CARMEN, PEDREIRA GONZÁLEZ, FÉLIX MARÍA y BUSTOS RUBIO, MIGUEL en *Delitos de defraudación a la Seguridad Social y delitos contra los derechos de los trabajadores,* Bosch, Barcelona, 2015.

BUSTOS RUBIO, MIGUEL: *La regularización en el delito de defraudación a la Seguridad Social,* Tesis doctoral, Universidad Complutense de Madrid, 2015. (https://eprints.ucm.es/id/eprint/30963/).

BUSTOS RUBIO, MIGUEL: *La regularización en el delito de defraudación a la Seguridad Social,* Tirant Lo Blanch, Valencia, 2016.

BUSTOS RUBIO, MIGUEL / GOMEZ PAVÓN, PILAR: "La protección penal de la Seguridad Social en España: el bien jurídico protegido" en *Revista Penal México,* núm. 10, marzo-agosto 2016.

BUSTOS RUBIO, MIGUEL: "El reflejo de la *poena naturalis* en la *poena foresis.* Posibilidades en Derecho Penal español" en *Teoría y Derecho. Revista de pensamiento Jurídico,* núm. 19, Tirant Lo Blanch, Valencia, 2016.

BUSTOS RUBIO, MIGUEL: *Delitos acumulativos,* Tirant Lo Blanch, Valencia, 2017.

BUSTOS RUBIO, MIGUEL: "Los delitos contra la Hacienda Pública y contra la Seguridad Social" en GOMEZ PAVÓN, PILAR, BUSTOS RUBIO, MIGUEL y PAVÓN HERRADÓN, DAVID: *Delitos económicos,* Bosch, Barcelona, 2019.

BUSTOS RUBIO, MIGUEL: "Tema Práctico XXII: Delitos contra la Seguridad Social (Arts. 307 y siguientes CP)" en *Temas prácticos para el estudio del Derecho penal económico* (Directores: ABADIAS SELMA, ALFREDO y BUSTOS RUBIO, MIGUEL), Colex, Madrid, 1ª edición, 2020.

BUSTOS RUBIO, MIGUEL: "Aporofobia institucionalizada: el Código Penal como herramienta" en *Derechos humanos ante los nuevos desafíos de la globalización,* (Editores: PEREZ ADROHER, ANA; LÓPEZ DE LA VIEJA DE LA TORRE, MARÍA TERESA; HERNÁNDEZ MARTÍNEZ, EVA), Dykinson, Madrid, 2020.

CÁMARA ARROYO, SERGIO: "Entre el Derecho Penal de clase y la expansión punitiva: el delito de obtención indebida de prestaciones (art. 307 ter C.P.)" en *Revista Penal,* núm. 41, 2018.

CAMPOY GÓMEZ, REMEDIOS: "La prolongación indebida del disfrute de prestaciones de la Seguridad Social. Art. 307 ter

CP. Análisis Jurisprudencial. Impacto de la estrategia de mercado digital de la Unión Europea en la gestión de las prestaciones" en *Políticas públicas en defensa de la inclusión, la diversidad y el género* (Coords.: GUZMÁN ORDAZ, RAQUEL / GORJÓN BARRANCO, MARÍA CONCEPCIÓN), Universidad de Salamanca, 2019.

CARUSO FONTÁN, MARÍA VIVIANA: *Unidad de acción y delito continuado*, Tirant Lo Blanch, Valencia, 2018.

CHAZARRA QUINTO, MARÍA ASUNCIÓN: *Delitos contra la Seguridad Social*, Tirant Lo Blanch, Valencia, 2002.

CHAZARRA QUINTO, MARÍA ASUNCIÓN: "Un nuevo tratamiento de la participación delictiva en el artículo 307 ter del Código Penal" en *La Ley Penal: revista de Derecho Penal, Procesal, Penitenciario*, núm. 127, 2017.

CHOCLÁN MONTALVO, JOSE ANTONIO: "Algunas precisiones acerca de la teoría del concurso de infracciones" en *Unidad y pluralidad de delitos. Cuadernos de Derecho Judicial*, Consejo General del Poder Judicial, Madrid, febrero 1995

CHOCLÁN MONTALVO, JOSÉ ANTONIO: *El delito de estafa*, Bosch, Barcelona, 2ª edición, 2009.

COBO DEL ROSAL, MANUEL / VIVES ANTÓN, TOMÁS SALVADOR: *Derecho Penal. Parte General*, Tirant Lo Blanch, Valencia, 2ª edición, 1996.

COBO DEL ROSAL, MANUEL / VIVES ANTÓN, TOMÁS SALVADOR: *Derecho Penal. Parte General*, Tirant Lo Blanch, Valencia, 5ª edición, 1999.

COCA VILA, IVÓ: "Protección de las haciendas públicas y la Seguridad Social" en *Lecciones de Derecho Penal económico y de la empresa. Parte general y especial* (Director: SILVA SÁNCHEZ, JESÚS MARÍA y Coordinador: ROBLES PLANAS, RICARDO), Atelier, Barcelona, 2020.

CRAMER, PETER: *Strafgesetzbuch Kommentar*, comentario al parágrafo 15, Verlag Beck, Múnich, 2006.

CUELLO CONTRERAS, JOAQUÍN: *El Derecho penal español. Parte General. Nociones introductorias. Teoría del delito*, Dykinson, Madrid, 2002

CUGAT MAURI, MIRIAM: "Delitos contra la Hacienda Pública y la Seguridad Social" en *Derecho penal español. Parte Especial II* (Director: ÁLVAREZ GARCÍA, FRANCISCO JAVIER y Coords.: MANJÓN-CABEZA OLMEDA, ARACELI y VENTU-

RA PÜSCHEL, ARTURO), Tirant Lo Blanch, Valencia, 1ª edición, 2011.

DE LA MATA BARRANCO, NORBERTO JAVIER: "Delitos contra la Hacienda Pública y la Seguridad Social" en *Derecho Penal Económico y de la empresa*, Dykinson, Madrid, 1ª edición, 2018.

DE VICENTE MARTÍNEZ, ROSARIO: *Delitos contra la Seguridad Social*, Praxis, Barcelona, 1991.

DE VICENTE MARTÍNEZ, ROSARIO: *Los delitos contra la Seguridad Social en el Código Penal de la democracia*, Ibídem, Madrid, 1996.

DE VICENTE MARTÍNEZ, ROSARIO: "Los delitos contra la Seguridad Social tras la reforma operada en el Código Penal por la Ley Orgánica 7/2012, de 27 de diciembre, en materia de transparencia y lucha contra el fraude fiscal y en la seguridad social" en *Crisis financiera y Derecho penal económico* (Coords.: DEMETRIO CRESPO, EDUARDO y MAROTO CALATAYUD, MANUEL), 2014.

DE VICENTE MARTÍNEZ, ROSARIO: "El nuevo delito de defraudación en las prestaciones del sistema de la Seguridad Social en el proyecto de Ley orgánica de 2012, por el que se modifica el código Penal" en Actualidad Jurídica Aranzadi, núm. 853/2012.

DE VICENTE MARTÍNEZ, ROSARIO: "La reforma de los delitos contra la Seguridad Social por la Ley Orgánica 7/2012" en *Anuario Derecho Penal y de la Empresa*, núm. 3, 2015.

DE VICENTE MARTÍNEZ, ROSARIO: *Derecho penal del trabajo. Los delitos contra los trabajadores y contra la Seguridad Social*, Tirant Lo Blanch, Valencia, 2020.

DE VICENTE PACHÉS, FERNANDO: *Asistencia social y servicios sociales. Régimen de distribución de competencias*, Temas del Senado, Madrid, 2003.

DÍAZ MORGADO, CELIA: "Delitos tributarios y contra la Seguridad Social" en *Manual de Derecho penal económico y de la empresa. Parte General y Parte especial*, Tomo II, Tirant Lo Blanch, Valencia, 1ª edición 2016.

DÍAZ MORGADO, CELIA: "Delitos tributarios y contra la Seguridad Social" en *Manual de Derecho penal económico y de la empresa. Parte General y Parte especial*, Tomo II, Tirant Lo Blanch, Valencia, 2ª edición, 2020.

DÍAZ Y GARCÍA CONLLEDO, MIGUEL: *La autoría en Derecho Penal*, Promociones y Publicaciones Universitarias, Barcelona, 1ª edición, 1991.

DÍAZ Y GARCÍA CONLLEDO, MIGUEL: "Problemas de autoría y participación en los delitos económicos" en *Nuevo Foro Penal*, núm. 71, enero-junio, 2007.

DÍAZ Y GARCÍA CONLLEDO, MIGUEL: *El error sobre elementos normativos del tipo penal*, La Ley, Madrid, 1ª edición, 2008.

DÍEZ RIPOLLÉS, JOSÉ LUIS: *Derecho Penal español. Parte General*, Tirant Lo Blanch, Valencia, 4ª edición, 2016.

DÍEZ RIPOLLÉS, JOSÉ LUIS: *Derecho Penal español. Parte General*, Tirant Lo Blanch, Valencia, 5ª edición, 2020.

DOLZ LAGO, MANUEL JESÚS: "Los delitos contra la Seguridad Social: perspectivas jurisprudenciales" en *Diario La Ley*, núm. 9036, septiembre, 2017.

DONNA, EDGARDO ALBERTO: *La autoría y la participación criminal*, Comares, Granada, 2008.

DONNA, SEBASTIÁN ALBERTO: *Las teorías de la pena. Un análisis jurídico-económico*, Rubinzal-Culzoni, Buenos Aires, 2021.

DOPICO GÓMEZ ALLER, JACOBO: "Estafa y otros fraudes en el tráfico inmobiliario" en *Derecho Penal de la Construcción. Aspectos urbanísticos, inmobiliarios y de seguridad en el trabajo*, Comares, Granada, 2006.

DOVAL PAÍS, ANTONIO.: *Posibilidades y límites para la formulación en las normas penales. El caso de las leyes penales en blanco*, Tirant Lo Blanch, Valencia, 1ª edición, 1999.

ESCOBAR JIMÉNEZ, RAFAEL: "Los delitos contra la Seguridad Social: fraude de cotizaciones y fraude de prestaciones (Arts. 307-307 ter CP)" en *Tratado de Derecho Penal Económico* (Director: CAMACHO VIZCAÍNO, ANTONIO), Tirant Lo Blanch, Valencia, 2019.

ESCOBAR VÉLEZ, SUSANA: *Problemas de autoría y participación en la estructura empresarial*, Tesis doctoral, Universidad de León, 2019 (https://www.educacion.gob.es/teseo/imprimirFicheroTesis.do?idFichero=a0ZUdcIhiVI%3D).

FAKHOURI GÓMEZ, YAMILA: *Delimitación entre error de tipo y de prohibición. Las remisiones normativas: un caso problemático*, Civitas Thomson Reuters, Navarra, 1ª edición, 2009.

FAKHOURI GÓMEZ, YAMILA: "Teoría del dolo vs. teoría de la culpabilidad – Un modelo para afrontar la problemática del error en Derecho penal" en *Indret: Revista para el análisis del Derecho*, núm. 4, 2009.

FEIJOO SÁNCHEZ, BERNARDO JOSÉ: "La distinción entre dolo e imprudencia en los delitos de resultado lesivo. Sobre la normativización del dolo" en *Cuadernos de Política Criminal*, núm. 65, 1998.

FEIJOO SÁNCHEZ, BERNARDO JOSÉ: *Dolo eventual*, Ediciones Olejnik, Santiago de Chile, 2018.

FERRÉ OLIVÉ, JUAN CARLOS: *El delito contable*, Praxis, Barcelona, 1988.

FERRÉ OLIVÉ, JUAN CARLOS: "Delitos contra la seguridad social" en AA.VV. *Derecho penal del trabajo y Derecho administrativo sancionador* (Coord. TERRADILLOS BASOCO, JESÚS MARÍA), Universidad de Cádiz, Cádiz, 1993.

FERRÉ OLIVÉ, JUAN CARLOS: "El bien jurídico protegido en los delitos tributarios" en *Revista Penal*, núm. 33, 2014.

FERRÉ OLIVÉ, JUAN CARLOS: *Tratado de los delitos contra la Hacienda Pública y contra la Seguridad Social*, Tirant Lo Blanch, Valencia, 2018.

FERRÉ OLIVÉ, JUAN CARLOS: "El fraude de prestaciones del Sistema de la Seguridad Social" en AA.VV. *Estudios jurídico penales y criminológicos. En homenaje al Prof. Dr. Dr. H.C. Mult. Lorenzo Morillas Cueva* (Coord. SUAREZ LÓPEZ, JOSÉ MARÍA; BARQUÍN SANZ, JESÚS; BENÍTEZ ORTUZAR, IGNACIO; JIMÉNEZ DÍAZ, MARÍA JOSÉ; SAINZ-CANTERO CAPARRÓS, JOSÉ), Dykinson, Madrid, 2018.

FRISCH, WOLFANG: "Bien jurídico, Derecho, estructura del delito e imputación en el contexto de la legitimación de la pena estatal" en *La teoría del bien jurídico, ¿fundamento de legitimación del Derecho penal o juego de abalorios dogmático,* Marcial Pons, Madrid, Barcelona, Buenos Aires, Sao Paulo, 2016.

GALÁN MUÑOZ, ALFONSO / NUÑEZ CASTAÑO, ELENA: *Manual de Derecho Penal económico y de la empresa*, Tirant Lo Blanch, Valencia, 3ª edición, 2019.

GALLEGO SOLER, JOSE IGNACIO: *Responsabilidad penal y perjuicio patrimonial*, B de F, Montevideo, Buenos Aires, 1ª edición, 2015.

GALLEGO SOLER, JOSE IGNACIO: "De los delitos contra la Hacienda Pública y contra la Seguridad Social" en *Comentarios al Código Penal. Reforma 1/2015 y LO 2/2015* (Directores: CORCOY BIDASOLO, MIRENTXU y MIR PUIG, SANTIAGO), Tirant Lo Blanch, Valencia, 2015.

GARCÍA ARÁN, MERCEDES: "Remisiones normativas, leyes penales en blanco y estructura de la norma penal" en *Estudios Penales y Criminológicos*, núm.16, 1992-1993, Servicio de Publicaciones de la Universidad de Santiago de Compostela.

GARCÍA CANTIZANO, MARÍA DEL CARMEN: *Falsedades documentales*, Tirant Lo Blanch, Valencia, 1994.

GARCÍA DEL BLANCO, VICTORIA: *La coautoría en el Derecho Penal*, Tirant Lo Blanch, Valencia, 2006.

GARCÍA ORTEGA, JESÚS: *Acción protectora: las prestaciones y su régimen jurídico"* en *"Derecho de la Seguridad Social* (Directores: ROQUETA BUJ, REMEDIOS y GARCÍA ORTEGA, JESÚS), Tirant Lo Blanch, Valencia, 6ª edición, 2017.

GARCÍA PÉREZ, OCTAVIO: *La punibilidad en el Derecho Penal*, Aranzadi, Cizur Menor (Navarra), 1997.

GARCÍA ROMERO, BELÉN; CAVAS MARTÍNEZ, FAUSTINO; FERRANDO GARCÍA, FRANCISCA; LÓPEZ ANIORTE, MARÍA DEL CARMEN; RODRÍGUEZ INIESTA, GUILLERMO; SELMA PENALVA, ALEJANDRA; *Lecciones de Seguridad Social*, Diego Marín, Murcia, 6ª edición, 2017.

GARCÉS FERRER, JORGE: "Ideas y administración de servicios sociales a través de la historia" en *Sistema político y administrativo de los servicios sociales* (Coord.: GARCÉS FERRER, JORGE), Tirant Lo Blanch, Valencia, 1996.

GEERDS, FRIEDRICH: *Zur Lehre von der Konkurrenz im Strafrecht*, Hansischer Gildenverlag, Joachim Heitmann & Co., Hamburgo, 1961.

GIMBERNAT ORDEIG, ENRIQUE: *Autor y cómplice en Derecho Penal*, Servicio de Publicaciones de la Universidad Complutense de Madrid, Madrid, 1966.

GIMBERNAT ORDEIG, ENRIQUE: "Algunos aspectos de la reciente doctrina jurisprudencial sobre los delitos contra la vida" en *Anuario de Derecho Penal y Ciencias Penales*, núm. 43, mes 2, 1990.

GIMBERNAT ORDEIG, ENRIQUE: *Concepto y método de la ciencia del derecho penal*, Tecnos, Madrid, 1999.

GIMBERNAT ORDEIG, ENRIQUE: "A vueltas con la imputación objetiva, la participación delictiva, la omisión impropia y el derecho de la culpabilidad" en *Nuevo Foro Penal*, núm. 82, 2014.

GÓMEZ BENÍTEZ, JOSÉ MANUEL: "Notas para una discusión sobre los delitos contra el orden socioeconómico y el Patrimonio en el Proyecto de 1980 de Código Penal" en *Anuario de Derecho Penal y Ciencias Penales*, Tomo XXXIII, Fascículo II, 1980.

GÓMEZ BENÍTEZ, JOSÉ MANUEL: "Función y contenido del error en el tipo de estafa" en *Anuario de Derecho Penal y Ciencias Penales*, Tomo XXXVIII, núm. 2, 1985.

GÓMEZ MARTÍN, VÍCTOR: *Delito especial con autor inidóneo: ¿tentativa punible o delito putativo?*, Dykinson, Madrid, 2006.

GÓMEZ RIVERO, MARÍA DEL CARMEN: *El fraude de subvenciones*, Tirant Lo Blanch, Valencia, 2005.

GOMEZ RIVERO, MARÍA DEL CARMEN: "Estafa, falsedad, administración desleal y fraude de subvenciones: una revisión de sus relaciones concursales" en *Revista Penal*, núm. 38, 2016.

GÓMEZ PAVÓN, PILAR: *La intimidad como objeto de protección penal*, Akal, Madrid, 1989.

GOMEZ PAVÓN, PILAR: "Cuestiones actuales del Derecho penal económico: el principio de legalidad y las remisiones normativas" en *Revista de Derecho Penal y Criminología*, núm. 1, 2000.

GÓMEZ PAVÓN, PILAR / BUSTOS RUBIO, MIGUEL: "Principio de legalidad y criterio gramatical como límite a la interpretación de la norma penal" en *Revista Penal México*, núm. 6, 2014.

GÓMEZ PAVÓN, PILAR: "El delito de defraudación a la Seguridad Social (art. 307 CP)" en AA.VV. *Delitos de defraudación a la Seguridad Social y delitos contra los trabajadores*, Bosch, Barcelona, 2015.

GONZÁLEZ GARCÍA, SERGIO: "Jubilación, pobreza y exclusión social" en *Revista Española de Derecho del Trabajo* núm. 220/2019, Aranzadi, Cizur Menor (Navarra), 2019.

GRACIA MARTÍN, LUIS: "La configuración del tipo objetivo del delito de evasión fiscal en el Derecho penal español: crítica de la regulación vigente y propuestas de reforma" en *Revista Española de Derecho financiero*, n*úm*. 58, Civitas, 1988.

GRECO, LUIS: "Dolo sin voluntad" en *Nuevo Foro Penal*, núm. 88, 2017.

HEFENDEHL, ROLAND: "El bien jurídico como eje material de la normal penal" en *La teoría del bien jurídico, ¿fundamento de legitimación del Derecho penal o juego de abalorios dogmático* (traducido por ALCÁCER GUIRAO, RAFAEL; MARTÍN LORENZO, MARÍA y ORTÍZ DE URBINA, ÍÑIGO), Marcial Pons, Madrid, Barcelona, Buenos Aires, Sao Paulo, 2016.

HERNÁNDEZ CARANDE, JUAN: "Delito de fraude en el disfrute de prestaciones de la Seguridad Social. Art. 307 ter CP" en *Delitos económicos y empresariales* (Coord.: LIÑÁN LAFUENTE, ALFREDO), Dykinson, Madrid, 2020.

HERRANZ SAURÍ, TOMÁS: "El nuevo delito del artículo 307 del Código Penal" en *Jornada de Fiscales especialistas en Delitos Económicos,* Centro de Estudios Jurídicos, 20 y 21 de junio de 2013.

HRUSCHKA, JOACHIM: *Strafrecht nach logisch-analytischer Methode. Systematich entwickelte Fälle zum Allgemeinen Teil,* W de G, Berlín, 1988.

IZQUIERDO SÁNCHEZ, CRISTOBAL: *Estafas por omisión. El engaño y la infracción de deberes de información,* Atelier, Barcelona, 2018.

JAKOBS, GÜNTHER: *Derecho Penal parte general, fundamentos y teoría de la imputación* (traducido por CUELLO CONTRERAS, JOAQUÍN y SERRANO GONZÁLEZ DE MURILLO, JOSÉ LUIS), Marcial Pons, Madrid, 2ª edición, 1997.

JESCHECK, HANS: *Tratado de Derecho Penal. Parte General* (traducido y adiciones de Derecho Penal realizadas por MIR PUIG, SANTIAGO y MUÑOZ CONDE, FRANCISCO), Bosch, Barcelona, 1ª edición, 1981.

JESCHECK, HANS y WEIGEND THOMAS: *Tratado de Derecho Penal. Parte General* (traducido por OLMEDO CARDENETE, MIGUEL). Comares, Granada, 5ª edición, 2002.

JIMÉNEZ DE ASÚA, LUIS: *Lecciones de Derecho Penal,* Editorial Pedagógica Iberoamericana, México, 1ª edición, 1995.

LAURENZO COPELLO, PATRICIA: *Dolo y conocimiento,* Tirant Lo Blanch, Valencia, 1999.

LLORIA GARCÍA, PAZ: *Aproximación al estudio del delito permanente,* Comares, Granada, 2006.

LÓPEZ BARJA DE QUIROGA, JACOBO: *Derecho Penal. Parte General II. Introducción a la teoría jurídica del delito,* Marcial Pons, Madrid, Barcelona, 1ª edición, 2002,

LOPEZ BARJA DE QUIROGA, JACOBO: "La falsedad ideológica" en *Curso de Derecho Penal económico,* (Director: BACIGALUPO SAGESSE, ENRIQUE), Marcial Pons, Madrid, 2ª edición, 2005.

LÓPEZ GARRIDO, DIEGO / GARCÍA ARAN, MERCEDES: *El Código Penal de 1995 y la voluntad del legislador: comentario al texto y al debate parlamentario,* Dykinson, Madrid, 1996.

LOZANO MANEIRO, AMPARO: *La autoría y la participación en el delito. Análisis comparado de los ordenamientos español, francés e italiano desde la perspectiva de un Derecho común europeo*, Tesis Doctoral, Universidad Complutense de Madrid, Madrid, 1998.

LUZÓN PEÑA, DIEGO MANUEL: "Causas de atipicidad y causas de justificación" en *Causas de justificación y de atipicidad en Derecho Penal* (Coords.: LUZÓN PEÑA, DIEGO MANUEL y MIR PUIG, SANTIAGO), Aranzadi, Cizur Menor (Navarra), 1995.

LUZÓN PEÑA, DIEGO MANUEL: *Curso de Derecho Penal. Parte General*, Universitas, Madrid, 1996.

LUZÓN PEÑA, DIEGO MANUEL: *Lecciones de Derecho penal. Parte General*, Tirant Lo Blanch, Valencia, 3ª edición, 2016.

MARTÍN VALVERDE, ANTONIO y GARCÍA MURCIA, JOAQUÍN: *Tratado práctico de Derecho de la Seguridad Social. Volumen I*, Thomson Reuters Aranzadi, Cizur Menor (Navarra), 2ª edición, 2013.

MARTÍN VALVERDE, ANTONIO y GARCÍA MURCIA, JOAQUÍN: *Tratado práctico de Derecho de la Seguridad Social. Volumen II*, Thomson Reuters Aranzadi, Cizur Menor (Navarra), 2ª edición, 2013.

MARTÍNEZ-BUJÁN PÉREZ, CARLOS: *El delito fiscal*, Montecorvo, Madrid, 1982.

MARTÍNEZ-BUJÁN PÉREZ, CARLOS: *Las condiciones objetivas de punibilidad*, Edersa, Madrid, 1989.

MARTÍNEZ-BUJÁN PÉREZ, CARLOS: "El bien jurídico en el delito contra la Hacienda Pública y la Seguridad Social" en *Estudios Penales y Criminológicos*, núm. 18, 1995.

MARTINEZ-BUJÁN PÉREZ, CARLOS: "Los delitos de peligro en el Derecho penal económico y empresarial" en *Revista Penal de México*, núm. 4, 2013.

MARTÍNEZ-BUJÁN PÉREZ, CARLOS: *Derecho penal económico y de la empresa. Parte General*, Tirant Lo Blanch, 1ª edición, Valencia, 2013.

MARTÍNEZ-BUJÁN PÉREZ, CARLOS: *Derecho penal económico y de la empresa. Parte General*, Tirant Lo Blanch, 4ª edición, Valencia, 2014.

MARTÍNEZ-BUJÁN PÉREZ, CARLOS: *Derecho penal económico y de la empresa. Parte especial*, Tirant Lo Blanch, Valencia, 2015.

MARTÍNEZ-BUJAN PÉREZ, CARLOS: "Delitos contra la Hacienda Pública y contra la Seguridad Social" en *Derecho penal. Parte especial* (Coordinador: GONZÁLEZ CUSSAC, JOSÉ LUIS), Tirant Lo Blanch, Valencia, 2016.

MARTÍNEZ-BUJÁN PEREZ, CARLOS: *La autoría en Derecho Penal. Un estudio a la luz de la concepción significativa (y del Código Penal español)*, Tirant Lo Blanch, Valencia, 2019.

MARTINEZ-BUJÁN PÉREZ, CARLOS: *"Derecho penal económico y de la empresa. Parte especial"*, Tirant Lo Blanch, Valencia, 6ª edición, 2019.

MARTÍNEZ LUCAS, JOSÉ ANTONIO: *El delito de defraudación a la Seguridad Social: régimen legal, criterios jurisprudenciales*, Editorial Práctica de Derecho, (Sedaví) Valencia, 2002.

MARTÍNEZ PÉREZ, CARLOS: "El fraude de subvenciones" en *Comentarios a la legislación penal*, Tomo VII (Director: COBO DEL ROSAL, MANUEL y Coord. BAJO FERNÁNDEZ MIGUEL), Edersa, Madrid, 1986,

MAURACH, REINHART: *Tratado de Derecho Penal*, Tomo II, (traducido por CÓRDOBA RODA, JUAN), Ariel, Barcelona, 1962.

MAYER, MAX ERNST: *Der Allgemeine Teil des Deutschen Strafrechts: Lehrburch*, Winter, Heidelberg, 1915.

MENDOZA BUERGO, BLANCA: *Límites dogmáticos y político-criminales de los delitos de peligro abstracto*, Comares, Granada, 1ª edición, 2002.

MESTRE DELGADO, ESTEBAN: *La defraudación tributaria por omisión*, Ministerio de Justicia, Madrid, 1991.

MESTRE DELGADO, ESTEBAN: "Delitos contra la Hacienda Pública y contra la Seguridad Social" en AA.VV. *Delitos. La parte especial del Derecho penal*, Dykinson, Madrid, 2021.

MEZGER, EDMUND: *Derecho Penal. Parte General*, Cárdenas editor, México, 2ª edición, 1990.

MIRÓ LLINARES, FERNANDO: "Dolo y derecho penal empresarial: debates eternos, problemas modernos" en *Cuadernos de Política Criminal*, núm. 113, 2014.

MIR PUIG, SANTIAGO: *Derecho Penal. Parte General*, Reppertor, Barcelona, 10ª edición, 2015.

MONEREO PÉREZ, JOSÉ LUIS / MOLINA NAVARRETE, CRISTOBAL / QUESADA SEGURA, ROSA / MALDONADO MOLINA, JUAN ANTONIO: *Manual de la Seguridad Social*, Tecnos, Madrid, 15ª edición, 2019.

MONTE FERREIRA, MARIO: "Estafa y fraude tributario: ¿convergencia o divergencia en los fundamentos para su tipificación?

Análisis desde el Derecho español y portugués" en *Anuario de Derecho Penal y Ciencias Penales,* Tomo LVIII, núm. 2, 2005.

MONTOYA MELGAR, ALFREDO: *Curso de Seguridad Social,* Tecnos, Madrid, 3ª edición, 2005.

MORALES PRATS, FERMÍN: "De los delitos contra la Hacienda Pública y contra la Seguridad Social" en *Comentarios a la Parte Especial del Derecho Penal* (director: QUINTERO OLIVARES, GONZALO), Aranzadi, Navarra, 2016.

MORENO-TORRES HERRERA, MARÍA ROSA: *Tentativa de delito y delito irreal,* Tirant Lo Blanch, Valencia, 1999.

MORILLAS CUEVA, LORENZO: "Delitos contra la Hacienda Pública y contra la Seguridad Social" en *Derecho penal español. Parte especial* (Coordinador: COBO DEL ROSAL, MANUEL), Dykinson, Madrid, 2ª edición, 2005.

MORILLAS CUEVA, LORENZO: "Capítulo 33. Delitos contra la Hacienda Pública y contra la Seguridad Social" en *Sistema de Derecho Penal. Parte Especial* (Director: MORILLAS CUEVA, LORENZO), Dykinson, Madrid, 2ª edición, 2016.

MORILLAS CUEVA, LORENZO: *Sistema de Derecho Penal. Parte general,* Dykinson, Madrid, 2018.

MUÑOZ CONDE, FRANCISCO / GARCÍA ARÁN, MERCEDES: *Derecho Penal. Parte General,* Tirant Lo Blanch, Valencia, 8ª edición, 2015

MUÑOZ CONDE, FRANCISCO / GARCÍA ARÁN, MERCEDES: *Derecho Penal. Parte General,* Tirant Lo Blanch, Valencia, 10ª edición, 2019.

MUÑOZ CONDE, FRANCISCO: *Derecho Penal. Parte Especial,* Tirant Lo Blanch, Valencia, 19ª edición, 2013.

MUÑOZ CONDE, FRANCISCO: *Derecho Penal. Parte Especial,* Tirant Lo Blanch, Valencia, 20ª edición, 2015.

MUÑOZ CONDE, FRANCISCO: *Derecho Penal. Parte Especial,* Tirant Lo Blanch, Valencia, 22ª edición, 2019.

NIETO MARTÍN, ADAN: "Delitos contra la Hacienda Pública y la Seguridad Social. Delitos de contrabando" en *Nociones fundamentales de Derecho Penal. Parte especial* (directora: GÓMEZ RIVERO, MARÍA DEL CARMEN), Volumen II, Tecnos, Madrid, 2ª edición, 2015.

OCTAVIO DE TOLEDO Y UBIETO, EMILIO y HUERTA TOCILDO, SUSANA: *Derecho Penal. Parte General. Teoría jurídica del delito,* Rafael Castellanos, Madrid, 2ª edición, 1986.

OCTAVIO DE TOLEDO Y UBIETO, EMILIO: *Los objetos de protección en los delitos contra las Haciendas Públicas*, Tirant Lo Blanch, Valencia, 2009.

OCTAVIO DE TOLEDO Y UBIETO, EMILIO y otros: *Delitos e infracciones contra la Hacienda Pública* (Director y Coord.: OCTAVIO DE TOLEDO Y UBIETO, EMILIO), Tirant Lo Blanch, Valencia, 1ª edición, 2009.

OLLÉ SESÉ, MANUEL: "Consumación, desistimiento y regularización en el delito de defraudación a la Seguridad Social" en *La Ley Penal*, núm. 144, mayo-junio, 2020.

PASTOR MUÑOZ, NURIA: *La determinación del engaño típico en el delito de estafa*, Marcial Pons, Madrid, 2004.

PASTOR MUÑOZ, NURIA: "La construcción de un tipo europeo de estafa" en *Fraude y Corrupción en el Derecho Penal europeo* (Coords. ARROYO ZAPATERO, LUIS y NIETO MARTÍN, ADAN), Ediciones de la Universidad de Castilla-La Mancha, Cuenca, 2006.

PASTOR MUÑOZ, NURIA: "El delito de estafa" en *Lecciones de Derecho Penal económico y de la empresa. Parte general y especial* (Director: SILVA SÁNCHEZ, JESUS MARÍA, Coord.: ROBLES PLANAS, RICARDO), Atelier, Barcelona, 2020.

PAREDES RODRÍGUEZ, JOSÉ MARIO. "La reforma del delito contra la Seguridad Social operada por la Ley Orgánica 7/2012, de 27 de diciembre" en *Revista Doctrinal Aranzadi Social*, núm. 4, 2013.

PÉREZ BARBERÁ, GABRIEL: *El dolo eventual. Hacia el abandono de la idea de dolo como estado mental*, Hammurabi, Buenos Aires, 2011.

PEREZ DEL VALLE, CARLOS: *Lecciones de Derecho Penal. Parte General*, Dykinson, Madrid, 2016.

PEREZ MANZANO, MERCEDES y MERCADER UGUINA, JESÚS: "El delito de defraudación a la Seguridad Social" en *Comentarios a la Legislación Penal* (Director: COBO DEL ROSAL, MANUEL y Coord.: BAJO FERNÁNDEZ, MIGUEL), Tomo XVIII, Revista de Derecho Privado, Edersa, Madrid, 1997.

PEREZ MANZANO, MERCEDES: "Principios del Derecho Penal (III)" en *Introducción al Derecho Penal*, (Director: LASCURAÍN SÁNCHEZ, JOSÉ ANTONIO), Thomson Reuters, Cizur Menor (Navarra), 2011.

PÉREZ ROYO, FERNANDO: *Los delitos y las infracciones en materia tributaria*, Instituto de Estudios Fiscales, Madrid, 1986.

PRATS CANUT, JOSEP MIGUEL: "Descubrimiento y revelación de secretos de empresa en el Código Penal de 1995" en *Cuadernos de Derecho Judicial*, núm. 14, 1997.

PUPPE, INGEBORG: *La distinción entre y dolo y culpa*, (traducido por SANCINETTI, MARCELO ALBERTO), Hammurabi, Buenos Aires, 2004.

QUERALT JIMÉNEZ, JOAN: *Derecho Penal español. Parte especial*, Tirant Lo Blanch, Valencia, 1ª edición, 2015.

QUINTERO OLIVARES, GONZALO: "Delitos contra intereses generales o derechos sociales" en *Revista de la Facultad de Derecho de la Universidad Complutense*, núm. 6, Madrid, 1983.

QUINTERO OLIVARES, GONZALO: *Parte General del Derecho Penal*, Thomson Reuters Arazandi, Cizur Menor (Navarra), 4ª edición, 2010.

QUINTERO OLIVARES, GONZALO: *Parte General del Derecho Penal*, Aranzadi, Cizur Menor (Navarra), 5ª edición, 2015.

RACKOW, PETER: *Neutrale Handlungen als Problem des Strafrechts*, Peter Lang, Frankfurt am Main, 2007.

RAGUES I VALLÉS, RAMÓN: *El dolo y su prueba en el proceso penal*, Bosch, Barcelona, 1999.

RODRÍGUEZ DEVESA, JOSÉ MARÍA y SERRANO GÓMEZ, ALFONSO: Derecho Penal Español. Parte General, Dykinson, Madrid, 18ª edición, 1995.

RODRÍGUEZ LÓPEZ, PEDRO: *Delitos contra la Hacienda Pública y contra la Seguridad Social*, Bosch, Barcelona, 2008.

RODRÍGUEZ MOURULLO, GONZALO: *Comentarios al Código Penal. Tomo I*, Ariel, Barcelona, 1972.

RODRÍGUEZ MOURULLO, GONZALO: *Presente y futuro del delito fiscal*, Civitas, Madrid, 1974.

RODRÍGUEZ MOURULLO, GONZALO: *Derecho penal. Parte General*, Civitas, Madrid, 1978.

RODRÍGUEZ MOURULLO, GONZALO: "Algunas consideraciones sobre la reforma del delito fiscal" en *Jornadas sobre infracciones tributarias: aspectos administrativos y penales*, Centro de Publicaciones de Ministerio de Justicia, Madrid, 1988.

RODRÍGUEZ RAMOS, LUIS: *Compendio de Derecho Penal. Parte General*, Dykinson, Madrid, 2010.

ROXIN, CLAUS: *Derecho Penal. Parte General. Tomos I y II. Fundamentos. La estructura de la Teoría del Delito,* (traducido por LUZÓN PEÑA, DIEGO-MANUEL; DÍAZ Y GARCÍA CONLLEDO, MIGUEL y DE VICENTE REMESAL, JAVIER), Thomson Civitas, Cizur Menor (Navarra), 2008.

ROXIN, CLAUS: *Derecho Penal. Parte General. Tomo II. Especiales formas de aparición del delito,* (traducido por LUZÓN PEÑA, DIEGO-MANUEL (Director); PAREDES CASTAÑÓN, JOSÉ MANUEL; DÍAZ Y GARCÍA CONLLEDO, MIGUEL y DE VICENTE REMESAL, JAVIER), Aranzadi, Cizur Menor (Navarra), 2014.

ROXIN, CLAUS: *Autoría y dominio del hecho en Derecho Penal,* Marcial Pons, Madrid, 2016.

SÁNCHEZ LÓPEZ, VIRGINIA: *El delito de fraude de subvenciones en el nuevo Código Penal,* Colex, Madrid, 1997.

SÁNCHEZ MELGAR, JULIÁN: "De los delitos contra la Hacienda Pública y contra la Seguridad Social" en *Código Penal. Comentarios y Jurisprudencia,* (Coord.: SÁNCHEZ MELGAR, JULIÁN), Tomo II, Sepín, Madrid, 4ª edición, 2016.

SÁNCHEZ-OSTIZ GUTIÉRREZ, PABLO: *La exención de responsabilidad penal por regularización tributaria,* Aranzadi, Navarra, 2002.

SÁNCHEZ-OSTIZ GUTIÉRREZ, PABLO: "El elemento "fraude" en los delitos contra la Hacienda Pública y contra la Seguridad Social" en *Libertad económica o fraudes punibles. Riesgos penalmente relevantes e irrelevantes en la actividad económico empresarial* (Director: SILVA SÁNCHEZ, JESÚS MARÍA), Marcial Pons, Madrid, 2003.

SÁNCHEZ-VERA GÓMEZ-TRELLES, JAVIER: *Delito de infracción de deber y participación delictiva,* Marcial Pons, Madrid, 2002.

SÁNCHEZ-VERA GÓMEZ-TRELLES, JAVIER: "Nuevas tendencias normativistas en el concepto y la prueba del dolo" en *Revista de Derecho Penal y Criminología,* vol. 26, núm. 79, 2005.

SANCINNETI, MARCELO ALBERTO: *Subjetivismo e imputación objetiva en Derecho Penal,* Universidad Externado de Colombia, Bogotá, 1996.

SÁNZ MORAN, ÁNGEL JOSÉ: *El concurso de delitos. Aspectos de política legislativa,* Universidad de Valladolid, Valladolid, 1986.

SCHÜNEMANN, BERND: *Grund und grenzen der unechten Unterlassungsdelikte,* Schwartz, Göttingen, 1971.

SCHÜNEMANN, BERND: "Lo permanente y lo transitorio del pensamiento de Welzel en la dogmática penal de principios del siglo XXI" en *Hans Welzel en el pensamiento penal de la modernidad* (Directores: JOACHIM HIRSCH, HANS / CEREZO MIR, JOSÉ / ALBERTO DONNA, EDGARDO), Rubinzal, Buenos Aires, 2005.

SCHÜNEMANN, BERND: "El dominio sobre el fundamento del resultado" en AA.VV. *Homenaje al profesor D. Gonzalo Rodríguez Mourullo,* Thomson Reuters, Navarra, 2005.

SERRANO GÓMEZ, ALFONSO; SERRANO MAÍLLO, ALFONSO; SERRANO TÁRRAGA, MARÍA DOLORES; VÁZQUEZ GONZÁLEZ, CARLOS: *Curso Derecho penal. Parte especial,* Dykinson, Madrid, 5ª edición, 2019.

SILVA SÁNCHEZ, JESÚS MARÍA: "Las inveracidades de los particulares ante el Derecho penal" en *Simulación y deberes de veracidad. Derecho civil y Derecho penal: dos estudios de dogmática jurídica* (SALVADOR CODERCH, PABLO y SILVA SÁNCHEZ, JESÚS MARÍA), Cuadernos Civitas, Madrid, 1999.

SILVA SÁNCHEZ, JESÚS MARÍA: *Simulación y deberes de veracidad,* Cuadernos Civitas, Aranzadi, Madrid, 1999.

SILVA SÁNCHEZ, JESÚS MARÍA / MIRÓ LLINARES, FERNANDO: *La teoría del delito en la práctica penal económica,* La Ley, Madrid, 2013.

SCHLÜCHTER, ELLEN: *Irrtum über normative Tatbestandsmerkmale im Strafrecht,* Tübingen, Mohr, 1983.

SCHMIDHÄUSER, EBERHARD: *Strafrecht: Allgemeiner Teil: Lehrbuch,* Tübingen, 1975.

SOTO NIETO, FRANCISCO: "Las falsedades en documento privado. El uso del documento falso como medio para cometer una estafa" en *Las falsedades documentales: libro homenaje a Enrique Ruiz Vadillo,* Comares, Granada, 1994.

SOTO NAVARRO, SUSANA: "Concreción y lesión de los bienes jurídicos colectivos. El ejemplo de los delitos ambientales y urbanísticos" en *Anuario de Derecho Penal y Ciencias Penales,* núm. 58, 2005.

SUÁREZ-MIRA RODRÍGUEZ, CARLOS / JUDEL PRIETO, ANGEL / PIÑOL RODRÍGUEZ, JOSÉ RAMÓN: *Manual de Derecho penal. Parte especial,* Thomson Reuters, Cizur Menor (Navarra), 7ª edición, 2018.

SUÁREZ ROBLEDANO, JOSÉ MANUEL: "Transparencia en materia penal: comentario a la reciente reforma del Código Penal en materia de transparencia y lucha contra el fraude fiscal y en la Seguridad Social" en *Revista Española de Control Externo,* núm. 42, Vol. XIV, 2012.

SUAY HERNÁNDEZ, CELIA: "Los elementos normativos y el error" en *Anuario Derecho Penal y Ciencias Penales,* núm. 44, Madrid, 1991.

TERRADILLOS BASOCO, JUAN MARÍA: "Defraudación de subvenciones públicas" en AA.VV. *Derecho penal, Hacienda y Administración Pública,* Fondo de Cultura Universitaria, Montevideo (Uruguay), 2008.

TERRADILLOS BASOCO, JUAN MARÍA.: "Nuevo tipo de fraude a la Seguridad Social (Art. 307 ter)" en *Estudio crítico sobre el anteproyecto de la reforma penal de 2012* (Director: ÁLVAREZ GARCÍA, FRANCISCO JAVIER y Coord.: DOPICO GÓMEZ-ALLER, JACOBO), Tirant Lo Blanch, Valencia, 2013.

TERRADILLOS BASOCO, JUAN MARÍA / BOZA MARTÍNEZ, DIEGO: *El Derecho Penal aplicable a las relaciones laborales,* Bomarzo, Albacete, 2017.

TERRADILLOS BASOCO, JUAN MARÍA: *Aporofobia y plutofobia. La deriva jánica de la política criminal contemporánea,* Bosch, Barcelona, 2020.

TIEDEMANN, KLAUS: *Subventionskriminalität in der Bundesrepublik: Erscheinungsformen, Ursachen, Folgerungen,* Rowohlt Taschenbuch, Reinbek bei Hamburg, 1974.

TIEDEMANN, KLAUS: "El concepto de Derecho económico, de Derecho penal económico y de delito económico" en *Revista Chilena de Derecho,* núm. 10, 1983.

TIEDEMANN, KLAUS: *StGB- Leipziger Kommentar,* Berlín, New York, 2000.

TIEDEMANN, KLAUS: *Manual de Derecho penal económico. Parte general y especial,* Tirant Lo Blanch, Valencia, 1ª edición, 2010.

TORRES CADAVID, NATALIA: "El delito de defraudación tributaria ¿un delito especial o un delito común" en *Revista Electrónica de Ciencia Penal y Criminología,* núm. 20-29, 2018.

VALLE MUÑIZ, JOSÉ MANUEL: "Tipicidad y atipicidad de las conductas omisivas en el delito de estafa" en *Anuario de Derecho Penal y Ciencias Penales,* Tomo 39, núm. 3, 1986.

VIEJO MAÑANES, ADRIÁN: Recensión "Delitos Acumulativos", de Miguel Bustos Rubio (Ed. Tirant lo Blanch, Valencia, 2017)" en *Revista Penal*, núm. 46, 2020.

VIEJO MAÑANES, ADRIÁN: "La prolongación indebida del disfrute de prestaciones sociales (307 ter CP): ¿un delito continuado o un delito permanente" en *Revista de Derecho Penal y Criminología*, núm. 28, 2022.

VON HIRSCH, ANDREW / WHOLERS, WOLFGANG: "Teoría del bien jurídico y estructura del delito. Sobre los criterios de imputación justa" en HEFENDHEL, ROLAND: *La teoría del bien jurídico. ¿Fundamento de legitimación del Derecho penal o juego de abalorios dogmático?*, Marcial Pons, Madrid, 1ª edición, 2007.

WARDA, HEINZ GÜNTHER: "Grundzüge der strafrechtlichen Irrtumslehre" en *Jura*, 1979.

WARDA, HEINZ GÜNTHER: *Die Abgrenzung von Tatbestands – und Verbotsirrtum bei Blankettstrafgesetzen*, Walter de Gruyter, Berlin, 1955.

WELZEL, HANS: *Derecho Penal alemán*, (traducido por BUSTOS RAMIREZ, JUAN y YÁÑEZ PÉREZ, SERGIO), Editorial Jurídica Chile, Santiago de Chile, 1987.

WELZEL, HANS: *Teoría de la acción finalista y otros escritos*, Ediciones Olejnik, Santiago de Chile, 2020.

ZÁRATE CONDE, ANTONIO: *Derecho penal. Parte especial*, Ramón Areces, Madrid, 2ª edición, 2016.

Jurisprudencia

Audiencias Provinciales

SAP de Sevilla (Sección 1ª) núm. 220/2002, de 23 de mayo (Ponente: Ilmo. Sr. Miguel Carmona Ruano).

SAP de Cádiz (Sección 3ª) núm. 219/2011, de 8 de julio (Ponente: Ilmo. Sr. Miguel Ángel Ruiz Lazaga).

SAP de Pontevedra (Sección 2ª) núm. 118/2012, de 3 de abril (Ponente: Ilma. Sra. Rosa del Carmen Collazo Lugo).

SAP de Sevilla (Sección 1ª) núm. 263/2013, de 5 de junio (Ponente: Ilma. Sra. María Auxiliadora Echávarri García).

SAP de Madrid (Sección 17ª) núm. 1577/2013, de 2 de diciembre (Ponente: Ilma. Sra. Carmen Lamela Díaz).

SAP de Madrid (Sección 29ª) núm. 421/2013, de 23 de diciembre "Caso Prisión por piratear el acceso a emisiones de Canal +" (Ponente: Ilmo. Sr. Joaquín Delgado Martín).

SAP de Asturias (Sección 3ª) núm. 44/2015, de 30 de enero (Ponente: Ilmo. Sr. Javier Domínguez Begega).

SAP Tarragona (Sección 2ª) núm. 100/2015, de 16 de marzo (Ponente: Ilma. Sra. María Concepción Montardit Chica).

SAP de Málaga (Sección 7ª) núm. 13/2016, de 17 de mayo (Ponente: Ilmo. Sr. Mariano Santos Peñalver).

SAP de Córdoba (Sección 2ª) núm. 243/2018, de 11 de junio (Ponente: Ilmo. Sr. José María Morillo-Velarde Pérez).

SAP de Las Palmas (Sección 1ª) núm. 62/2020, de 26 de febrero (Ponente: Ilmo. Sr. Miguel Ángel Parramon i Bregolat).

SAP de Lleida (Sección 1ª) núm. 94/2020, de 14 de mayo (Ponente: Ilmo. Sr. Víctor Manuel García Navascués).

SAP de León (Sección 3ª) núm. 42/2021, de 1 de febrero (Ponente: Ilma. Sra. María del Mar Gutiérrez Puente).

SAP de Barcelona (Sección 6ª) núm. 281/2021, de 12 de abril (Ponente: Ilmo. Sr. José Luis Ramírez Ortiz).

Tribunal Superior de Justicia

Sentencia del Tribunal Superior de Justicia de Navarra (Sala de lo Social) núm. 152/2001, de 3 de mayo (Ponente: Ilmo. Sr. Don José Antonio Álvarez Caperochipi).

Audiencia Nacional

SAN (Sección 2ª) núm. 2/2019, de 3 junio Caso Gürtel (Ponente: Excma. Sra. Adoración María Riera Ocáriz).

Tribunal Supremo

STS Sala de lo Criminal de 2 de julio de 1976 (Ponente: Excmo. Sr. Luis Vivas Marzal).

STS la Sala de lo Criminal de 21 de mayo de 1984 (Ponente: Excmo. Sr. Bernardo Francisco Castro Pérez).

STS de 12 de marzo de 1986 (Ponente: Excmo. Sr. Luis Vivas Marzal).

STS de 21 de noviembre de 1986 (Ponente: Excmo. Sr. Manuel García de Miguel).

STS de 22 de octubre de 1987 (Ponente: Excmo. Sr. José Hermenegildo Moyna Ménguez).

STS de 17 de febrero de 1988 (Ponente: Excmo. Sr. José Hermenegildo Moyna Ménguez).

STS de 6 de noviembre de 1990 (Ponente: Excmo. Sr. Ramón Montero Fernández-Cid).

STS de 23 de abril de 1992 "Caso de Aceite de Colza" (Ponente: Excmo. Sr. Enrique Bacigalupo Zapater).

STS núm. 1160/1993, de 18 de mayo (Ponente: Excmo. Sr. José Manuel Martínez-Pereda Rodríguez).

STS núm. 2117/1994, de 5 de diciembre (Ponente: Excmo. Sr. José Antonio Martín Pallín).

STS núm. 661/1995, de 18 de mayo (Ponente: Excmo. Sr. Ramón Montero Fernández-Cid).

STS núm. 393/1996, de 8 de mayo (Ponente: Excmo. Sr. Enrique Bacigalupo Zapater).

STS núm. 522/1996, de 19 de septiembre (Ponente: Excmo. Sr. Francisco Soto Nieto).

STS núm. 729/1996, de 14 de octubre (Ponente: Excmo. Sr. Luis Román Puerta Luis).

STS núm. 389/1997, de 14 de marzo (Ponente: Excmo. Sr. José Augusto de Vega Ruiz).

STS núm. 852/1997, de 12 de junio (Ponente: Excmo. Sr. José Augusto Vega Ruiz).

STS núm. 987/1998, de 20 de julio (Ponente: Excmo. Sr. José Augusto Vega Ruiz).

STS núm. 375/1999, de 15 de marzo (Ponente: Excmo. Sr. Joaquín Delgado García).

STS núm. 481/1999, de 25 de marzo (Ponente: Excmo. Sr. José Augusto Vega Ruiz).

STS núm. 1726/1999, de 10 de diciembre (Ponente: Excmo. Sr. Gregorio García Ancos).

STS núm. 71/2000, de 24 de enero (Ponente: Excmo. Sr. Eduardo Móner Muñoz).

STS núm. 353/2000, de 1 de marzo (Ponente: Excmo. Sr. Julián Sánchez Melgar).

STS núm. 1652/2000, de 30 de octubre (Ponente: Excmo. Sr. José Antonio Marañón Chávarri).

STS núm. 222/2001, de 17 de febrero (Ponente: Excmo. Sr. Roberto García-Calvo y Montiel).

STS núm. 2359/2001, de 12 de diciembre (Ponente: Excmo. Sr. José Ramón Soriano).

STS núm. 2052/2002, de 11 de diciembre (Ponente: Excmo. Sr. José Antonio Martín Pallín).

STS núm. 2122/2002, de 20 de enero (Ponente: Excmo. Sr. Eduardo Móner Muñoz).

STS Sala Segunda núm. 830/2003, de 9 de junio (Ponente: Excmo. Sr. Don Juan Saavedra Ruiz).

STS núm. 1036/2003, de 2 de septiembre (Ponente: Excmo. Sr. Julián Sánchez Melgar).

STS núm. 1581/2003, de 28 de noviembre (Ponente: Excmo. Sr. Enrique Bacigalupo Zapater).

STS núm. 79/2004, de 27 de febrero (Ponente: Excmo. Sr. Enrique Bacigalupo Zapater).

STS núm. 163/2004, de 16 de marzo (Ponente: Excmo. Sr. Francisco Monterde Ferrer).

STS núm. 915/2004, de 15 de julio (Ponente: Excmo. Sr. Joaquín Delgado García).

STS núm. 1333/2004, de 19 de noviembre (Ponente: Excmo. Sr. Joaquín Delgado García).

STS núm. 365/2005, de 28 de marzo (Ponente: Excmo. Sr. Miguel Colmenero Menéndez de Luarca).

STS núm. 928/2005, de 11 de julio (Ponente: Excmo. Sr. Joaquín Giménez García).

STS núm. 67/2006, de 7 de febrero (Ponente: Excmo. Sr. Diego Antonio Ramos Gancedo).

STS núm. 1248/2006, de 5 de diciembre (Ponente: Excmo. Sr. Carlos Granados Pérez).

STS núm. 671/2006, de 21 de junio (Ponente: Excmo. Sr. Juan Ramón Berdugo Gómez de la Torre).

STS de la Sala Segunda núm. 249/2008, de 20 de mayo (Ponente: Excmo. Sr. Manuel Marchena).

STS núm. 801/2008, de 26 de noviembre (Ponente: Excmo. Sr. Diego Antonio Ramos Gancedo).

STS núm. 1046/2009, de 27 de octubre (Ponente: Excmo. Sr. Miguel Colmenero Menéndez de Luarca).

STS núm. 1051/2011, de 14 octubre (Ponente: Excmo. Sr. Julián Sánchez Melgar).

STS núm. 1115/2011, de 17 de septiembre (Ponente: Excmo. Sr. Francisco Monterde Ferrer).

STS núm. 1377/2011, de 19 de diciembre (Ponente: Excmo. Sr. Juan Ramón Berdugo y Gómez de la Torre).

STS núm. 31/2012, de 19 de enero (Ponente: Excmo. Sr. Carlos Granados Pérez).

STS núm. 162/2012, de 15 de marzo (Ponente: Excmo. Sr. Conde-Pumpido Tourón).

STS núm. 319/2013, de 3 de abril (Ponente: Excmo. Sr. Antonio del Moral García).

STS núm. 717/2013, de 1 de octubre (Ponente: Excmo. Sr. Andrés Martínez Arrieta).

STS núm. 281/2014, de 26 de marzo (Ponente: Excmo. Sr. Carlos Granados Pérez).

STS núm. 905/2014, de 29 de diciembre (Ponente: Excmo. Sr. Cándido Conde-Pumpido Tourón).

STS núm. 42/2015, de 28 de enero (Ponente: Excma. Sra. Ana María Ferrer García).

STS núm. 126/2016, de 23 de febrero (Ponente: Excma. Sra. Ana María Ferrer García).

STS núm. 292/2016, de 7 de abril (Ponente: Excmo. Sr. Andrés Martínez Arrieta).

STS núm. 636/2016, de 14 de julio (Ponente: Excmo. Sr. Cándido Conde-Pumpido Tourón)

STS núm. 659/2016, de 19 de julio (Ponente: Excmo. Sr. Miguel Colmenero Menéndez de Luarca).

STS núm. 147/2018, de 22 de marzo (Ponente: Excmo. Sr. Alberto Jorge Barreiro).

STS núm. 760/2018, de 28 de mayo (Ponente: Excmo. Sr. Pablo Llarena Conde).

STS núm. 478/2018, de 17 de octubre (Ponente: Excmo. Sr. Julián Sánchez Melgar).

STS núm. 482/2018, de 18 de octubre (Ponente: Excmo. Sr. Julián Sánchez Melgar).

STS núm. 513/2018, de 30 de octubre (Ponente: Excmo. Sr. Francisco Monterde Ferrer).

STS núm. 667/2018, de 19 de diciembre (Ponente: Excmo. Sr. Jorge Alberto Barreiro).

STS núm. 174/2019, de 2 de abril (Ponente: Excmo. Sr. Miguel Colmenero Gómez de Luarca).

STS núm. 483/2019, de 14 de octubre (Ponente: Excmo. Sr. Francisco Monterde Ferrer).

STS núm. 553/2019, de 12 de noviembre (Ponente: Excmo. Sr. Vicente Magro Servet).

STS núm. 676/2019, de 23 de enero (Ponente: Excmo. Sr. Eduardo de Porres Ortiz de Urbina).

STS núm. 150/2020, de 18 de mayo (Ponente: Excma. Sra. Carmen Lamela Díaz).

STS núm. 255/2020, de 26 de junio (Ponente: Excma. Sra. Ana María Ferrer García).

STS núm. 258/2020, de 28 de mayo (Ponente; Excmo. Sr. Juan Ramón Berdugo Gómez de la Torre).

STS núm. 277/2020, de 3 de junio (Ponente: Excmo. Sr. Julián Sánchez Melgar).

Sentencia del Pleno de la Sala Segunda del Tribunal Supremo núm. 355/2020, de 26 de junio (Ponente: Excma. Sra. Ana María Ferrer García).

STS núm. 468/2020, de 23 de septiembre (Ponente: Excmo. Sr. Vicente Magro Servet).

STS núm. 580/2020, de 5 de noviembre (Ponente: Excma. Sra. Carmen Lamela Díaz).

ATS de la Sala Segunda núm. 766/2020, de 5 de noviembre (Ponente: Excmo. Sr. Manuel Marchena Gómez).

STS núm. 276/2021, de 25 de marzo (Ponente: Excmo. Sr. Leopoldo Puente Segura).

STS núm. 527/2021, de 16 de junio (Ponente: Excmo. Sr. Andrés Martínez Arrieta).

STS núm. 811/2021, de 25 de octubre (Ponente: Excmo. Sr. Andrés Palomo del Arco).

Tribunal Constitucional

Sentencia del Pleno del Tribunal Constitucional núm. 76/1986, de 9 de junio (Ponente: Don Miguel Rodríguez-Piñero Bravo-Ferrer).

STC núm. 146/1986, de 25 de noviembre (Ponente: Don Miguel Rodríguez-Piñero Bravo-Ferrer).

STC núm. 65/1987, de 21 de mayo (Ponente: Don Luis López Guerra).

STC núm. 142/1999, de 22 de julio (Ponente: Don Julio Diego González Campos).

STC núm. 127/2001, de 4 de junio (Ponente: Don Julio Diego González Campos).

STC núm. 239/2002, de 11 de diciembre (Ponente: Don Eugeni Gay Montalvo).

STC núm. 24/2004, de febrero (Ponente: Doña Elisa Pérez Vera).

STC núm. 120/2005, de 10 de mayo (Ponente: Don Pascual Sala Sánchez.

STC núm. 48/2006, de 13 de febrero (Ponente Don Pascual Sala Sánchez).

STC núm. 36/2012, de 15 de marzo (Ponente: Doña Elisa Pérez Vera).

STC núm. 243/2012, de 17 de diciembre (Ponente: Don Pablo Pérez Tremps).

STC, Sala Segunda, núm. 78/2014, de 28 de mayo (Ponente: Don Enrique López López).

Tribunal de Justicia de las Comunidades Europeas

Sentencia de la Sala Cuarta del Tribunal de Justicia de las Comunidades Europeas. Caso Epifanio Viscido y otros contra Ente Poste Italiane, de 7 de mayo de 1998 (Ponente Sr. John Loyola Murray).

Sentencia de la Sala Sexta del Tribunal de Justicia de las Comunidades Europeas, de 22 de noviembre de 2001. Caso Ferring SA contra Agence centrale des organismes de sécurité sociale (ACOSS) (Ponente: Sr. Claus Christian Gulmann)

Sentencia de la Sala Primera del Tribunal de Justicia de las Comunidades Europeas, de 16 de julio de 2015. Caso BVVG Bodenverwertungs und verwaltungs GmbH contra Thomas Erbs y otros (Ponente: Sr. Don Claus Christian Gulmann).